# 《税收征收管理法》修订若干制度研究

李万甫　孙红梅　主编

法律出版社
LAW PRESS·CHINA

# 序　言

《中华人民共和国税收征收管理法》(以下简称《税收征收管理法》)于1992年9月4日由第七届全国人民代表大会常务委员会第二十七次会议通过,历经1995年、2001年两次修订。《税收征收管理法》的制定实施已经20多年,2001年修订通过的现行《税收征收管理法》及其实施细则也已运行10余载。在这过程中,国内外经济形势发生了很大变化,尤其是随着我国税制改革逐步深入,相应的税收征管实践也在不断推陈出新,同时国外先进的征管理念和措施也被日渐引进到我国税收征管实践中,这些都需要在法律上进一步明确,再次修订《税收征收管理法》被提上议事日程。2015年1月5日,国务院法制办公室公布了《中华人民共和国税收征收管理法修订草案(征求意见稿)》(以下简称《征求意见稿》),公开征求社会各界的意见和建议。基于此,国家税务总局于2015年3月立项开展"《税收征收管理法》修订的若干重大制度"课题研究,由税务总局税收科学研究所牵头,课题组成员来自税务系统、高校、中介机构等相关单位。经过近两年持续不断的跟踪研究,课题组成员对涉及的若干重大制度在法理分析、国外立法经验借鉴、目前存在问题剖析的基础上,对《征求意见稿》中的法律条文提出了明确的修改意见,并附上修改理由。

《征求意见稿》向社会公布已两年有余,在此期间,国内外税收环境发生了重大变化。因此,应该站在更高更新的视角来推进《税收征收管理法》的修订。

## 一、构建自然人税收管理体系,适应直接税改革的需要

我国传统意义上的税收征管都是面向企业,对于面向自然人征收的个人所得税、房地产税等直接税方面,尚未形成一套以自然人为中心的较为系统的征管体系。党的十八届三中全会明确提出了"深化税收制度改革,逐步提高直接税比重"的要求,但以现行的征管模式,难以适应直接税比重逐步提高、自然人纳税人数量增长迅速的征管要求。

个人所得税改革、房地产税立法一直是社会关注的热点问题。分类和综合相结合的个人所得税改革一直没有实现,很大程度上是由于自然人征收管理制度还存在一些缺陷。例如,收入的归集问题、收入来源确认问题和纳税人申报的真实性确认问题。现行《税收征收管理法》对自然人的征收管理规定较为单薄,如果将自然人纳税人的税收管理作为下一步的重点工作内容,会对现有税收征管体系带来很大挑战。可以说,个人所得税的改革、房地产税的立法,将倒逼自然人税收征管制度尽快实现法治化、体系化。因此,建立较为完善的自然人税收征管制度体系,是这次《税收征收管理法》修订的重点之一。《征求意见稿》虽然新增了一系列关于自然人税收征管的具体条款,但也只是试图在原有对企业的征管制度上植入一些对自然人的管理措施。例如,作为基本征管程序启动环节的纳税人识别号制度、作为核心环节的税额确认制度,很大程度上还只是基于对企业纳税人的管理需要。就完善自然人税收征管制度来说,如何为个人所得税改革、房地产税立法等直接税改革提供程序法支撑,是当前《税收征收管理法》修订迫切需要解决的问题。

## 二、强化"税收至上"理念,推动第三方涉税信息的提供

第三方涉税信息提供一直是税收征管中的重点和难点问题,也是《税收征收管理法》修订要解决的核心问题。实际上,这个问题源于目前的行政协助制度存在法律缺失,没有明确的法律制度对行政机关间协作关系加以约束。现行《税收征收管理法》中其他部门的税务协助义务只是一种原则性的规范,部门间协助只是一种建议或是一种指导性的要求,这种合作方式缺乏稳定的法律制度作为支撑,而解决这个问题的前提和基础应该是各部门要达成"税收至上"理念上的共识。

税收问题是国家利益的最高体现,税收利益是国家至上利益。在现代国家治理进程当中,税收发挥着基础性、支柱性和保障性作用。对国家而言,没有税收就没有国家,税收是国家的命脉;对社会成员而言,税收和死亡是不可避免的

两件事。社会发展、国家运转都离不开税收,税收利益作为国家最高利益的体现必须加以强化。在这方面,其他国家有很多先进经验值得学习。例如,美国《海外账户税收合规法案》要求所有的国外金融机构要向美国政府(国内收入局)提供美国公民5万美元以上的账户信息。美国境内的金融机构也要按照征税机关的要求,提供美国公民的涉税信息。相比之下,我国金融机构在这方面还有很大差距,归根结底并非制度问题,而是缺少"税收至上"理念的共识。只有在"税收至上"理念的引领下才能够建立起有效的第三方涉税信息提供机制,相关部门为税务机关履行征税职责提供必要信息才会得到法律的真正认同。

**三、以落实《深化国税、地税征管体制改革方案》为契机,推动税收征管改革成果法治化**

2015年12月,中共中央办公厅、国务院办公厅印发《深化国税、地税征管体制改革方案》(以下简称《方案》),这是中央有史以来首次专门针对我国税收改革发展制定的纲领性文件,为我国税收事业的可持续发展、为未来税收征管改革指明了方向。《方案》共提出6大类30多项具体举措,不单纯解决国税与地税、地税与其他部门的税费征管职责划分问题,还包括"最大限度便利纳税人、最大限度规范税务人"等一系列制度安排,它更多承载的是未来税收征管改革的方向目标和战略举措,这恰恰是《税收征收管理法》修订中应予充实的重要成熟规定。

《方案》中被广泛认同的制度安排不能仅停留在文件中,要上升到法律层面加以落实。可以说,这些制度安排已经在中央决策层面取得共识,这种共识有必要通过法律化固定下来。在下一步《税收征收管理法》修订工作中,应该以落实《方案》为契机,长远规划,充分发挥立法的引领和推动作用,将这些年税收征管改革积累的经验和成熟做法及时转化为基本税收征管法律制度,为进一步深化税收征管改革提供强有力的法律支撑;尚未成熟的做法和措施,也可以预留立法接口。总之,要为构建现代化的税收征管体系做好顶层设计。

**四、以税收确定性为核心,保障纳税人合法权益**

"相对确定的社会生活不仅符合人类直觉性的安全偏好,而且有利于我们对社会生活作出主动计划和安排,增进社会生活的品质。"在税收领域,税收确定性原则的确立,不仅是为了防止征税机关的任意专断征税,影响纳税人税收实体负担,还要求征税的方式、步骤、时限和顺序确定,从程序角度满足纳税人对税收确定性的需求。

《税收征收管理法》是税务机关与纳税人进行征纳活动的基本规范，进一步强化税收确定性原则是《税收征收管理法》修订的基本要求之一。《征求意见稿》引入了税收预约裁定制度，用来克服税收实体法的不确定性和相对滞后性，保障纳税人的实体性权利，这是一项非常值得关注的征管制度创新之举。同时，我们还应当看到，现行《税收征收管理法》当中什么是税务机关权力、什么是纳税人权利，是分开设定的。纳税人权利没有同征税权力行使相匹配或者有机对应起来，在整个税收管理过程当中没有充分体现出来。

在纳税人权益保护方面，我们也要注意处理好实体与程序的关系。征税权是一种公权力，现行《税收征收管理法》及《征求意见稿》对税务机关如何行使征税权有较多的“笔墨”，但大多都出于维护征税权的角度进行权力配置。从行政法“控权”角度考虑，《税收征收管理法》也应对纳税人的“防御权”进行明确。现行《税收征收管理法》及《征求意见稿》对纳税人权益的保障性条款规定的比较笼统，纳税人在征税程序中如何行使陈述申辩权、异议权及保密权等基本权利，没有与税务机关征税程序对应。从纳税服务的角度来说，不但要解决纳税人办税便利，更深层次的要求是让纳税主体知道自己有哪些权利，并且清楚如何行使。征管程序设计要体现这一思想，要把纳税人的权利设定和税务机关的重要执法环节有机结合起来，这样才能进一步提升税收确定性。

### 五、落实 BEPS 行动计划，提升税收国际话语权

《税基侵蚀和利润转移》(Base Erosion and Profit Shifting，BEPS)是 20 国集团(G20)领导人在 2013 年圣彼得堡峰会委托经济合作与发展组织(Organization for Economic Co-operation and Development，OECD)启动实施的国际税收改革项目，旨在修改国际税收规则、遏制跨国企业规避全球纳税义务、侵蚀各国税基的行为。近年来，我国积极参与联合国和 G20 国际税收规则的制定，深入参与 BEPS 所有行动计划，国际税收征管制度有了重大发展。2013 年 8 月，中国成为《多边税收征管互助公约》(以下简称《公约》)的第 56 个签约方，这也是中国签署的第一份多边税收条约。税务总局专门成立了 G20 税制改革工作领导小组，为落实 BEPS 行动计划在中国的落地，制定工作方案，明确职责分工、时间表和路线图，全面推进此项工作。

为巩固和提升我国在国际税收征管协作领域已取得的成绩，承担缔约国的税收征管国际义务，落实 BEPS 行动计划，应把国际法的国际惯例、好的制度融入我国国际税收征管制度当中，不应停留在法律层级较低的税收规范性文件当中予以

规定和落实，否则显然与"大国税收治理"的要求不相吻合。因而，BEPS 行动计划内容有必要在《税收征收管理法》中体现。通过修订《税收征收管理法》，将国际条约、协定完成国内法的转化，形成系统、合理的国际税收征管国内法体系，用约束力更强的法律文件，增强我国在国际税收事务中的话语权，建设更具稳定性和可预测性的国际营商税收环境。

## 六、顺应数字时代的发展，强化税收征管现代化的法治支撑

数字时代的到来，人们的生活习惯、工作方式、商业模式等社会生活的方方面面都发生了巨大变化。法律不能脱离社会生活，从《税收征收管理法》修订的角度看，税收征管程序的设计，应当充分考虑当前征管工作面对的社会状况，数字化变革就是很重要的因素之一。一方面，电子商务蓬勃发展，是影响税收征管程序的重要外部因素。越来越多的行业通过互联网从事交易活动，基于互联网 + 的新兴商业模式应运而生。从税收实体角度看，应税行为在互联网上发生，纳税义务人、征税对象、纳税义务发生时间等课税要素的识别标准需要重新设计。从税收程序角度看，针对互联网经济的税收管辖权、涉税电子数据的检查权、电子发票的使用、征纳双方数字签章的效力等基本制度还需要通过修订《税收征收管理法》建立和完善。另一方面，电子政务的长足发展，是影响税收征管程序的内在重要因素。互联网革命发端于技术领域，发展于经济领域，如今已经渗透到经济社会的各个角落，对政府治理方式也带来了新的挑战和机遇。税务机关与纳税人通过互联网交互，绝大多数涉税业务都可以在互联网上完成；税务部门之间的任务下达、结果反馈、信息共享也完全通过数据交换。信息化、数字化不仅仅是一种手段，而成为一种"生态"基础，应对新问题，《税收征收管理法》修订中应当有所体现。

目前，数字经济下的税收征管面临的诸多问题尚未形成广泛共识，这是此次《税收征收管理法》修订的重大"痛点"。可以考虑对其确立具有一定导向性的征管原则，并为下位法的补充完善和征管实践预留一定的操作空间，彰显税收征管的原则性和可操作性的有机结合。

最后，衷心感谢在本课题立项、调研、写作过程中给予建议和支持的全国人大常委会预算工作委员会、国务院法制办公室、中国财税法学研究会、税务总局相关司局、相关省市税务局、高校以及研究机构的专家和学者们。本书与其说是我们课题组成员原创性成果的结晶，不如说是致力于税收事业发展、以期能为税收征管法律制度完善尽一己之力的学人们集体智慧的展现。希望书中提到的《征求意见稿》修改建议能对下一步的立法工作起到一定的参考作用，进一步为深化税制

改革保驾护航。

由于时间和水平有限，对有些内容的研究尚不够深入，难免存在诸多不足，敬请读者批评指正！

2017年2月3日

# 目　录

# 《税收征收管理法》修订的若干制度研究

本课题组*

《税收征收管理法》制定实施已超过20年,2001年修订通过的现行《税收征收管理法》及其实施细则也已运行10余载。在这个过程中,国内外经济形势发生了很多变化,相应的税收征收管理实践也发生了很大变化,而且,随着当前税制改革逐步深入,需要税收征收管理法律来保驾护航。同时,国外先进的征收管理理念和措施也被逐步引入我国税收征收管理中,这些都需要在法律上进一步明确。2015年1月5日,国务院法制办公室向社会公布的《税收征收管理法修订草案(征求意见稿)》(以下简称《征求意见稿》),标志着《税收征收管理法》的修订已经进入实质性阶段。因此,研究和探索《税收征收管理法》修订中的重大问题,例如,立法的基本取向,对现有一些制度的完善,新引进一系列制度的确立,这都将对《税收征收管理法》的修订具有一定的参考意义。

## 一、修订《税收征收管理法》的基本取向

鉴于当前税制改革的要求和税收征收管理实践的需要,此次《税收征收管理法》的修订不应该是简单的修修补补,而应是一些理念和制度的重塑。因此,在修订过程

---

* 课题组组长:李万甫、孙红梅;成员:孙丽梅、赵迎春、何小王、张松、袁森庚、宋玉华、河北省国家税务局课题组、山东省潍坊市地方税务局课题组、江苏省徐州市地方税务局课题组、四川省资阳市国家税务局课题组、普华永道中国税收政策服务团队、中国人民大学破产法研究中心、辽宁大学财税法研究中心;执笔人:孙红梅。

中一定要坚持基本取向，才能使《税收征收管理法》修订始终在既定的道路上前行。

### （一）适应深化税制改革要求

按照党的十八届三中全会确定的税制改革任务，深化税制改革已进入攻坚阶段。推进税制改革，急需税收征收管理措施的配套。否则，税制改革的进程将会受到很大的影响，甚至难以实施。因此，《税收征收管理法》的修订应当前瞻税制改革的内在要求和发展趋势，构建一个能够适应税制改革的新型税收征收管理体制。此次《税收征收管理法》修订的重中之重是解决深化税制改革的征收管理保障问题，这也是当前加快推进《税收征收管理法》修订的直接动因。

在全面推进深化税制改革的各项任务中，都不同程度地迫切需要加快税收征收管理措施的配套，特别是个人所得税申报制度改革、房地产税的立法与实施等，对现行税收征收管理制度和措施都提出了新挑战。《征求意见稿》中反映出一定层面的税制改革诉求，例如，纳税识别号制度的建立、金融信息的提供和披露、税收强制措施扩大到自然人范围等。但是，与深化税制改革的要求相比，部分相关条款的规定显得针对性不强、可行性较差，未能充分体现出推进税制改革的征收管理层面的诉求，还不能为实施税制改革提供有效的征收管理保障。

### （二）切实体现税收治理现代化的内在要求

为了顺应国家改革发展战略的需要，结合税收工作实际，国家税务总局提出税收现代化的战略构想，并成为指导未来税收工作的总纲领。《税收征收管理法》作为税务机关执行法律、履行职责的基本法律规范，其修订也应当体现出新时期税收工作的基本要求，并切实落实到《税收征收管理法》的修订当中。

《征求意见稿》第 1 条增设了“推进税收治理现代化”，作为立法宗旨和目的予以反映。但在随后具体条款的修改中，对这一立法宗旨的体现显得不够充分，揭示税收治理现代化的内在要求明显不足。这一表述的加入显得可有可无，对整个《税收征收管理法》修订的指导作用显得苍白。尽管当前对税收治理现代化的研究成果和实践经验有待进一步探索与挖掘，但对其已有共识的做法应当予以吸收。

### （三）加强纳税人权利保护、体现纳税服务的理念和要求

近年来，税收实践中推出了许多保护纳税人合法权益、优化纳税服务的举措，对构建现代税收征收管理体制进行了有益探索。《征求意见稿》第 11 条增加了纳税人参与税收立法活动的权利规定；第 32 条强化了对纳税人金融信息的保密要求；第 39 条及相关条款关于修正申报的规定，增强纳税人纳税申报的自主性。这些新增的规定都有利于纳税人合法权利的实现。但是，《征求意见稿》中强化纳

税人合法权利保护的条款仍然偏弱，应当明显增加强化纳税人基本权利保护规定；应当注重将纳税人权利保护与税收执法权力行使有机结合，相互衔接、相互制衡；应当更充分地反映税务机关纳税服务的理念和要求。

**（四）注重权利、义务和责任相一致**

法律法规的严肃性依靠其“罚则”的刚性执行来维护，如果不设定违法行为的法律责任，违法行为便得不到纠正和惩处，相关权利义务关系就难以有效维护。因此，应当注重法律责任的设定是否系统、严密，是否与权利义务规定相一致。《征求意见稿》第九章增加、修改了部分法律责任条款，特别是对于过失行为的法律责任规定，逃税、抗税、骗税等部分法律责任标准的调整，吸取了长期税收实践的经验教训，对于完善税收法律责任体系很有意义。但是，第九章构建的税收法律责任体系仍有较多需要改进的地方。

**（五）实现《税收征收管理法》与其他相关法律之间的衔接配套**

只有正确处理《税收征收管理法》与其他相关法律的衔接配套问题，避免法律之间的抵触、脱节、歧义等现象，才能保障税收征收管理制度的顺利运行。《征求意见稿》第3条确立了税收法定原则，加强与《立法法》的衔接；第七章加强与行政强制法的衔接，增加了对民商法规定的衔接和运用，部分解决了现行《税收征收管理法》与《行政强制法》相冲突的问题。但是，《征求意见稿》在与其他相关法衔接配套方面仍然存在不足。

**（六）合理借鉴国外先进的税收征收管理理念和制度**

将国外先进的税收征收管理理念和制度，吸收到《税收征收管理法》修订中，将有利于加快我国税收征收管理现代化。同时，学习借鉴不等于照搬照抄，需要结合中国国情改进和完善。《征求意见稿》在建立统一纳税人识别号、信息披露制度、税额确认制度、修正申报制度等方面，均较好地借鉴了国外的经验，并针对我国国情作了必要的调整。但是，在借鉴国外经验并实现本土化方面，有一些问题存在争议，需要进一步探讨。此外，税收征收管理的国际合作机制在《征求意见稿》中体现得还不够充分。

## 二、落实税收法定原则应为《税收征收管理法》修订的基本准则

落实税收法定原则是《中共中央关于全面深化改革若干重大问题的决定》的一项重要内容，应当以落实税收法定原则作为修订《税收征收管理法》的基本准则和所需达至的重要目标。

一般认为，税收法定包括课税要素法定、课税要素明确和合法性（程序合法）三个方面。修订《税收征收管理法》时，应当落实税收法定原则，遵循以下基本

要求：

一是以落实税收法定原则作为修订《税收征收管理法》的基本准则和所需达至的重要目标。本次《税收征收管理法》的修订，是落实税收法定原则的一个重要契机。在《宪法》修改和《税收基本法》制定时机尚不成熟的情况下，现代税法的精神和一些重要原则，需要通过《税收征收管理法》来实现其立法，应当通过《税收征收管理法》的修订，推动税收法定原则的贯彻落实。

二是通过《税收征收管理法》修订，进一步明确税收法定原则的基本内涵。2015 年《立法法》的修改，规定了税种的设立、税率的确定和税收征收管理等税收基本制度，应当制定法律。但这是一种最基本的规定，并不是对税收法定原则内涵的完整表达，需要在《税收征收管理法》中作出进一步的规定，对《立法法》中的未尽事项作出补充，特别是就税收征收管理中如何落实"征税合法"问题作出清晰的回答。

三是从税收法定原则的视角，全面审视《税收征收管理法》的各项具体制度，确保遵循税收法定原则。税收法定原则需要具体的税收征收管理制度来落实，《税收征收管理法》应当成为一部"良法""善法"，起到保障税收法定原则落实的作用，而不是架空、背离税收法定原则。不能将税收法定原则停留于抽象、空洞的原则性规定层面，而应贯彻于各项具体制度当中，故应以税收法定原则的视角全面审视各项具体的税收征收管理制度。

## 三、信赖保护原则：理念引入与制度建设

信赖保护原则是指行政行为的相对人基于对公权力的信任而做出一定行为，此种行为所产生的正当利益应当予以保护。在税收领域引入信赖保护理念和制度，其意义和作用体现在以下几个方面：

1. 促进税法的确定性和可预测性，形成良好的税收秩序

依法治税要求税务机关的权力以一种可预测的方式行使，税法和政策不能溯及既往，不能频繁变更，不能随意废止。只有这样，纳税人才有可能对自己未来的涉税行为进行规划、安排，并且只有这种规划和安排所形成的利益受到法律制度的保护，整个社会才会形成良好的税收秩序。

2. 增强纳税人对税务机关的信任，控制税收行政权力的恣意和滥用，促进税务机关的良好行政

保护税收上的信赖利益，可以"取信于民"，增强纳税人对税务机关的信任，促进纳税人的参与、协助与遵从，提高税收行政效率；保护税收上的信赖利益，可以促使税务机关更加审慎地做出行政行为，更加严格地进行自我控制和自我约

束、履行正当秩序,提高行政行为的质量;保护税收上的信赖利益,意味着税收政策和形成的惯例不能随意变更,制定制度规范和做出具体行政行为要具有前瞻性和导向性,提高制度建设质量。

3. 在制度上促进整个社会经济运行效率的提高

法和法律秩序的双重安定性是市场经济条件下理性交易的前提,经济行为只有在法律的稳定性和可预测性的前提下才能得以广泛实施。而税法是影响经济行为和社会行为的最重要的法律之一,如果税法能够保护纳税人的信赖利益,将会有效地降低交易成本和稳定交易成本,更加有效地配置资源,更加有效地促进市场机制发挥作用。

由于信赖保护在我国的法律体系中引入较晚,在税法领域还未涉足,信赖保护原则要成为税法的基本原则的条件和时机还未成熟,但可作为一个努力的方向。因此,建议在《税收征收管理法》中宣示信赖保护理念,指导税收行政行为。具体可单列一条指出:税务机关要树立信赖保护的理念,要本着诚实信用的精神,以诚实信用的方式、方法做出税收行政行为。根据域外经验和我国的实践,在税收程序法中将法不溯及既往、违法税收行政行为的撤销和合法税收行政行为废止等领域明确引入信赖保护制度。

## 四、关于税收核定制度

税收核定仅指在缺少直接账册凭证等证据资料的情况下,通过各种间接资料和方法推定计算纳税人应税收入(应税价格)、应纳税所得额等税基或应纳税额的计税方式。为保障国家税款征收,满足公共财政需要,维护税收公平和征收效率,避免纳税人逃避纳税,基于国家征税权的强制力,税收核定应运而生。在纳税人税法遵从度欠缺、未建立账册或账册记载不全,甚至出现纳税人恶意毁损、隐匿账册资料,不配合税务机关检查的情况下,从保障国家税收全局出发,通过税收核定方式,可有效挽回国家税款损失。税收核定作为查账征收的必要补充,是国家征税权的直接体现,是国家税收的坚实保障,从某种程度上说,亦是一种征税威慑平衡。因此,目前税收核定制度在国家税收管理中不可或缺。

应从以下几个方面完善税收核定制度:

1. 坚持正确的核定理念及适用条件

对于核定适用情形,应始终坚持以查账征收为主,核定为辅的理念。对于有条件进行查账征收的,应当坚决避免采用核定方式。

2. 规范完善税收核定方法

对于核定适用较多的企业所得税,应确立事前核定与事后核定独立的规则,并明确事前核定与事后核定适用的衔接问题。规范整体核定及部分核定适用方式和限制条件,严格把握纳税申报与整体核定适用的矛盾平衡。应允许对账外经营企业所得税采用部分核定方式进行计算。同时,加强第三方中介在核定中的作用。

3. 健全税收核定程序

核定程序的设置,应满足对税收核定滥用的规制、加强核定效率保障、提高核定准确性与合理性、保护纳税人合法权益方面的需要。一是约束核定自由裁量不当,应加强税收核定调查程序和告知程序,保障纳税人知情权;二是引入核定听证程序,提高纳税人参与度和保障核定合理性;三是加强核定审核程序,对税收核定尤其是税务稽查案件中的税收核定,应加强经办科室,以及案件查处单位的审核;四是加强核定公示;五是完善救济程序。

4. 合理分配举证责任

税务机关应负责保证核定基础数据和资料的合法合理,保证税收核定方法的合理性。同时,纳税人对税务机关核定标准与核定数据不合理进行指证时,应承担相应的举证责任。

5. 明确核定效力

对存在逃税(偷税)手段的税务违法行为,有权定性予以处罚。当然,对于税收核定基础薄弱,明显欠缺合理性的税收核定,则应慎重处罚。

6. 强化税收核定监督

为防止税务人员滥用核定权力,应加强对核定事项的审核监督,包括通过核定过程审核、核定结果公示、核定事项复查等措施,强化核定的监督,避免核定结果偏颇。

## 五、关于自然人税收征收管理法律制度

我国长期以企业为管理重心的税收征收管理模式下,对个人所得税等面向自然人征收的直接税方面,由于征收管理法律制度的不完善,尚未形成一套以自然人为中心的较为系统的征收管理体系。为适应新一轮税制改革需求,应尽快修订《税收征收管理法》中针对自然人税收征收管理法律制度,服务于深化改革和社会发展目标的实现。

现行《税收征收管理法》对自然人纳税人的管理措施较为单薄,以未来实施个人所得税综合税制和开征房地产税的假设为前提,《征求意见稿》新增了一系列关于自然人税收征收管理的具体条款。以《征求意见稿》试图构建的自然人税收征收管理制度为视角,对当前自然人税收征收管理存在的主要问题进行剖析,

仍然可以看到《征求意见稿》存在进一步完善的空间,对自然人税收征收管理体系建设应进行整体设计。

1. 需要尽快进行自然人相关税收法律体系的顶层设计

自然人税收征收管理法律体系既包含税收实体法,也包含税收程序法。从目前情况来看,在实体法方面应尽快推进房地产税法等与个人财产相关的立法,加快建立起综合与分类相结合的个人所得税制;在程序法方面,应全面修订《税收征收管理法》,使其在对单位纳税人和自然人纳税人的适用上都能高效有力的落实,特别是根据未来针对自然人实体法修订的规划,实现对自然人收入、财产的全面管控,依法保障自然人税收管理职能的实现。

2. 需要对《征求意见稿》再行完善

从自然人税收征收管理的大视角审视,需要进一步考虑自然人纳税人的特点和未来对自然人纳税人收入、财产、行为等税源监控及税收权益保护的需要,对《征求意见稿》作进一步完善,确保该法具备一定的前瞻性和较好的稳定性,易于基层税务机关执行和纳税人遵从。

3. 考虑相关配套法律制度体系的修订和衔接问题

对自然人税收征收管理法律体系的构建,不仅涉及税收法律法规的问题,还涉及其他相关法律法规。例如,第三人信息的提供条款如何与《商业银行法》中保密条款相衔接,为控制现金交易而完善现金交易管理相关法律法规的问题。

4. 关于建立自然人税收征收管理系统的问题

自然人税收管理如果采取"以人盯户"的传统方式将寸步难行,必须依托税收信息化支撑,对海量涉税数据信息进行综合处理,才能实现对自然人的有效征收管理。《深化国税、地税征管体制改革方案》明确指出,2018 年实现征收管理数据向税务总局集中,建成自然人征收管理系统,并实现与个人收入和财产信息系统互联互通。

5. 关于组建与自然人税收管理相匹配的税收征收管理机构的问题

以风险管理为导向,组建与自然人税收管理相匹配的税收征收管理机构,组成税收业务、信息化应用、纳税服务各方面人才聚集的管理机构,才能顺利运用大数据开展自然人税收管理。

6. 关于利用大数据开展自然人涉税信息采集和分析的问题

对数以亿计的自然人纳税人,税务部门需要树立"大数据管税"的理念,创新完善内外部信息采集机制,全面整合自然人信息数据资源,深入开展自然人数据风险分析,发挥好大数据在自然人税收管理中的作用。

7.关于逐步建立自然人信用评价和约束机制的问题

构建科学的自然人纳税信用评价机制也是开展自然人的税收管理的关键环节,主要可以通过以下几项措施扩大自然人纳税信用评价的影响力:一是向政府部门汇报,让自然人纳税信用等级参与其个人社会职务信用评价,例如,人大代表候选人资格审查时将个人纳税情况纳入审查范围等,进一步扩大自然人纳税信用的社会影响力。二是与全国企业信用信息查询系统实现信用评价信息交互。建立类似全国企业信用信息查询系统性质的自然人纳税信用查询系统,探索与全国企业信用信息查询系统进行信息交互,展示企业股东(法人)个人纳税信用情况。三是与银行个人信用信息实现信用评价信息交互。建立同银行个人信用信息交互,税银联动,争取将个人纳税信用情况作为对自然人授信额度的衡量指标等。四是对相关部门提供可针对单个自然人查询的客户端口,让相关部门在做出自然人资格认定等行为时将纳税信用作为重要指标,进一步增强依法纳税的自觉性和影响力。

## 六、关于自然人纳税识别号制度

自然人纳税识别号主要是指税务部门按照法定标准,为公民等自然人纳税人编制的确认其身份的数字或字母代码标识,通常这种数字代码标识是统一的,唯一的,并且是终身不变的。建立一套前瞻、科学、合理、完整的纳税识别号制度是自然人税收管理制度的前置性要求,这一制度的建立将有力支撑自然人税收管理体系,是自然人纳税申报、税款征收、纳税评估和税额确定的重要基础。识别号制度研究亦是深化财税改革的基础性课题,是税收征收管理发展的必然产物,是管理与服务必须面对的现实问题,是纳税人权利保护的必然选择。

世界各国通行的做法或基本一致的做法是建立识别号码登记,并且为每个纳税人建立一个终身唯一的纳税人识别号码。经济合作与发展组织(Organization for Economic Co-operation and Development ,OECD)调研报告考察了54个国家自然人纳税识别号的基本情况;使用社会保障号的5个国家,使用税务机关编制的税务号的27个国家;使用身份证号的22个国家。在对自然人纳税识别号制度设计上,国内学者的观点大体为两种:一种是由税务机关编制单独的纳税识别号;另一种是身份证号码作为自然人的纳税识别号。在第二种观点中又可以分为两种观点:一是单纯的身份证号码;二是以身份证号中的部分号码加上其他信息标识。

本文认为,由税务机关单独编制年纳税识别号是未来的趋势:一是有利于个人隐私权的保护。随着社会经济发展,公民对于隐私权的保护意识会不断增强,对于宪法赋予的权利内容也会不断熟悉。二是有利于应对变革发展。在深化体制改革的大背景下，全社会各行各业每时每刻都在进行着变革，某一行业的新兴、撤转、合并都有可能产生代码规则的改变，从节约社会资源考虑应实行税务机关统一编码。三是有利于对自然人管理的全面覆盖。税务机关建立并实行全国统一的自然人纳税识别码制度体系，方可实现对纳税人管理得无缝衔接、全面覆盖。四是有利于自然人的分类登记。实行税务机关统一编码可以用纳税人识别号串联起各方面的信息，有助于夯实纳税人诚信体系，从而实现"一人式信息管税"。五是有利于对自然人管理的延续。与自然人切身利益紧密相关的直接税改革，都需要统一的识别号制度的建立作为基础，才能消除征税漏洞，实现公平征税。六是有统一的信息化支撑。金税三期优化版可自动采集纳税人的涉税信息，只不过是编排的识别号码的具体内容，所以，建立自然人纳税识别号制度已不存在技术问题和国家财政负担问题。综上所述，建议采用"区域码 + 相应的有效证件中的部分号码 + 税务特定码 = 自然人纳税识别号码"这一设计，可以保证《税收征收管理法》的国家施行统一的纳税人识别号制度的立法精神，同时保障自然人纳税人的权利。

## 七、关于税收预约裁定制度

税收预约裁定指税务机关就纳税人申请的关于未来的特定事项应当如何适用税法而专门发布解释性文件的程序。通过本次《税收征收管理法》的修订，将该制度引入我国税法，必将成为更好地体现和维护纳税人合法权益，增强税法适用的确定性、一致性与透明度，提升税收征收管理质量的有力制度与法律支点。

以美国为代表的税收预约裁定制度形成了具有共性的一些特征：一是经历了由税务机关的行政性裁定上升为法律的过程；二是裁定结果由保密走向公开，从仅适用于申请人到具有普适性，并从免费走向收费，但具体制度又有所不同；三是对于税收事先裁定的范围限定与程序上的申请要求并不相同，但都有相关规定，并且各具特色；四是对于税收预约裁定都从反面做出了限定，即在程序上规定了可以拒绝裁定的情形；五是裁定结果仅对税务机关具备单方约束力，裁定具备最终效力，不得申请复议；六是税收预约裁定制度都与美国有一定的渊源，但其法律属性与实施效果并不相同。

对于我国设立预约裁定制度的立法建议如下：

1. 适用范围

关于预约裁定的适用范围，一般规定为"难以直接适用税法的预期未来发生的交易或事项"。出于限定规模的考虑，可以考虑在《税收征收管理法》中将申请人加上"符合法定条件"的定语限制，将金额限定等条件设置其中。对于预约裁定的适用范围,还应以反面排除的方式明确规定。

2. 申请主体

一般情况下,申请预约裁定的主体当然是纳税人,但还没有成为纳税人的预备投资者应当有权了解自己未来投资的税收成本,应当有权申请预约裁定;特定情况下,扣缴义务人、纳税担保人以及其他的涉税事项参与方,出于维护自身合法权益的动机,也应当有机会申请预约裁定。由此笔者建议,将税收预约裁定的申请人资格定义为:承担或可能即将承担缴纳税款责任的涉税当事人。

3. 裁定主体

鉴于预约裁定会引起税法归责模式的转换,将主要涉税风险由纳税人一方转移到税务机关一方,不符合税收征收管理改革的模式要求,因此,笔者赞同将实施税收事先裁定权力限定在国家税务总局和省级税务机关两级。省级税务机关实施预约裁定应由国家税务总局授权,并接受国家税务总局的指导。但国家税务总局不得更改省级税务机关已经做出的预约裁定。

4. 起草与公布

税收预约裁定制度需要在改善税法的适用,提升税法实际效力及公平性与保护申请人商业秘密之间求得平衡。可以考虑涉及解释与适用税法的裁定可以公布,以提升税法的适用效力;涉及计算税额的部分则不予公布,以利于对纳税人商业秘密的保护。

5. 约束力与异议

预约裁定应当对税务机关有约束力,对申请人不具备约束力,即只具备单方约束力。另外,对预约裁定结果不得进行复议,但作为例外,应当允许征纳双方就税务机关是否受理税收预约裁定产生的争议,对纳税人有利的错误裁定不应允许撤销或变更,产生的争议适用行政复议与行政诉讼程序。否则,会使税务机关拒绝受理而使该制度形同虚设,同时,因税收预约裁定虽然具有事先性,但具备最终的执行力,若没有法律救济的途径,难免对纳税人的合法实体利益产生负面影响。

## 八、关于第三方涉税信息提供制度

涉税信息是指对确定应纳税额具有直接或间接影响的各种数据、事实等信息,特别是有关收入、支出等计税依据的涉税信息,是依法征税的前提和基础。涉税信息来源于纳税人和与纳税人相关的第三方,第三方包括与纳税人交易的相对方(支付人)、金融机构、政府相关部门等。随着市场经济多种经济成分的不断涌现,经济数量规模、经济组织结构、纳税人经营核算方式和自然人纳税人数量等快速发展变化,信息不对称已成为制约税务部门征收管理的瓶颈。实践证明,第三方涉税信息对税收征收管理的作用越来越大，根据各国税收征收管理实践和发展趋势以及国内税制的改革要求，利用第三方信息治税已迫在眉睫。具体完善建议如下：

1. 通过立法推动建立涉税信息提供制度

建立第三方涉税信息报告制度是修订《税收征收管理法》需要解决的核心问题之一，在《征求意见稿》中，已经大大增加了关于信息报告的条款，但还需要再进一步细化。涉税信息提供制度具有丰富的内容，仅通过一个条文难以真正建立有效的涉税信息管理制度，而授权国务院制定涉税信息提供办法，由于受到法律层级的限制，其立法空间不大，难以突破《商业银行法》等其他上位法律对涉税信息提供的阻碍。因此，应当通过推动《税收征收管理法》的"大修"，就涉税信息的提供主体、提供内容、提供时限和法律责任等作出详细明确的规定。

2. 构建第三方涉税信息提供制度的基本框架和工作机制

第三方涉税信息提供制度构建的核心是涉税信息采集制度，包括涉税信息提供主体的范围、涉税信息提供的内容和涉税信息提供的时限等。概括来说，凡是掌握涉税信息的第三方都有向税务机关提供与征税相关信息的协助义务。这是因为税收具有公益性，其征收事关政府公共职能的行使和公共服务的提供。

3. 搭建网络传输应用平台，提供信息共享技术支撑

建议应尽快完善信息共享传递机制，以信息共享、互联互通为重点，大力推进国家电子政务网络建设。税务机关应抓住这一时机，积极争取当地政府支持，由政府督促民政、法院、工商、国土和社保等有关部门加快信息化建设，充分利用现有电子政务网络条件，组织搭建统一的跨部门信息共享平台。

4. 构建国际税收的涉税信息提供法律体系

要尽快修订我国《税收征收管理法》：一是要明确税务机关可以根据税收征收和管理需要，要求纳税人和包括金融机构在内的其他相关方主动提供境外涉税信息。二是要建立以终身唯一的纳税识别号为核心的自然人税务登记制度，构建纳税人各类涉税信息的逻辑关联，便于税务机关整合分析相关征收管理数据以及进行税收情报的分类检索。三是要明确通过情报交换机制从国外税务主管当局取得的税收情报与税务机关从国内取得的证据具有同等效力。四是要将税收保全和强制执行措施的适用范围扩大到非从事生产经营的自然人纳税人，增加税务机关对自然人税收违法行为的执法刚性。五是要强调税务机关可以获取纳税人金融账户涉税信息并开展国际税收情报交换。

5. 针对《征求意见稿》的立法建议

一是建议将第四章"信息披露"名称修改为"信息提供"。因为"信息披露"一

词内涵比较大，对于披露的主体和对象要求不确切，容易与上市公司披露证券发行信息等混淆，而第三方涉税信息提供仅对税务部门，不仅不能公开披露，而且还要严格保密使用数据。二是建议将所有与提供第三方涉税信息的内容整合在这一章里。应该包括以下内容：提供主体（与纳税人发生交易并向其支付款项的支付人、金融机构、相关政府部门）、提供对象、提供程序、涉税资料管理机构、提供标准、提供期限、保密规则、法律责任、监督机构、争议解决机制，以上内容为原则性叙述，具体操作规范可以在《税收征收管理法实施条例》中加以明确，或者参照韩国的做法，专门制定一部《第三方涉税信息提供管理条例》。

## 九、关于纳税人权利保护制度

我国《宪法》未直接规定纳税人权利。虽然《宪法》规定了保护公民财产权的内容，但难以直接适用于纳税人权利，这在客观上形成了《宪法》层面纳税人权利保护的缺失。

2015年3月修订的《立法法》第8条第6项规定："下列事项只能制定法律，（六）税种的设立、税率的确定和税收征收管理等税收基本制度。"这是税收法定原则在《立法法》层面的落实，可以给行政相对人实施具体行为以稳定性和确定性，对纳税人权利的保护至关重要。但是，《立法法》所确认的税收法定原则只涉及税收立法过程中的纳税人权利。

因此，纵观我国当前的法律体系，只有现行《税收征收管理法》第8条集中阐述了纳税人的各项权利。虽然《税收征收管理法》从根本上讲是一部程序法，但由于目前税收体制中有关实体的法律只限于单项法，而缺乏统管所有税种的基本法，因此，税收领域的基本法的缺位使《税收征收管理法》不得不兼顾到保护纳税人权利的实体性内容。

认识到纳税人权利保护的重要性，鉴于目前在征收管理过程中反映出来的问题，现行《税收征收管理法》第8条所规定的以及其他条款所涉及的纳税人权利可以进一步充实和完善。特别是在如何确保各项权利的落实上，部分发达国家已经通过长期探索和实践形成了成熟的理论基础与具体措施，值得分不同层级充分参考和吸纳。一是直接在《税收征收管理法》修订中从法律层面上加以借鉴；二是在具体操作层面上，通过《实施细则》乃至更为微观的规范性文件分级落实，以使中国的纳税人权利体系更加完整，相关保护制度更加完备，纳税人权利得到更好的保护。

通过研究国际经验可以看出，在纳税人权利体系构建以及确保各项法定权利的落实上，部分发达国家已经通过长期探索和实践形成了成熟的理论基础与具体措施，值得我国在立法过程中分不同层级充分参考和吸纳，以使我国纳税人权利体系更加完整，相关保护制度更加完备。

## 十、关于税收优先权制度

税收优先权，是指当纳税人欠缴税款与其他未获清偿债务同时存在，且其剩余财产不足清偿全部债务时，税收可以排除其他债权而优先受偿的权利。理论上一般认为，国家设立税收优先权有公益性与风险性两大理由。公益性理由是基于西方财政学理论而产生的，其认为税收是一种公共收入，是进行公共支出、提供公共物品的物质基础，基于公共需要的公共物品提供与私人需要的满足具有内在的一致性。如果税收债权不能受偿，就会影响国家财政支出与国家机关的正常活动，进而不利于国家利益、社会利益、个人利益的保障。因此，税收优先权的设置具有正当性。所谓风险性理由，是指税收作为一种缺乏对待给付的债权，本身存在风险性，需要税收优先权作为保障手段。若不规定税收债权相对于担保债权的优先性，纳税人在产生税收债务后又以其财产设定担保物权，劣后于担保债权的税收债权的清偿将难以得到保证。

税收优先权的设立旨在保障税收机关依法征收税款并保证税款及时入库，是行使国家公权力、维护国家财政利益的体现。但从立法论的角度分析，税收优先权并非亘古不变的真理，更不是理所当然的事情。如学者所言，由于税收的发生缺乏公示性和确定性，第三人无从知晓其存在及具体数额，税收优先权会对民事交易安全构成威胁，损害其他债权人的合理期待利益。另外，税收的公益性和风险性并不必然支持税收优先权。在世界范围内，税收优先权制度呈弱化趋势，有的国家甚至早已将其取消。实际上，澳大利亚早已废止了税收优先权的规定，事实证明这不仅没有给税收带来损害，反而促使征税机关积极运用税务保全、税收强制措施来保障税款及时征缴入库。不少国家和地区即便没有废止税收优先权，也在税收优先权的效力登记、适用范围、适用形式等方面呈现弱化的趋势。当然，立法论的分析只能供现行法律的修改完善以参考，现实问题的解决必须依靠解释论。

《税收征收管理法》对税收优先权的规定集中体现在第 45 条、第 46 条。其中，第 45 条前两款规定了税收债权对于无担保债权的税收优先权、税收债权与抵押权、质权、留置权之间的清偿顺位、税收债权与罚款、违法所得没收的清偿顺位，并在第 3 款对欠税公告制度进行了宣誓性的规定。第 46 条则规定了纳税人对于抵押权人、质权人的欠税情况告知义务以及抵押权人、质权人请求税务机关提供欠税信息的权利。具体评析和建议如下：

第一,我国一般意义上的税收优先权应否保留？基于我国具体情况考虑,现在就取消一般意义上的税收优先权还为时过早。但在不久的将来,随着我国纳税人诚信纳税意识的不断加强、征税机关执法水平和执法积极性的进一步提高以及全社会对依法纳税认识的不断提高,可以考虑逐步取消我国一般意义上的税收优先权。

第二,税收优先权与抵押权、质权的清偿顺位问题。建议以法定纳税期限(税款缴纳期限)届满作为税收优先权产生时间,以此判断税收债权与普通无担保债权的清偿顺位,即在税收优先权产生后,税收债权均优先于普通无担保债权清偿。在判断税收债权与抵押权、质权的清偿顺位时,虽然在法定纳税期限(税款缴纳期限)届满之日税收优先权产生,但只有在欠税进行公示后,税收债权才能获得优先于其后设立的抵押权、质权的清偿顺位,以此保护抵押权人与质权人的利益,维护私法交易安全。

第三,税收优先权与留置权的清偿顺位问题。建议无论税收债权与留置权谁先成立,留置权人都应优先于税收债权人受偿,以实现《税收征收管理法》与《物权法》之间的协调以及留置权的制度价值。

第四,欠税公示制度的问题。建议对欠税公告的现行立法宗旨进行修订,不可将之作用局限于保障国家税款的征收,而应更多地考虑私法交易安全的维护,并以此为出发点,对具体规则的设计进行完善。另外,应逐步完善抵押权人、质权人请求税务机关提供特定纳税人欠税信息的具体规则,增强其可操作性。

## 十一、关于税收举证责任制度

举证责任是指当事人对其主张,负有收集、提供证据并运用证据证明其主张成立的责任。由于现行《税收征收管理法》中并没有对税收举证责任制度作出规定,造成税收行政程序中的举证责任问题不够明确。在税收征收管理实践中,对举证责任的认识不统一,比较混乱。有时,税务机关对自己的举证责任过于苛求,影响国家税收利益的实现;有时,税务机关对自己的举证责任过于放任,造成对纳税人合法权益的侵害。应当在《税收征收管理法》中对于行政程序中的举证责任做出基本规定,在税务机关与纳税人之间,公正、合理地分配举证责任,这样才能促进税务机关规范检查取证工作,保障税收征收管理的顺利实施。

《税收征收管理法》中欠缺税收举证责任制度规定,还影响涉税行政诉讼实践,造成各地法院在涉税行政诉讼中对税务机关举证责任的把握不统一,同样的情形产生的诉讼结果经常不一致,影响司法的权威性,以及行政诉讼法对税收征收管理的保障作用。在《税收征收管理法》中规定税收举证责任制度,并不是排斥行政诉讼法规定的举证责任制度，恰好相反，是为了给涉税行政诉讼提供基础性依据，有利于法院在行政诉讼中准确界定税务机关与纳税人的举证责任，平等地保护国家利益和纳税人的合法权益。

现行《税收征收管理法》没有规定税收举证责任。《征求意见稿》第57条对税额确认的举证责任作出了规定，但存在不足，主要问题有：(1)未使用"举证责任"等术语；(2)未提出举证责任分配原则；(3)内容不够完整且有不合理之处；(4)表述不够清楚、严谨；(5)未规定扣缴义务人的举证责任。基于这些问题，提出以下几个基本建议：

1. 举证责任分配原则

税额确认实行"谁主张，谁举证"原则，主要理由有：(1)"谁主张，谁举证"原则是举证责任分配的理论基础，在行政程序中应予贯彻；(2)税收具有债权债务关系的属性，需要基本均衡的举证责任分配规则，才能维护债权债务关系的平衡性；(3)"谁主张，谁举证"原则有利于实现权力优势与信息优势之间的平衡；(4)行政诉讼法规定的对"行政行为"负举证责任不等同于对案件事实负举证责任，在行政程序中，案件事实的举证责任由行政机关和行政相对人依法分担；(5)"谁主张，谁举证"原则是两大法系行政程序法和税法中普遍适用的举证责任分配原则。

2. 举证责任概念的运用

在《税收征收管理法》中规定举证责任分配有充分的理由，完全可以明确使用"举证责任"或"证明责任"来表达举证责任的分配。而在"举证责任"与"证明责任"两者之间，"举证责任"一词更符合表述习惯、能使其与行政诉讼法的表述相一致，也符合国外通常做法，故建议使用"举证责任"的表述方式。

3. 证明对象、证明标准

证明对象、证明标准与举证责任分配密切相关。证明对象是落实举证责任的目标，应在规定举证责任时一并明确，但不需要使用证明对象一词。行政程序中的证明标准具有复杂多样性，当前并不具备在立法上加以规定的条件。

4. 扣缴义务人的举证责任

扣缴义务人同样应当对其扣缴税款报告、递交的资料、作出的税收承认等负责，除核定税额等与扣缴义务人无关的事项外，其他事项中扣缴义务人的举证责任与纳税人的举证责任原理一致，建议一并作出规定。

## 十二、关于税务行政强制制度

《行政强制法》于2012年1月1日起施行，是继《行政处罚法》《行政复议法》《行政许可法》之后又一部规范政府行政行为的重要法律，与税务机关关系重大。

如何适用《税收征收管理法》与《行政强制法》的相关规定，实现两法的顺利衔接，推动《税收征收管理法》修改，是一个重要现实课题。

税收强制与《行政强制法》衔接的基本原则是，除《行政强制法》明确规定可以适用部门法的例外规定之外，一律适用《行政强制法》的规定。主要有以下两点理由：

一是就行政强制制度而言，《行政强制法》具有统领作用。《行政强制法》对行政强制制度以法典的方式，对行政强制的定义、范围、原则、种类和设定、操作程序、例外规定以及法律责任等基本内容作出了纲领性规定。

二是《行政强制法》关于行政强制制度的规定，具有先进的行政法理念。《行政强制法》的首要立法目的是规范行政机关强制性权力的行使，以保护人权。

1.《税收征收管理法》关于税收保全措施的立法与《行政强制法》的衔接

(1)税收保全措施的种类。收缴发票应属于一种行政强制措施，即属于税收保全措施。应在《税收征收管理法》修改时予以明确。

(2)税收保全措施。第一，对听取当事人的陈述和申辩程序、现场笔录的制作程序等程序，以及查封、扣押发生的保管费用的承担，在《税收征收管理法》的修订时，必须依照《行政强制法》的规定进行。第二，税收保全措施的期限应在《税收征收管理法》进行6个月期限补充。

2.《税收征收管理法》关于税务行政强制执行的立法与《行政强制法》的衔接

(1)税务行政强制执行的种类。一是应当把税收滞纳金界定为对国家的补偿，是一种补偿性利息(孳息)。而不应界定为一种执行罚，即行政强制执行的方式。二是《税收征收管理法》第68条所规定的罚款应当界定为一种执行罚。

(2)税务行政强制执行的程序。

第一，催告与陈述、申辩程序。第二，税务行政强制执行的起始点。第三，执行和解与不予执行制度。上述内容进行《税收征收管理法》修订时，应按照《行政强制法》规定进行完善。

3. 关于税收滞纳金制度的立法选择

在《税收征收管理法》中把滞纳金界定为因纳税人或扣缴义务人的原因欠缴税款时对国家的补偿，应是一种合理权衡的选择。税收滞纳金制度设计的目的，主要还是强调滞纳金的补偿功能。有利于增加国家财政收入和保障税收滞纳金制度的公平与公正。此外，为了与《行政强制法》规定的滞纳金制度区分开来，使两法不存在冲突，可以将现行的“滞纳金”这一名称更名为“税收利息”或其他类似的称谓。

## 十三、关于纳税争议前置条件的完善

广义上的税收救济程序又叫税收争讼程序，包括税收复议程序和税收行政诉讼程序两种。虽同为救济程序，但二者的价值取向是不同的。在征纳双方争议税收前置条件的设置上，《征求意见稿》将税收复议前置条件中的清税前置条件后移到行政诉讼环节。

在《税收征收管理法》的修订中，保留"复议前置"条件，并对"清税前置"条件做出修改，使其既能够保证税款的及时入库，又能够回应纳税人的期盼，也即倾向于"废"的观点中的"有保留废除"。

保留"复议前置"的法律依据及必要性。一是具有明确的法律依据；二是具有丰富的立法实践；三是有助于提高税务机关的行政效率；四是可以节约税收案件对司法资源占用；五是与多数国家在税收争议过程中的通行做法相一致。

取消"清税前置"的可行性。一是可以较好回应纳税人的关切；二是可以消除"清税前置"的弊端；三是可以通过加强制度设计避免纳税人的恶意诉讼；四是更能够与"税收债务关系说"的理念相适应。

建议对《征求意见稿》第 126 条做出如下修改，"纳税人、扣缴义务人、纳税担保人同税务机关在纳税上和直接涉及税款的行政处罚上发生争议时，可以依法申请行政复议；对行政复议决定不服的，可以依法向人民法院起诉"。同时，与取消纳税争议"清税前置"配套的《税收征收管理法》相关条款修订也应跟进调整，特别是在纳税争议"复议前置"期间所涉及税款滞纳金或税收利息应区别对待。可在《征求意见稿》第 59 条，增加申请税务行政复议期间涉及税款，免于加收复议期间税收利息的表述。

# 《税收征收管理法》修订的基本取向及建议

李万甫[*]　何小王[**]　李才波[***]

2015年1月5日，国务院法制办公布了《税收征收管理法修订草案（征求意见稿）》（以下简称《征求意见稿》），向全社会公开征求意见，这标志着《税收征收管理法》的修订已经进入实质阶段。在我国全面深化改革的大背景下，如何确定《税收征收管理法》的发展方向，是关乎修法成功与否之关键。

## 一、修订《税收征收管理法》的基本取向

### （一）适应深化税制改革要求

通过党的十八届三中全会《中共中央关于全面深化改革若干重大问题的决定》确定的税制改革任务，深化税制改革进入攻坚阶段。推进税制改革，急需税收征收管理措施的配套。否则，税制改革的进程将会受到很大影响，甚至难以实施。因此，《税收征收管理法》的修订应当前瞻税制改革的内在要求和发展趋势，构建一个能够适用税制改革的新型税收征收管理体制。此次《税收征收管理法》修订的重中之重，是解决深化税制改革的征收管理保障问题，这也是当前加快推动《税收征收管理法》修订的直接动因。

全面推进深化税制改革的各项任务，都不同程度地急需加快税收征收管理措施的配套，特别是个人所得税

---

* 国家税务总局税收科学研究所。

** 湖南长沙税务干部学院。

*** 广东省国家税务局稽查局。

综合申报制改革、房地产税的立法与实施等,对现行税收征收管理制度和措施都提出了新挑战。《征求意见稿》中反映出了一定层面的税制改革诉求,例如,纳税人识别号制度的建立、金融信息的提供和披露、税收强制措施扩大到自然人范围等。

但是,与深化税制改革的要求相比,部分相关条款的规定显得针对性不强、可行性较差,未能充分体现税制改革在征收管理层面的诉求,还不能够为实施税制改革提供有效的征收管理保障。例如,对金融机构信息提供义务的规定,仍难以满足税务机关全面、及时掌握纳税人涉税资金信息的需要,对房地产税征收所需要的征收管理措施体现得还不够充分。

**(二)切实体现税收治理现代化的内在要求**

党的十八届三中全会明确提出,改革发展的总目标是推进国家治理体系和治理能力现代化,并提出到2020年形成完备的制度体系。顺应国家改革发展战略的需要,结合税收工作实际,国家税务总局提出了税收现代化的战略构想,并成为指导未来税收工作的总纲领。《税收征收管理法》作为税务机关执行法律、履行职责的基本法律规范,其修订也应当体现出新时期税收工作的基本要求。

《征求意见稿》第1条增设了"推进税收治理现代化",作为立法宗旨和目的。但随后的具体条款对这一立法宗旨的体现显得不够充分,揭示税收治理现代化的内在要求明显不足,使这一表述的加入显得可有可无,对整个《税收征收管理法》修订的指导作用显得苍白。

尽管当前对税收治理现代化的研究成果和实践经验有待进一步探索与挖掘,但其已有共识和做法应当予以吸收。例如,治理现代化所强调的治理主体多元化问题,现实税收征收的行政协助问题,都是推进税收治理现代化面临的重要课题。《征求意见稿》第5条规定的政府、有关部门和单位的税收协助义务,显得过于原则、可操作性不强。例如,关于公安部门的协助以及金融机构的协助规定,尚需要明确和强化。长期以来,困扰税收执法的地方政府干预问题,也体现得还不够充分。应当在《税收征收管理法》相关条款中明确不得强制分派税收任务、实现税务机关的经费独立、强化税收行政协助、加强部门间的协作和协调等。

**(三)实现与其他法律之间的衔接配套**

只有正确处理《税收征收管理法》与其他相关法律的衔接配套问题,避免法律之间出现抵触、脱节、歧义等现象,才能保障税收征收管理制度的顺利运行。

《征求意见稿》第3条确立了税收法定原则,加强了与《立法法》的衔接;第七章加强了与《行政强制法》的衔接,增加了对民商法规定的衔接和运用,部分解决了现行《税收征收管理法》与《行政强制法》相冲突,与民商法相脱节的问题。但是,《征求意见稿》在与其他相关法衔接配套方面仍然存在不足。例如,第 3 条对税收法定原则落实仍不到位;仍然使用“税收保全措施”“强制执行措施”等与《行政强制法》不一致的概念;税款追征规则有背离《公司法》《物权法》《民法通则》等所确立的基本民事责任制度问题;欠缺与其他部门行政法之间衔接配套的必要规定。

**(四)加强纳税人权利保护、体现纳税服务的理念和要求**

近年来,税收实践中推出了许多保护纳税人合法权益、优化纳税服务的举措,就构建现代税收征收管理体制进行了有益探索。

《征求意见稿》第 11 条增加了纳税人参与税收立法活动的权利规定,第 32 条强化了对纳税人金融信息的保密要求,第 39 条及相关条款关于修正申报的规定,增强了纳税人纳税申报的自主性。这些新增的规定都有利于纳税人合法权利的实现。但是,《征求意见稿》中强化纳税人合法权利保护的条款仍然偏弱,应当明显增加、强化纳税人基本权利保护规定;应当注重将纳税人权利保护与税收执法权力行使有机结合,相互衔接;需要更充分地反映税务机关纳税服务的理念和要求。

**(五)要注重权利、义务和责任相一致**

法律法规的严肃性依靠其“罚则”的刚性执行来维护,如果不设定违法行为的法律责任,违法行为得不到纠正和惩处,相关权利义务关系就难以有效维护。应当注重法律责任的设定是否系统、严密,是否与权利义务规定相配合。

《征求意见稿》第九章增加、修订了部分法律责任条款,特别是对于过失行为的法律责任规定,逃税、抗税、骗税等部分法律责任标准的调整,吸取了长期税收实践的经验教训,对于完善税收法律责任体系很有意义。

但是,第九章构建的税收法律责任体系仍有较多需要改进的地方。比较突出的问题有:部分新规定的制度没有设定相应的法律责任;法律责任条款之间存在重叠、脱节等不够协调的现象;有的法律责任规定未能更好地落实过罚相当原则;部分条文表述方式上存在不够协调的现象。

**(六)合理借鉴国外先进的税收征收管理理念和制度**

将国外较为先进的税收征收管理理念和制度吸收到《税收征收管理法》中,有利于加快我国税收征收管理现代化步伐。但是,学习借鉴不等于照搬照抄,需要结合中国国情批判地吸收。

《征求意见稿》在建立统一纳税人识别号、信息披露制度、税额确认制度、修正申报制度等方面,均较好借鉴了国外的经验,并针对我国国情作了必要的调整。但是,在借鉴国外经验方面,有一些问题存在争议,需要进一步探讨。例如,修正申报是否免除法律责任问题,《征求意见稿》中规定应予处罚,而德国、日本等国家通常实行免责。税额确认制度中,如何建立有效的监控机制,防止税额确认中的随意性,也需要进一步讨论。此外,税收征收管理的国际合作机制在《征求意见稿》中体现得还不够充分。

## 二、对《征求意见稿》具体条款的修改建议

### (一)第3条

原文:

> 国家税收的基本制度由法律规定。
>
> 税收的开征、停征以及减税、免税、退税、补税,依照法律的规定执行;全国人民代表大会及其常务委员会决定授权国务院规定的,依照国务院制定的行政法规的规定执行。
>
> 任何机关、单位和个人不得违反法律、行政法规的规定,擅自作出税收开征、停征以及减税、免税、退税、补税和其他同税收法律、行政法规相抵触的决定;除法律、行政法规和国务院规定外,任何单位不得突破国家统一税收制度规定税收优惠政策。

建议改为:

> 税种的设立、税率的确定和税收征收管理等税收基本制度,由法律规定。
>
> 尚未制定法律的,国务院根据全国人民代表大会及其常务委员会授权制定的行政法规继续执行。
>
> 任何机关、单位和个人不得违反法律、行政法规的规定,作出税收开征、停征以及减税、免税、退税、补税和其他同税收法律、行政法规相抵触的决定,不得改变国家统一的税收征收管理制度,不得突破国家统一税收制度规定税收优惠政策。

理由在于,《征求意见稿》第3条存在以下问题:

1. 不合逻辑

3款之间没有遵循同一逻辑,没有把税收基本制度的立法权交代清楚。第1款规定立法权,第2款规定执法要求,第3款规定禁止性事项。根据第1款,税收

基本制度由法律规定；根据第 2 款，执法时承认行政法规的创设权；根据第 3 款，不禁止“国务院规定”的创设权。3 款之间产生逻辑矛盾，产生第 2 款否定第 1 款、第 3 款否定第 2 款的效果。

2. 背离税收法定原则

税收基本制度属于法律保留事项，虽然存在授权立法，但国务院不宜制定新的税收暂行条例。第 2 款没有反映出立法上这一趋势和要求。而第 3 款中似乎有“国务院规定”可突破统一的税收法律、行政法规之意，更加背离了税收法定原则。

3. 背离了《立法法》的修改

2015 年《立法法》修订进一步明确了税收立法权，规定“税种的设立、税率的确定和税收征收管理等税收基本制度”由法律规定。《税收征收管理法》中的表述应当保持一致。税收征收管理制度也属于税收基本制度，其立法应受到严格控制，但《征求意见稿》没有反映这方面的要求。长期以来，税收征收管理制度上的多变性、随意性，对纳税人构成重大影响。

**（二）第 24 条第 2 款**

原文：

> 纳税人、扣缴义务人使用征纳双方认可的电子凭证，可以作为记账核算、计算应纳税额的依据。

建议改为：

> 纳税人、扣缴义务人可以使用电子发票作为记账核算、计算应纳税额的依据。
>
> 不符合规定的凭证，不能用于税前列支、抵扣税款、出口退税。

理由：

这里突破了发票使用管理的统一要求，将电子凭证使用普遍化。但这里的电子凭证包含哪些东西，有何要求？是从严管理，还是放开使用？如果从严管理，则需另行立法界定可以作为记账凭证的电子凭证的范围和要求，可能演化出新的行政许可或审批事项。如果放开使用，而在具体工作中由“征纳双方认可”，则随意性过大，产生重大的国家税收风险和税务人员执法风险。

发票的使用和管理，当前及今后一段时期仍然是我国税收管理的一块基石，

《刑法修正案(八)》和新《发票管理办法》仍然强化了发票的使用和管理要求。但同时也应当注意到,随着电子信息技术的发展应用,传统的纸质发票确实已不能完全适用科技和社会发展的要求,应当加以改进,建立电子发票制度。

**(三)第31条第2款**

原文:

单次给付现金达到五万元以上的,应当于五日内向税务机关提供给付的数额以及收入方的名称、纳税人识别号。

建议改为:

单次给付现金达到五万元以上的,应当于次月纳税申报时向税务机关提供给付的数额以及收入方的名称、纳税人识别号。

理由:

无论是从保障税款征收的角度还是方便纳税人的角度考虑,没有必要规定5日的期限。在目前现金流较大的交易习惯下,在信息披露程序(技术支撑)、途径还不够便捷和完善的现实情形下,5日的期限增加了纳税人的负担和法律风险,在实践中操作起来也比较困难。

**(四)第六章**

本章规定了关于"税额确认"的内容,大部分条款是新增设的,有以下问题需要认真对待:一是"税额确认"的名称。在税收征收管理实践中与之相关的内容是作为"纳税评估"去执行的。因此,有必要区别"税额确认"与"纳税评估"的关系,是否意味着今后不再采用"纳税评估"的概念?二是"税额确认"的范围。单从本章第47条、第50条的表述看,税额确认的范围似乎仅限于纳税申报,而从本章第50条、第51条的表述来看,税额确认的范围又包含税额核定和特别纳税调整。

建议:

一是增加一个条款,专门明确"税额确认"的范围、含义。

二是将"税额确认"改为"税额评定",与现行的纳税评估制度相衔接。

三是明确"税额确认"的证明责任如何合理有效地在税务机关和纳税人之间分配。

**(五)第57条**

原文:

对税务机关进行的税额确认，纳税人应当证明其纳税申报的真实性、合法性。

纳税人对其提供的发票等会计凭证、账簿、报表、完税凭证以及其他有关涉税资料中所记载数据、记录及其他相关事实的真实性、完整性和准确性负责。

税务机关在税额确认中对纳税人应纳税额作出调整且纳税人已经履行本法规定的协助义务的，税务机关应当对使用的纳税人账簿、文件、记录、其他资料的数据信息的来源及计算方法、确认方法、依据负责，对其所使用的其他方面数据信息来源的合法性负责；有关提供方对其提供信息的真实性、准确性负责。纳税人对税务机关来源于第三方信息的真实性、完整性有异议的，应当告知相关第三方修改提交信息。

纳税人对税务机关按照第五十条规定核定应纳税额有异议的应当提供相关证据。

建议改为：

纳税人对纳税申报的合法性以及向税务机关提供信息和材料的真实性承担证明责任。

纳税人申报应纳税额后主张申报有误，提供信息和材料后主张提供有误的，应当就其主张承担证明责任；税务机关根据纳税人提供的信息和材料调整其应纳税额的，应当对调整的合法性承担证明责任；税务机关根据另行收集的信息和材料调整纳税人应纳税额的，应当对另行收集的信息和材料的真实性和调整的合法性承担证明责任。

纳税人对税务机关按照第五十条规定核定应纳税额有异议的，应当提供相关证据。

税务机关可以要求纳税人就取得的财产是否已经履行税收义务提供证明，纳税人不能证明的视为未履行税收义务。

理由：

第57条实质上是在界定税务机关、纳税人的证明责任。该条试图针对税收的特殊性，突破行政机关承担证明责任的一般原则，将部分证明责任交给纳税人。但第57条的表述并不通俗易懂，甚至有些晦涩，难以理解。而其中的证明责任的分配,有合理之处,也有不合理之处。

税收以纳税人自行申报为基础。纳税人有义务如实、依法申报纳税,向税务机关提供涉税信息和材料。纳税人应当担保其申报的税额是正确的,担保其向税务机关报告的信息和材料的真实性。因此,如果税务机关接受、认可纳税人的申报,则税务机关不需要对自己的征税行为承担证明责任。纳税人一旦向税务机关申报了税额,事后又反悔的,应当对其反悔事项承担证明责任;纳税人一旦向税务机关提供了涉税信息和资料,事后又否定其真实性的,应当对其否定事项承担证明责任。

如果税务机关接受、认可纳税人提供的信息和材料,只是根据这些信息和材料,调整纳税人申报的应纳税额,则税务机关不需要对纳税人提供的信息和材料承担证明责任,而只需要对调整事项,即在纳税人提供的信息和材料基础上,如何正确适用税法计算应纳税额承担证明责任。

《征求意见稿》第3款的含义似乎是,税务机关另行收集信息和材料调整纳税人应纳税额,只需要就收集的信息来源作出说明并就税额计算的正确性承担证明责任,如果税务机关取得的信息和材料本身有误,税务机关不承担查证的责任,而由纳税人自己找信息提供方更正向税务机关提供的信息。这样做是很不公正的,无法被纳税人、法院接受,现实中也无法操作。税务机关否定或部分否定纳税人提供的信息和材料,即提出了与纳税人申报情况不一致的事实主张,税务机关如何能够不承担其所主张事实的证明责任,而只需要告诉纳税人信息和材料的来源即可呢?要求纳税人去找第三方更正信息在实际中如何操作?这样的规定,显得很不合理。

纳税人应当妥善取得和保管其财产的涉税资料,当税务机关发现纳税人取得某项财产后,如果纳税人拒绝说明财产来源,不提供有关资料,税务机关通常无法查明该财产来源及其是否已经履行税法义务,这在个人所得税征收管理中尤其突出。需要将纳税人取得和保管其财产涉税资料的义务,落实为其证明责任,才能公正维护国家税收利益。

**(六)第73条第1款**

原文:

> 税务机关征收税款,税收优先于无担保债权,企业破产法另有规定的除外;纳税人欠缴的税款发生在纳税人以其财产设定抵押、质押或者纳税人的财产被留置之前的,税收应当先于抵押权、质权、留置权执行。

建议改为：

税务机关征收税款，税收优先于无担保债权，法律另有规定的除外；纳税人欠缴的税款发生在纳税人以其财产设定抵押、质押或者纳税人的财产被留置之前的，税收应当先于抵押权、质权、留置权执行。

理由：

《征求意见稿》规定与其他法律的规定相抵触。一是除《企业破产法》外其他法律也有例外规定。实践中，某些民事债权虽然没有物的担保，但为了保障当事人的最低生活需求或为了社会稳定，在法律作出明确规定的情况下，可以优先于税收债权受偿，但是，这些权利并不仅在《企业破产法》中明确，例如，我国《商业银行法》第71条第2款规定：商业银行破产清算时，在支付清算费用、所欠职工工资和劳动保险费用后，应当优先支付个人储蓄存款的本金和利息。二是国家将来很可能制定其他涉及职工工资、劳务费用、劳动保险费用、人身伤亡赔偿费用、个人储蓄、证券投资资金和清算费用方面的法律限制税款优先权，仅限于《企业破产法》的表述显得过于僵化，也无法全部概括。

**（七）第86条**

原文：

因纳税人、扣缴义务人过失造成少报、少缴税款的，税务机关在五年内可以要求纳税人、扣缴义务人补缴税款。

对未办理纳税申报以及逃避缴纳税款、抗税、骗税的，税务机关在十五年内可以追征其未缴或者少缴的税款或者所骗取的税款。

纳税人欠税超过二十年，税务机关执行不能的，不再追征。

建议增加第4款：

本条规定的期限，从违法行为发生之日起计算；违法行为有连续或者继续状态的，从行为终了之日起计算；纳税人超过期限自行缴纳税款的，所缴税款不予退还。

理由：

税收违法行为的处罚时效一般为5年，违法行为处于连续、继续状态的，从行为终了之日起计算。因而,有时税务机关可以对超过 5 年但处于连续、继续状态的违法行为实施行政处罚。但过去对于税款追征时效没有连续、继续状态的规定,超过一般追征时效的税款是否追征成为一个有争议的问题。如果税款追征不考虑连续、继续状态,则会出现一些超过时效的行为,可以处罚但不能追征税款,这样的现象极不合理。

此外,现实工作中还经常出现超过追征时效,纳税人自行缴纳税款的现象,超过追征时效后纳税人自行缴纳税款是否有效的问题,也需要明确。这在不动产转让领域尤为突出,不动产转让行为产生的应纳税款,因未办理产权过户手续而未发现,待办理产权过户时已过追征时效,纳税人为取得产权过户登记而自行缴纳税款,这样的缴税行为是否有效,或者是否需要缴纳税款后才能获得产权登记权利,这方面产生过不少争议。

**(八)第 104 条第 1 款**

原文:

> 纳税人、扣缴义务人办理了纳税申报或者税务机关向纳税人、扣缴义务人送达了税额确认通知书,但在规定期限内不缴或者少缴应纳或者应解缴的税款,经税务机关责令限期缴纳,逾期仍未缴纳的,税务机关除依照本法第六十四条的规定采取强制执行措施追缴其不缴或者少缴的税款外,可以处不缴或者少缴的税款百分之五十以上三倍以下的罚款。

建议删除。

理由:

一是违背《行政强制法》。纳税人、扣缴义务人欠缴税款,应当依法强制执行,而不能通过行政处罚来代替强制执行,或通过行政处罚来威逼当事人。对应当强制执行的行为实施行政处罚,《行政强制法》没有这样的规定。行政强制和行政处罚原则上不并用,也是行政法的基本原理。

二是与《征求意见稿》第 100 条不协调。第 100 条规定对欠缴税款而发生转移、隐匿财产行为的,给予罚款;这里又规定欠缴税款,没有转移、隐匿财产行为的,也给予同样的罚款。两条规定放在一起时,明显显得不公正、不合逻辑。

三是不具有现实可行性。《征求意见稿》第 104 条是对现行《税收征收管理法》第 68 条的修改。现行《税收征收管理法》第 68 条是一个不具有现实可行性的条款,在实际工作中,几乎没有税务机关根据第 68 条处罚过纳税人。一个重要原因在于,这种情况下,税务机关能够将欠缴的税款执行到位已然困难,另行罚款没有意义,也执行不了。

**(九)第107条第1款和第108条第1款**

原文:

> 第一百零七条　伪造、变造发票的,由税务机关没收违法所得和作案工具,处五十万元以下的罚款;非法买卖、非法代开发票的,由税务机关没收违法所得,处五十万元以下的罚款;涉嫌犯罪的,移送司法机关依法处理。
>
> 第一百零八条　虚构、虚增交易,开具或者接受与经营交易事实不符的发票或者抵扣列支凭证的,构成虚开发票。

建议删除第107条第1款"非法代开发票"的表述,将其纳入第108条第1款虚开发票的范畴。

建议将第108条第1款修改为:

> 虚构、虚增交易,开具或者接受与经营交易事实不符的发票或者抵扣列支凭证的;进行了经营交易,将发票或者抵扣列支凭证开具给非交易对象的第三方的;进行了经营交易,让他人为自己代开或者接受代开发票或者抵扣列支凭证的,构成虚开发票。

理由:

一是将非法代开发票区别于虚开发票,使行政执法与刑事司法上对虚开的认定不一致。《最高人民法院关于适用〈全国人民代表大会常务委员会关于惩治虚开、伪造和非法出售增值税专用发票犯罪的决定〉的若干问题的解释》(法发〔1996〕30号)第1条规定"进行了实际经营活动,但让他人为自己代开增值税专用发票"属于虚开增值税专用发票,而修订草案将两者分开,不利于行政执法与刑事司法在认定上的衔接。

二是虚开发票是当前涉税违法犯罪的毒瘤和顽疾。一方面,由于逃税的需要,形成了大量的"买方市场";另一方面,形成了骗取出口退税的重要来源,直接造成大量的骗税行为。税收实践中,对发票进行先比对后抵扣的严格管理下,非法代开发票成为所有虚开发票的源头,如果没有非法代开发票而形成的进项抵扣来源,就很难产生后续的虚构虚增业务的虚开发票行为。因此,非法代开发票是虚开发票的一个重要表现形式和总源头,应当列入重点打击对象。税收实践中,确实大量存在“进行了实际经营交易，让他人为自己代开发票或者接受代开发票，或者将发票开具给非交易对象的第三人”的情形，这也是当前税务检查部门定性处理的一大难题。若不把非法代开发票所有利益方纳入虚开发票进行打击震慑，将给“以票控税”的税收秩序造成更大冲击。

**（十）第132条**

原文：

当事人对税务机关的处罚决定逾期不申请行政复议也不向人民法院起诉、又不履行的，作出处罚决定的税务机关可以采取本法第六十四条规定的强制执行措施，或者申请人民法院强制执行。

建议改为：

当事人逾期不履行行政处罚决定的，作出行政处罚决定的税务机关可以采取下列措施：

（一）另行作出加处罚款决定书，每日按罚款数额的百分之三加处罚款；

（二）采取本法第六十四条规定的强制执行措施；

（三）逾期不申请行政复议也不向人民法院起诉、又不履行的，申请人民法院强制执行。

理由：

把“逾期不申请行政复议也不向人民法院起诉、又不履行”作为行政强制执行的条件是不妥当的，《行政处罚法》和《行政强制法》都没有规定这样的条件。这样的条件出自《行政诉讼法》，是《行政诉讼法》规定的人民法院受理行政机关强制执行申请的条件。但当事人的自动履行或行政机关的行政强制执行条件，并不需要与人民法院受理条件相一致。《税收征收管理法》如果赋予税务机关对罚款的强制执行权，就应当遵循《行政处罚法》和《行政强制法》的规定，而不是参照《行政诉讼法》规定。

从实际效果上来看，如果税款遵循《行政强制法》实施强制执行，而罚款要等到行政诉讼起诉期限届满后（根据修改后的《行政诉讼法》，行政诉讼的起诉期限由3个月延长到6个月，且还有一些法院批准延期的情形）才能强制执行，与税款的强制执行时间明显不一致，势必引起执行混乱。

另外,在行政处罚决定书中直接规定加处罚款,而实际上绝大多数情况下该罚款又没有执行,这也会产生执法风险。故可在这里一并明确这个问题,将加处罚款作为事后根据原因和过错另行决定加处的事项。

**(十一)其他立法技术和部分语言表达的建议**

1.第6条第2款

原文:

> 税务机关不得擅自改变已经生效的行政决定。

建议改为:

> 非因法定事由并经法定程序,税务机关不得改变已经生效的行政决定。

2.第62~70条

建议:

> 将"税收保全措施"和"强制执行措施"修改为"行政强制措施"和"强制执行方式"。

理由:

"税收保全措施"和"强制执行措施"都是行政强制法制定前使用的概念,有税收的特点,但也产生了一些混淆。例如,实施强制执行时查封、扣押纳税人的财产,把这种措施叫作"税收保全措施"似有不当。《行政强制法》实施后,税收上也没有必要特立独行,应当尊重《行政强制法》的统一要求,使用《行政强制法》中的统一概念。并且,使用《行政强制法》上的统一概念,对于《税收征收管理法》相关条款的表述毫无影响。

3.第76条

原文:

> 税务机关扣押商品、货物或者其他财产时,必须开付收据;查封商品、货物或者其他财产时,必须开付清单。

建议改为:

税务机关扣押商品、货物或者其他财产时,应当开付收据;查封商品、货物或者其他财产时,应当开付清单。

4. 第82条
原文:

公司解散未清缴税款的,原有限责任公司的股东、股份有限公司的控股股东,以及公司的实际控制人以出资额为限,对欠缴税款承担清偿责任。

建议改为:

公司解散未清缴税款的,原有限责任公司的股东、股份有限公司的控股股东,以及公司的实际控制人以认缴出资为限,对欠缴税款承担清偿责任。

5. 第88条第5项
原文:

到车站、码头、机场、邮政企业、及其分支机构检查纳税人托运、邮寄应纳税商品、货物或者其他财产。

建议改为:

到车站、码头、机场、邮政和其他物流企业及其分支机构检查纳税人托运、邮寄应纳税商品、货物或者其他财产。

理由:
现代物流业的发展,除邮政外,涌现了大量的其他物流企业,也需要一并纳入检查范围。

6. 第 97 条第 3 款

原文：

> 第一款所称采取欺骗、隐瞒手段是指下列情形：
> (一)伪造、变造、转移、藏匿、毁灭账簿凭证或者其他相关资料；
> (二)编造虚假计税依据，虚列支出或者转移、隐匿收入；
> (三)骗取税收优惠资格；
> (四)法律、行政法规规定的其他情形。

建议删除。

理由：

一是执法实践中，逃税手段花样众多，上述描述不可能穷尽所有手段。二是最高人民法院还未对此作出司法解释，税务机关据此作出的定性判断如果和司法机关不一致，会产生执法风险。三是可以考虑在实施细则中进行进一步明确。

7. 第 101 条

关于骗税的具体规定过于细致，与相关条款结构上显得不协调。建议将具体规定在实施细则中予以明确。

8. 第 131 条

该条属于税额确认的内容，建议列入第六章第 57 条之后。

# 落实税收法定原则与《税收征收管理法》修订

李万甫[*]　何小王[**]

落实税收法定原则是《中共中央关于全面深化改革若干重大问题的决定》的一项重要内容，是推动人民代表大会制度与时俱进、加强社会主义民主政治制度建设的重要举措。

修订《税收征收管理法》，应当贯彻落实中共中央决定的要求。应当以落实税收法定原则作为修订《税收征收管理法》的基本准则和所需达至的重要目标；应当通过《税收征收管理法》相关条款的修改，进一步明确税收法定原则的基本内涵；应当从税收法定原则的视角，全面审视《税收征收管理法》的各项具体制度，确保遵循税收法定原则。

## 一、税收法定原则的产生及实现路径

### （一）西方税收法定主义宪政思想和制度的起源

税收法定主义成为西方重要的宪政思想和制度，与一系列重大历史事件和历史文件有关。[①]

---

* 国家税务总局税收科学研究所。

** 湖南长沙税务干部学院。

① 以下关于英国大宪章运动、英国革命、美国独立战争、法国大革命的基本史实，参见[英]温斯顿·丘吉尔：《英语国家史略》（上册），薛力敏、林林译，新华出版社1983年版；周一良、吴于廑主编：《世界通史资料选辑》近代部分，商务印书馆1983年版。本文引用的《大宪章》《权利法案》《独立宣言》《美国宪法》《人权宣言》条文，均下载自北大法宝（www.pkulaw.cn）。

1. 英国《大宪章》和《权利法案》

公元1199年,英王约翰继位。在他的统治前期,英国在欧洲大陆上的领土大多被法国占领,为了争夺被法国占领的领土与法国发生战争,约翰国王不顾原有封建习惯,大量开征各种税收捐助、没收贵族财产,最终迫使部分英国贵族为了保护自己的权利而联合市民阶层武装反抗。1215年年初,主要来自北方各郡的贵族在伯拉克利公开拒绝向国王行效忠礼,国王与贵族的战争开始。同年5月,国王被迫与25名男爵代表在兰尼米德草地上签署了《大宪章》。

1215年颁布的《大宪章》原文为拉丁文,并未区分条款。1759年英国法学家布莱克斯通给各条款加了序号,共63条,这些序号沿用至今。《大宪章》对国王的权力进行限制,重点就是对征税权的限制。《大宪章》第12条规定:"除下列三项税金外,设无全国公意许可,将不征收任何免役税与贡金。即赎回余等身体时之赎金(指被俘时)。策封余等之长子为武士时之费用。余等之长女出嫁时之费用——但以一次为限。且为此三项目的征收之贡金亦务求适当。关于伦敦城之贡金,按同样规定办理。"第14条规定:"凡在上述征收范围之外,余等如欲征收贡金与免役税,应用加盖印信之诏书致送各大主教、住持、伯爵与男爵指明时间与地点召集会议,以期获得全国公意。"第15条规定:"自此以往,除为赎还其本人之身体,策封其长子为武士,与一度出嫁其长女以外,余等不得准许任何人向其自由人征取贡金。而为上述目的所征收之贡金数额亦务求合乎情理。"第25条规定:"一切州郡,百人村,小镇市,小区——余等自己之汤沐邑在外——均应按照旧章征收赋税,不得有任何增加。"此外,《大宪章》还在许多条款中对国王相关权力加以限制,以防止国王通过各种方式额外征收赋税、增加劳役等。

约翰国王并不愿遵守《大宪章》,数星期后即宣布废除《大宪章》。后来的历任国王也经常避开、破坏《大宪章》的规定,但历任国王也多次重新发布宪章,尽管内容常被删减,但均以1215年的《大宪章》为基础。《大宪章》成为影响英国和世界历史、奠定国家治理宪政基础的重要文件。

在斯图亚特王朝开始统治英国后,英王竭力强化王朝专制统治,试图通过开征新税增加收入。因议会不合作,查理一世于1629年解散议会,11年没有召集国会,而用罚款方式向人民单独劝捐及收取造船费等办法来筹集经费。1639年苏格兰人发动起义,为筹措军费,查理一世被迫于1640年召开国会。这届国会存在时间不足1个月就被查理一世解散,史称"短期国会"。1640年11月,为向苏格兰起义者支付费用,查理一世只得再次下令召开新国会。这届国会存续至1653年,史称"长期国会"。"长期国会"成为反对查理一世的政治领导中心,历史上就把"长期国会"召开的1640年作为英国革命的开始。经过克伦威尔统治时期,到

"光荣革命",英国正式确立了君主立宪制的宪政体制。在此期间,议会制定了一系列重要的宪法性文件,包括《人身保护法》(1679)《权利法案》(1688)《王位继承法》(1701)。

《权利法案》即《国民权利与自由和王位继承宣言》,其第1条规定:"凡未经议会同意,以国王权威停止法律或停止法律实施之僭越权力,为非法权力。"第4条规定:"凡未经国会准许,借口国王特权,为国王而征收,或供国王使用而征收金钱,超出国会准许之时限或方式者,皆为非法。"《权利法案》内容并不多,只有简短的13条,但确立了议会所拥有的权力高于王权的原则,标志着君主立宪制开始在英国的确立,也奠定了税收法定主义的思想和制度基础。

2. 美国《独立宣言》和《宪法》

英国殖民北美主要通过殖民特许状和殖民地合约来实施其统治。通过获得殖民特许状成立的殖民地又分为公司型殖民地和领主型殖民地。公司型殖民地中,公司在殖民地代表英国王室的利益,而作为回报,英国王室赋予各公司从开拓殖民地中获取利益的激励措施和通过支配公司自身财富与势力来管理殖民地事务的权力。领主型殖民地则赋予了殖民者在英国王室所赋予的殖民地范围内拥有广泛的土地所有权及相当于国王权力的一种封建统治特权。殖民地合约则是由殖民者通过签订合约的形式而建立的殖民地。

英国政府只对殖民地征收关税,而不在殖民地内部直接征税,殖民地内部征税权属于殖民地自治权。1765年,英国国会通过了《印花税法》,开始在美洲内部直接征税。印花税的开征激起了各殖民地的反抗,1765年10月,9个殖民地的28位代表在纽约召开大会,通过了《权利与自由宣言》,宣称只有殖民地的议会才有权决定征税。英国议会被迫于1766年3月撤销了《印花税法》。为了向殖民地征税,英国议会还于1767年通过了《唐森德税法》,也因殖民地抵制而于1770年撤销。为了表明自己享有在北美殖民地征税的权力,英国议会于1773年通过了《茶叶税法》,向东印度公司征收茶叶税并赋予其在北美销售茶叶的专营权。《茶叶税法》激起了殖民地的激烈反抗,引发了著名的"波士顿倾茶事件"。1774年,北美独立战争爆发。1781年,美国、法国联军攻下英军最后据点约克镇,独立战争结束,1783年英美签订巴黎和约,英国正式承认美国独立。

独立战争进行期间的1776年7月4日,大陆会议通过了由托马斯·杰斐逊执笔起草的《独立宣言》,宣告了美国的诞生。《独立宣言》中控诉了英国"未经我们同意即向我们开征赋税",这就是著名的"无代表不纳税"原则。这一原则与《英国大宪章》《权利法案》所确立的税收法定主义原则是一脉相承的。事实上,在英国直接向殖民地征税之前,殖民地也常奉英国政府的请求,向英国捐输大量金钱,数额甚至大到英国都不好意思而退款的程度。但这些捐输并不是税,英国议会在没有美洲代表同意的情况下征税,显然是在侵犯原本自认为是英国人的殖民地人民心中的自由,这是不能容忍的。

1787年,在费城召开的美国制宪会议上,代表们拟制并批准了美国《宪法》,并在此后不久被13个州所批准。1789年,国会通过了10条宪法修正案,并于1791年得到9个州批准生效。美国《宪法》对联邦税收权作出了规定,第1条第7款规定:"所有征税议案应首先由众议院提出;但参议院可以如同对待其他议案一样,提出修正案或对修正案表示赞同。"第8款规定国会拥有制定归属于联邦税收的税法的权力,"规定和征收直接税、间接税、进口税与货物税,以偿付国债、提供合众国共同防御与公共福利,但所有间接税、进口税与货物税应全国统一"。美国作为联邦制国家,联邦和各州均享有征税权,但无论是联邦税收还是各州税收,均遵循"无代表不纳税"原则,税法必须由议会提出。

3. 法国《人权宣言》

与英国不同,法国传统上贵族和教士属于免税阶层,并且是国王征税的既得利益者。由于他们负责在自己的领地为国王征税,且往往被允许保留一部分税收,或者从国王取得津贴以作为征税的补偿,因此,这些贵族和教士是税收的分享者。此外,国王还与城镇行会合谋,保障行会一定区域的垄断权以换取行会交费。贵族、教士、行会在税收上与国王属于同一利益集团,因而,不可能产生英国贵族、领主那样的控制国王征税权的内在动力,也就没有出现英国式的革命并走向君主立宪制,法国下层只有通过激烈的革命推翻原有的利益集团才能获得自己的权利。

王室、贵族奢侈的生活、英法战争、对美国独立战争的支持等造成法国庞大的政府支出,造成巨额负债。法王路易十六意识到,要改变这种极度困难的局面,必须对赋税征收制度进行彻底的改造。但历次财政大臣提出的税改方案都因特权阶层的反对而未能实现,路易十六被迫于1789年召开由不同阶层人士参与的三级会议。然而,会议的进程完全背离了路易十六的期望,积怨已久且力量不断壮大的第三等级逐步掌控了三级会议的主导权。第三等级代表认为,三级会议不能成为特权等级维护特权的场所,必须制定一部宪法以维护人人生而有之的基本权利,建立一套新的国家制度。第三等级将三级会议改为"国民议会",不久"国民会议"又自行将名称改为"国民制宪议会"。路易十六企图调集军队解散议会,引发了巴黎人民以攻占巴士底狱为象征的武装起义,法国大革命爆发。

1789年,制宪会议通过的《人权宣言》,是法国历史乃至世界历史上具有里程碑意义的文件。《人权宣言》即《人权与公民权利宣言》,其第2条规定:"一切政治结合均旨在维护人类自然的和不受时效约束的权利。这些权利是自由、财产、安全与反抗压迫。”第3条规定：“整个主权的本原根本上乃存在于国民。任何团体或任何个人皆不得行使国民所未明白授予的权力。”第13条规定：“为了公共武装力量的维持和行政的开支，公共赋税是不可或缺的。赋税应在全体公民之间按其能力平等地分摊。”第14条规定：“所有公民都有权亲身或由其代表决定公共赋税的必要性，自由地加以批准，知悉其用途，并决定税率、税基、征收方式和期限。”

可见，《人权宣言》为税收法定主义提供了充分的法理依据，并明确阐释了税收法定主义的基本内涵。

**（二）税收法定原则的内容**

1. 税收法定的内容

一般认为，税收法定包括课税要素法定、课税要素明确和合法性（程序合法）三个方面。

第一，要素法定指税制要素必须由税法直接规定。这里的税制要素应从更广的意义上去理解，它不仅包括税种、纳税人、征税对象、税率等，而且还应包括征税程序和税务争议的解决办法。所谓“税法”是取其狭义，即由国家立法机关制定的正式法律。该原则要求“议会保留”，即税收立法权由代表国家的议会行使。以行政立法形式通过的税收法规、规章，如果没有正式的税收法律作为依据或者是违反正式税收法律的规定都是无效的。与此相关，税收委托立法只能限于具体和个别的情况，不能作一般的、没有限制的委托，否则，会成为对税制要素法定性的否定。不过，由于对具体、个别的委托与一般、无限制的委托区别的标准理解不同，使各个国家对税制要素法定性的掌握有一定弹性。一般来说，现代社会中任何一个权利主体的行为都要求有法律依据，那么，为什么要对政府的税收活动的法定性予以特别强调呢？这与税收的实质是国家依靠政治权力强制地占有原本不属于自己的财产或收益有很大关系。为了实现国家的职能，这种强制性占有不可避免，为社会所承认的，纳税人不能拒绝，否则，国家失去实现其职能的物质基础，受损的还是社会公共利益。但国家的征税权又不能不受到一定限制，因为失去一定限制，纳税人的基本利益没有保障，国家过度的索取反而会抑制生产，乃至破坏社会基本稳定与秩序，也就无法长期稳定地取得税收收入。在现代社会中，能对政府的行为起到限制作用的，只有法律。通过法律的规定，使国家与纳税人的分配关系得以确定。作为税收法律关系的一方，代表国家利益的政府不能超越法律的规定课税，但也不能随意放弃法律要求课征的税收，依法课税、严格执法是税收法律主义对其的要求；作为税收法律关系的另一方，纳税人不能拒绝纳税，但其仅就税法规定的限度承担义务。

第二，税制要素的法律规定必须明确。即在税法体系中，有关税制要素、税款征收等方面的规定,必须尽量明确而不出现歧义,不出现矛盾,在基本内容上不出现漏空,否则,发生税法解释上的混乱,法定性就无从谈起。要求税制要素必须明确,实际上是对税务执法机关自由裁量权的限制。但是考虑到执法中区别不同情况,实现公平税负的需要,特别是追究相关当事人税收法律责任的需要,税务执法机关保留一定的自由裁量权仍是必要的、不可避免的。税法中某些不够明确的规定实际上是为此而有意保留的。同时,由于税法体系中各单行税法的分工和立法技术上的要求,有些概念留待法律级别更低的税收法规甚至规章去作详细说明,这属于税法解释问题,并非违背税收法律主义。但是,不管是出于何种原因,不确定概念的使用以税法的基本精神与宗旨不被曲解为最低限度。税制要素的规定必须明确,更多的是从立法技术上保证税制要素的法定性,从而体现税收法定精神。

第三,课税程序合法,也称合法性原则。系统的程序规则是法律有别于其他社会规范的重要标志。税收的课征作为社会公共权力的行使,必须遵循适当的程序,对税务纠纷也必须依照公正的程序予以解决。一方面,这一原则要求税制要素的调整变动必须经过正式的法律程序,不能由最高行政机关及税务执法机关自行决定;另一方面,要求税收课征各环节,从登记、申报、计算、缴纳到检查以至处罚、诉讼都应有严格、系统、明确的程序保障。税款征收管理程序是税收法律的重要组成部分,不得以行政管理制度的形式作为执法的依据,由此,法治化程度较高的国家程序规则在税法中所占比例都比较大。同时,税务机关执法所必需的适当自由裁量权,为了确保税款征收的实现,提高征税效率而在税务机关和纳税人之间达成的某种协议,不视为是对税收法定原则的违背或对税法的规避。

2. 税收法定原则的理论阐释

学者们从不同角度,利用不同理论来阐释税收法定原则:①

(1)社会契约论。认为税收是人民订立契约、组织国家所让渡的一种财产权利。国家是国民自愿组成的、为了更好地实现国民利益的政治团体,维持国家及其活动的必要经费应由国民负担。因而,国家征税权的取得来自人民的同意或授予,国家征税权的运行必须置于人民的控制下,税收的用途仅在于保障人民利益之必要。

(2)控权论。英国、法国的税收法定主义宪政思想和制度,正是在控制国王

① 参见钱俊文:《国家征税权的合宪性控制》,法律出版社2007年版,第86~100页;王士如:《中国税收立法的宪政思考——从税收法定主义谈起》,载《政法论坛》2009年第1期;翟继光:《税收法定原则比较研究——税收立宪的角度》,载《杭州师范学院学报》(社会科学版)2005年第2期;刘国:《税收法定主义的宪法阐释》,载《华东政法大学学报》2014年第3期。

权力与反控制的斗争中发展起来的,美国的独立战争也是因为反对英国任意征税而爆发的。税收法定原则的理由和目的在于控制政府的征税权,让决定征税的权力掌握在人民的手中。

(3)人民主权论。现代国家建立民主制度,国家主权在民。我国《宪法》也规定:中华人民共和国的一切权力属于人民;人民行使国家权力的机关是全国人民代表大会和地方各级人民代表大会。税收是最重要的社会资源再分配领域,税收的征纳理应遵循人民的意志,应当由人民代表通过制定法律来规定。

(4)权利保护论。西方自由主义思想认为人生而自由,有权自由支配自己的财产,国家任意征税是对人民自由权利的侵犯,故应通过税收法定原则加以限制。我国《宪法》也规定公民的合法的财产不受侵犯,国家依照法律规定保护公民的财产权和继承权。落实税收法定原则,才能落实《宪法》对保护公民财产权利的保护。

3. 税收法定原则的立法保障

税法理论界,对于通过宪法和相关立法的完善来确立和保障税收法定原则有较强的呼声:①

(1)从比较研究角度,提出税收法定原则入宪的必要性。学者比较了英国、美国、法国、德国、日本以及一些发展中国家的宪法或宪法性文件,这些国家宪法或宪法性文件中大多明确规定了税收法定原则。

(2)从我国《宪法》的精神,探讨税收法定原则入宪的必要性。根据我国《宪法》规定的人民民主主权性质、人民代表大会制度、财产权制度等,可知我国《宪法》有税收法定的精神实质,但也认为税收法定原则目前还没有在我国宪法层面上得到完整表达,《宪法》第56条规定"中华人民共和国公民有依照法律纳税的义务",这一规定虽然可能从反向推导出税收法定的意涵,但毕竟不够直接和完整。从体系上看,该条款位于"公民的基本权利和义务"一章,结合上下文的条文背景,主要是对纳税义务的确认,很难将其解释为税收立法权的配置。因此,从长远来看,应当完善《宪法》的规定,在《宪法》中对税收法定原则作出直接、明确的规定。

(3)从相关法律的规定上看税收法定原则的立法保障。在《宪法》修订还不够明确的情况下,应当通过其他相关立法明确税收法定原则。2015年对《立法法》第8条的修改,强化并比较明确地表达了税收法定之意;《税收征收管理法》

---

① 参见刘剑文:《落实税收法定原则的现实路径》,载《政法论坛》2015年第5期;翟继光:《税收法定原则比较研究——税收立宪的角度》,载《杭州师范学院学报》(社会科学版)2005年第2期;刘国:《税收法定主义的宪法阐释》,载《华东政法大学学报》2014年第3期。

第3条有税收法定之意但不够明确,应予完善。

**(三)税收法定原则与其他税法原则的关系**

从法理学的角度去分析,税法基本原则可以被概括成税收法定原则、税收公平原则与税收公众信任原则及实质课税原则。从其内涵与立法上分析,有些可以被税法原则所吸收,但其区别还是非常明显的。其一,两者的角度不同,经济学家对税收原则的研究是着眼于课税经济后果的规律性来总结政府运用税收手段调节经济应遵守的规则,而法学家们研究的则是税收一旦经过立法后,贯彻执行中需要遵循的法律理念。其二,税收原则是学理性的,每个人都可以提出不同的学说,但都没有对他人的约束力,税法原则也有处于学理的阶段,但一旦经过立法程序,就具有普遍的约束力,税收征纳双方都必须执行。其三,税收原则更多地考虑的是其经济内涵,不同的人对同一原则表述的差异很大,对其适用性考虑很少,而税法原则正相反。如果说,在研究的早期,两者的区别上不是很大,那么随着经济学与法学的发展,特别是经济学大量引入数学以后,两者的区别越来越大。

1.税收法定原则与税收公平原则的关系

公平是经济与法律的共同要求,但相比较而言,经济较侧重于效率,法律则更侧重于公平。从终极意义上讲,公平是法的宗旨和实质。税收公平原则是近代法的基本原理,即平等性原则在课税思想上的具体体现,与其他税法原则相比,税收公平主义渗入了更多的社会性要求。税收公平原则的含义,从总体上讲,是指纳税人的法律地位是平等的,不得因种族、性别、文化程度、宗教信仰、经济性质等实行歧视性的税收政策。不管是个人与企业之间,公有与私有之间,国内纳税人与外籍纳税人之间的地位都是平等的,不承认有特殊法律地位的纳税人。其核心内容是税收负担的公平,即纳税人之间的税收负担必须根据纳税人的经济负担能力或称纳税能力来分配,负担能力相等,税负相同;负担能力不等,税负不同。实际上,除了上述纳税人税收负担公平这个核心问题外,税法上的公平原则还应包含其他方面:(1)纳税人得到的纳税服务、礼貌对待应当是平等的;(2)纳税人得到的程序权利是平等的;(3)纳税人的法律救济权利以及其他方面的权利是平等的;(4)纳税人承担的法律责任是平等的。法律上的税收公平原则与经济上要求的税收公平基本思想内含是相通的。但两者也有明显的差别:第一,经济上的税收公平往往是作为一种经济理论提出来的,可以作为政府制定税收政策的参考,但对政府、对纳税人尚不具备强制性的约束力,只有当其被国家以立法的形式所采纳,才会升华为税法基本原则,在税收法律实践中得到全面的贯彻。第二,经济上的税收公平主要从税收负担带来的经济后果上考虑,而法律上的税收公平不仅要考虑税收负担的合理分配,而且要从税收立法、执法、司法各个方面考虑税收公平问题。纳税人既可要求实体利益上的税收公平,也可要求程序上的税收公平。第三,法律上的税收公平是有具体法律制度予以保障的。例如,对税务执法、司法中受到的不公正待遇,纳税人可以通过税务行政复议、税务行政诉讼制度得到合理合法的解决。由于税收公平主义源于法律上的平等性原则,所以,许多国家的税法在适用税收公平主义时,都特别强调"禁止不平等对待"的法理,禁止对特定纳税人给予歧视性对待,也禁止在没有正当理由的情况下对特定纳税人给予特别优惠。因为,对一部分纳税人的特别优惠,很可能就是对其他纳税人的歧视。这样,判定税收差别待遇的合理性就显得十分重要,其涉及的主要问题为:(1)是否为正式税收法律所规定;(2)其政策目标是否合理;(3)其实施效果如何;(4)对公平税收负担原则的侵害程度。为了确保公正性,其判定者通常是法院。由于税收公平主义在许多国家被写入宪法,当税法或其解释出现歧视待遇时,就要被判违宪。

2. 税收法定原则与税收公众信任原则的关系

公众信任原则是民法"诚信原则"在税收法律关系中的引用。"诚信原则"的基本含义为,在法律生活中,当事人应依善意的方式行使权利,以诚实信用的方式履行义务,对他人诚实不欺,恪守诺言,讲究信用,不得违背对方的合理期待和信赖。诚信原则实际上是以公平正义为目标,将人类最基本的伦理道德观法律化。诚信原则由作为处理债权债务关系的基本准则上升为民法的基本原则,继而又成为私法一般准则的趋势,并在公法范畴内有所适用。日本、德国和我国台湾地区不论在税法理论和税法实践中,都采纳了诚实信用原则。我们所谓的税收公众信任原则,目的在于公平分配征纳双方的权利义务,实现纳税人利益与国家利益的平衡。一方面,税收征纳双方的关系就其主流来看是一种相互合作的关系,而不是对抗性的关系;另一方面,税收征纳双方的关系应当是相互信赖合作的。税务机关做出的法律解释和事先裁定,可以作为纳税人缴税的根据,当这种解释或裁定存在错误时,纳税人并不承担法律责任。甚至许多西方国家的税法认可因税务机关的解释或裁定不当,纳税人少缴的税款不必再补缴的做法。

显然,将税收公众信任原则与税收法定原则相比,可以发现两者是存在某种对立或矛盾的。如果坚持税收法定,不管什么原因造成的对税法的违反,都应坚决予以纠正,并给予相应的处罚。但当出现税务机关已经向纳税人做出承诺等特殊情况时,如果推翻承诺,这势必给诚实的纳税人带来一定损害,不利于税收法律关系和税收法律制度的稳定。反过来,如果完全坚持合作信赖原则,而置税收法定原则于不顾,则是很不现实的。由于许多国家同时使用上述两个原则,所以两者的矛盾必须解决,否则,在法律适用上将无所适从。首先,这两个原则的关系必须明确,即两者不是处于一个位阶的。税收法定原则是作为一项宪法性原则出现在税法中的，因此，在税法中具有最高法律原则的地位。而税收公众信任原则是为了排除税收法定原则在适用上所产生的不合理性而被接受的，其目的在于平衡国家与纳税人的利益，实现税法的正义，是税收法定原则必要而有益的补充。[①]故此，对税收公众信任原则的适用需要作出一定限制。第一，税务机关的合作信赖表示应是正式的，即以公告、文件等书面形式做出，或由负有一定责任的税务干部在正式场合口头做出。纳税人不能根据税务人员个人私下做出有违税法的表示，而认为是税务机关的决定，要求引用税收公众信任原则少缴税。第二，必须是值得保护纳税人信赖的情况。如果税务机关的错误表示是基于纳税人方面隐瞒事实或报告虚伪作出的，则纳税人的信赖不值得保护。第三，纳税人必须信赖税务机关的错误表示并据此做出纳税行为。换言之，纳税人已经构成对税务机关表示的信赖，但没有据此做出某种纳税行为，或者这种信赖与其纳税行为没有因果关系，也不能引用税收公众信任原则。许多国家在税法中设定的事先裁定制度、预约定价制度等，在相当程度上体现着税收公众信任原则，其相关规定，恰是处理税法法定原则与公众信任原则冲突的例证。

3. 税收法定原则与实质课税原则的关系

实质课税原则是指在适用税法确认的各个要素时，须从实际出发，从事物的本质而不是根据其外在形式或表面现象去审查确认。换言之，在判断某个具体的人或事件是否满足课税要件，是否应当承担纳税义务时，不能受其外在形式的蒙蔽，而要深入探求其实质，如果实质条件满足了课税要件，那么，就应当按实质条件的指向确认纳税义务。反之，如果仅是形式上符合课税要件，而实质上并不满足时，则不能确定其负有纳税义务。[②] 有学者认为，实质课税原则含义有三：(1)法律行为或非法律行为，不因其违反法律之强制或禁止规定，或者违背公共秩序或善良风俗，或者因其他原因自始无效或嗣后无效而影响其课税；(2)虚伪的法律行为隐藏他项法律行为者，依他项法律行为课税；(3)纳税义务人依不合常规的安排而与实质的经济效果不相当者，按该与实质经济效果相当之法律关系课税。[③] 实质课税原则的提出主要是针对两个方面的问题：一是出于反避税的目的，既避免纳税人出于少缴税的目的，而利用某些外在的形式来规避税法设定的纳税义务。二是受某些客观条件的限制，纳税人无法提供准确的纳税信息，需要税务机关采用特殊的方法去核定其接近真实的应纳税额。

实质课税原则从形式上看似乎与税收法定原则的要求不相吻合，但从本质上

---

① 参见包子川：《诚实信用原则与税收法定主义原则》，载《税务研究》2002 年第 8 期。

② 参见马林主编：《税收法制基本知识》，东北财经大学出版社 2000 年版，第 53 页。

③ 参见杨小强：《税法总论》，湖南人民出版社 2002 年版，第 54 页。

看,恰好是要体现税收法定原则的本质要求。因为,在税务机关不能有效把握纳税人准确信息的情况下,所谓严格依法纳税只是一句空话,这时教条地按照一般的法条规定进行课税,只能是离纳税人的实际情况更远。而采用某些间接的办法,实际上反而会更接近税收法定原则的要求。例如,我国《税收征收管理法》第35条关于税务机关有权重新核定纳税人应纳税额的规定,尽管赋予税务机关一定自由裁量权,其核定的税额与规范的按账簿记载确定计税依据,依率计征有一定的距离,但其出发点正是要尽力缩短这一距离,而不是对其给予照顾或者是别的目的。当然,要达到这一目的,还需要有一些条件,例如,税法上的明确规定与对税务机关自由裁量权的合理限制等。在讨论实质课税原则时,我们经常关注的是纳税人实际应纳税款高于其表面上应纳税款的情况。不过,完整地理解实质课税原则,也应当注意到其另一个侧面,即纳税人表面应纳税款高于其实际应纳税款的情况。否则,会构成对纳税人合法权益的侵害,也是对实质课税原则的片面理解。

**(四)税收授权立法**

1. 税收立法权的回归

根据《宪法》第58条和第62条第2款关于由全国人大及其常委会行使国家立法权和制定基本法律的规定,第67条第2款全国人大常委会制定一般法律的规定,2015年《立法法》修改,明确税种的设立、税率的确定和税收征收管理等税收基本制度,应当制定法律。同时,《立法法》第9条规定,应制定法律而未制定法律的,全国人大及其常委会有权作出决定,授权国务院可以根据实际需要,对其中的部分事项先行制定行政法规。换言之,全国人大及其常委会有权在一定条件下将部分立法权委托给国务院行使。

改革开放初期,为了应对外商大量涌入对设立税收法律和建立新的税法体系的迫切要求,全国人大常委会先后两次做出决定将税收立法权委托给国务院,即1984年作出的《全国人民代表大会常务委员会关于授权国务院改革工商税制发布有关税收条例草案试行的决定》和1985年第六届全国人大第3次会议作出的《全国人民代表大会关于授权国务院在经济体制改革和对外开放方面可以制定暂行的规定或者条例的决定》,此后30年间未再收回该项委托立法权。由此,我国绝大多数税种至今仍然由国务院制定,采用暂行条例的形式,其负面作用不断放大:一是授权的范围已经不是部分"税收事项",而是绝大部分"税收事项",实际上超出了《立法法》规定的授权立法范围;二是授权立法并不是一个正常状态。如果说在20世纪80年代全国人大授权国务院就各个税种制定税收暂行条例有着立法周期短、程序简单、针对性强,较为灵活的优势,比较适应当时我国经济体制改革带来的社会生产关系的巨变等诸多理由,那么,时至今日,那些理由已经不成为理由了,而各个税种以暂行条例的身份出现,位阶低,效力差,权威不够,对税收执法负面影响越来越大。所以,全国人大收回授权,制定税收法律的时机已经成熟了。其原因:一是我国经济体制改革的目标、方式、进程愈加明朗。改革已由最初的"摸着石头过河",迈向有序稳进阶段。尽管仍有许多社会、经济、政治关系需要通过进一步的改革来调整、理顺。但改革的巨变与不稳定时期已经过去,税收立法转换为国家立法权为主的模式,条件已经具备。二是市场经济是法治经济,依法治国,建立法治国家,需要有较高层次的,完备的法律制度作为保障。所以,为适应市场经济的需要,税收立法也必须提高层次,以实施国家立法权为主。三是近年来,我国加快了经济立法的步伐,陆续出台的法律大多采取国家正式立法的形式。这样,作为调控市场经济关系主要法之一的税法没有必要,也不应该仍以行政法规为主。四是从改革开放以来我国税收立法的实践来看,我国先后制定的税收法律实施效果良好,保持了基本稳定,从立法到行政执法各个层面,都没有出现事前人们担心的一些问题。由此,我们有理由推断,在进入改革的相对稳定时期以后,税收立法采用国家立法权为主的模式,不仅可行,而且是有益的。

2. 逐步取消税收授权立法

按照目前国家经济社会快速发展的基本形势和中央对依法治国的总体安排,预计要在2020年以前收回全国人大委托国务院行使的税收立法权。尽管具体的时间节点尚待落实,但回归税收法定的本质要求,由全国人大收回税收立法权已经成为一个基本趋势,条件日臻成熟。对此,有如下几个问题应当考虑:一是全国人大常委会应当为收回税收立法权做好相应准备,例如,形成自己的专家委员会、组成强有力的税收法律草拟班底,形成完整、科学的工作流程等,具备独立的税收立法能力。不宜在收回税收立法权后再变相委托财政部或国家税务总局负责草拟相关税收法律,以彻底解决部门立法问题。二是由全国人大常委会制定的税收法律应当具备较好的完整性与可操作性,更为精细化。避免过于空洞、原则,授权性规则过多,起不到法律应有的作用,仍然要依赖税务机关发布的大量规范性文件才能实际征收税款,在行政执法层面偏离税收法定的轨道。三是应当明晰税法立法解释与行政解释的界限,全国人大常委会承担相关税收法律的立法解释工作与责任。四是全国人大收回税收立法权后,有关税种的制定与修改一般应采用税收法律形式,这样,经过一定时期的累积,我国税法整体层级不高的问题将逐渐缓解。但根据税收法定原则的内涵,并不排除全国人大常委会根据需要与具体情况将某项税法的制定权重新委托给国务院,只不过这一委托采用一事一议的方式,应当是个别和临时的。另外,还需要建立授权立法的监督机制。

**（五）税法解释**

税法解释实际上也是税权分配的一个方面，税法的法定解释也和其他法律一样，可以分为立法解释、行政解释与司法解释三部分。其中，目前，税法的行政解释一支独大，解释过多、过频、过滥，替代立法的问题突出。目前我国税收法律只有3部、行政法规20余部、行政规章40余部，而属于级别较低的行政解释性质的税收规范性文件却有1500余件之多。[①] 故此，需要在税法法定的原则指导下对其加以清理、规范。

1. 在立法解释、行政解释与司法解释之间形成基本的平衡

一方面，随着全国人大及其常委会收回税收委托立法权和税法级次的逐渐提升，应当增加对基本税收法律进行立法解释的数量；另一方面，司法机关也应当针对司法审判中遇到的税收问题进行必要的司法解释（不仅限于就涉税犯罪问题对相关刑法规定进行解释）。同时，在《税收征收管理法》中明确各级税务机关对税法的解释权限，从国家税务总局开始，制定规则，提出各级税务机关解释税法的“权力清单”，适度限制其行政解释权力。

2. 税法解释要遵循税收法定的原则，税法的行政解释必须依法进行

税务机关可以在法定权限内，按照法定程序对税法作出符合其立法意图的解释，但不得通过解释创设税法，更不得作出与税收法律对立、抵触的解释，不得违背立法精神与法律条文规定做扩大或缩小解释。税法的行政解释要在征纳双方之间达成利益平衡，特别是不得通过行政解释限制纳税人权利或者增设纳税人义务，不得为一个已经实施的具体行政行为寻求法律依据的目的而对税法作出解释，对税法的行政解释不具有溯及力。另外，虽然我国属于成文法体系，税法也是通过一定的立法程序创制出来的，但在税法整体上较为空泛可操作性不强的情况下，应当考虑将一些经过税务机关或司法机关处理的典型案件整理、编纂出来，由国家税务总局权威发布，使其对相同或相似的税法问题发挥指导作用。这样，尽管使我国税法在某种程度上具有判例法的影子，可能在理论上会产生争议，但可以在很大程度上指导基层税务机关执法，避免同一情况课税、处理不同的偏差，一定程度上解决执法中无法可依的窘境。

3. 以制定税收行政规章为核心构筑税法的行政解释体系

对税收法律的行政解释原则上通过制定税收行政规章进行，来不及通过制定行政规章解决，或者制定行政规章处理不好的问题再以“红头文件”的形式解决。但从发文数量与所处地位上只能是制定规章的补充；明确税法行政解释的权限，

---

① 参见李万甫、牛军栋：《关于健全我国税法体系的若干思考》，载《税收经济研究》2014年第4期。

即主要由国家税务总局行使税法的行政解释权限,省级税务机关的解释权限和范围加以必要的限制,取消市县级税务机关制定“红头文件”的权力;同时,应当将税收规范性文件的制定管理列入税务机关重大决策范围内,建立税收规范性文件集体审议制度。

## 二、《税收征收管理法》修订中落实税收法定原则的建议

修订《税收征收管理法》时,应当落实税收法定原则,遵循以下基本要求:

一是以落实税收法定原则作为修订《税收征收管理法》的基本准则和所需达至的重要目标。本次《税收征收管理法》修订,是落实税收法定原则的一个重要契机。在《宪法》修改和税收基本法制定时机尚不成熟的情况下,现代税法的精神和一些重要原则,需要通过《税收征收管理法》来实现其立法。应当通过《税收征收管理法》的修订,推动税收法定原则的贯彻落实。

二是通过《税收征收管理法》修订,进一步明确税收法定原则的基本内涵。2015 年的《立法法》修改,规定了税种的设立、税率的确定和税收征收管理等税收基本制度,应当制定法律。但这是一种最基本的规定,并不是对税收法定原则内涵的完整表达,需要在《税收征收管理法》中作出进一步规定,对《立法法》中的未尽事项作出补充,特别是就税收征收管理中如何落实“征税合法”问题作出清晰的回答。

三是从税收法定原则的视角,全面审视《税收征收管理法》的各项具体制度,确保遵循税收法定原则。税收法定原则需要具体的税收征收管理制度来落实,《税收征收管理法》应当成为一部“良法”“善法”,起到保障税收法定原则落实的作用,而不是架空、背离税收法定原则。不能将税收法定原则停留于抽象、空洞的原则性规定层面,而应贯彻于各项具体制度中,故应以税收法定原则的视角全面审视各项具体的税收征收管理制度。

以下就《税收征收管理法修订草案(征求意见稿)》(以下简称《征求意见稿》)相关条款的进一步完善,提出一些具体建议。由于税收法定原则对《税收征收管理法》的要求贯穿于整部法律当中,对于各项具体规范是否有利于税收法定原则的落实,需要逐一评估,这里未全面展开,仅就《征求意见稿》中与税收法定原则直接相关的部分条款提出建议。

1. 第 1 条

> 第一条　为了规范税收征收和缴纳行为,加强税收征收管理,保障国家税收收入,保护纳税人合法权益,推进税收治理现代化,促进经济和社会发展,根据宪法制定本法。

建议将落实税收法定原则列入《税收征收管理法》的制定目的，改为：

第一条　为了落实税收法定原则，规范税收征收和缴纳行为，保障国家税收收入，保护纳税人合法权益，推进税收治理现代化，促进经济和社会发展，根据宪法制定本法。

主要理由是：

(1)立法目的更加明确、清晰。修改后，《税收征收管理法》的立法目的包含三个层次：一是落实税收法定原则，规范税收征收和缴纳行为；二是保障国家税收收入，保护纳税人合法权益；三是推进税收治理现代化，促进经济和社会发展。三个层次，含义明确、清晰。

(2)有利于推动落实税收法定原则。税收法定原则作为税法最重要的原则，在我国法律中欠缺直接规定。《立法法》规定的是税收立法权，《税收征收管理法》第3条规定的是税收执法的依据，均未使用"税收法定原则"一词。将"税收法定原则"这一概念直接引入法律条文。将"落实税收法定原则"列入《税收征收管理法》的立法目的，符合《中共中央关于全面深化改革若干重大问题的决定》的要求，有利于确立税收法定原则作为税法统领全局的首要原则的地位。

(3)更切合税收征收管理的实质正义。《征求意见稿》中"为了规范税收征收和缴纳行为，加强税收征收管理"的表述，未能充分体现税收征收管理的实质正义要求。其中，"加强税收征收管理"含义不明，似乎有单方面强化税务机关的权力，强化对纳税人的税收征收管理之意，易生误解。"落实税收法定原则"说明税收征收管理的目的并不是单方面强化征收管理权力，而在于全面实施税收法律。"落实税收法定原则，规范税收征收和缴纳行为"的表述，比"规范税收征收和缴纳行为，加强税收征收管理"的表述，更能体现税收征收管理制度的实质正义。

2. 第3条

第三条　国家税收的基本制度由法律规定。

税收的开征、停征以及减税、免税、退税、补税，依照法律的规定执行；全国人民代表大会及其常务委员会决定授权国务院规定的，依照国务院制定的行政法规的规定执行。

任何机关、单位和个人不得违反法律、行政法规的规定，擅自作出税收开征、停征以及减税、免税、退税、补税和其他同税收法律、行政法规相抵触的决定;除法律、行政法规和国务院规定外,任何单位不得突破国家统一税收制度规定税收优惠政策。

建议修改为:

第三条　税种、税基、税率和税收征收管理等税收基本制度,按照法律规定执行。

尚未制定法律的,按照国务院根据全国人民代表大会及其常务委员会授权制定的行政法规执行。

法律、行政法规特别授权地方性法规作出补充规定的,补充规定事项按照地方性法规执行。

任何机关、单位和个人不得违反法律、行政法规和地方性法规的规定,作出税收开征、停征以及减税、免税、退税、补税和其他同税收法律、行政法规、地方性法规相抵触的决定,不得改变国家统一的税收征收管理制度,不得突破国家统一税收制度规定税收优惠政策。

主要理由是:

(1)《征求意见稿》第3条第1款规定的"国家税收的基本制度由法律规定"是从立法权的角度所作的规定。《税收征收管理法》应当对税收法定原则的内涵有充分的表达,但《税收征收管理法》毕竟是一部税收征收管理程序法,不宜从立法权角度规定税收法定原则,而应从执行的角度表达税收法定原则的要求。故将"由法律规定"改为"按照法律规定执行"。

(2)《立法法》中对税收立法权范围的表述为"税种的设立、税率的确定和税收征收管理等税收基本制度"。其核心范畴是"税收基本制度",前面列举"税种的设立、税率的确定和税收征收管理"是为了强调而不是排斥其他基本制度。众所周知,列出"税率的确定"是根据全国人民代表大会审议时代表们针对现实中任意调整税率现象提出的审议意见而增加的,以示税率法定的刚性要求。实际上,比税率调整更为频繁、对税额影响更为广泛的事项是税基的任意调整。税基是指计税依据,而计税依据取决于课税对象的范围、类别、计税的方式和方法等,在长期的税收征收管理中,税基的调整比税率的调整更广泛、更频繁,对纳税人税额计算的影响也更大。例如,应税收入的确认方法,各类税种都有涉及,很多应税事项的收入确认方法都由行政规范予以规定并经常调整,直接影响纳税义务;再如,企业所得税、个人所得税的扣除项目及其计算方法,调整和补充极为频繁,对税额计算的影响很大;还如,税收优惠,税基的优惠也比税率的优惠更常见;这些年来,经常变动的二手房交易免税规定,就是税基的调整而不是税率的调整。

因此,落实税收法定原则,税基的法定具有特别重要的意义。《立法法》修改时,代表们只关注了税率问题而未关注到税基问题,但税基法定是税收法定原则的重要内容,也内含于《立法法》的规定当中,此次《税收征收管理法》修订,可借此加以明确。故主张将第3条第1款改为"税种、税基、税率和税收征收管理等税收基本制度,按照法律规定执行。"

(3)《征求意见稿》第3条第2款没有很好地处理税收法律与授权立法的关系,没有清晰表达税收基本制度的授权立法限于尚未制定法律领域之意。将第2款改为"尚未制定法律的,按照国务院根据全国人民代表大会及其常务委员会授权制定的行政法规执行。"其包含了三层含义:一是原有的行政法规继续执行;二尚未制定法律的事项才依据行政法规执行;三是行政法规须经授权才能制定。这样的表述更反映了税收法定原则的要求。

(4)增加1款:"法律、行政法规特别授权地方性法规作出补充规定的,补充规定事项按照地方性法规执行。"这是为地方性法规留下立法余地。地方人大也是民意机构,由地方性法规对税收作出规定并不违反税收法定原则。只是由于我国属于单一制国家,应当维护税制的全国统一性,才不宜由地方人大行使税收立法权。但我国幅员辽阔,地区差异大,税收上少数事项需考虑地区差异,例如,房产税、耕地占用税税率、部分税收优惠等归属于地方收入的税收事项。长期以来,这些事项均由法律、行政法规特别授权地方性法规作出规定。如果《税收征收管理法》中不明确这一点,不利于澄清认识,理顺关系。增加的1款表达了三层含义:一是地方性法规有权作出补充规定;二是地方性法规只有在已经制定法律、行政法规的税收领域,并经法律、行政法规的特别授权才能作出补充规定;三是地方性法规不能就其他事项作出补充规定。

(5)最后1款主要是删除了"国务院规定"以及列入"地方性法规"的内容。列入"地方性法规"是为了保持与前述增加内容的一致性。删除"国务院规定"的理由是:《征求意见稿》中"除法律、行政法规和国务院规定外,任何单位不得突破国家统一税收制度规定税收优惠政策。"其中包含税收优惠可由国务院规定来加以规定的意思。根据《立法法》第9条的规定,法律保留事项即使授权立法,也只能由国务院制定行政法规,而不能通过一般性的国务院规定来规定,因此,"国务院规定"不属于授权立法范围,税收优惠依据"国务院规定"执行不符合税收法定原则。且"国务院规定"的表述不正确,国务院除制定行政法规外,其他重大立法性文件称为"国务院决定"而非"国务院规定"。

3. 第5条第2款

税务机关应当依照法定税率计算税额，依法征收税款或者退付税款，不得违反法律、行政法规的规定开征、停征、多征或者少退、少征、提前征收、延缓征收或者摊派税款。

建议删除或修改为：

税务机关应当依法征收税款或者退付税款，不得违反法律、行政法规的规定开征、停征、多征或者少退、少征、提前征收、延缓征收或者摊派税款。

《征求意见稿》第5条是对税务机关和地方政府应当依法征税，任何单位或个人均应支持不得阻挠税务机关依法征税的规定。其中，第2款的规定与第3条的规定是重复的，可以删除。《征求意见稿》中增加该第2款，是为了强调税务机关依法征税的义务和责任，同时，也是针对过去存在的地方政府干扰税务机关依法征税现象而特意增加的条款。考虑到后一个原因，可以保留增加的该款。但在表述上，单独强调"税务机关应当依照法定税率计算税额"这一点有所不当。在第3条已经列明了征收税款的执行依据的情况下，这里不需要重复执行依据，而只需强调依法征税即可，故提出前文所述的建议。

4. 第6条

税务机关应当遵循公平、公正、便捷、效率原则，按照法定程序实施税收征收管理，不得违反税收法律、行政法规规定或者超越授权范围设立纳税人、扣缴义务人以及其他当事人的税收征收管理程序性义务，侵害其合法权益。

税务机关不得擅自改变已经生效的行政决定。

建议删除第1款中"或者超越授权范围"的内容并删除第2款，修改为：

税务机关应当遵循公平、公正、便捷、效率原则，按照法定程序实施税收征收管理，不得违反税收法律、行政法规规定设立纳税人、扣缴义务人以及其他当事人的税收征收管理程序性义务，侵害其合法权益。

主要理由是：

(1)“税务机关……不得违反税收法律、行政法规规定或者超越授权范围设立……”的表述中“授权”的表述与落实税收法定原则的要求不协调。按照《立法法》的规定，国务院取得税收授权立法权后，不得将权力进行转授权。在税收法律、行政法规中确实存在较多“由税务主管部门规定”及类似的规定，但这并不是通常所说的授权立法，而是要求税务主管部门作出实施性规定，而不能称为授权。在此使用“授权”一词容易与授权立法相混淆，引起误解。删除该表述有利于避免误解，也不影响税务机关制定实施性规定。

(2)删除“税务机关不得擅自改变已经生效的行政决定”的规定，是因为这一规定含义不明，且如作严格理解则有错误。含义不明是指其中的“擅自改变”含义不明。“擅自”一词语意不确定，不符合法律语言的要求。如果将其理解为“税务机关不得改变自己已经作出的决定”，则这样的要求缺乏依据、不合理、不具现实性。对于已经作出的行政决定，原机关经过一定的程序是可以撤销、变更的，这在行政许可、处罚、复议、诉讼中均得到认可。只是现阶段法律尚未对行政机关如何撤销、变更自己所作的行政决定作出明确的程序规定而已。在实际工作中，撤销、变更原决定的现象不可避免。按照税收法定原则，对于税务机关作出的违法决定理应通过某种方式予以纠正。当然，行政决定应当具有稳定性，一经作出不得随意改变，改变须遵循一定的程序，但在国家《行政程序法》尚未制定之前，对于税务机关改变原有决定所应遵循的程序还很难加以规范，因而，就很难确定《征求意见稿》中“擅自”的含义。故该项内容暂不宜作出规定。

5. 第46条第3款

> 纳税人遵从预约裁定而出现未缴或少缴税款的，免除缴纳责任。

建议修改为：

> 纳税人遵从预约裁定的，税务机关不得脱离、改变预约裁定的内容作出查补税款的决定。

主要理由是：

该款规定作为税收法定的例外，实质上是正确的。因为，行政法诚实信用的原则应当得到遵循，纳税人对税务机关预约裁定的信赖可以成为其不承担裁定外纳税义务的理由，这样的规定也符合国际惯例。但是，在中国当前的法律环境下，这样的税收法定的例外如果加以突出，则容易引起社会的误解，不利于推动落实税收法定原则。并且，在法条中明确规定“出现未缴或少缴税款的，免除缴纳责任”这样的表述，势必明显增加预约裁定人员的渎职风险。诚然，预约裁定人员如果不认真实施预约裁定导致裁定错误税款流失，应当承担渎职风险，但预约裁定人员再认真负责也不能保证裁定不出现误差，实际工作中可能导致渎职责任追究中的客观归责。

诚信推定原则在这里用以确立税收法定的例外，但应换一种表达方式，因此提出前述修改建议。

6. 第 126 条第 1 款

> 纳税人、扣缴义务人、纳税担保人同税务机关在纳税上和直接涉及税款的行政处罚上发生争议时，可以依法申请行政复议；对行政复议决定不服的，应当先依照复议机关的纳税决定缴纳、解缴税款或者提供相应的担保，然后可以依法向人民法院起诉。

建议取消诉前先行缴纳税款、滞纳金或提供担保的规定，改为：

> 纳税人、扣缴义务人、纳税担保人同税务机关在纳税上和直接涉及税款的行政处罚上发生争议时，可以依法申请行政复议；对行政复议决定不服的，可以依法向人民法院起诉。

主要理由是：

(1)按照税收法定原则，征税应当合法。但税务机关不能完全杜绝不合法征税现象，故应通过复议、诉讼机制，纠正违法征税现象。《征求意见稿》继续为行政诉讼设定先行缴纳税款、滞纳金或提供担保的先决条件，通过程序规则阻拦纳税人行使救济权，不利于纠正违法，背离了合法征税的要求。

(2)公正和效率都是行政法的基本价值追求，《征求意见稿》的规定，以牺牲公正为代价来追求效率，在当前的经济和法治环境下明显不合时宜。曾有一段时期，国家财政困难，且对公民财产权利保护又不够重视，因而产生了为纳税人救济权设定先决条件的制度。但当前，我国法律对公民财产权利给予充分的保护，而国家财政不再困难，并不需要继续以牺牲公正为代价来实现效率，继续保留该先决条件，已毫无实质意义。

# 税收行政中的信赖保护原则

胡宇梅[*]　汪　诚[**]

近年来,税务机关将提高税法遵从度和纳税人满意度、降低税收流失和征纳成本作为税收治理的目标,目的是推进良好的税收秩序的生成。为此,推出了一系列的措施来促进纳税人的遵从,激励纳税人的诚信,例如,纳税人信用等级管理、纳税服务理念改进和各种便民措施的推出等,取得了较大成效。但作为税收法律关系另一主体的税务机关的诚信问题并没有引起重视,制度层面和操作层面的各种不诚信行为多有发生,一方面,侵害纳税人的权利和利益;另一方面,实际上是对税收治理目标和目的的扰乱。如何从法律制度上促进税务机关的诚信,提高纳税人的信赖度和遵从度,对于促进良好的税收秩序生成具有重要意义。但遗憾的是,在税收行政领域,我们还没有看到相关制度规范的存在。而在《行政许可法》第8条中,我们看到了它的身影,就是在欧美行政法中发展得十分精致和成熟的信赖保护原则。本文试图从介绍信赖保护基本理论出发,探讨税收制度和实务中存在的信赖保护问题并对中国税收行政程序法引入信赖保护的理念和制度提出意见与建议。

## 一、信赖保护原则的基本理论

随着现代法治文明的发展,信赖保护原则在行政法基本原则中的地位越来越重要。有学者认为,在行政法

---

[*] 四川省资阳市国家税务局。

[**] 四川省资阳市国家税务局。

领域,信赖保护原则和比例原则似乎也越来越有成为本领域"帝王条款"和"君临全域之基本原则"的趋势。[①] 因此,全面深入地认识信赖保护原则也显得越来越重要。

**(一)信赖保护原则的基本含义**

信赖保护原则是指行政行为的相对人基于对公权力的信任而做出一定的行为,此种行为所产生的正当利益应当予以保护。要求行政机关对自己做出的行为应守信用,不得随意变更,不得反复无常。英美行政法中的合法预期原则与信赖保护原则相类似。关于信赖保护原则的理论根据,在德国、日本和我国台湾地区大致有三种看法,有的学者认为来源于民法中的诚实信用原则,有的认为来源于社会国家原则,有的认为是基于法律的安定性的需要。其中,最具说服力的当属法的安定性的需要,认为其是行政行为法律效果不受瑕疵影响和存续力的根据。[②]

**(二)信赖保护成立的条件**

一般来说,信赖保护原则的适用,必须具备三个要件:一是信赖基础,即行政行为;二是信赖表现,即相对人对自己的生活和财产的处置;三是信赖值得保护,即相对人的诚实、正当并斟酌公益。[③] 但下列情形不适用信赖保护原则:一是行政行为因为相对人以欺诈、胁迫、贿赂和其他不正当手段做出;二是对重要事项提供不正确资料或为不完全陈述而做出的行政行为;三是相对人明知行政行为违法或因重大过失而不知;四是其他可归责于相对人而导致违法的情形。

**(三)信赖保护的方式**

一般来说,信赖保护的方式有两种:一是存续保护,即不论现存法律状态是否合法,都维持行政行为,或者恢复行政行为的法律后果;二是财产保护,即衡量公益后,撤销、废止或者变更原来作出的行政行为,同时给相对人适当的、充分的经济补偿。[④]

**(四)信赖保护的适用情形**

关于信赖保护原则的适用范围,《德国行政法》主要体现在授益行政行为的撤销、废止的限制方面,法律依据是《德国联邦行政程序法》第48~49条;信赖保

---

① 参见姜明安主编:《行政法与行政诉讼法》(第2版),北京大学出版社2005年版,第70页。

② 参见[德]哈特穆特·毛雷尔:《行政法学总论》,高家伟译,法律出版社2000年版,第277页。

③ 参见陈清秀:《行政法的法源》,载翁岳生编:《行政法》,中国法制出版社2002年版,第156页。

④ 参见何海波:《通过判决发展法律——评田永案件中行政法原则的运用》,载罗豪才主编:《行政法论丛》(第3卷),法律出版社2000年版,第458页。

护原则在我国台湾地区“行政法”中主要表现在法律不溯及既往和行政处分之职权撤销限制。[①] 但是,从西方法治国家行政法的发展来看,信赖保护原则的适用范围有逐步扩展的趋势,正在逐步扩展到行政指导、行政法上的承诺、行政计划、行政机关的行政惯例约束、权利失效等领域。

## 二、税收行政上信赖保护适用情形和范围的讨论

税收行政既有一般行政的共同性、普遍性,也有税收行政的特殊性、个别性。通过上述对信赖保护原则的介绍,结合税收行政的特殊性和个别性,我们来探讨税收行政中信赖保护存在的范围和适用情形,为税收行政上信赖保护的制度化提供前提和基础。

### (一)税法上的不溯及既往

税收法律法规如果适用于其应发生法律效力的日期前所发生或完成的要件事实,即具有溯及既往的效力。在行政法中,溯及既往的法律法规一般分为对相对人的有利溯及和不利溯及。对于授益性的溯及,宪法和法律一般不予禁止,但应遵循公平性原则,不得对同一要件事实的相对人区别对待。[②] 对于侵益性的溯及,基于法的安定性原则和对法律秩序连续性的信赖保护,宪法和法律是严格禁止的。这种溯及既往,有两种类型:一是真正的溯及既往。新法或法律的变更适用于已经解决的、属于过去的事实关系及法律关系,即是真正的溯及既往;二是不真正的溯及既往。新法或法律的变更对于现在仍在进行的、尚未终结的事实关系向将来发生作用时,即有不真正的溯及效力存在。例如,企业所得税是按年计征的,倘若制定法律在某年度中就某一项免税收入征税或变更征税方式,而纳税人的经营活动早已在年初开始进行,在年度中出台的法律适用于全年的企业所得税事项时,即是不真正的溯及既往。不真正的溯及既往,原则上虽非法律所禁止,但若适用新法而使相对人信赖旧法而遭受无法预测的严重损失时,则除非基于维护重大公共利益的考量,非适用新法不可外,应保护相对人的信赖利益,

---

① 参见陈清秀:《行政法的法源》,载翁岳生编:《行政法》,中国法制出版社2002年版,第156~159页。

② 在我国税法中,有利溯及的情形较多,但遵循公平性原则较差,例如,《国家税务总局关于查增应纳税所得额弥补以前年度亏损处理问题的公告》(国家税务总局公告2010年第20号)对查增的应纳税所得额允许进行亏损弥补,并规定“本规定自2010年12月1日开始执行。以前(含2008年度之前)没有处理的事项,按本规定执行”。这是典型的有利溯及,但明显违背公平性原则。但如果按照公平性原则处理,必然造成对原来的行为的更改和修正,扰乱已形成的税收秩序,破坏法的安定性,增加税收成本。因此,政策制定者应当慎重决定税法的有利溯及。

而不许溯及适用。① 在我国的税法中尤其是《企业所得税法》中(包括税法修订、行政解释和税收政策),不真正的溯及既往的情形较多,损害纳税人的信赖利益,危害良好的税收秩序的形成,需要引起重视。

**(二)税收行政行为的撤销限制**

在税收行政中,存在大量的税收行政行为被撤销,税收行政行为的撤销本身也是一个税收行政行为。在实践中,撤销行为主要有四种类型:一是上级税务机关依职权对下级税务机关违法行政行为的撤销。二是税务机关对自己先前做出的违法行政行为的撤销。三是税务机关对自己先前做出的合法行政行为的撤销,在学术界也称这种行为为行政行为的撤回。四是税务稽查部门对税收征收管理部门做出的行政行为的撤销。在实践中,这种撤销行为大量存在,但往往是以隐形的方式出现,表现在不认可或否定税收征收管理部门做出的行政行为给纳税人带来的权利和利益。目前,税收行政行为的撤销在制度上没有规范、缺乏程序控制,在实践中存在随意、不规范甚至滥用等问题,严重侵害纳税人的利益,导致税收秩序的安定性受损。按照依法治税的原则,税务机关有权对违法的行政行为进行撤销,但是,依据信赖保护原则,如果相对人(第三人)的信赖利益会因此受到伤害,就会对税务机关的撤销权有所限制。一般来说,这种限制会因为税务具体行政行为对相对人的法律效果的不同而呈现出不同状态。换言之,对授益性和负担性的税收行政行为的限制强度不同。

第一,授益性的税收行政行为主要表现在税务行政许可和行政审批,例如,发票印刷资格认定、缓缴税款审批等。如果这些许可和审批申请得到税务行政机关的批准,诚实、信用的相对人因信赖税务机关的行政行为对自己的财产和经营活动进行了处置或安排,例如,购置了印制设备、与客户签订了合同、确定了产品销售价格等,一旦撤销先前的行为,将给相对人带来无法弥补的损失,那么,先前的违法的行政行为就要受到限制,即不得撤销。如果为了重大的公共利益的需要,即如果不撤销对公共利益的损害将超过撤销后相对人的利益损失,可以撤销,但税务机关应给予相对人的财产损失以合理补偿。除非相对人有下列情形的行为之一:一是通过恶意的欺诈、胁迫或行贿而促成的行政行为;二是通过对重要问题的不正确或不完整的陈述而促成行政行为;三是明知或因重大过失而不知行政行为违法。②

---

① 参见陈清秀:《行政法的法源》,载翁岳生编:《行政法》,中国法制出版社2002年版,第156~157页。对禁止溯及效力原则更详细、精微的研究参见黄茂荣:《法学方法和现代税法》,北京大学出版社2011年版,第138~170页。

② 参见[德]哈特穆特·毛雷尔:《行政法学总论》,高家伟译,法律出版社2000年版,第281页。

第二,对负担性的税收行政行为,税务机关可以依职权随时撤销,因为一般情况下,负担性的行政行为的撤销不会产生信赖利益的保护问题。但在特殊情况下,仍可能产生信赖保护问题,主要表现在:税务机关违法的征收或行政处罚行为作出后,相对人履行后,对自己的经营活动如产品定价、合同进行调整后,税务机关需要撤销先前的违法行为,而代之以对相对人更为不利的征收或处罚行为。在这种情况下,先前的行政行为的撤销应受到限制,除非撤销后公共利益大于相对人的损失,并对相对人的损失给予合理补偿。

**(三)税收行政行为的废止限制**

行政行为的废止是指合法的行政行为,因客观事实发生变化或者行政行为所依据的法律、法规依据废止或改变,先前行政行为已不能适应,行政机关有权决定废止,先前的行政行为自废止之日起失效。一般来说,负担性的税收行政行为可以随时废止,基本不存在信赖利益的保护问题。对授益性的税收行政行为,一般不得废止,除非存在以下情形:一是原税收行政行为规定了废止的附款,规定了废止的期限、条件,而期限已到或废止条件已成就;二是原税收行政行为因事实或法律、法规依据变化,如不废止将给公共利益带来重大损失。

**(四)税收行政备案中的信赖保护问题**

自2004年《行政许可法》实施以来,许多涉税事项实行了由审批制向备案制的转变。作为一种缓和、柔性的税收管理方式,税收行政备案被广泛运用到日常税收管理之中,在税收行政中扮演着越来越重要的角色,成为税务机关进行管理的重要手段。① 但行政备案在我国行政法中尚未有足够的研究,"行政备案"一词在域外行政法中也很少存在对应的概念,更谈不上对其进行规制和救济等问题。在基层实务操作中,其中的问题尤其是信赖保护问题特别值得关注。

1.税收行政备案的性质

《现代汉语词典》对"备案"的解释是指,"向主管机关报告事由存案以备查考"。从这个意义上看,备案本质上是一种事实行为。但在税收行政中,行政备案的含义是含混的,性质难以确定。在不同的行政法规、规章和规范性文件中,根据其法律后果分析,大致有以下几种性质:一是行政许可意义上的备案。例如,《国家税务总局关于企业所得税税收优惠管理问题的补充通知》(国税函〔2009〕255号,国家税务总局公告2016年第34号宣布失效)第3条规定"对需要事先向税务机关备案而未按规定备案的,纳税人不得享受税收优惠;……"。实质上是变相的

---

① 笔者于2016年10月7日在四川省国税局"中国税收法规查询系统"以"备案"为关键词进行内容查询,所显示的结果有1725条。其中,在2000年以前,主要是内部行政备案,2000年以后逐步转变为以外部行政备案为主。

行政许可或审批。二是监督意义上的备案。例如,《国家税务总局关于个人非货币性资产投资有关个人所得税征收管理问题的公告》(国家税务总局公告2015年第20号)第13条规定:"纳税人和被投资企业未按规定备案、缴税和报送资料的,按照《中华人民共和国税收征收管理法》及有关规定处理。"三是告知意义上的备案。例如,《国家税务总局关于税务行政审批制度改革若干问题的意见》(税总发〔2014〕107号)规定:"不得以纳税人等行政相对人没有按照规定备案为由,剥夺或者限制其依法享有的权利、获得的利益、取得的资格或者可以从事的活动。"以此为标志,行政许可意义上的税收行政备案被禁止。

2. 税收行政备案后续管理中的信赖保护

税收行政备案一般分为内部行政备案和外部行政备案。我们主要探讨的是与税收行政相对人有关的外部行政备案中的信赖保护。国家税务总局《税收减免税管理办法》(国家税务总局公告2015年第43号)第22条第2款规定:"税务机关在纳税人首次减免税备案或者变更减免税备案后,应及时开展后续管理工作,对纳税人减免税政策适用的准确性进行审核。对政策适用错误的告知纳税人变更备案,对不应当享受减免税的,追缴已享受的减免税款,并依照《税收征收管理法》的有关规定处理。"在基层实践层面上,落实减免税备案的后续管理可能存在以下情形,导致纳税人信赖利益的产生:一是大量减免税备案的出现,税务机关无充足的人力资源开展后续管理工作,导致一些备案没有进行后续审核,致使纳税人的权利和利益长期处于不确定状态。二是由于对税收备案的后续管理只规定了"及时"这一模糊概念,而没有明确的时限,可能导致后续审核的不正当迟延,致使纳税人的权利和利益一段时期内处于不确定状态。目前,税法中对税收行政备案是采取"拟制批准"还是"拟制驳回"制度没有明确规定,①但明确了税务机关的后续管理职责。倘若纳税人相信备案的准确性,为自己的生产经营活动或者财产按照免税进行安排或处置,即产生信赖利益,对税务机关产生一定的拘束责任。如果在以后发现备案的政策错误或者事实要件缺失,应当考虑信赖保护因素来进行税收处理。

**(五)税收行政指导中的信赖保护问题**

税收行政指导是指税务机关采取宣传、辅导、引导、劝告、建议、警示或其他不具有法律上强制力的方法,促请纳税人为一定作为或不作为的行为,以实现税收行政目的。以行政法的视角,税务行政指导的实质内容主要是纳税服务,税务行政指导行为是纳税服务的法律形式。近年来,随着纳税服务从理念、制度、内容和

① 相关讨论参见陈新民:《中国行政法学原理》,中国政法大学出版社2002年版,第143页。

形式等诸方面的发展,税收行政指导行为已扩张到税务管理的各个环节,数量呈几何级数增长。对于引导纳税遵从、促进税企和谐、防范税收风险都起到了非常积极的作用。但是,如果税务机关进行违法的行政指导,纳税人基于对税务机关指导行为的信赖而采取的处置行为带来的权益损失,是否给予信赖保护。传统行政法理论认为:行政指导是一种自愿接受的行为,相对人可以拒绝行政指导行为,无拘束力,只是行政机关善意的建议,不构成侵权。在我国的行政法中,对行政指导既不能提起行政复议和诉讼,更不能提起国家赔偿。但税收行政指导的生命在于纳税人的信赖,核心在于基于信赖而产生的双方合作和一致行动,倘若对信赖利益不予重视和保护,税收行政指导的效应则会大打折扣。

**(六)税收行政承诺中的信赖保护问题**

行政承诺是行政机关承诺将来为一定的作为或不作为的决定,行政承诺多半被认为是一个具体行政行为,可以有效地拘束行政机关。① 在税收行政中,为了进一步提高工作效率和质量,加强社会监督,提升服务形象,税务往往采用行政法上之承诺的方式向社会承诺办税程序、涉税事项办理原则、标准等,那么,如果因情势变更或承诺违法,税务机关未按照承诺办理的,致使纳税人权益受损,其责任机制如何构建?笔者认为,应该适用信赖保护原则来建立和完善责任机制。一般来说,税务行政承诺分为程序上的承诺和实体上的承诺,程序上的承诺主要是对办理涉税事项的期限、步骤、方式等程序方面的承诺;实体上的承诺主要是对相对人依据税收实体法提出的要求的承诺,例如,对纳税人达到某些条件,将批准其享受税收优惠政策的承诺。如果诚实、信用的相对人,因信赖行政承诺而安排了经营行为或处置财产,那么,如果税务机关不能兑现承诺或违背承诺,相对人的信赖利益应得到保护。

**(七)行政法上的权力失效导致的信赖保护问题**

权利失效原是民法上的概念,后被引入行政法领域,适用于行政机关和相对人双方。对于行政机关来说,是指行政机关长期不行使权力,使相对人产生行政机关以后永远也不会行使该权力的信赖,一旦行政机关行使该权力,给诚实、信用的相对人的信赖利益带来损失,相对人可以以不正当的迟延导致权力失效进行抗辩。② 税务行政中的不作为会导致权力失效,例如,由于税收法律、法规和政策的复杂性、变动频繁和发布渠道不规范等,相对人执行税收法律、法规和政策的重大而明显的错误导致公共利益受损,按照税务机关的职责、内部分工和工作规程应

① 参见陈新民:《中国行政法学原理》,中国政法大学出版社2002年版,第139页。

② 参见何海波:《通过判决发展法律——评田永案件中行政法原则的运用》,载罗豪才主编:《行政法论丛》(第3卷),法律出版社2000年版,第459~460页。

该发现而在相当长的一段时间内(如一年以上)并未发现或虽发现而未要求相对人纠正,使相对人产生了执行政策正确的信赖,一旦税务行政机关行使纠正权力,因未及时调整自己的经营活动,相对人的利益将受到重大损失。按照信赖保护原则,相对人完全可以以权力失效进行抗辩,要求税务行政机关不得自始纠正错误行为或对信赖利益的损失给予补偿。

### (八)税收行政计划中存在的信赖保护问题

行政计划,也称行政规划,是指行政机关为了实现行政活动的有计划推进,在进行行政活动之前,先设定相关行政目标,并规划实施步骤和措施办法等的行政行为。行政计划一般分为资讯性计划、影响性计划和强制性计划。资讯性计划属于事实性行为,影响性计划属于行政承诺或指导性行为,而强制性计划属于抽象性行为或具体行政行为。[①] 在税收行政中,行政计划也存在诸多这样的计划(规划),例如,依法治税规划、税收征收管理发展规划、税制改革规划等,这些规划以影响性计划为多,主要是影响或诱导纳税人采取符合税务机关目标的行动效果。这些规划中,可能存在一些具体的激励措施和具体的实施时间,有可能已构成纳税人信赖的事实要件,就可能产生信赖利益。如果税务机关停止、中止、改变计划或者不按照计划的内容和时间等实施,如果纳税人按照计划规划了自己的行动,如改变投资组合、改变经营策略等,应当存在纳税人的信赖保护问题。目前,由于我国税收行政计划的规范化、程序化、法制化较弱,纳税人很难获得救济和保护。

### (九)税务行政惯例导致的信赖保护问题

税务机关在长期税务行政实践中,形成了处理某一类事务的惯例,并造成了相对人对预期利益的信赖,这主要表现在税务机关的裁量行为中,例如,对某一偷税行为的行政处罚额度。如果税务机关未按照行政惯例办理,除非税务机关有充足的理由。当然,从公平原则来看,是不合理的,同时也不符合信赖保护的精神。但是,这种保护的强度是较低的,因为行政惯例具有时间性,随着行政任务、行政目标和政策的变化会不断变化,相对人凭一般经验应该有所认识。

除上述领域外,在税收行政契约等其他领域也有可能存在信赖保护问题。

## 三、在税收行政中引入信赖保护原则的重要意义和作用

大陆法系的信赖保护原则和英美法系的合理预期原则已发展得格外成熟,起到了维护法秩序的安定性和保护相对人权利及利益的作用,在德国、日本和我国

---

① 参见余凌云:《行政法讲义》(第2版),清华大学出版社2014年版,第251~254页。

台湾地区,信赖保护原则早已深入税法领域,提高了其税法品质。[①] 在我国的立法中,《行政许可法》率先引入信赖保护的理念和原则。在我国的行政审判实践中,许多行政相对人依据信赖保护原则提出诉求,并引用信赖保护原则作出判决说理或判决。[②] 因此,在税收领域引入信赖保护理念和制度显得尤其必要与重要,其意义和作用体现在以下几个方面:

第一,在税收领域引入信赖保护理念和制度,可以促进税法的确定性和可预测性,形成良好的税收秩序。依法治税原则要求税务机关的权力以一种可预测的方式行使。税法和政策不能溯及既往,不能频繁变更,不能随意废止。只有这样,纳税人才有可能对自己未来的涉税行为进行规划、安排,并且,这种规划和安排所形成的利益受到法律制度的保护,只有这样,整个社会才会形成良好的税收秩序。

第二,在税收领域引入信赖保护理念和制度,可以增强纳税人对税务机关的信任,控制税收行政权力的恣意和滥用,促进税务机关的良好行政。保护税收上的信赖利益,可以"取信于民",增强纳税人对税务机关的信任,促进纳税人的参与、协助与遵从,提高税收行政效率;保护税收上的信赖利益,可以促使税务机关更加审慎地做出行政行为,更加严格地进行自我控制和自我约束、履行正当秩序,提高行政行为的质量;保护税收上的信赖利益,意味着税收政策和形成的惯例不能随意变更,制定制度规范和做出具体行政行为要具有前瞻性与导向性,提高制度建设质量。

第三,在税收领域引入信赖保护理念和制度,可以在制度上促进整个社会经济运行效率的提高。法和法律秩序的双重安定性是市场经济条件下理性交易的前提,经济行为只有在法律的稳定性和可预测性的前提下才能得以广泛实施。而税法是影响经济行为和社会行为的最重要的法律之一,如果税法能够保护纳税人的信赖利益,将会有效地降低交易成本和稳定交易成本,更加有效地配置资源,更加有效地促进市场机制发挥作用。

## 四、在税收程序法中引入信赖保护理念和制度的建议

通过上面的论述,笔者认为,有必要将信赖保护理念和制度尽快引入到税法

---

① 参见[日]北野弘久:《税法学原论》,陈刚、杨建广等译,中国检察出版社2001年版,第114~116页;黄茂荣:《法学方法和现代税法》,北京大学出版社2011年版,第138~170页。

② 笔者于2016年10月20日在中国裁判文书网以"信赖保护"为关键词检索行政审判案件判决书和裁定书,显示结果数为480余条。具体案件如"吕刚与广东省司法厅行政处罚纠纷一案"的再审裁定书[中华人民共和国最高人民法院(2015)行监字第2055号]。

中,提升税法品质。具体来说,就是要在税收程序法[①]中引入信赖保护理念和制度,考虑到我国的税收法治化程度、税收行政能力、信赖保护理论与实践的完备程度,以及整个社会对信赖保护原则的认知与共识等因素,提出如下建议:

1. 信赖保护理念的宣示

税收是国家介入经济社会的主要方式,是国家治理的基础和重要支柱。确定、稳定和可预测的税收法律体系是市场经济发展的基础与前提。因此,建议在"税收程序法"的总则中宣示信赖保护的理念和原则,全面指导税收行政行为。具体可单列一条指出:税务机关要树立信赖保护的理念,要本着诚实信用的精神,以诚实信用的方式、方法作出税收行政行为。

2. 信赖保护制度的确立

根据域外经验和我国的实践,在税收程序法中将法不溯及既往,违法税收行政行为的撤销和合法税收行政行为废止等领域明确引入信赖保护制度。

(1)法不溯及既往。税收法律层级已经有《立法法》规范,税收程序法中的法不溯及既往主要是规范税收行政法规、行政规章和规范性文件。基于中国的税法解释以行政解释为主,大量的规范性文件存在的实际,建议在"税收程序法"的总则中明确不溯及既往原则。

(2)违法税收行政行为的撤销。其中,税收行政许可行为已有《行政许可法》规范信赖保护问题。其他违法行政行为的撤销也应当参照《行政许可法》,对信赖利益进行保护。具体可参照《德国联邦程序法》第48条的规定。对授益性税收行政行为,若受益人已信赖税收行政行为,且其信赖依照公益衡量在撤销税收行政行为时需要保护,则不得撤销。受益人已使用所提供的税收利益,或其财产已作出处理,使其不能或仅在遭受不合理的不利时方可解除其处理,则信赖一般需要保护。下列情况下,受益人不得以信赖为其依据:①受益人以欺诈、胁迫或行贿取得税收行政行为的;②受益人以严重不正确或不完整的陈述取得税收行政行为的;③明知或因重大过失而不知税收行政行为的违法性的。

(3)合法税收行政行为废止。参照《德国联邦程序法》第49条的规定:合法、非授益的税收行政行为,即使在获得确定力之后,仍可全部或部分对将来的效力废止,除非废止后即须重新作出同样内容的税收行政行为或出于其他原因不容许

---

① 目前,我国税收程序法是《税收征收管理法》,但理论界和实务界很少对这个明显带有计划经济色彩的名称提出质疑,也很少对其性质和定位进行讨论,笔者认为,参照德国、日本的立法,应当将其名称改为《税收程序法》或者叫《税收程序通则》,以适应税收法治化的发展和市场经济体制建设以及国际交流和沟通的需要。因此,除第五部分外,本文以"税收程序法"指代税收学术界和实务界通称的"税收征收管理法"。

废止。在废止合法、授益税收行政行为时,税务机关如基于事后发生的事实,即有不作出该税收行政行为的正当性,且不废止该税收行政行为就会危害公益;税务机关如基于法规的修改,即具有不作出该行政行为的正当性,但限于受益人尚未使用所提供的优惠,或基于该行政行为而尚未受领给付的情况,且不废止即会危害公益;为避免或消除对公共福利的严重不利等情形,仅可全部或部分以对将来的效力废止。应纳税人申请,税务机关须对纳税人因信赖税收行政行为的确定力而遭受的财产不利益作出补偿,但以其信赖保护需要为限。

3. 信赖利益的引导和阻却

由于税收法治化程度和税收行政能力、税收行政资源的制约,当前还没有条件将信赖保护制度全面引入税收行政领域,而且相关的制度,如税收行政备案、行政指导、行政计划等还处于探索阶段,远没有法制化或制度化。但是,我们可以以信赖保护的理念,通过制度化、规范化的手段,逐步建立和优化相关制度,正确引导纳税人的信赖,对信赖利益进行阻却。

(1)税收行政备案。让“程序的归程序,实体的归实体”。税收实体权利不被程序瑕疵所否定。《国家税务总局关于税务行政审批制度改革若干问题的意见》(税总发〔2014〕107 号)就明确了这一原则,但在一些税收规范性文件中,仍然存在纳税人不按照规定备案不得享受优惠政策的规定。为规范税收行政备案,阻却纳税人信赖利益产生,建议对税收行政备案制度进行规范:一是税收行政备案作为一种税收行政程序,对未按规定备案的,可以在税法中设置行政处罚。但不能因此否定其享受的权利和利益;二是为阻却信赖利益的产生,规定税务机关对税收行政备案的后续审核时限,基于整个社会经济运行效率的考虑,这个时限不能过长,应在 15 日或 30 日内;三是采取“拟制驳回”制度,若税务机关未在规定的时间内进行后续审核,则默认驳回,赋予纳税人后续审核到期后的复议请求权。

(2)税收行政指导。错综复杂的税收行政指导行为,是最容易产生信赖利益的领域。加强对税收行政指导行为的控制,避免错误的、违法的、有瑕疵的税收行政指导行为的产生,预防对纳税人信赖利益的侵害。一是增强对税收行政指导行为的认识。当前,税务系统正努力推进纳税服务,建设服务型税务机关。服务型税务机关通过一系列的纳税服务行为体现,而这些纳税服务行为在行政法上绝大多数属于税收行政指导行为。因此,税收行政的决策者和执行者都应该高度重视对税收行政指导行为的调查研究,理性认识其特征,把握其运行规律,找准其发展方向和趋势,进行顶层设计、发布指导意见,从而驾驭和规制税收行政指导行为,保证其合法性、必要性、适当性、正确性,避免行为上的瑕疵。二是对税收行政指导行为进行类型化处理。面对纷繁复杂的税收行政指导行为,需要对其进行类型化处理。类型化就是对众多认知对象的分析与综合、抽象与概括，将具有共同或相同的特征、功能或形态的认知对象归类并概念化。类型化是对税收行政指导行为进行模式化、概念化处理，进而进行制度化或法律化规制的基础和前提。三是对税收行政指导行为进行程序化控制。行政程序具有防范违法或有瑕疵行政行为产生的作用。审慎的程序设置，是规制新的税务行政指导行为必要之举，是实现税收行政指导行为的效率性与合法性平衡的必经之路。四是加强对税收行政指导行为的监督。将税收行政指导行为作为税收执法督察的重要内容，及时发现违法或有瑕疵的行政指导行为。对因违法或有瑕疵的行政指导行为造成纳税人信赖利益受到侵害的，要按照执法过错行为追究责任。

(3)税收行政承诺。根据法律、行政法规和各地税务机关的客观条件及行政能力，在合法和能力许可的前提下，郑重地对外承诺，杜绝违法的和不能兑现的承诺，禁止违背承诺，尽可能地作程序性的承诺，减少实体性的承诺。

(4)税收上的权力失效。税收上的权力失效主要是由于税收行政能力不足或税收行政不作为导致，因此，应从制度和实践两个层面上来防止行政法上的权力失效给纳税人带来的信赖利益侵害。一是在制度层面，应在税收程序法中规定纳税人非因故意或重大过失导致的少交税款，税务机关在一定期限后(如2年)丧失追缴权力，但允许纳税人自愿补缴，不得加收滞纳金或加收利息。同时，规定因故意或重大过失少缴税款的追征期，建议为5~10年。例如，我国台湾地区"税捐稽征法"第23条第1项规定："税捐之征收期间为五年，自缴纳期间届满之翌日起算；应征之税捐未于征收期间征起者，不得再行征收。"二是在实践层面上，充分运用大数据、云计算等信息技术，以问题为导向，提高税务机关的行政能力；加强对税务机关工作人员履职尽责的监督，强化责任追究，避免或减少不作为。

(5)税收行政计划。对纳税人具有指导性、影响性的计划，在考虑有前瞻性的同时，应当具有可操作性和实现的可能性；已发布的计划，应当按照步骤、时间节点有序推进，对因客观情况变化或国家法律、政策的变化不能实现的，应当在时限到来前予以公告提醒，及时阻却纳税人的信赖，保证纳税人信赖利益不受侵害。

(6)税收行政惯例。在做出税收行政行为时，尽可能地根据当地的实际情况，照顾历史习惯，同时要具有前瞻性，对不符合行政惯例的具体行政行为从社会发展和政策变化等方面说明理由。加强对税收裁量行政行为的控制，通过加强裁量行政的基准建设和行政裁量行为的程序控制，尽可能考虑习惯，确保裁量行政行为的公平、合乎比例。

## 五、《税收征收管理法修订草案(征求意见稿)》(以下简称《征求意见稿》)中涉及的相关信赖保护问题评析

2015 年 1 月 5 日,国务院法制办公室公布《征求意见稿》,面向全社会征求修改意见,《征求意见稿》中设计的一些制度,涉及纳税人的信赖保护,需要引起重视,主要体现在以下两个方面:

第一,预先裁定制度中的信赖保护问题。《征求意见稿》第 46 条第 1 款规定:"税务机关应当建立纳税人适用税法的预约裁定制度。"从第 46 条第 2 款看,预约裁定是一种依申请的税收行政指导行为,具体来说是一种行政承诺行为,具有行政契约的性质,对税务机关具有拘束力。第 46 条第 3 款规定:"纳税人遵从预约裁定而出现未缴或少缴税款的,免除缴纳责任。"这一款的规定第一次很好地体现了信赖保护原则的要求,值得褒扬。但也存在一些问题,建议进行改进:一是预约裁定制度如何保障税法的统一性问题。《征求意见稿》第 46 条规定,省以上的税务机关具有预约裁定权,而预约裁定的范围是"预期未来发生、有重要的经济利益的特定复杂事项,难以直接适用税法制度进行核算和计税时"。表述中多次使用描述性的不确定法律概念如"重要的""复杂"等,缺乏确定性,容易导致预约裁定权的滥用。同时,裁定主体有总局和省级局两级,容易造成不同层级和不同地区对同一事项裁定不一致,破坏税法的统一性;也容易造成部分地区的纳税人信赖利益的损害。因此,建议制定更加审慎的程序来规范,具体可由省级税务机关进行裁定,报总局审查后执行。二是预约裁定是依申请的行为,仅是特定申请人与税务机关的双方行为,仅对特定申请人适用。对特定事项的裁定如何推及具有同样事项的其他纳税人,从而扩大预约裁定的效用,提高行政效率?一种方式是公布公开预约裁定,指导实践,但这种方式可能会暴露纳税人的商业秘密,并不可取;另一种可取的方式就是将裁定结果转化为税收行政解释,以规范性文件的形式进行公布,将纳税人信赖利益确定化、法制化。同时,也可以推动和促进税法的严密性、精细化和可操作性。三是由于纳税人遵从违法或错误的预约裁定,因信赖保护导致公共利益受损,税务机关及其工作人员应当承担法律责任。具体是因故意或重大过失做出违法或错误的预约裁定,应当追究失职渎职的行政责任。

第二,税额确认制度中的信赖保护问题。《征求意见稿》第六章规定了税额确认制度。从内容上看,税额确认与行政法上的行政确认完全不同,行政确认是指行政主体对行政相对人的法律地位、法律关系和有关法律事实,给予确定、认可、证明并予以宣告的具体行政行为。[①] 这一章的内容包括税额确认、税额核定、

① 参见姜明安主编:《行政法与行政诉讼法》(第 2 版),北京大学出版社 2005 年版,第 282 页。

特别纳税调整等,因此,使用"税额确认"这个词是否恰当应该进行充分考虑。而其中涉及的信赖保护问题较多,需要引起重视。一是税额确认是普遍性还是选择性的,即对所有纳税人还是对有特殊情形的纳税人进行确认不明确。若是普遍性的确认,税务机关绝无资源和能力实现,是不可能完成的任务,并且,破坏纳税人自行申报纳税制度,会承受无法承担的法律责任。同时,税额确认后会引发纳税人的信赖,税额确认后一旦发现新的税收违法行为,纳税人会以信赖保护原则提出抗辩,导致争议产生。因此,建议《征求意见稿》明确不是对所有纳税人进行税额确认,而应当对存在特殊情形的纳税人进行税额评定或推算课税。二是再次税额确认中存在的信赖保护问题。《征求意见稿》第 54 条规定了再次税额确认制度,其第 1 款第 2 项规定"税法有新的规定涉及调整纳税人计税依据的"需要进行再次核定,这是严重违背法不溯及既往原则的。若是税法新的规定有利于纳税人则并非不可,但应当遵循公平性原则;若是税法新的规定不利于纳税人,则应当严格禁止。因此,再次评定制度应当从保护纳税人信赖利益出发予以修正。

## 六、余论

将信赖保护的理念和制度引入税收行政领域,必将对治税理念、税收法律制度和税收管理实践产生深远的影响,将促进税务机关和纳税人之间的信任、信赖,推动合作、促进遵从,建立稳定、和谐、公正的税收秩序。在更高层面,使税法高度耦合于社会主义市场经济体制,成为国家经济社会发展的助推力。从这个意义上说,税务机关信赖保护理念的形成和信赖保护制度的确立将是推动税收治理体系和治理能力现代化的动力。当前,税收界对信赖保护原则的研究较少,还没有形成广泛的共识,我们希望决策者高度重视这个问题,在税收程序法的修订完善中注意这个问题,建立面向未来的税法、提升税法品质。

# 税收核定制度研究

袁森庚[*]　宋玉华[**]

## 一、税收核定概念及正当性法理分析

### （一）税收核定概念

税收核定概念分为广义税收核定与狭义税收核定。广义税收核定，是指对纳税人应纳税额的审核确定，既包括采用间接方法进行的纳税推定，也包括采用直接证据资料进行的纳税确定。狭义税收核定，仅指在缺少直接账册凭证等证据资料的情况下，通过各种间接资料和方法推定计算纳税人应税收入（应税价格）、应纳税所得额等税基或应纳税额的计税方式。本文探讨的税收核定属于后者，即狭义的税收核定概念。

### （二）税收核定制度价值分析

为了保障国家税款征收，满足公共财政需要，维护税收公平和征收效率，避免作为经济人属性的纳税人逃避纳税，基于国家征税权的强制力，税收核定权应运而生。在纳税人税法遵从度欠缺、未建立账册或账册记载不全，甚至出现纳税人恶意毁损、隐匿账册资料，不配合税务机关检查的情况下，从保障国家税收全局出发，通过此种核定方式，可有效挽回国家税款损失，敦促纳税人建账建册，以提高税法遵从度以及维护税收公平与争议。因此，税收核定作为查账征收的必要补充，是国家征税权的直接体现，是国家税收的坚实保障，从某种程度上说，是一种征税威慑平衡，在目前国家税收管理制度中是不可或

* 国家税务总局干部学院。
** 广东省广州市国家税务局稽查局。

缺的征收管理制度。

1. 保障国家税收

税收是国家机器运转的基石。而税收无偿性的特性决定了必须依托国家强制力才能实现税收的全面征收。纳税人自主申报的真实性与完整性需要有效征税手段加以保障,如果缺少有效法律措施,出于经济人的趋利避害天性,纳税人通常会减少纳税,为了增加自身收益而规避社会责任承担。而税收核定制度是国家征税权和税收强制力的重要体现,首要价值在于防止纳税人蓄意少报收入,少缴税款,保障国家税款不流失,确保财政运转基础,保证国家征税权的实现。

2. 维护纳税公平

纳税公平体现在税法面前人人平等,包括横向公平和纵向公平。横向税收公平,指相同条件的纳税人,应承担同样的税负;纵向税收公平,指不同条件的纳税人,应根据自身经营性质、规模等纳税条件的不同,承担不同税负。纳税公平的维护,一方面,依托纳税人的自我诚信纳税;另一方面,有赖于国家对纳税的监督,通过间接资料,计算核实纳税人应税数据,防止缺乏诚信的纳税人不进行真实纳税申报,逃避纳税,造成纳税人之间税负不公,导致竞争起点差异,影响经济良性竞争。税收核定制度可以保证一旦发生纳税事项,就需依法承担相应纳税义务,从而避免纳税义务失衡。

3. 提高税法遵从

税收的无偿性,税收利益回报的间接性,使纳税人对于割让自己利益的纳税行为,存在天然的抵触情绪,并且,国家税款运行机制不完备,社会管理不尽完善,导致纳税人享受国家服务效果不尽如人意,也会进一步降低纳税积极性。目前,税收管理中确立了以纳税自我申报为主,税务机关检查管理为辅,对于纳税申报的真实性和完整性,税务机关通过必要的纳税评估等手段,进行事后纳税管理。最高层次则是进行税务案件稽查,使用证据调查,以及缺少直接证据的情况下,采用事后税收核定方式,补缴税款。税收核定是基于纳税人自身或其他经营相近似的纳税数据,计算核实纳税人真实经营纳税情况,从而堵塞税收漏洞,约束逃避纳税行为。可见,纳税遵从必须依托国家征税手段的有效运作,税收核定制度可以打消纳税人逃税的侥幸心理,提高纳税遵从度。

4. 提升税收效率

行政效率是指利用较少的人力、物力等行政资源投入,获取较多的行政管理效果。税务机关从事税收管理,坚持不断提升税收效率,通过较小的税收管理资源投入,争取获得较大的税收管理效益。对于欠缺账册资料凭证,难以准确核算的纳税人,约束该类纳税人依法纳税,如何保证国家税款不流失、保障税收公平,考验着税务机关的管理水平和能力。通过税收核定法律手段,税务机关可有效化解上述税收管理矛盾,实现对缺失账册资料的纳税人有效税收管理。税收核定使税务机关通过科学合理的核定方式,及时计算确认纳税人的应纳税款,减少税收管理调查核实难度,降低税收管理成本,提升税收管理效率。

5. 推动信赖利益保护

信赖利益保护原则是为了维护行政行为的稳定性而设置,属于现代行政法治的要求,体现实质法治理念和精髓,对绝对的形式法治加以平衡与限制,维护无过错行政相对人基于对行政行为信赖而产生的利益。具体来说,信赖利益保护原则是指对于行政机关作出的生效行政行为,行政相对人基于对该行政行为的信任,依法享有保持该行政行为效力的权利。即出于行政相对人对该行政行为的信赖,行政机关不得随意撤销或者改变该行政行为,以免额外增加行政相对人新的法律负担或者剥夺其已享有的权利。税收核定属于税务机关依法对账册凭证缺失的纳税人,按照法律规定的方式方法,进行应税收入、应税价格、应纳税所得额或应纳税额的确定。税务机关进行税收核定属于依法确认纳税人应纳税款的税收执法行为。基于对税务机关税收执法的信任,纳税人有权要求税务机关保持税收核定结果的稳定性,不得随意变更,以避免增加纳税人新的税收负担。

6. 促进税收法治

税收法治包括税收管理手段符合法治要求,以及对税收违法行为能够进行及时有效的处理。税收核定制度具备完全的法定要素,包括税收核定制度立法、税收核定程序完备、税收核定方法合理、税收核定救济及时等诸多方面,都符合法治理念。同时,通过税收核定这一法定手段,可有效处理解决纳税人账册不健全、不及时纳税的情况,防止出现国家税款流失和造成税收不公平。税收核定制度有效弥补了税收管理的薄弱环节,科学有效地处置了潜在税收违法隐患和纠正已发生的逃避缴纳税款行为,实现税收管理全覆盖,堵塞税收管理漏洞,完善税收法治建设。

**(三)税收核定制度弊端判断**

1. 税收核定结果存在一定不确定性

税收核定制度具备完全的法定要素,包括税收核定制度立法、税收核定程序完备、税收核定方法合理、税收核定救济及时等诸多方面,都符合法治理念。但是,不同的税收核定方法,计算出的税款数额并不完全一致,即税收核定在税款计算结果方面存在一定不确定性,这是税收核定难以完全避免的,需要加强税收核定合理性保障,减少税收核定结果差异。

2.税收核定具有较大自由裁量权,容易增加权力寻租空间

实质课税是税收征收管理的重要原则,对于运用合理方法进行的税收核定,最终是为了实现实质课税,体现纳税公平。但是,由于缺少直接的认定资料,在进行税收核定过程中,税务机关对核定方式方法的选取具有较大自由裁量权,不同的核定方法将一定程度上影响税款的计算结果,因此,容易引发权力寻租。为了避免税收核定自由裁量权滥用,应当加强对税收核定制度的约束和管理,确立科学的核定流程与核定方法,并增加纳税人的陈述申辩渠道和途径,强化税收核定制度的合理性要求,去除核定的自由裁量随意性,尽量使核定结果接近实际。同时,强化各种监督措施,增加核定过程透明度,降低核定枉法概率。

## 二、国内外立法现状

### (一)我国立法情况

我国税收核定的基础规定来源于《税收征收管理法》及其实施细则,同时,包括《增值税暂行条例》《企业所得税》等相关实体法律文件中,也都对税收核定适用情形进行了具体规定。而国家税务总局通过规章及规范性文件,进一步补充完善了相关税收核定程序。

1.《税收征收管理法》及其实施细则对税收核定的基本规定

《税收征收管理法》第 27 条第 2 款规定,延期申报时应当在纳税期内按照上期实际缴纳的税额或者税务机关核定的税额预缴税款。第 28 条第 2 款规定,农业税按照法律、行政法规的规定核定应纳税额。第 35 条规定了依法可不设立账册及应当设置但未设置账册、擅自销毁账簿或者拒不提供纳税资料、虽设置账簿,但账目混乱或者成本资料、收入凭证残缺不全,难以查账的,发生纳税义务,未按规定申报,经税务机关责令仍不申报逾期仍不申报的、计税价格明显偏低又无正当理由的等六种核定情形。

《税收征收管理法》第 36 条规定,对关联交易允许税务机关进行合理调整。第 37 条规定,对未办理税务登记及临时从事经营的纳税人,税务机关可以核定其应纳税额。

《税收征收管理法实施细则》第 47 条则规定了三种主要核定方法:参照当地同类行业或者类似行业中经营规模和收入水平相近的纳税人的税负水平核定;按照营业收入或者成本加合理的费用和利润的方法核定;按照耗用的原材料、燃料、动力等推算或者测算核定,以及其他合理方法。同时,规定了纳税人存在异议的举证责任。

2. 实体税收法律文件规定

(1)《增值税暂行条例》(2008 年修订)第 7 条,规定了价格明显偏低并无正当理由的,税务机关核定其销售额。《增值税暂行条例实施细则》(财政部令第 50 号)第 16 条规定,纳税人有价格明显偏低并无正当理由或者有视同销售货物行为而无销售额者,按下列顺序确定销售额:一是按纳税人最近时期同类货物的平均销售价格确定;二是按其他纳税人最近时期同类货物的平均销售价格确定;三是按组成计税价格确定。

(2)《消费税暂行条例》(2008 年修订)第 10 条,规定了消费品价格明显偏低并无正当理由的,税务机关核定其计税价格;《消费税暂行条例实施细则》(财政部、国家税务总局令第 51 号)第 21 条规定,卷烟、白酒和小汽车的计税价格由国家税务总局核定,送财政部备案;其他应税消费品的计税价格由省、自治区和直辖市国家税务局核定;进口的应税消费品的计税价格由海关核定。

(3)《企业所得税法》第 44 条规定,在企业不提供或者提供虚假、不完整资料,未能真实反映其关联业务往来情况的,税务机关有权依法核定其应纳税所得额。《企业所得税法实施条例》(国务院令第 512 号)第 115 条规定,核定企业的应纳税所得额时,税务机关可参照同类或者类似企业的利润率水平核定;按照企业成本加合理的费用和利润的方法核定;按照关联企业集团整体利润的合理比例核定;按照其他合理方法核定。

企业对税务机关核定的应纳税所得额有异议的,应当提供相关证据,经税务机关认定后,调整核定的应纳税所得额。

(4)《个人所得税法实施条例》(2005 年修订)第 17 条,规定纳税人未提供完整准确资料,导致不能正确计算应纳税所得额的,由税务机关进行核定。

(5)《营业税暂行条例》(2008 年修订)第 7 条规定,对纳税人提供应税劳务、转让无形资产或者销售不动产价格明显偏低且无正当理由的,由主管税务机关核定其营业额。

《营业税暂行条例实施细则》(财政部、国家税务总局令第 52 号)第 20 条规定,纳税人有价格明显偏低并无正当理由或者视同发生应税行为而无营业额的,按下列顺序确定其营业额:一是按纳税人最近时期发生同类应税行为的平均价格核定;二是按其他纳税人最近时期发生同类应税行为的平均价格核定;三是按下列公式核定:营业额 = 营业成本或者工程成本 × (1 + 成本利润率) ÷ (1 − 营业税税率)。

(6)《车辆购置税暂行条例》(国务院令第 294 号)第 7 条第 2 款规定,纳税人购买或者进口自用应税车辆,申报的计税价格低于同类型应税车辆最低计税价格,又无正当理由的,税务机关按照最低计税价格征收车辆购置税。

上述各种税收实体规定,涵盖了增值税、消费税、企业所得税、个人所得税、营业税以及车辆购置税等税种。除企业所得税、个人所得税外,其他税种都指向纳税人计税价格明显偏低,且无正当理由情形,体现了不同税种间的相同管理诉求。而企业所得税对关联交易企业规定不提供与其关联方之间业务往来资料,或者提供虚假、不完整资料,未能真实反映其关联业务往来情况的,税务机关有权进行核定。该规定:一是明确作为关联交易方,企业有义务提供有关关联交易真实资料;二是明确税收核定的前提是因缺少上述资料,导致不真实反映关联业务情况的情形。

个人所得税方面,规定纳税人未提供完整准确资料,不能正确计算应纳税所得额的,即因纳税人未能提供完备纳税资料,导致不能准确进行个人所得税成本费用核算的,税务机关可进行税收核定。该规定一方面明确了个人所得税成本费用资料归由纳税人提供;另一方面强调了税收核定的基本前提是因缺少必要纳税资料,导致难以准确核算应纳税所得额情形。

3. 国家税务总局规章和规范性文件对税收核定程序的规定

(1)《个体工商户税收定期定额征收管理办法》(国家税务总局令〔2006〕16号)规定了对小规模纳税人可以采取定期定额核定征收方式。

(2)《企业所得税核定征收办法》(国税发〔2008〕30号),对企业所得税具体核定程序与核定方法进行了规定。

《个体工商户税收定期定额征收管理办法》(以下简称《办法》)(国家税务总局令〔2006〕16号)规定了对生产、经营规模小,达不到设置账簿标准的个体工商户进行定期定额征收的条件、流程和方法。其中,主要核定程序包括自行申报、核定定额、定额公示、上级核准、下达定额与公布定额。同时,《办法》还规定了核定救济渠道,包括可以向主管税务机关申请重新核定,或依法向上一级税务机关进行行政复议。

《企业所得税核定征收办法》(国税发〔2008〕30号)除规定《税收征收管理法》第35条中的核定条件外,还明确了采用应税所得率进行核定的适用条件,主要指能正确核算(查实)或通过合理方法,能计算和推定收入总额(成本费用总额),但不能正确核算(查实)成本费用总额(收入总额)的情形。同时,明确了企业所得税核定程序,包括企业填写核定征收鉴定表、税务机关分类逐户审查核实,提出鉴定意见,并报县税务机关复核、认定。复核认定后,进行核定公示。对核定存在争议的,由纳税人负责提供相关证据资料,交由核定的主管税务机关进行调整。

### (二)德国立法情况

德国税法中,对税收核定程序和核定适用条件、核定的时效进行了系统规定。其中,对于核定程序,《德国税法通则》第155条规定:"只要没有其他规定,由税务机关通过征税通知对税额做出核定。"第157条规定:"征税通知以书面形式发出。书面形式的征税通知应说明核定税额的类别和金额,并注明税收债务人。此外,应附文告知允许采取何种法律救济,应在多长期限内向哪一家行政机关提出该措施。"德国税法规定税务机关进行核定时,以书面的征税通知告知核定的类别与核定的金额,并注明税收债务人,同时,告知法律核定救济权利。

对于纳税基础的税收核定,《德国税法通则》第162条估算纳税基础中规定了以下三种主要情形:一是如果税务机关无法查明或计算征税基础,则应对其进行核定。此时,应将对于核定产生作用的所有情况考虑在内。二是纳税义务人对其申报事项未充分说明,或者拒绝进一步提供情况或作出宣誓保证,或者违背第90条第2款规定的协助义务的(特定范围事件由当事人承担查明案情、取得证据协助义务),则尤其应进行核定。若纳税义务人无法提供根据税法应进行的簿记与记录,或簿记与记录不符合法定条件作为征税的依据,或存在实际情况,发现纳税义务人申报的事项不实或不尽,将形成更高应税所得或更多的经营资产,且纳税义务人不同意按要求提供有关情况,也应进行估算。三是纳税义务人对涉及国外有关的事件,纳税人未按照规定按时记录,则税务机关可进行推定。在此种情形下,特别是只能根据价格差确定时,则这一范畴的确定可以穷尽不利于纳税义务人的各因素。

对于核定方法,《德国税法通则》第163条规定:"如果根据具体情况征税可能不合理时,可以确定更低税额,或者不将单个的提高税额的纳税基础计入计税依据中。对于所得税,经纳税义务人同意,可允许延后考虑提高税额的征税基础,以及提前考虑降低税额的征税基础。关于采取其他税额核定方法的决定可与税额确定通知相结合。"根据该规定,对于存在通过核定征税不合理的情况,可以通过其他核定方法,计算更低的税额,或者排除单个提高的税基。而对于所得税,经过纳税人同意后,可以将提高税基的时间延后,以及提前考虑降低税基。

对于核定税额审查权,《德国税法通则》第164条第1款规定,"只要未对税案进行最终检查,可在一般或个别情况下,无需任何理由,对税额做出确定时保留审查权。保留有效期间,可取消或修改税额核定书"。根据该规定,进行核定时,只要没有对税案开展最后检查,通常都保留对核定税额的审查权。核定审查权保留有效期间,税额核定书可被取消或者进行修改。

对于核定的时效,《德国税法通则》第169条对核定的期限进行了规定。其中，消费税核定期限为1年，出现偷逃税时，核定期限为10年，出现漏税时，核定期限为5年。核定期限届满时，不再允许进行税额核定及其取消或修改。[①]

另外，其他核定情形还包括使用平均率方式对不记账的小规模农林业的盈余计算和自用房屋使用价值估量两种方式。[②]

**（三）美国立法情况**

美国税法规定，对于纳税人没有经常采用的会计方法，或者会计方法不能正确反映所得情况，税务机关可以核定课税所得。常用核定方法包括资产净值增加法、资金使用及来源法、银行存款法及百分比计算法四种法。[③]

美国税收核定规定了以下四种核定方式：一是针对纳税申报的简易核定，可以认为是对申报的简单确认；二是纳税申报数额有别于税务机关认定的数额而采取的欠税核定；三是预险核定，类似于我国税收保全措施，对存在税款缴纳风险情况下采取的核定措施；四是特殊状态核定，对企业处于破产或被接管特殊状态下进行的核定。[④]

**（四）日本立法情况**

日本税法对采用纳税人自我申报以及核定课税两种纳税方式下，税务署长可进行更正或决定。

一是对采用申报纳税方式的国税税额等的确定手续，包括以下规定的情形：日本《国税通则法》第24条规定："税务署长在出现纳税申报提交的情况下，该纳税申报所记载的课税基准等或税额等的计算并未依照国税相关法律之规定时，以及其他课税基准等或税额等与其他调查结果有出入时，应当根据调查对与该申报相关的课税基准等或税额等实施更正。"根据该规定，日本税务署长对于纳税人进行的纳税申报，如果其课税基准或者税额不符合相关法律规定，或与其他调查结果有出入的，应当根据调查结果对纳税申报进行更正。

日本《国税通则法》第25条规定："税务署长认为负有提交纳税申报义务者未提交该申报的情况下，则根据调查，对与该申报相关的课税基准等与税额等做出决定。"根据该规定，日本税务署长认为，有纳税申报义务的纳税人为进行纳税申报的，则可以根据税务机关的调查，直接对相关课税基准与税额做出决定。

---

① 参见外国税收征收管理法律译本编写组译：《外国税收征收管理法律译本》，中国税务出版社2012年版，第1708页。

② 参见刘继虎：《论推定课税的法律规制》，载《中国法学》2008年第1期。

③ 同上。

④ 参见王昭：《论核定征收的法律风险防范》，首都经济贸易大学2012年硕士学位论文，第23页。

关于再次更正，日本《国税通则法》第26条规定："税务署长在做出更正或决定后，又得知该更正或决定的课税基准等或税额等过多或过少时，则根据调查，对与该更正或决定有关的课税基础等或税额等予以更正。"按照该规定，日本税务署长在做出上述更正或者决定后，如果知道更正或者决定不准确的，可以进行再次更正。上述更正或决定属于日本的税收核定措施。

二是对采用核定课税方式国税税额等的确定手续，日本《国税通则法》第31条规定："采用核定课税方式的国税纳税人，须依照国税相关法律之规定，在提交期限前，将记载其国税课税基准的申报向税务署长提交"。

日本《国税通则法》第32条第1款规定："对于采用核定课税方式的国税，税务署长通过调查，并在应提出课税基准申报的期限后，依照下列各目的分类，对该各目所列事项作出决定：

1. 提交了课税基准申报的情况下，在该申报中所记载的课税基准与税务署长的调查结果相同时，为应缴税额；

2. 对于应提交课税基准申报的国税而未提交该申报时，或在提交了该申报情况下，该申报所记载的课税基准与税务署长的调查结果有出入时，为课税基准及应缴税额；

3. 不需要提交课税基准申报时，为课税基准及应缴税额"。

按照上述规定，日本税务署长对于采用核定课税方式的国税，基于调查核实结果，如果二者相同，则对申报课税基准进行应缴税额确认，对应申报而未进行申报，或者虽然进行申报，但是申报情况与调查结果存在出入的，或不需要申报的，税务署长的决定作为课税基准及应缴税额。

第32条第2项规定，"税务署长在作出了上述决定后，在得知已作出决定的课税基准或对应税额过多或过少时，应当通过调查，对与该决定相关的课税基准及应缴税额的变更作出决定"(再次核定)。这是对于税务署长作出核定决定后，可以对不准确的进行再次变更核定。

第32条第4项规定："第2项所规定的决定，由税务署长在送达记载着下列事项的核定通知后做出：1. 该决定前的课税基准及应缴税额；2. 该决定后的课税基准及应缴税额；3. 该决定前的应缴税额因该决定而增加或减少时，则为其增加或减少的应缴税额。"[①]该规定表明，进行决定前，需要将核定的有关事项提前通知纳税人，包括决定前后的课税基准以及应缴税额，同时，列明二者存在差异时的

---

① 参见外国税收征收管理法律译本编写组译：《外国税收征收管理法法律译本》，中国税务出版社2012年版，第1804页。

增减应缴税额。

日本《法人税法》第131条规定："税务署长对有关国内法人税实施更正或决定时，除根据国内法人所提出之蓝色申报书有关之法人税课税标准或亏损金额实施更正以外，得依该国内法人之财产或债务之增减状况、收入或支出之状况或生产量、销售量及其他营业量、从业员数以及事业规模，推估其国内法人有关之法人课税标准，实施更正或决定。"根据上述规定，日本实务上采取的推计课税方式，容许有各种选择，通常实务上所采用的，包括纯资产增加法、单位法（效率法）以及比率法等。①

## 三、我国税收核定制度存在的问题及立法完善建议

### （一）我国现行税收核定制度存在的问题

1. 立法层次较低，税收核定规定散乱，缺少体系

德国、美国在税法通则中都设立税收核定专门章节，尤其《德国税法通则》中，对于核定的适用条件、核定程序、核定时效以及核定限制等方面，都进行了系统规定。目前，我国关于税收核定的规定除《税收征收管理法》及其实施细则有关规定外，其他散见于各种实体税收规定及国家税务总局规章与规范性文件规定，立法层次较低，规定散乱，不成体系。对于税收核定程序，缺少统一规定，尤其在《税收征收管理法》及其实施细则中，基本未加以规定，而较为系统完备的核定程序，主要体现在个体工商户定期定额核定及企业所得税核定规定中。

对于税收核定方法，《税收征收管理法实施细则》仅规定了三种一般核定方法，而《增值税暂行条例实施细则》与《营业税暂行条例实施细则》对价格明显偏低且无正当理由的，规定了不同适用顺序的价格核定方法。企业所得税核定除一般核定方法外，还规定了采用应税所得率核定方法，与上述核定方式差别明显。因关于税收核定适用条件、核定程序、核定方法的各税种规定散落分布，内容交叉冲突，使各税收核定规定不成体系。

2. 税收核定适用条件合理性存在欠缺

（1）税收核定适用基本情形。当前，税收核定适用条件中，存在以下六类情形（农业税征收现已取消）：一是未设置账册或账册凭证不健全，包括依照法律、行政法规的规定可以不设置账簿、应当设置账簿但未设置、擅自销毁账簿或者拒不提供纳税资料、虽设置账簿，但账目混乱或者成本资料、收入凭证、费用凭证残缺不全，难以查账的；二是经通知申报拒不申报；三是价格明显偏低，无正当理由

---

① 参见刘继虎：《论推定课税的法律规制》，载《中国法学》2008年第1期。

以及视同销售情形；四是关联交易情形；五是未办理税务登记临时经营；六是延期申报预缴税款。上述六种情形中，未设置账册或账册凭证不健全，既包括事前核定征收，也包括事后核定情形，事前核定征收具体分为个体工商户定期定额征收、征收管理局进行的企业所得税核定征收两类，事后核定包括征收管理局的事后纳税评估等税收管理，但主要应指稽查案件开展的事后核定。

经通知申报拒不申报属于一次性的事后核定，未办理税务登记临时经营既存在事前核定，也不排除事后核定方式，纳税价格明显偏低且无正当理由，以及关联交易情形，属于纳税调整范畴。延期申报缴税属于税款预缴行为。

(2)税收核定适用存在的问题。

第一，税收核定适用条件过于宽泛。目前，关于税收核定的适用条件过于宽泛，有的核定条件设置不尽合理，扩充了税收核定适用领域，影响了税收执法效果。未能体现“难以实现查账征收”这一终极税收核定的前提判断标准，例如，对于未设置账簿情形，以及临时经营、经通知申报拒不申报情形，不排除在税务机关调查核实中，可能获取纳税人的具体经营资料，在此种情况下，并不宜采用税收核定方式。

第二，账目混乱与价格明显偏低标准不一。对于纳税人已设立账册，但如何判断其属于账目混乱存在较大自由裁量空间。例如，纳税人未按照税法和会计法规定，全面设置各种账册，属于严格判断标准，而根据纳税人具体经营实际，仅设置常用的基本账册，并未影响企业会计准确核算，也不宜判断其属于账目混乱。同样，对于是否属于价格明显偏低，且无正当理由，不同的判断主体可以得出截然相反的判断结论。有的对价格是否属于明显偏低存在不同角度的理解，有的虽然属于价格明显偏低，但是否存在正当理由把握不一。

第三，不合法凭证是否属于凭证不全存在争议。对于不合法凭证是否适用税收核定问题存在不同理解和做法。一种意见认为，纳税人缺少发票，而使用白头单等不合法凭证进行记账核算，符合《税收征收管理法》第 35 条规定的虽设置账簿，但账目混乱或者成本资料、收入凭证、费用凭证残缺不全的情形，可以直接进行税收核定。另一种观点认为，发票仅为凭证的一种，除发票外，包括进出仓单、运输单、合同、现金支付单等，都属于有效的会计凭证，仅为发票缺失，不能等同企业成本资料、收入凭证、费用凭证残缺不全情形，因此，不能适用税收核定方式。

第四，事前核定适用范围过宽。实际税收管理中，事前核定征收方式适用范围过宽，定期定额核定范围不仅限于个体工商户，还包括其他小规模纳税人。企业所得税方面，征收管理局出于管理便利，对较多企业采用事前核定征收方式，但对企业建账建册后续管理脱节，导致部分企业长期采用核定征收方式。

第五,当事人主观善恶对核定适用存在影响。税务执法实际中,对于当事人存在欺骗隐瞒手段,具有偷逃税款明显主观故意的,是否能够进行税收核定存在不同理解和做法。有的认为,当事人属于主观恶意心态,不能给予税收核定适用,有的认为,当事人主观善恶情形,并不能影响是否适用税收核定方式,只是影响案件定性处理口径。

第六,企业所得税核定是否需具备真实性基础理解不同。对于发现纳税人存在账外经营情况,或者经鉴定,发现纳税人不合法凭证所占比例较大,对于是否采用税收核定方式进行税收处理存在不同做法。有的税务稽查案件,对纳税人直接进行补税处理,有的则认为,该账外经营的应税收入,以及发现的不合法凭证部分,存在真实的成本费用支出,应当给予税收核定,解决稽查案件中配置合理成本费用计算问题。因此,对于企业所得税税收核定前提,是否应当具备成本费用支出真实性基础存在不同理解,导致执法口径不同。

3. 税收核定方法不够充分合理

(1)基本核定方法。当前,现行《税收征收管理法实施细则》第 47 条、《增值税暂行条例》《消费税暂行条例》及国家税务总局公告 2008 年第 30 号等法律文件对核定方法进行了相应规定,核定方法包括:一是参照相近企业税负水平核定,指参照当地同类行业或者类似行业中经营规模和收入水平相近的纳税人的税负水平核定;二是按照营业收入或者成本加合理的费用和利润的方法核定;三是按照耗用的原材料、燃料、动力等推算或者测算核定;四是按相近价格核定,包括按纳税人最近时期同类货物的平均销售价格确定,按其他纳税人最近时期同类货物的平均销售价格确定,按组成计税价格确定,按相关税务部门确定的价格核定(消费税);五是按应税所得率核定。

(2)现有核定方法存在的问题。当前,我国税收核定制度中,突出的问题在于核定的参考标准是由税务机关确定,影响了核定标准的客观性和科学性,包括企业所得税应税所得率、消费税商品计税价格、增值税和消费税组成计税价格中的成本利润率等关键核定标准,都由各级税务机关规定,影响数据的公允性和超然性。

有的核定方法不尽科学,影响核定的合理性,例如,参照当地同类行业或者类似行业中经营规模和收入水平相近的纳税人的税负水平核定,由于难以获取该相近似经营纳税人的真实经营和纳税情况,参照作用较低。对于按照营业收入或者成本加合理的费用和利润的方法核定,其中,费用构成的真实性与合理性难以核实,合理的利润构成缺少判断依据。

实践中,增值税组成计税价格一般采用《国家税务总局关于印发〈增值税若干具体问题的规定〉的通知》(国税发〔1993〕154 号)规定的 10% 成本利润率,但该成本利润率:一是未区分各类企业具体情况进行统一规定;二是该文件规定自 1993 年出台到当前一直未变,已滞后多年。

对于按照应税所得率进行企业所得税核定方式,该应税所得率自 2008 年国家税务总局《企业所得税核定征收办法》(国税发〔2008〕30 号)规定以来,对各行业应税所得率未再进行调整,导致率值与当前的实际经济情况不符,影响核定数额的合理性。

(3)整体核定与部分核定适用争议。目前,税收核定制度中,缺少整体核定及部分核定方式的适用规定。例如,对于发现企业正常申报外,存在账外经营且缺少成本费用凭证的,进行核定时,是否允许采用部分核定,应否进行整体核定争议较大。采用部分核定,客观上有利于纳税人按照一定的成本费用构成计算纳税,避免了直接补税纳税人的沉重负担,但也存在弊端:一是一个企业同一纳税年度存在两种不同的征收方式;二是两种不同征收方式的实际税负差异明显。而且,由于难以区分账外经营部分成本费用是否已在申报中进行税前扣除,如已扣除,采用部分核定方式则存在该成本费用的重复列支问题。

而采用整体核定,虽然同一纳税年度可以保持同样的征收方式,但是,对于账外经营达到整体经营何种比例才可以推翻企业自我申报,进行整体核定则未有界定。执法实践中,尤其税务稽查部门进行稽查案件企业所得税问题事后核定时,通常应税所得率的率值选取都高于该行业应税所得率最低值,有的甚至选取中值。以批发零售业为例,其应税所得率为 4% ~15%,其幅度中值为 9.5%,如果进行整体核定,尤其对于申报的应税收入数额较大的企业税收负担明显偏重。

另外,进行企业所得税核定时,缺少事前核定与事后核定方式衔接的规定,导致税务稽查执法进行事后核定标准和核定方法不一。

4. 税收核定效力存在争议

对于依法进行的税收核定,除可进行补税处理外,如果纳税人存在欺骗隐瞒手段,税务机关能否依托核定计算的税额,对纳税人进行偷税认定和处罚,对符合条件的,能否移送司法机关追究其逃税罪刑事责任的问题历来争议较大,影响执法口径的统一。一种观点认为,税收核定仅为一种税款征收方式,其核心价值在于维护国家税款不流失,保证国家征税权的实现,从而进行的税款估算允许存在合理偏差。而行政处罚,尤其牵涉刑事犯罪可能的逃税行为认定,应依靠翔实全面的证据证实违法具体事实,即行政处罚违法事实认定应当准确,税收核定计算的税额由于不具备唯一性和完全的准确性,因此,无法作为行政处罚违法数额认定。

另一种观点认为,税收核定作为一种税款计算的法定方式,计算的结果当然具有法律效力,对于具备账外经营等逃税(偷税)手段的行为,应可以作为行政处罚基数,否则,将放纵逃税(偷税)等税收违法行为。对于数额不完全准确,因属于纳税人违法行为所致,该后果自然应由纳税人一并承担。税收执法实践中,对于采用整体核定进行的全年企业所得税核定一般不定性为逃税(偷税),而对于采用部分核定的,则通常定性为逃税(偷税)处罚。

对于上述争端,属于立法对税收核定结果法律效力的界定,目前,由于缺少明确规定,导致实际执法口径不一,造成基层税务机关执法困惑,增加了很大的执法难度,并由此带来了一定的执法风险。

5. 税收核定程序不够完备

当前,我国税收核定制度缺少统一完整的核定程序规定,《税收征收管理法》及实施细则中,仅规定了核定适用条件与基本核定方法,未对核定程序加以统一规定。而《个体工商户税收定期定额征收管理办法》与《企业所得税核定征收办法》,仅对属于个体工商户和账册不健全企业所得税的事前核定流程进行了规范,对于其他核定方式,尤其是税务稽查部门进行事后案件核定程序则缺少具体规定,包括对核定调查程序、告知程序、核定听证程序等都未体现。程序规定的欠缺,难以保证核定的合理性和核定结果的公允程度。

(1)核定调查程序。税收核定中,对于核定方法、核定基础数据的合理性,税务机关应当负有举证责任,负责说明其具备相应的合理性。为此,税务机关应当在税收核定程序中,先对税收核定的基础数据进行收集整理,如涉及参照第三方相近企业情况,则要对该第三方企业有关情况进行翔实的了解核实。当前,虽然《企业所得税核定征收管理办法》《定期定额管理办法》规定了税务机关提前核实要求,其中,《企业所得税核定征收办法》规定,主管税务机关应在收到《企业所得税核定征收鉴定表》后20个工作日内,分类逐户审查核实,提出鉴定意见,并报县税务机关复核、认定。《个体工商户税收定期定额征收管理办法》规定,主管税务机关应当将定期定额户进行分类,在年度内按行业、区域选择一定数量并具有代表性的定期定额户,对其经营、所得情况进行典型调查,做出调查分析,填制有关表格。典型调查户数应当占该行业、区域总户数的5%以上。但是,《税收征收管理法》中并未对此进行明确,对基本调查程序缺少具体要求。尤其对于税务稽查部门进行案件税收核定时,对核定调查程序缺少规范。

(2)告知程序。《企业所得税核定征收办法》《个体工商户税收定期定额征收管理办法》对税务征收管理部门进行的事前所得税核定,以及个体工商户定期定额核定时,未规定在作出核定决定前的告知程序。虽然有的地区税务稽查部门在进行稽查案件税收核定中,要求发出核定通知书进行告知,但是,税务稽查工作规程,以及更高层次的税收征收管理法并未对税收核定告知程序进行规定。由于税收核定结果对纳税人权益影响较大,需要在作出税收核定决定前,向纳税人告知核定的基本标准和核定初步意见,充分听取纳税人的陈述申辩意见,避免税收核定方法与核定结果不具有合理性。

(3)核定听证程序。当前,税务执法中,仅对于较大额度的行政处罚适用听证程序。对于税收核定,并未规定听证程序。由于税收核定自身的特点,核定自由裁量空间较大,核定基础数据资料较为间接,不同核定方法核定结果容易出现差异,因此,税收核定对纳税人权益影响直接。由于税收核定具有的上述不确定性和复杂性,因此,无论事前核定还是事后核定,对于达到一定标准的,应赋予纳税人听证权利,通过举行听证,对税收核定的证据资料进行质证,并在听证中,使纳税人与税务机关充分论辩,陈述说明理由,调整不合理的核定方法。

(4)核定审核程序。因税收核定受执法人员主观判断影响较大,同时,税收核定基础数据资料较为间接,无法直接证实纳税人少缴税额,税收核定需要借助各种间接资料组合,综合推算纳税人应税情况。由于税收核定方式选择及核定过程较为复杂,变化较多,而且,容易存在不当执法诱因,为了保证税收核定的公允,应加强税收核定审核,尤其对于重大复杂的税收核定。

6. 税收核定救济受限

当前,对于税收核定救济渠道,主要包括以下方式:一是向做出核定的主管税务机关申请复核或重新核定,根据《个体工商户税收定期定额征收管理办法》(国家税务总局令第16号)规定,税务机关出具核定意见后,纳税人有异议的,可以申请主管税务机关重新进行核定。二是申请行政复议。由于税收核定异议属于纳税争议范畴,要求复议前置,纳税人对核定结果不服的,不能直接向人民法院提起行政诉讼,而是必须先向上一级税务机关提出行政复议。同时,提起复议时,必须先按照税务机关核定决定,缴纳税款或者提供纳税担保。因此,当前对于税收核定,纳税人救济渠道有限。同时,受复议前置规定影响,导致核定救济困难较大。而税收核定自由裁量空间较大,如果税务机关核定方法欠缺合理性,或者不排除个别税务人员蓄意枉法,将导致核定结果有失公允,此种情况下,纳税人将难以保证自身合法权益,因此,纳税人税收核定的救济权利保障尤显重要。

**(二)税收核定的补充完善**

因税收核定对税款征收及纳税人权益影响较大,属于重要的税收征收管理制度之一,但目前税收核定制度立法欠缺,对核定条件规定不完备。同时,缺少对核定程序、核定方法、核定效力、救济方式的具体规定,有待补充完善。以下就如何保持适当的税收核定理念,以及如何完善税收核定条件与核定方法,补强税收核定程序和救济渠道,明确核定效力提出以下分析及建议:

1. 坚持正确的核定理念及适用条件

对于核定适用情形,应始终坚持以查账征收为主,核定征收为辅的理念。对于有条件进行查账征收的,应当坚决避免采用核定方式。

(1)发现企业实际账册资料不宜进行核定。税务稽查案件查处中,不排除税务机关在税务检查中发现和获得纳税人隐匿的账册及凭证资料,能够进行应税收入、支出等信息的核查与确认的,不宜采用税收核定方式征税。

(2)欠缺合法凭证不必须进行核定。对于企业账册资料健全,进出仓单、记账凭证等资料齐备,但是,欠缺发票等合法凭证的,也应根据合法真实合理原则,能够依托其他具备真实性的单证资料进行查账征收的,不应采取税收核定方式,对其存在的发票违法行为,可依法进行相应的行政处罚。

(3)进行税收核定不以当事人主观善恶为前提。对于税收核定适用,应当根据纳税人账册凭证是否健全进行判断,不能以当事人主观善恶为判断标准。即使当事人属于采用欺骗隐瞒手段进行的逃税(偷税)行为,在进行补税时,也应根据真实合理原则,对当事人进行合理核定,计算补缴税额。

(4)减少事前核定征税的适用范围。当前,出于税收核定对税收征收管理的简化作用,税务机关乐于推广事前核定这一税收管理模式。但是,粗放式的核定过程,导致核定结果不尽合理,要么导致纳税人负担较重,脱离实际,要么核定结果畸轻,使国家税收流失。应日益减少对个体工商户及对账册不健全的纳税人企业所得税事前核定的适用范围,同时,加强对事前核定征收纳税人的后续管理,督促其及时建账建册,规范税收管理,防止纳税人借助事前核定征收方式逃避足额纳税。

2. 规范完善税收核定方法

目前,我国税收核定对于核定方法的规定较为简单,尤其对于核定适用较多的企业所得税,应确立事前核定与事后核定独立的游戏规则,并明确事前核定与事后核定适用衔接问题,除非发现重大变化,否则,事后核定一般应尊重事前核定结果。其中,重大变化并非指发现纳税人账外经营隐瞒销售收入,而是发现纳税人主营业务发生变化,导致影响企业应适用的行业应税所得率,单纯的应税收入变化,并不必然导致纳税人核定基础发生改变。

规范整体核定及部分核定适用方式和限制条件,严格把握纳税申报与整体核定适用的矛盾平衡,明确只有违法经营数额达到一定比例,例如,超过全部应税收入50%以上,才可推翻原纳税申报数据,采用整体核定方式。应允许对账外经营企业所得税采用部分核定方式进行计算,对难以区分账外经营部分的成本费用是否已税前列支的情况下,将该利益让渡给纳税人,视同其未列支,允许采用应税所得率重新核实计算该账外经营部分的应纳税所得额,并计征相应的企业所得税税款。

加强第三方中介在核定中的作用,借助中介第三方的中立角色,在确定企业经营利润与应税收入时,由中介出具鉴定意见,增强核定的客观中立性。同时,对于成本利润率、计税价格、应税所得率等关键核定指标,建议由其他政府管理部门连同社会专业调查机构,进行年度相关数据的统计分析并定期向社会发布,保证核定指标的客观合理。

3. 健全税收核定程序

因税收核定对纳税人权益影响较大,需在《税收征收管理法》中对核定程序进行补充完善。核定程序的设置,应满足对税收核定滥用的规制、加强核定效率保障、提高核定准确性与合理性、保护纳税人合法权益方面的需要。

一是约束核定自由裁量权,应加强税收核定调查程序和告知程序。税收核定调查程序主要针对进行事前或事后核定时,税务机关应对核定基础数据资料的合法、合理性进行充分调查核实,同时,应将初步核定意见提前告知纳税人,保障纳税人的知情权。

二是引入核定听证程序,提高纳税人参与度和保障核定合理性。税收核定涉及纳税人直接利益和基本权益维护,核定流程、核定方法运用、核定计算过程与核定结果都容易引发纳税争议。为了加强对核定的监督和制约,应允许纳税人对较大数额的税收核定申请听证,并通过听证,充分进行税企双方质证和辩论,对核定合理性进行积极碰撞和交流,减少核定不合理因素。

三是加强核定审核程序,对税收核定,尤其是税务稽查案件中的税收核定,应加强经办科室,以及案件查处单位的审核。对重大复杂的税收核定,应规定需通过核定机关集体合议方式进行决定,保护纳税人合法权益,避免核定过程与核定结果不公。

四是加强核定公示。为了加强对核定结果公正性的监督,保证纳税人合法权益,对事前核定确定的核定结果,应加强公示,不仅应在征收管理局大厅进行张贴公示,还应通过税务机关网站、报纸等进行公示。但是,对于税务稽查部门进行的稽查案件事后税收核定,为保证稽查执法效率,则不宜进行案件核定情况公示。

五是完善救济程序。由于税收核定事关纳税人的核心利益,应充分保护其合法权益,在核定制度中规范设置税收核定的救济程序,不仅可由核定部门进行复核,以及在无须缴纳税款或提供纳税担保情况下可进行行政复议,并允许纳税人可同时提起行政诉讼,以及时化解征纳矛盾,保护纳税人合法权益。

4. 合理分配举证责任

税收核定的前提条件是因缺少直接的纳税数据资料,导致难以查账的情形,为保障税收执法公正与效率,税收核定中应根据税企实际,合理分配举证责任。首先,税务机关应负责保证核定基础数据和资料的合法合理,通过税收核定调查核实,获取税收核定必需的基础资料和信息,以及相关企业具体经营情况,保证税收核定方法的合理性。其次,纳税人对税务机关核定标准与核定数据不合理进行指证时,应承担相应的举证责任。因纳税人对自身的生产经营情况熟知,对税务机关核定标准与核定结果,纳税人可以结合本企业具体经营数据,进行反驳说明。因此,由纳税人在税收核定中,负责对自己有利的核定问题进行举证说明,符合证据提供便利性原则。

5. 明确核定效力

税收核定效力是否只是用于补税,还是可作为处罚依据影响重大。虽然较多意见认为,行政处罚应当基于准确的违法事实认定,包括数据计算清晰准确,模糊的以及唯一性不确定的数据计算结果,不能作为行政处罚基础。但是,对于存在欺骗隐瞒手段,蓄意隐瞒应税销售收入,故意不缴、少缴税款的行为,如果因为计算方式的不同而导致定性差异,则会导致执法不公和放纵违法行为。笔者认为,税收核定作为法定的税款计算方式,对于具备合理性的核定计算结果,对存在逃税(偷税)手段的税务违法行为,应可定性予以处罚。而由于纳税人的故意违法,由此承担较重的法律责任也具有相应合理性。当然,对于税收核定基础薄弱,明显欠缺合理性的税收核定,则应慎重处罚。

6. 强化税收核定监督

为防止税务人员滥用核定权力,应加强对核定事项的审核监督,包括通过核定过程审核、核定结果公示、核定事项复查等措施,强化核定的监督,避免核定结果偏颇。同时,重视纳税人在核定流程中以及核定完成后提出的合理诉求,并及时进行复核,将核实结果告知纳税人。对涉及核定人员枉法投诉检举的,应由税务机关、监察部门及时介入调查核实,依法处理税务人员违法违规行为。

**(三)立法建议**

鉴于上述分析,我国《税收征收管理法》中,应当对税收核定设立专章规定,对税收核定适用条件、税收核定程序、税收核定方法、税收核定举证责任分配、税收核定救济等进行完善补充。具体立法建议如下:

1. 关于税收核定适用条件

当前,《税收征收管理法修订草案(征求意见稿)》第50条规定:

纳税人未履行本法规定的信息记录、保管、报告以及配合税务检查等义务的,税务机关应当以掌握的信息为基础,核定其应纳税额。

纳税人有下列情形之一的,适用前款规定:

(一)依照法律、行政法规的规定可以不设置账簿的;

(二)依照法律、行政法规的规定应当设置但未设置账簿的;

(三)擅自销毁账簿或者拒不提供纳税资料的;

(四)虽设置账簿,但账目混乱或者成本资料、收入凭证、费用凭证残缺不全,难以查账的;

(五)发生纳税义务,未按照规定的期限办理纳税申报,经税务机关责令限期申报,逾期仍不申报的;

(六)纳税人申报的计税依据明显偏低,又无正当理由的;

(七)未按照规定办理税务登记从事生产、经营的;

(八)使用的财务会计软件不能准确核算或者无法按照税务机关要求提供相关数据的。

税务机关核定应纳税额的具体程序和方法由国务院税务主管部门规定。

该草案规定,结合现在《税收征收管理法》规定,做了必要的补充。其中,建议补充"对于检查发现纳税人存在其他经营情况记录资料,能够证实纳税人真实经营情况的,不适用税收核定方式"。

2. 完善税收核定程序

建议补充完整的税收核定程序规定。关于核定调查程序,建议补充"税务机关进行税收核定时,应当充分进行核定基础情况的调查核实,保证税收核定基础数据资料及核定方法合理"。

关于核定告知程序与核定听证程序,建议补充"税务机关进行税收核定,在作出核定决定前,应将税收核定方法、核定计算过程与拟作出的税收核定决定向纳税人进行告知,对核定税额超过1万元的,在收到核定告知书3个工作日内,纳税人有权提出听证,税务机关应依法组织开展听证"。

3. 关于核定方法完善

目前,《税收征收管理法》修改草案中,未对具体核定方法进行明确,建议结合当前各种合理核定方式，补充具体税收核定方法规定：

> 税务机关进行税收核定时，应当综合考虑纳税人所有情况，税务机关进行税收核定，按照以下顺序选择税收核定方法核定其应纳税额：
>
> （一）按照耗用的原材料、燃料、动力等推算或者测算核定；
>
> （二）按纳税人最近时期同类货物的平均销售价格确定；
>
> （三）按照营业收入或者成本加合理的费用和利润的方法核定；
>
> （四）按照行业应税所得率进行核定；
>
> （五）参照当地同类行业或者类似行业中经营规模和收入水平相近的纳税人的税负水平核定。

同时，明确事前核定与事后核定衔接，建议补充“税务稽查部门进行稽查案件事后核定时，对于采用事前核定征收方式的纳税人，除非发现纳税人存在重大生产经营变化，导致影响事前核定标准，否则，稽查事后核定应当按照事前核定标准进行”。

另外，对于整体核定与部分核定，建议明确“税务稽查部门采用应税所得率方式进行纳税人企业所得税税收核定，允许对发现存在问题的项目单独进行核定”。

4. 关于税收核定法律效力

建议明确“税务机关依法合理进行的税收核定，税收核定结果可作为补缴税款、加收滞纳金及进行行政处罚依据”。

5. 关于核定救济程序

建议明确“纳税人对税务机关作出的税收核定决定，可以在收到核定决定 10 日向作出核定的税务机关申请复核，也可在 60 日内向上一级税务机关提出行政复议，或在 6 个月内向人民法院提起行政诉讼”。

# 自然人税收征收管理法律制度研究

山东省潍坊市地方税务局课题组*

《宪法》第 56 条规定："中华人民共和国公民有依照法律纳税的义务。"《立法法》第 8 条将"税种的设立、税率的确定和税收征收管理等税收基本制度"作为法律保留事项。落实税收法定原则，不仅要体现在税收实体法方面，还应实现"税收征收管理基本制度"法定。我国长期以企业为管理重心的税收征收管理模式下，对个人所得税等面向自然人征收的直接税方面，由于征收管理法律制度的不完善，尚未形成一套以自然人为中心的较为系统的征收管理体系。党的十八届三中全会明确提出了"深化税收制度改革，完善地方税体系，逐步提高直接税比重"的要求，但现行征收管理模式，难以适应直接税比重逐步提高、自然人纳税人数量增长迅速的发展趋势。中央办公厅、国务院办公厅《深化国税、地税征管体制改革方案》明确，要构建以高收入者为重点的自然人税收管理体系，而与之配套的征收管理法律制度起着基础支撑作用。2015 年年初国务院法制办公布了《税收征收管理法修订草案（征求意见稿）》（以下简称《征求意见稿》），提出了一系列针对自然人的税收管理措施。税务机关应当抓住机遇，以此为未来自然人税收征收管理法律制度的雏形框架，发挥立法对改革的引领和推动作用，进一步研究把握自然人税收征收管理的内在规律，学习借鉴发达国家、地区的先进经验，紧密契合相关领域的基础、现

---

* 课题组组长：张辉；副组长：滕一良；成员：刘新军、靖树春、郭明磊。

状和条件，抓紧研究、完善针对自然人的税收征收管理法律制度，以尽快适应新一轮税制改革需求，服务于深化改革和社会发展目标的实现。

## 一、自然人税收征收管理法律制度的背景分析

现行《税收征收管理法》构建的管理模式，从纳税申报、税款征收、涉税信息获取、税款的强制执行、纳税救济、纳税人权利保护等方面，都未考虑未来综合所得税制，以及开征房产税等情况下对自然人的税收征收管理问题。现有的自然人税收征收管理，仍然属于一种分税种管理模式，在收入、财产、行为的形成或发生的各个环节，分别进行所涉税种的征收，存在管理效率低下、涉税信息不对称难以消除、人际税收公平难以掌控等弊端。这样的模式，无法适应当前征收管理现状显现出来的自然人纳税人庞大、税源零星分散、个人收入市场化、货币化程度低、征税成本高、纳税意识弱、纳税利益相互关性强等特点。基于我国的税制改革要求和税收征收管理现状，尽快通过修订《税收征收管理法》来建立一套针对自然人的税收征收管理法律制度体系，已经是一项非常紧迫而艰巨的重大任务。

### （一）完善自然人税收征收管理法律制度是我国税制改革的必然要求

从理论和实践经验来看，一个国家税制结构模式与经济社会发展有着内在的相关性。世界上主要国家的税制结构，都随着社会经济的发展，经历了从早期的以原始直接税为主体，到以间接税为主体，再发展为以现代直接税（所得税等）为主体的税制结构转变，目前正朝着现代直接税（所得税等）与间接税（增值税等）并重的双主体税制结构发展。① 我国目前的税制结构呈现以间接税为绝对主体的显著特征，间接税占全国税收总量达70%左右，而所得税、财产税等具有直接税性质的税收，在税收总量中的占比则仅在30%左右，直接针对自然人个人征收的个人所得税，其占比仅为7%左右。在我国基尼系数已接近0.5高位、居民收入和财富差距悬殊的情况下，直接税所占比例过低，个人所得税等直接税在调节收入分配差距方面的优势没能有效发挥。基于我国社会经济发展水平、所得税等直接税在调节收入分配等领域的独特作用，党的十八届三中全会明确提出了“逐步提高直接税比重”的税制改革方向。而随着直接税比重提高，对直接税的征收管理必然提出更高的要求、更大的挑战。我国长期以来以企业为管理重心的税收征收管理模式，难以适应当前税制改革的要求，必须加快研究构建系统、科学、高效的、针对自然人的税收征收管理法律体系，方能落实税制改革要求。因而，完善自然人税收征收管理法律制度是我国税制改革的必然要求。

---

① 参见朱志钢、高梦莹：《论直接税与间接税的合理搭配》，载《税务研究》2013年第6期。

### （二）完善自然人税收征收管理法律制度是堵塞自然人税收征收管理漏洞、维护税负公平的迫切需要

自然人税收由于纳税人数量众多、涉税信息复杂隐蔽，信息不对称问题尤为突出，因而，征收管理难度大是其固有的属性。加之我国长期保持以间接税为主体税种，以及我国个人所得税分类税制的性质，对自然人的税收征收管理措施和节点仍呈零散分布状态，直接税的征收管理尚未形成有效的管理体系，因而自然人税收，尤其是个人所得税征收效果不佳，不以工资薪金为主要收入来源的高收入者、有多种收入来源者个人所得税流失问题突出。我国征收的个人所得税中来源于工资和薪金所得的比例一直超过50%，以工资薪金为主要收入来源的工薪阶层成为纳税的主要群体，个人所得税没有很好地起到缩小收入差距、促进社会公平的作用，反而在一定程度上出现了收入来源单一的工薪阶层税负相对重、一些收入来源多样的高收入者的税负相对轻的“逆向调节”效应。同时，对自然人涉及的车船税、房产税、土地增值税等税种，由于自然人财产信息、收入信息的掌握难度大，造成这方面的税收征收率不高，影响了税负公平。因而，完善自然人税收征收管理法律制度是堵塞自然人税收征收管理漏洞、维护税负公平的迫切需要。

### （三）借鉴发达国家征收管理经验完善我国自然人税收征收管理法律制度已具备可行性

在西方发达国家的税收征收管理中，由于其税制体系中直接税作为主体税种在税制结构中所占比重较大，因而，在对自然人税收征收管理方面已经普遍形成了以自然人为中心的严密高效的税收综合征收管理模式，实现了对自然人税收的有效控管，使自然人税收成为税收收入的主要来源。西方国家在自然人税收征收管理实践中积累了丰富的经验，简要归结起来，主要包括以下重要方面：通用的纳税代码、强大的信息系统、严格的现金交易限制、统一的信息交换平台、强制的信息报告制度、完善的纳税评估体系。这些严密而高效的机制，使税务机关能有效监控到自然人的涉税活动，纳税人难以隐瞒或遗漏应税收入，从而可以实现较高的征收率。目前，随着我国信息化应用水平的不断提高，以及这些年积累的纳税评估经验，借鉴发达国家征收管理经验，完善我国自然人税收征收管理法律制度已具备可行性。

### （四）解决征纳双方信息不对称问题是完善我国自然人税收征收管理法律制度的核心

从税法运行的角度来看，税收征收管理本质上是税务机关执行国家税收法律法规的活动。税务机关作出的一系列税务行政管理行为，应符合“以事实为根据，

以法律为准绳”的要求。而“事实”是一种法律事实，是由实现国家税收所需的涉税信息构成。因此，涉税信息是税法适用的事实基础。税务机关根据“事实”作出的相应管理行为，涉税信息获取是关键，这一点是自然人税收征收管理和单位纳税人税收征收管理的共通之处。

对自然人税收征收管理而言，需要的主要涉税信息，就是与纳税人实体纳税义务有关的信息，而获得的方式就是税收程序法所设计的一系列的管理措施。当前税制下，自然人的税收实体性义务涉税信息，可分为以下三类：一是以交易额或交易量确定纳税义务。此类税种包括增值税、消费税、车辆购置税、资源税、关税、契税、印花税。二是以静态财产信息确定纳税义务。主要包括房产税、城镇土地使用税、耕地占用税、车船税。三是以收入为基础的核算结果确定纳税义务。此类税种包括个人所得税和土地增值税。另外，对纳税人实施管理的前提是要获取到纳税主体的信息。对税务机关来说，相对于单位纳税人，自然人涉税信息获取的难度更大。一方面，因为现行税收征收管理法律制度对单位纳税人提供涉税信息的要求比自然人纳税人高得多；另一方面，自然人交易结算方式更灵活多样、涉税信息更为隐蔽，这就造成涉税信息不对称问题在自然人税收征收管理实践中尤为突出，而加强自然人税收管理却是当务之急，因此，解决征纳双方信息不对称问题是自然人税收征收管理法律制度需要解决的核心问题。否则，针对自然人的税收征收管理机制也就无从谈起。

## 二、对《征求意见稿》修订的完善建议

现行《税收征收管理法》对自然人纳税人的管理措施较为单薄，以未来实施个人所得税综合税制和开征房地产税的假设为前提，《征求意见稿》新增了一系列关于自然人税收征收管理的具体条款。以《征求意见稿》试图构建的自然人税收征收管理制度为视角，对当前自然人税收征收管理存在的主要问题进行剖析，仍然可以看到《征求意见稿》存在进一步完善的空间。

### （一）税务机关对自然人涉税信息获取能力的强化问题

《征求意见稿》通过一系列权力（利）、义务的配置，进一步明确、完善了涉税信息提供机制的法律制度框架。例如，在总则中增加了“各级地方人民政府应建立、健全涉税信息提供机制”“各有关部门和单位应及时向税务机关提供涉税信息”的表述。在后面的章节中，也对涉税信息的获取与提供有更为具体的制度设计，特别对自然人纳税主体涉税信息提供方面有了很大的进步。但本文认为，这些制度的强化与当前征收管理一线的实际需求和社会经济发展现状相比，还需进一步完善。

1. 关于涉税信息提供机制

《征求意见稿》第 31 条第 1 款规定："从事生产、经营的单位和个人在其经济活动过程中，一个纳税年度内向其他单位和个人给付五千元以上的，应当向税务机关提供给付的数额以及收入方的名称、纳税人识别号。"此款将信息提供主体限定为生产经营的单位和个人，但是，自然人与自然人之间的交易在未来的个人所得税税源结构中将占相当大的比例。自然人之间的给付，特别是现金给付如不纳入监控，将造成重要的征收管理漏洞。建议将"从事生产、经营"去掉，把义务主体范围进一步扩大，但同时将内容缩小为现金交易。一方面，电子结算记录税务机关可通过银行报送的方式直接查询获取，取消报送义务有利于减轻企业和个人的报送负担，节约社会成本；另一方面，设定为现金给付的报送义务，有利于促进非现金交易。该条第 2 款规定："单次给付现金达到五万元以上的，应当于五日内向税务机关提供给付的数额以及收入方的名称、纳税人识别号。"此处未明确从事生产经营的个人是否有此报告义务，从事生产经营的个人也应视为单位管理。

《征求意见稿》第 32 条规定："银行和其他金融机构应当按照规定的内容、格式、时限等要求向税务机关提供本单位掌握的账户持有人的账户、账号、投资收益以及账户的利息总额、期末余额等信息。对账户持有人单笔资金往来达到五万元或者一日内提取现金五万元以上的，银行和其他金融机构应当按照规定向税务机关提交相关信息。……"除了"内容、格式、时限"，此处最好还应明确要按税务机关要求的"方式"提供信息，这样可使税务机关利用信息的效率大大提高，为未来税务机关与金融机构间电子数据共享和开展大数据分析打下基础。同时，在这里还可考虑增加涉税信息交换规定，例如，财务报表信息交换。另外，在金融机关协助查扣税款时的查询权也应当明确，即在税务机关查扣税款时凭查扣通知当然地有权查询账户信息。

《征求意见稿》第 33 条规定："网络交易平台应当向税务机关提供电子商务交易者的登记注册信息。"此条只规定了提供交易者注册信息，交易信息是重要的涉税信息，也应明确纳入提供范围。

《征求意见稿》第 35 条规定："政府有关部门和机构应当向财政、税务机关提供本单位掌握的市场主体资格、人口身份、专业资质、收入、财产、支出等与征税有关的信息，具体办法由国务院另行规定。"这样将查询办法委任于国务院制定，如果在办法出台前，有关部门很可能会因无具体依据而不配合，建议再增加一款，规定税务机关凭有关调查文书可以直接要求有关部门提供涉税信息，有关部门应当配合。

2. 关于凭证管理

《征求意见稿》第29条第1款规定:“从事生产、经营的纳税人、扣缴义务人必须按照国务院财政、税务主管部门规定的保管期限保管账簿、会计凭证、完税凭证及其他有关资料。向自然人纳税人支付所得的单位和个人应当主动向纳税人提供相关支付凭证,自然人纳税人应当妥善保存与其纳税义务相关的凭证及有关资料。”何为纳税义务相关的凭证?这样的设计对自然人管理涉税凭证管理提出了比较高的要求,首先,自然人纳税人要搞清楚哪些凭证是涉税的;其次,如果直接交付现金也难以留有相应凭证,建议从结算方式的规范入手,引导公民使用电子结算方式。例如,在美国,除小额交易外,其他交易都要通过银行账户转账,否则就是违法。

3. 公民税收贡献与社会福利保障建立数据关联

税收“取之于民,用之于民”,在进行税收宣传时,我们一直倡导依法纳税光荣,但是,这种光荣感体现得并不直观。其中一个重要原因是,公民的税收贡献并没有与他所得到的社会福利保障关联到一起。正如刘剑文教授有述:“挪威、瑞典等国税负占到个人财富的70%~80%,但不能因此就说这些国家的税负很重,因为这些国家的社会福利保障很到位。”如果能将公民的纳税情况和享受到的社会福利保障情况直观地联系在一起,在确保最低保障的同时,社会保障和退休金的发放数额与缴纳个税的数额相关联,使个人的纳税情况体现一个公民在社会中的税收价值,有利于提高公民的税收意识,培养税收文化。

《征求意见稿》第9条规定:“国家建立、健全税收诚信体系,褒扬诚信,惩戒失信,促进税法遵从。”如何实现落实这一规定?如何统计纳税人的税收信用?如何将纳税人信用与社会管理的其他方面进行衔接?这必然需要一个类似于数据库技术中的“主键”,即一个唯一与外界信息进行关联的标识。《征求意见稿》明确“国家施行统一的纳税人识别号制度”,并规定“纳税人识别号由税务机关统一登记管理”,这为与其他社会信息的关联提供了数据基础。《征求意见稿》第22条规定:“纳税人签订合同、协议,缴纳社会保险费,不动产登记以及办理其他涉税事项时,应当使用纳税人识别号。”但是,《征求意见稿》第18条第3款又规定:“自然人纳税人或者其扣缴义务人应当自首次纳税义务发生之日起,法律、行政法规规定的纳税申报期限届满前,向税务机关申报,税务机关登录其纳税人识别号。”那么,纳税识别号是何时赋予的呢?有时在订立合同时并未发生纳税义务,如果那时自然人纳税人还没有获得他的纳税识别号,而要求自然人纳税人使用纳税人识别号,存在法条间的逻辑矛盾。

《征求意见稿》的设计还是延续了纳税人上门办理税务登记的思路,如果自然人一直不来“登录”,税务机关依然没有办法以纳税人识别号为索引查询其有关涉税信息。实际上,完全可以利用部门间的信息交换,在自然人进行人口登记时自动赋予并告知其纳税人识别号,可以将身份证件号码作为自然人的纳税人识别号,当自然人处分财产时或办理其他涉税事项时,可以直接使用该识别号,同时也方便税务机查询有关涉税信息。最终,随着信息化技术的不断发展,实现公民的纳税情况与社会保障信息相关联,让公民可以直观地看到个人的纳税贡献和享受到的社会福利,让依法纳税的公民,感到社会给予的尊重与价值感。反之,如果存在税收违法行为,纳税人的社会福利将直接受影响。

**(二)关于自然人申报、税额确认及税额核定问题**

1. 修正申报制度的建立

《征求意见稿》第39条明确了修正申报制度,“纳税人办理纳税申报后发现需要修正的,可以修正申报”。根据西方国家经验,修正申报的前提不能仅限于纳税人办理纳税申报后的主动发现。经过税务机关逻辑性审核或纳税评估后,向纳税人发送疑点或修正意见,纳税人也可以根据税务机关的要求进行修正申报。例如,美国税务机关在收到各类申报表后,计算机的自动审核功能,将对这些申报资料进行合法性与逻辑性审核,并由计算机自动打印发现的错误与改正通知书,一并寄送给纳税人,敦促纳税人及时补充申报。因此,建议将此处修改为:“纳税人办理纳税申报后发现需要修正的或经税务机关审核需要修正的,可以修正申报。”为了避免出现大量不合规申报,影响审核效率,我国应当大力推行税务代理制度,这方面发达国家积累的大量经验值得我们借鉴。目前,澳大利亚有2.4万家税务代理机构,80%的个人都是通过税务代理完成纳税申报和退税,①这可大大提高自然人纳税人申报的规范性。

2. 对自然人纳税申报程序与税额确认及核定程序的衔接

《征求意见稿》新增了第六章“税额确认”,并将税额确认作为基本征收管理程序的核心。在纳税申报之后,税务机关要对纳税人申报情况进行税额确认,经确认应纳税额与纳税人申报税额不一致的,税务机关向纳税人出具税额确认通知书,纳税人应当按照税额确认通知书载明的应补(退)税款,在规定的期限内办理补(退)税。第49条规定:“税务机关发现纳税人有下列情形之一的,应当及时对纳税人应纳税额进行确认:(一)存在申报的计税依据不实的;(二)在规定的纳税期之前,有根据认为纳税人有逃避纳税义务行为的;(三)未按照规定办理税务登

① 参见靳东升、付树林主编:《外国税收管理的理论与实践》,经济科学出版社2009年版,第280页。

记而从事生产、经营的；(四)有合并、分立、解散的；(五)法律、行政法规规定的其他情形。”第52条规定：“经确认的应纳税额与纳税人申报的税额不一致的，或者纳税人未进行纳税申报的，税务机关应当向纳税人出具税额确认通知书。纳税人应当按照税额确认通知书载明的应补(退)税款，在规定的期限内办理补(退)税。”

自然人纳税人数量众多，知识结构及素质千差万别，相较企业纳税人，由于利益的直接相关性，纳税遵从度也存在差别性，因此，在对自然人综合所得征税的情况下，需要在纳税申报后和税款确认前设计一个“中间程序”，让税务机关与自然人纳税人进行充分地“沟通”，促使存在申报疑点的纳税人自行修正申报，提高税务机税额确认的准确度。《征求意见稿》虽有修正申报的规定，但只是由纳税人自行发现错误而发起，缺少税务机关引导发起的机制。税务机关对纳税申报直接进行税款的确认，这样会造成执法过于生硬直接，没有税务机关与纳税人之间的互动与缓冲，不符合自然人纳税人征收管理特点。

西方国家的通行做法是自然人纳税人在初次纳税申报后，有一个“疑点提示排除程序”，具体做法是由税务机关根据掌握第三方信息，利用信息化系统进行一次审核评估，将发现的申报疑点发送纳税人，提醒其进行修正申报，纳税人可选择修正申报，也可选择不修正申报，但应向税务机关举证不修正的原因，合理解释税务机关发送的疑点。如果纳税人不修正也不进行举证，或举证不能合理解释疑点的，或纳税人对修正通知不予理睬，由税务机关根据掌握的信息进行税额确认，并发送税额确认通知书。如果征纳双方为此产生纠纷，可进入税收诉讼程序解决。例如，美国对纳税人所有的申报材料由电脑系统进行审核比较，在审核的过程中，电脑会反映出计算错误或不同来源的资料结果不一致，税务当局会书面通知纳税人改正，或作为税务检查对象予以审核。这样的设计更能提高征收管理效率，缓和征纳矛盾，减少征纳双方的成本。

3. 税额确认作为纳税申报后的必经程序，不符合自然人纳税人数量众多的征收管理特征

《征求意见稿》第53条规定：“纳税人填报的纳税申报表以及修正的纳税申报表所载明的应纳税额，税务机关未做确认或者超出确认时效的，视同税额确认通知书所确定的应纳税额。”根据本条规定，税额确认分为税务机关“通知确认”和“视同确认”两种，即规定了税额确认的普遍性原则。为了防止第53条规定对纳税人责任的绝对免除，第54条又规定了再次确认的例外“有下列情形之一的，税务机关应当再次进行税额确认：(一)因纳税人提供不正确、不完整计税依据导致之前申报、确认或调整应纳税额不实的；(二)税法有新的规定涉及调整纳税人

计税依据的。税务机关对纳税人进行再次税额确认的,以再次确认的应纳税额为准。税务机关对确认税额进行部分修正的,以修正后的为准,未做修正的部分继续生效。”同时,考虑到对全部纳税人进行确认的工作量之大,第 56 条又规定了一个较长的税额确认时间“税务机关对纳税人应纳税额的确认应当在五年内进行。纳税人未登记、未申报或者存在本法第五十五条所列情形需要立案查处的,税务机关应当自税法规定的申报期限届满之日起十五年内进行确认”。

税额确认的普遍性原则和再次确认的补充,以及税额确认期 5 年和 15 年的规定,一方面,并没有达到通过税务机关的税额确定减少纳税人缴税不确定性的效果,依旧留给了纳税人诸多不确定性;另一方面,在普遍确认的前提下,考虑到纳税人(特别自然人纳税人)数量众多,又规定了“视同确认”,而这样的“视同确认”在行政法效果上能否像“通知确认”一样可救济呢?《征求意见稿》并没有这方面的交代,如果可救济,纳税人的申报结果仍然是不确定的。再者,这样的模式不符合大数据背景下税务机关风险管理的高效性要求。根据第三方信息,对以亿计的自然人的纳税申报进行风险排除,无法排除的再进行税额确定,符合现代管理方式。税额确认并不作为纳税申报后的必经程序,而是作为根据风险高低的选择性程序,一方面,减轻了工作量;另一方面,把如实、完整申报的责任设定在纳税人身上,并且是不受时间限定的责任,有利于促进自然人纳税人不断提升税法遵从的意识。而对税务机关征税权的时效性限制,可以与现行《税收征收管理法》一样,通过追征期来实现。

4. 税额核定对自然人纳税人来说过于绝对

《征求意见稿》第 50 条规定:“纳税人未履行本法规定的信息记录、保管、报告以及配合税务检查等义务的,税务机关应当以掌握的信息为基础,核定其应纳税额。纳税人有下列情形之一的,适用前款规定:(一)依照法律、行政法规的规定可以不设置账簿的……”该条未限定纳税人的种类,根据字面意思理解,可以不设置账簿的主体当然包括自然人纳税人,如果按照本条规定,税务机关都应核定应纳税额,这显然不符合自然人纳税人管理的趋势或现状。

**(三)税收保强制执行措施相关规定未考虑自然人纳税人的特点**

2012 年《行政强制法》实施后,行政机关行使行政强制权更加规范,行政强制行为的适用条件、主体、程序更为明确。《税收征收管理法》中的“税收保全措施”和“强制执行措施”分别对应《行政强制法》中的行政强制措施与行政强制执行。按照现行《税收征收管理法》的规定,税收保全措施和强制执行措施只能针对从事生产经营的纳税人。对大多数自然人纳税主体而言,即使税务机关能够充分掌握其涉税信息,在其不履行纳税义务的情况下,税务机关也无权直接强制执行,只能申请人民法院强制执行。但是,由于申请行政非诉执行程序相对复杂,且执行标的难以查找、锁定,客观上增加了税务机关的行政成本,行政效率大打折扣。

与现行《税收征收管理法》相比,《征求意见稿》第61条、第62条和第64条把“从事生产、经营”的限制去掉,将“税收保全措施”和“强制执行措施”的适用对象扩大到全部类型纳税人。其中,第61条规定的保全措施属于《行政强制法》上的“即时强制”,即税务机关在特定条件下可以先采取强制措施,事后补办批准手续。这种改动又显得过于生硬,没有考虑自然人作为被强制对象的特点。首先,如何理解自然人“未按照规定办理税务登记”问题,第61条的适用条件是“未按照规定办理税务登记”,在自然人以身份证号作为纳税人识别号的情况下,自然人不需专办理税务登记,自然人纳税申报时直接使用身份证号码作为纳税人识别号即可,因此,对自然人适用第61条措施时,在法条的理解上会出现歧义,自然人是属于办理税务登记的纳税人,还是未按规定办理税务登记的纳税人?其次,由于利益的直接相关性,对自然人财产的扣押措施的适用必须非常慎重。仅因为未办税务登记就对自然人纳税人的税款进行核定和采取扣押措施过于严厉,容易将征纳矛盾激化。因此,建议本条还原为从事生产经营的纳税人为宜。

## 三、对自然人税收征收管理体系建设的整体设计

税务机关面对以间接税为主、税源较为集中的企业和其他单位,与面对以直接税为主、税源分散且数量更多的自然人开展税收征收管理时,所需要的征收管理法律制度环境和需要采用的征收管理模式差距较大,不能全部沿用现行的以企业纳税人为主要管理对象的法律、制度。对自然人课税需要有良好的税制设计和合理的税收征收管理程序,才能保证税负公平,促进税收遵从。

### (一)需要尽快进行自然人相关税收法律体系的顶层设计

税收法定原则是国家征收税款的前提和基础。自然人税收管理职能的有效实现,同样依赖于税收法律的有力保障。党的十八届三中全会对深化税制改革做出了重大部署,把个人所得税和房地产税的改革提上了议事日程,标志着自然人税收管理正在全面提速。如前文所述,自然人税收征收管理法律体系既包含税收实体法也包含税收程序法,税收实体法主要包括以自然人财产和收入为课税对象的税收法律,例如,房地产税、车船税、遗产税、个人所得税等,税收程序法主要是指征收管理法。从目前情况来看,在实体法方面,应尽快推进《房地产税法》等与个人财产相关的立法,加快建立起综合与分类相结合的个人所得税制;在程序法方面,应全面修订《税收征收管理法》,使其在对单位纳税人和自然人纳税人的适用上都能高效有力的落实,特别是根据未来针对自然人实体法修订的规划,实现

对自然人收入、财产的全面管控,依法保障自然人税收管理职能的实现。

## (二)需要对《征求意见稿》再行完善

如前文所述,2015 年年初,国务院公布的《征求意见稿》虽在一定程度上考虑了自然人税收征收管理的问题,但在自然人纳税识别号的设计、税务登记、纳税申报及修正申报、税款核定、第三方信息、账簿凭证管理、税收保全和强制等诸多方面,从自然人税收征收管理的大视角审视,还存在诸多问题和改动生硬之处,需要进一步考虑自然人纳税人的特点和未来对自然人纳税人收入、财产、行为等税源监控及税收权益保护的需要,对《征求意见稿》做进一步完善,确保新《税收征收管理法》具备一定的前瞻性和较好的稳定性,易于基层税务机关执行和纳税人遵从。

## (三)考虑相关配套法律制度体系的修订和衔接问题

对自然人税收征收管理法律体系的构建,不仅涉及税收法律法规的问题,还涉及其他相关法律、法规。例如,第三方信息的提供条款如何与《商业银行法》中保密条款相衔接。为控制现金交易,要完善现金交易管理相关法律法规的问题。《现金管理暂行条例》对使用现金的结算起点规定为 1000 元,但实际上早已形同虚设,大额现金使用司空见惯。并且,该规定适用范围并不包括个人,这意味着个人的现金收支游离于监控之外。为建立有效的自然人的税收征收管理制度,实现对自然人涉税收入的全面监控,应当尽早建立现金监管制度,限制大额现金的交易范围,引导社会成员在社会经济活动中降低现金的使用频率,以法律禁止的形式加强大额现金管理,严格控制大额现金流通,大额消费须刷卡支付,控制银行卡的提现额度。通过限制现金交易的办法,实现对自然人资金流向控制,积极推行个人支票和信用证业务,一定金额以上的交易均需用支票或信用证结算,在银行存款时必须提供现金来源的合法证明;鼓励非现金结算,加大票据结算业务,提倡信用卡及电子货币结算。

## (四)关于建立自然人税收征收管理系统的问题

自然人纳税人有数量多、流动性大、收入来源复杂等特点,对税务机关的征收管理是一个严峻的考验。自然人税收管理若再采取"以人盯户"的传统方式将寸步难行,必须依托税收信息化支撑,对海量涉税数据信息进行综合处理,才能实现对自然人的有效征收管理。《深化国税、地税征管体制改革方案》明确指出,2018 年实现征收管理数据向税务总局集中,建成自然人征收管理系统,并实现与个人收入和财产信息系统互联互通。另外,自然人税收征收管理信息系统还应当能够实现自然人纳税申报、财产与收入登记、支出情况查询、代扣代缴登记、不动产价值评估申报、税款解缴及补退等多重功能;税务机关也可通过该系统接收第三方信息、交叉核验纳税人申报的准确性，并查询自然人涉税收入、财产信息，达到便利纳税人申报、有利于税务机关监管的目的。实现各部门间的数据互联互通，不仅是税务机关单个部门的目标和责任，政府应当作为此项工程的主导，其他部门积极配合方能实现，同时，还要配套制订相应的法律法规，明确各政府部门的权责。

**（五）关于组建与自然人税收管理相匹配的税收征收管理机构的问题**

实现对自然人税收管理是一个循序渐进的过程，需要在现有体制、机制上不断改革完善。目前，税务机关管理机构主要是建立在以企业管理为主的基础上的，但自然人税收管理与企业法人税收管理存在较大的区别，主要表现在：一是与自然人征纳关系更为对立，征纳矛盾更为突出。课征税收的负担主体不同，决定了税务机关对自然人的征纳关系利益冲突更为对立。对企业征税，企业是税收负担主体，尽管最终税负在一定程度上可能导致企业股东或从业人员最终收益减少，但远不如对自然人课税导致其个人利益减少那样直接。以自然人为管理对象课征税款，无论是个人所得税、房地产税或其他税种，必然会直接导致其个人收益减少，征纳利益上的尖锐程度远高于对企业征税。二是自然人纳税人税收知识储备不足，征收管理实施难度大。企业纳税人通常有专门的财务管理队伍，财税知识储备相对充足，税务机关通常面对其财务人员实施税收管理，财务人员与企业税收的利益关联度更低，沟通更顺畅，而自然人纳税人多数对税收知识了解较少。三是自然人流动性强，传统监管手段不能满足现实需求。企业通常有固定的生产经营地点，且相对稳定，搬迁难度大、成本高，有相对稳定的联系方式，税务机关日常税收监管起来比较方便；自然人则流动性更强，联系方式也容易发生变化，且自然人纳税人数量众多，传统的对企业的监管方式如果照搬应用到对自然人税收监管上，所产生的作用会收效甚微。根据以上情况分析，若继续沿用原来管理企业的机构来管理自然人纳税人，管理效果会打折扣，服务水平与能力也难以满足纳税人需要。因此，以风险管理为导向，组建与自然人税收管理相匹配的税收征收管理机构，组成税收业务、信息化应用、纳税服务各方面人才聚集的管理机构，才能顺利运用大数据开展自然人税收管理。另外，根据国地税征收管理改革方案，“营改增”之后，地税系统对企业纳税人征收管理的任务逐渐弱化，地税系统的征收管理人力资源如何根据强化自然人税收征收管理的需求进行重组和调配，需要根据自然人税收征收管理改革及制度建设的方向和步骤综合进行考虑。

**（六）关于利用大数据开展自然人涉税信息采集和分析的问题**

大数据是通过对数量巨大、来源分散、格式多样的数据进行采集、存储和关联分析，从中发现新知识、创造新价值、提升新能力的新一代信息技术和服务业态，其应用已上升为国家战略。自然人纳税人数量多、管理难,必须从多部门、多渠道、多领域收集信息,同时,更要对各类涉税收入和财产信息进行整理、分析,生成有利于税收监管的各项信息。这些工作均离不开信息化支撑、离不开大数据的运用,只有将大数据管理理念融入对自然人管理中,才能实现提高征收管理效能和纳税服务水平的预期目的。运用大数据开展自然人税收管理,就是运用各种征收管理手段和技术手段,组建与社会众多领域相关联的网络化税收应用,对自然人的房产、股票、基金、社会保障、教育、保险、车辆等各类涉税信息进行收集、整理、分析和监管,提高税收征收管理质量和水平的管理模式。而对数以亿计的自然人纳税人,税务部门需要树立"大数据管税"的理念,创新完善内外部信息采集机制,全面整合自然人信息数据资源,深入开展自然人数据风险分析,发挥好大数据在自然人税收管理中的作用。

**(七)关于逐步建立自然人信用评价和约束机制的问题**

构建科学的自然人纳税信用评价机制也是开展自然的税收管理的关键环节。对于违反税收管理规定的自然人给予相应惩处,是提升自然人税收管理水平的关键。传统的税务惩处手段主要包括行政处罚、停售发票等,这些相对比较孤立,对自然人的约束力也较弱。要通过与社会各职能部门建立关联并进行数据交换,对有税收违法行为的自然人,及时将其违法行为信息作用于其个人整体信用等级的评定,使违反税法的自然人在一些其他特定的社会活动中受到牵制,倒逼纳税人依法履行纳税义务,进而提高纳税意识,提高税法遵从度,可称为"税务软强制"措施。主要可通过以下几项措施扩大自然人纳税信用评价的影响力:一是向政府部门汇报,让自然人纳税信用等级参与其个人社会职务信用评价,例如,人大代表候选人资格审查时将个人纳税情况纳入审查范围等,进一步扩大自然人纳税信用的社会影响力。二是与全国企业信用信息查询系统实现信用评价信息交互。建类似全国企业信用信息查询系统性质的自然人纳税信用查询系统,探索与全国企业信用信息查询系统进行信息交互,展示企业股东(法人)个人纳税信用情况。三是与银行个人信用信息实现信用评价信息交互。建立同银行个人信用信息交互,税银联动,争取将个人纳税信用情况作为对自然人授信额度的衡量指标等。四是对相关部门提供可针对单个自然人查询的客户端口,让相关部门在做出自然人资格认定等行为时将纳税信用作为重要指标,进一步增强依法纳税的自觉性和影响力。

# 自然人纳税识别号制度研究

江苏省徐州市地方税务局　辽宁大学财税法研究中心*

随着我国财税体制改革的深化,特别是财税体制改革具体化而发生的变革,税制结构将逐步过渡到间接税与直接税均衡发展的格局。自然人纳税人群体将不断高幅增长,自然人纳税识别号(以下简称识别号)制度,将是财税制度改革后强化基础管理、提升征收管理质效的基础制度、有效切入点、重要手段和有效途径。建立一套前瞻、科学、合理、完整的识别号制度是自然人税收管理制度的前置性要求,这一制度的建立将有力支撑自然人税收管理体系,是自然人纳税申报、税款征收、纳税评估和税额确定的重要基础。识别号制度研究亦是深化财税改革的基础性课题,是税收征收管理发展的必然产物,是管理与服务必须面对的现实问题,是纳税人权利保护的必然选择。

在国家税务总局税收科学研究指导下,辽宁大学财税法研究中心与江苏省徐州市地方税务局共同组成联合课题组,对识别号制度进行了理论研究,还先后深入沈阳、大连、鞍山、徐州等城市进行实地调研。在此基础上,通过对世界主要国家和地区的识别号制度的通行做法进行比较分析,对自然人纳税识别号提出立法完善建议。

## 一、自然人纳税识别号界定

1. 自然人纳税识别号定义

自然人纳税人识别号,主要是指税务部门按照法定标准,为公民等自然人纳税人编制的确认其身份的数字

---

* 课题组组长:黄纬东;副组长:任际;成员:曹晓多、宋传江、宋东明、姚杰、王磊、沈咏、权实;执笔人:曹晓多、黄纬东

或字母代码标识，通常，这种数字代码标识是统一的，唯一的，并且是终身不变的。事实上，建立自然人纳税识别号，主要是为了在税收征收管理过程中办理征收和缴纳等各种税务事项而建立的数据信息识别号码。这种数据信息识别号码往往可以在登记机关的内外部进行交换，甚至被不同的信息平台共享。

2. 自然人纳税识别号特征

根据以上界定，笔者认为，自然人纳税识别号有四个特征：一是编制机关特定。它是特定部门依法按照特定标准编定的，这种特定部门，主要是指征税机关，世界各国基本上或主要是由征税机关予以编制的，而且，在大多数国家主要是在征税机关登记申领。二是针对主体特定。它是针对自然人纳税而建立的识别系统，由于税收征纳的需要，不论是征收机关、还是纳税人都需要建立征纳信息系统。在征纳信息系统中，可以通过不同的自然人纳税识别，对不同的自然人涉税事宜依法实施税收征收管理，实际上，是由于识别号可以通过不同的数字或字母组成，税务机关就此可以区分不同的纳税人，识别码的基本意义即在于此。三是建立范围特定。它实际上是为自然人纳税来“量身定做”或者“量身打造”的特定身份，但是，这种身份范围和一般意义上的身份证明范围是不同的，它是税收征纳的法律身份的数字或字母号码显示。在大多数国家，这种体现自然人纳税主体的数字或字母号码是统一的，并且，通常是唯一的号码。四是隐私权利特定。它可以具体体现自然人纳税的很多隐私内容，例如，商业秘密、收入来源、经济水平、资产现状等。它还往往涉及自然人的家庭构成、家庭住址、家庭收入，或者涉及自然人本人的住址、收入、年龄、性别、婚姻等。

3. 自然人纳税识别号现行规定

国家税务总局制定的《全国税收征管规范》，是对单一征收管理事项的规范，主要规范税收征收管理基础性和事务性工作，对税收征收管理工作具有普遍适用性和指导性，[①]其在税务登记一项中明确提出了“自然人信息登记”：业务概述为“以自然人名义纳税的中国公民、外籍人员和港、澳、台地区人员申请办理个人基础信息登记”。2015 年中央全面深化改革领导小组通过的《深化国税、地税征管体制改革方案》在提高征收管理效能，更有效发挥税收职能作用一节中明确提出“建立自然人税收管理体系”，要求从法律框架、制度设计、征收管理方式、技术支撑以及资源配置等方面，构建以高收入者为重点的自然人税收管理体系。同年《税收征收管理法修订草案（征求意见稿）》（以下简称《征求意见稿》）公开征求意见。在《征求意见稿》中表示“国家施行统一的纳税人识别号制度”，明确了纳

---

① 参见施正文：《税收征收管理规范化：税收管理事业的里程碑事件》，载《中国税务》2015 年第 9 期。

税人识别号制度的法律地位。这一系列的法律及文件为自然人纳税识别号制度提供了充分的法律、政策支持,明确了识别号的法律和制度地位。

自然人在首次发生纳税义务后,税务机关应当赋予纳税识别号,这是自然人履行法定纳税义务的法定程序和基本条件,而且,这也是税务机关对自然人纳税人实施有效税收征收管理的首要环节。自然人纳税识别号制度的建立和操作,对自然人纳税的实体权利、程序权利而言,是技术条件、手段基础。它会使税收征收管理所需的信息更加集中,提高对自然人纳税人的税收征收管理效率。在新的税制改革中,自然人纳税人识别号制度的建立,将使以家庭申报纳税单位成为可能,也将使纳税人返税制的施行成为可能。

## 二、自然人纳税识别号制度实践

### (一)国际通常做法

为自然人纳税人建立一个终身唯一的识别号码,可以规范自然人的税务申报等纳税行为,并且有利于征税机关的征收管理,保障政府税收,它是完善的征收管理制度的基础。关于自然人纳税识别号制度,世界各国通行的做法是建立识别号码登记,并且,为每个纳税人建立一个终身唯一的纳税人识别号码。本课题组根据经济合作与发展组织(Organization for Economic Co-operation and Development, OECD)纳税人注册和识别编号系统(Taxpayer Registration and Identification Numbering System)的情况(见附录二),对54个国家自然人纳税识别号选择进行列举。目前,自然人纳税人识别号主要方式有以下三种情况(具体内容参见附件二表2):

第一,社会保障号(Social Security Number)作为自然人纳税人的识别号;

第二,税务机关编制的税务号(Unique Tax Identification Number);

第三,身份证号(ID Number)作为自然人纳税人的识别号;

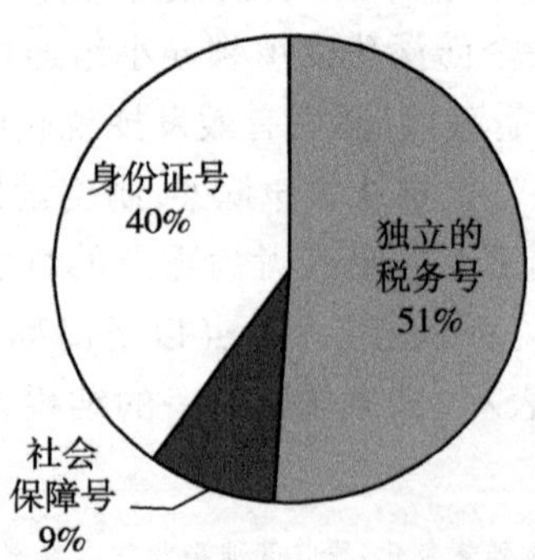


图1 世界54个国家自然人纳税识别号制定规则

54个国家(地区)自然人纳税识别号的基本情况:

1. 自然人纳税识别号类型

(1)以社会保障号(Social Security number)作为自然纳税人的识别号,共包括美国、英国、加拿大、芬兰、瑞士5个国家;

(2)以税务机关编制的税务号(Unique Tax number)作为自然人纳税人的识别号,包括澳大利亚、意大利、新西兰、土耳其、南非、印度等27个国家;

(3)以身份证号(ID number)作为自然人纳税人的识别号,包括冰岛、爱尔兰、韩国、波兰、瑞典等22个国家。

2. 自然人纳税识别号编制机关

(1)自然人纳税识别号是由税务机关编制的“税务号”,这种税务号是专用的;

(2)税务机关编制“专用税务号”来建立自然人纳税识别号,运用这种专用税务号码的不只是发达国家,其中,还包括印度、南非这样的新型经济体和金砖国成员;

(3)以身份证号直接作为纳税人识别号的国家具有严格的隐私权保护法和权利保护法;

(4)9%的国家以社会保险号作为识别号,这些主要是发达国家,发达国家一般均有严密的隐私权保护法和权利保护法。所以,健全的自然人隐私权保护法和权利保护法,是运用身份证号码、社会保障号作为自然人纳税识别号的一个重要法律前提。

**(二)国内实践**

国内征收管理实践中按照纳税人税务登记类型区分,可基本区分为:企业,企业在外地设立的分支机构和从事生产、经营的场所,个体工商户和从事生产、经营的事业单位和自然人(其他个人)。

1. 现行自然人纳税识别号编码规则

以自然人名义纳税的中国公民(含我国港、澳、台地区人员、军人)外籍人员,按照所持有效证件不同,其纳税识别号在征收管理实践中可以细分为:

(1)以中国居民身份证为有效身份证明的自然人,其纳税人识别号为其“居民身份证号码”。

(2)以中国护照为有效身份证明的自然人,其纳税人识别号由“C”+“4位年份码”+“156”+“9位顺序号”+“1位校验码”组成。

(3)以外国护照为有效身份证明的自然人,其纳税人识别号由“W”+“4位年份码”+“3位国籍或地区数字码”+“9位顺序号”+“1位校验码”组成。

(4)以军官证、士兵证为有效身份证明的自然人,其纳税人识别号由“J”+“行政区划码”+“8位顺序码”组成。

(5)以港澳居民来往内地通行证、我国台湾地区居民来往大陆通行证等为有效身份证明的我国港、澳、台地区自然人,其纳税人识别号由"所在地区拉丁字母码"首位字母+"4位年份码(登记年份)"+"3位国籍或地区数字码"+"9位顺序号"+"1位校验码"组成。

即香港居民由"H"+"4位年份码(登记年份)"+"3位国籍或地区数字码"+"9位顺序号"+"1位校验码"组成;

澳门居民由"M"+"4位年份码(登记年份)"+"3位国籍或地区数字码"+"9位顺序号"+"1位校验码"组成;

台湾居民由"T"+"4位年份码(登记年份)"+"3位国籍或地区数字码"+"9位顺序号"+"1位校验码"组成。

2. 自然人纳税识别号的应用范围

自然人纳税识别号在地税领域的应用,主要用于涉税事项办理,一是个税申报,就江苏地税而言,"金三"系统上线前,自然人无论以何途径进行个税自行申报均需进行"自然人信息采集",地税机关则通过"自然人信息采集"在申报环节赋予自然人税务管理码,并确定任职雇佣单位,以管理码对自然人申报信息进行归集、管理。"金三"系统运行之后,新系统改变了原有的专用税务管理码的做法,自然人的身份证号被该系统作为了税务登记证号,也即将来的可能使用的自然人纳税识别号。二是代开发票。代开发票的开票方式主要为前台开票、自动转换开关电器(Automatic Transfer Switching,ATS)机代开、委托代征代开三种方式,除ATS机代开方式外,均采用通用户开票方式,ATS机代开发票前,由前台采集自然人信息,采集后形成管理码,自然人在ATS机刷身份证自行代开发票。地税机关对开票数据不归集,数据利用时采取查询检索方式获取。客观地讲,地税机关在为自然人代开发票时使用通用户代开发票,回避了金税三期上线前自然人没有纳税识别号的问题,但不可否认的是,自然人没有统一的纳税识别号的问题始终存在。三是信息归集。随着税务信息化建设发展,江苏省地税逐步建立完善了自然人涉税信息库,分为自然人基础信息、宏观分析、专项信息三类专题信息库。例如,基础信息包含:登记信息、收入及纳税、投资及任职、财产信息、认定及优惠信息、违法违章、个税明细、自然人车船情况明细、自然人社保费情况明细、自然人房产交易情况明细等数据信息;专项信息包含:年所得12万元人员、自然人投资者管理、投资情况等数据信息。对于自然人信息的查询调取,可以依照相关职责权限查询,例如,查询包括纳税人收入、财产情况等,以身份证号码作为纳税人识别号,是因为身份证号码在系统中作为了必录匹配项字段,即可以使用身份证号码对自然人涉税信息进行查询,查询自然人纳税人名称、登记信息、纳税人收入、财产情况信息、投资及任职、违法违章、个税明细、优惠信息、人社保费情况明细、房产交易情况明细等数据信息，当然，系统要求记录查询用途。

## 三、自然人纳税识别号制度设计的选择及其优缺点

### （一）制度设计的两种选择

在对自然人纳税识别号制度设计上，大致观点为两种：一种是由税务机关编制单独的税务识别号；另一种是将身份证号码作为自然人的纳税识别号。在第二种观点中又可以分为两种观点：一是单纯的身份证号码；二是以身份证号中的部分号码加上其他信息标识。

总结在学界和理论研究中，以身份证号码为纳税人识别号的观点，在10年以前是占多数的。近年来，随着社会经济的发展和自然人权利意识的增强，认同由税务机关编制单独税务识别号的观点逐渐增加。

根据辽宁大学财税法研究中心所建立的数据库文献统计，现有对自然人纳税识别号制度设计的文献中，大约60%的学者认同由税务机关单独编制税务号码作为自然人纳税识别号，35%的学者仍然从便捷的角度认同二代身份证号码为纳税人识别号，另有5%的学者持有所谓折中的观点，认为既可以是身份证号码、也可以是税务机关单独编制税务识别号。

### （二）两种制度设计的分析

**表1　两种方案的优缺点对照**

| 识别号设计两种方案 | 优点 | 缺点 |
|---|---|---|
| 税务机关编制单独税务识别号 | 1. 有利于个人隐私权的保护；<br>2. 有利于应对变革发展；<br>3. 有利于对自然人管理的全面覆盖；<br>4. 有利于自然人的分类登记；<br>5. 有利于对自然人管理的延续 | 1. 需建立新编码规则；<br>2. 需着力解决信息交换策略问题；<br>3. 增加实施成本 |
| 直接采用身份证号码 | 1. 有利于便捷实施；<br>2. 当前基础较好、应用广泛；<br>3. 部门间数据交换便利 | 1. 不利于自然人权利尤其是隐私权的保护；<br>2. 部分自然人无身份证，或一个人有多个身份证，需单独编码；<br>3. 个人身份信息与税收的信息混为一谈，将来的发展障碍不可预测 |

二代身份证号码作为自然人的纳税识别号码，主要是因为身份证具有唯一性和永久性。而且，从便捷的角度来看，我国公安部门的个人身份证系统的管理数据已经实现全国联网，税务机关只要与公安部门进行联网，就可以将纳税人唯一的身份证号码作为自然人纳税人终身唯一的识别标志。

1. 以身份证号作为自然人纳税识别号有着不可忽视的问题

第一，身份证号是公民唯一的身份识别码，在日常生活中大量地被要求使用，目前，我国尚未出台针对个人信息和隐私权保护的法律法规，实践上已导致个人信息的严重泄露。如果将身份证号作为自然人纳税识别号，就意味着有机会接触到身份证号的人就会掌握该自然人的纳税识别号，很有可能了解或掌握该自然人主观上不愿透露的个人收入信息和财产状况或其他个人信息，这无疑会对自然人权利尤其是隐私权造成侵犯。

第二，将身份证号码作为自然人纳税识别号，在使用上容易将公安部门的个人身份信息与税收的信息混为一谈，将来的发展障碍不可预测。

第三，目前，我国税务机关的很多文件中都含有自然人纳税的个人信息，一些税务机关未经纳税人同意往往因工作需要公开这些文件。例如，各地税务机关普遍采用的公开个体户增值税税负行为，本意是为了平衡税负，促进税收公平，但税负公开文件中含有纳税人识别号，由于个体户以身份证号作为纳税识别号，实际上就等于间接公开了纳税人的身份证号，会给纳税人带来一系列不便。

第四，我国居民身份证的发放和信息采集的主管单位是各属地公安部门，公安部门有其独特的属性，对于身份证系统有一定的保密性质，税务机关和公安部门的信息共享存在很大难度。且近年来引起大家广泛注意的“房哥”“房姐”等一人名下拥有数10套房产，且几乎都是以拥有若干身份证来“打掩护”，即一人有多个身份证号码的现象。

第五，对于军人、无户籍个人、没有中国身份证号的外国人等，其自然人纳税识别号，在实践中是另外用一种编码，这就需要启动另一套编码系统。

2. 采用单独编码的优点和未来着力点

(1)有利于个人隐私权的保护。任何纳税人的识别码都必然涉及隐私权，但是，自然人纳税的隐私权在这里表现得更明显，其隐私权下的大量隐私内容，在很多情况下，与纳税人应当纳税、正常纳税的义务和范围，并无直接关系，或者有大量内容是自然人主观上不自愿公开的。因而，应当充分尊重和加以保护。采用单独编码的方式，可以在最大程度上保护自然人的隐私权。随着社会经济发展，公民对于隐私权的保护意识会不断增强，对于《宪法》赋予的权利内容也会不断熟悉，自然人纳税识别号的设计和确定，应当防止自然人隐私问题、权利问题、纠纷问题等引发过多缠诉纠纷。

(2)有利于应对变革发展。在深化体制改革的大背景下,全社会各行各业每时每刻都在进行着变革,一类行业的一次变革对税务机关的影响意味着繁重的工作量,例如,军队体制改革,原来对于税务机关而言可简单区分为军官、士兵两类,改革后可以区分为军官、文职军官、文职人员、军队职工、士官、义务兵几种类型。就识别号来讲,除义务兵外,均有身份证号码,只需对义务兵类型发生纳税义务的纳税人进行统一编码;"三证合一"后"五证合一","五证合一"后再经若干年纳税人的编码规则会不会再进行调整改变?抑或某一行业的新兴、撤转、合并都有可能产生代码规则的改变,税务机关是进行变更还是维持不变?若使用税务机关统一编码,答案应该是肯定的,从节约社会资源考虑,应实行税务机关统一编码。

(3)有利于对自然人管理的全面覆盖。自然人的概念大于纳税人,纳税人识别号的覆盖范围应远大于统一社会信用代码和身份证号码,以身份证号码作为自然人纳税识别码无法满足税收征收管理的现实需求,也无法对接目前及将来税收征收管理多样性发展的需求,唯有税务机关建立并实行全国统一的自然人识别码制度体系,方可实现对纳税人管理的无缝衔接、全面覆盖。

(4)有利于自然人的分类登记。分类登记可以简单分为两个方面:一是针对自然人的分类型登记;二是对自然人不同涉税业务办理的分类记录,实行税务机关统一编码可以用纳税人识别号串联起各方面的信息,有助于夯实纳税人诚信体系,从而实现"一人式信息管税",也能为未来房地产税法制定、个人所得税法的完善打下坚实的基础。

(5)有利于对自然人管理的延续。目前,全民纳税意识逐步强化,征信体系的建立对纳税人纳税情况的记录、归集、检索、提供提出较高要求,包括房地产税改革,包括开征遗产税,这些与自然人切身利益紧密相关的直接税改革,都需要统一的识别号制度的建立作为基础,只有能够掌握个人税号中的个人交易、收入、财产信息等,才能消除征税漏洞,实现公平征税。

(6)有利于统一的信息化支撑。国、地税务机关并用的金税三期的上线,将为实现全国统一的识别号制度提供统一的信息化支撑,当纳税人的涉税信息产生或发生变化的情况下,金税三期优化版可自动采集纳税人的涉税信息,只不过是编排的识别号码的具体内容,即数字与号码的内容是需要并且是可以调整的。所以,建立自然人纳税识别号制度已不存在技术问题和国家财政负担问题。

所以,笔者的建议基本设计采用"区域码+相应的有效证件中的部分号码+税务特定码=自然人纳税识别号码"这一设计,可以保证《税收征收管理法》的国家施行统一的纳税人识别号制度的立法精神,同时保障自然纳税人的权利。

3. 单独编码需着力解决信息交换策略问题

全面推进“三证合一”“五证合一”登记制度改革是贯彻落实党的十八大和十八届二中、三中、四中全会精神的重要举措，是简政放权、便利市场准入、鼓励投资创业、激发市场活力的重要途径。通过实施“三证合一、五证合一”，能够有效推动部门间工作整合和信息共享，加快建立程序更为便利、流程更为优化、资源更为集约的市场准入新模式，有力推动大众创业、万众创新。纳税信息能否与自然人身份信息、银行信息、不动产信息等实现共享，能否打通部门的壁垒，实现各个部门信息的互联互通，消灭信息“孤岛”，这是建立全社会征信系统的核心。实行全国统一的、独立的自然人纳税人识别号制度，在一定范围、一定程度上会对多部门数据交换、数据共享带来困难，税务机关以自然人纳税人识别号对纳税人进行管理规范，同时，可以用自然人纳税人的身份证号码建立索引，对内管理时使用识别号进行管理，对外交换数据以身份证号码进行交换数据。

## 四、自然人纳税识别号编码建议及立法建议

《征求意见稿》第 8 条规定：“国家施行统一的纳税人识别号制度”。该条明确规定了施行纳税人识别号制度，意义重大。但是，对不同类别的纳税人识别号编码、使用，还有待于在今后出台的《税收征收管理法实施条例》和国家税务总局出台的有关纳税识别号制度中作出法律上具有可操作性的规定。

例如，《税务登记管理办法》分别对从事生产经营的纳税人、其他纳税人办理税务登记，以及税务登记代码做了规定，但还没有明确包括自然人（也有人称为“个人”），并且《税收征收管理法》修订至今，尚未填补对自然人等纳税人办理税务登记这一立法要求。

本课题组经过认真分析，对建立和完善自然人纳税人识别号制度，在今后出台有关自然人纳税人识别号的法律、法规、规章中，指出以下建议：

1. 编码方法

区域码 + 相应的有效证件中的部分号码 + 税务特定码 = 自然人纳税识别号码

其中，相应的有效证件中的部分号码，我们建议使用身份证号码的部分，并且是那些不涉及自然人关键隐私的字段。

2. 第 8 条第 1 款

国家施行统一的纳税人识别号制度。

建议修改为：

国家施行统一的独立纳税人识别号制度。

这是强调在《税收征收管理法》中,国家施行统一的纳税人识别号制度,是一个独立的法律制度。

第18条第1款

纳税人识别号由税务机关统一登记管理。

建议增加"首次产生纳税义务的自然人应当向税务机关申领自然人纳税人识别号,税务机关应当为其编制唯一纳税识别号"。

这里强调根据自然人纳税识别号制度,明确统一的税务管辖机关管理纳税申报和一切涉税事项办理。

3. 其他建议

建议在管理办法或相关制度中规定:自然人在办理涉税事项时,应当使用纳税识别号。

自然人在签订合同或协议,缴纳社会保险费,不动产登记,在金融机构开设账户以及办理其他涉税事项时,应当使用纳税识别号。有关部门、机构应要求自然人纳税人提供纳税识别号,并在相应的合同协议、证照、银联卡、凭据上标明。

从事生产、经营的自然人在其经济活动过程中,一个纳税年度内向其他单位和个人给付5000元以上的,应当向税务机关提供给付的数额、收入方的名称、纳税识别号。

单次给付现金达到50,000元以上的,应当于给付之日起5日内向税务机关提供给付的数额以及收入方的名称、纳税识别号。

总之,建立自然人纳税识别号制度,是深化财税体制改革,提高征收管理质效的需要。该制度的建立应本着既方便纳税人、保护纳税人隐私,又要便于税收征收管理的原则,来做出具有前瞻性、系统性的设计。

# 税收预约裁定制度研究

张　松*

按照国际税收协会给出的定义，税收预约裁定（2015年年初上报国务院法制办后向社会公众公布的《税收征收管理法（草案）》称为“税收预约裁定”，与原来一般翻译为“税收事先裁定”不同。[①] 为了避免混乱，除去引用他人原文的需要，本文统一称为税收预约裁定制度）是指税务机关就纳税人申请的关于未来的特定事项应当如何适用税法而专门发布解释性文件的程序的总称。税收预约裁定由纳税人提起，在征纳双方间形成契约性的权利义务关系，但只对税务机关具有约束力。通过本次《税收征收管理法》的修订，将税收预约裁定制度引入我国税法，必将成为更好地体现和维护纳税人合法权益，增强税法适用的确定性、一致性与透明度，提升税收征收管理质量的有力制度与法律支点。

## 一、法理基础分析

作为一项具体的税收法律制度，税收预约裁定有坚实的法理基础，它是税收法定原则的体现，是信赖保护原

---

* 吉林财经大学税务学院。

① 熊晓青认为，事先裁定较之预约裁定更为准确，具体理由：“一是预约一词多为描述单独的程序性安排，如预约见面，而事先裁定具有丰富的实体性内容；二是事先裁定的范围比预约裁定的范围大，前者包括所有事先做出的裁定，预约定价只是转让定价领域内的一种事先裁定，尽管预约定价已经具备相对独立的规范，但其实质上仍然是事先裁定。”参见熊晓青：《事先裁定热点问题研究》，载《国际税收》2016年第6期。

则的拓展，是纳税服务的深化，是纳税人确定权与知情权的落实，是税法预测性的延伸。

**（一）税收法定原则的体现**

税收法定是税法最基本的原则，它要求所有税收活动必须依照法律的规定进行。一方面，课税只能在法律的授权下进行，税务机关必须依法征收，纳税人必须依法纳税；另一方面，超越法律的课征是违法和无效的，税务机关没有法外课税的权力，纳税人也不承担法外纳税的义务。该原则可以分解为税制要素法定、税制要素明确、税制要素的变动必须合法、税法的程序必须得以保障四个方面。

税收预约裁定制度，是指税务机关就纳税人申请的关于未来的特定事项应当如何适用税法而专门发布解释性文件的程序的总称。该制度是为了指引纳税人如何履行税法，提高税收确定性所做的一种解释性服务，这种解释并非是对法律的修改，而是税务机关作为税法执行的专门机关，严格遵照法律规定，从实践层面更专业地对法律规定加以解读和释义。使生硬且晦涩的法条更容易被纳税人理解，更能与千变万化的现实经济社会情况相对接，以便于纳税人依法纳税，防止因理解偏差而违法。因此，预约裁定制度非但不违反税收法定原则，反而是对税收法定原则，特别是税制要素确定性的保障与延伸，同时促进了税收法定原则的落实和税法的正确实施。

**（二）信赖保护原则的拓展**

在讨论税法基本原则时，国外有学者提出公众信任原则，也称信赖保护原则或税收合作信赖主义。“信赖保护原则”的基本含义为，在法律生活中，当事人应以善意的方式行使权利，以诚实信用的方式履行义务，对他人诚实不欺，恪守诺言，讲究信用，不得违背对方的合理期待和信赖。信赖保护原则实际上是以公平正义为目标，将人类最基本的伦理道德观法律化。在阐述此原则时，英美法系特别强调不得以已完成的言行是错误的为理由实行反悔的原则，称为“禁止反悔的法理”。日本、德国和我国台湾地区不论在税法理论还是税法实践中，都采纳了信赖保护原则。一方面，税收征纳双方的关系就其主流来看，是一种相互合作的关系，而不是对抗性的关系；另一方面，征纳双方的关系应当是相互信赖的。

显然，将信赖保护原则与税收法定原则在预约裁定制度的适用上相比，一方面，如上所述，预约裁定制度作为指引纳税人如何履行税法，提高税收确定性所做的一种解释性服务，是税收法定原则的体现；另一方面，又可以发现两者在形式上似乎存在某种对立或矛盾。如果坚持税收法定原则，而放弃信赖保护原则，不管什么原因对税法造成的违反，都必须予以纠正，即使是税务机关已经对纳税人做出承诺，甚至是已经做出的执法行为也不例外。这势必给诚实的纳税人带来一定的损害，使其产生一种上当受骗的感觉，不利于税收法律关系和税收法律制度的稳定。反过来，如果完全坚持信赖保护原则，而置税收法定原则于不顾，又是很不现实的。由于许多国家在税法中同时适用上述两个原则，所以，两者的矛盾必须解决，否则，在法律适用上将无所适从。首先，这两个原则的关系必须明确，即两者不是处于一个位阶上。税收法定原则是作为一项宪法原则出现在税法中的，因此，在税法中具有最高法律原则的地位。而信赖保护原则是为了排除税收法定原则在适用上所产生的不合理性而被适用的，其目的在于平衡国家与纳税人的利益，实现税法的正义，是税收法律主义必要且有益的补充。[①] 故此，对信赖保护的适用作出了一定的限制：第一，税务机关的合作信赖表示应是正式的，即以公告、文件等书面形式作出，或由负有一定责任的税务干部在正式场合口头作出。纳税人不能根据税务人员个人私下作出有违税法的表示，而认为是税务机关的决定，要求援用税收合作信赖主义少缴税。第二，必须是值得保护纳税人信赖的情况。如果税务机关的错误表示是基于纳税人一方隐瞒事实或报告虚伪作出的，则纳税人的信赖不值得保护。第三，纳税人必须信赖税务机关的错误表示并据此作出纳税行为。换言之，纳税人已经构成对税务机关表示的信赖，但没有据此作出某种纳税行为，或者这种信赖与其纳税行为没有因果关系，也不能援用信赖保护原则。

税收预约裁定规定，纳税人需要对自己未来纳税情况做出准确判断时，可以要求主管税务机关就需要缴纳的税种和税额做出正式的书面裁定，作为日后纳税的依据。如果主管税务机关裁定的税额低于其依法应纳税额，也以裁定数额为准。显然，这一规定在一定程度上突破了税收法定原则的限制，但符合信赖保护原则的要求，而这两个原则的妥协与协调，使税收预约裁定制度获得了法理上的立足点与存在依据。实施该制度需要征纳双方建立密切的税收信息联系和交流，增加了沟通渠道，延伸了政府在税收问题上的诚信表示，在相当程度上实现了税企双赢，有助于建立合作信赖而非对抗的新型征纳关系，是政府构筑社会诚信之网的组成部分。

**（三）纳税服务的深化**

公共财政理论的提出，使课税的目的性更为明确，即在法律许可的前提下为满足社会发展需要而提供公共服务与公共产品奠定物质基础。人们把财政支出看作公共产品和服务的成本与费用，而把税收看作公共产品和服务的价格。因此，从这个角度，可以把纳税人向政府交税的行为，看作纳税人向政府购买公共产品和服务的一种特殊交换关系。在市场经济条件下，顾客是“上帝”，那么纳税人

---

① 参见包子川：《诚实信用原则与税收法定主义原则》，载《税务研究》2002年第8期。

也应是“上帝”，征税人要为纳税人服务，便是顺理成章了。[①] 由此，征纳双方关系的对抗性大为降低，应当在合作信赖的共同完成依法课征税收。在此前提下，纳税人作为改善社会公共服务，推动社会发展的功臣，在征税过程中理应受到更多的礼遇，得到更多、更好的纳税服务。而在既有的纳税服务中，没有什么比深入、准确把握即将承担的具体纳税义务，最大限度地降低涉税风险(包括经营风险与法律风险)更为纳税人所关注和需求。税收预约裁定恰好通过对预期交易确定应纳税额，客观上增加了纳税人的权利，将纳税服务从事中和事后延伸到事前，使服务的时间、内容都有较大的增加。对纳税人而言可以降低风险，增加收益，因此是对纳税人最大的服务，会间接地改善税法对企业行为的引导。纳税人就此可以提前对其投资或交易活动的税收结果作出更为准确的判断，使税法的政策指向性更为长远和清晰，从而提高投资经营决策的合理性与收益率，从整个社会来看，其宏观社会经济效益无疑是巨大的，对经济健康发展有利。

**(四)纳税人确定权与知情权的落实**

亚当·斯密在《国富论》中即提出税收的确定性原则，并将其视为人民避免不当税收的基本保障，比税收的公平性更为重要。与之相对应，税法确定权被视为纳税人的基本权利，即税法确定权指纳税人有权获得对其税法活动后果的明确认知。对税收法定原则构成要件明确的要求是其直接的理论来源。但由于社会经济生活日趋复杂，税法实际上做不到完全明确，由此，税收预先裁定制度获得存在的价值。[②] 而税收知情权与税收确定权有直接的联系，知情权是纳税人的一项基本权利，是其他税收权利得以实现的基础。纳税人知情权的理论依据主要体现在：(1)公共产品理论。由于“搭便车”现象的存在，市场无法为社会提供公共产品与公共服务，这一任务只能由政府完成，其物质基础依赖税收，由纳税人提供。在此前提下，顺理成章的逻辑自然是纳税人有权利了解税款的使用情况。(2)法的价值论。法的自由、秩序、效率价值要求纳税人享有知情权。从某种意义上说，税收是对纳税人自由的侵害与限定，为了使这种对自身自由的侵害与限定不超出法律规定的界限，纳税人必须享有对税法的充分知情权。纳税人知情权的获得与充分行使是维护良好纳税秩序的基本条件，纳税人只有知晓并理解税法才能逐步形成、提升纳税意识，进而遵从税法，维护税收法律秩序。显然，纳税人对税法规则、对税款的使用有更为全面、准确、深入的了解、把握，有助于税收征收与使用效率的提高。(3)税收法定原则。税收法定是在政府依靠税收提供公共产品与服

① 参见安体富、任强：《论为纳税人服务》，载《财贸经济》2006 年第 4 期。

② 参见熊伟、聂淼：《预先裁定制度与纳税人权利保护》，载《国际税收》2016 年第 1 期。

务具备合法性的前提下,严格限制对纳税人私有权利侵害的有效形式。为此,纳税人有权了解划定纳税义务边界的税收法律与税收征收管理规定,履行法定纳税义务而不承担法外的纳税义务。

公开、透明是现代法治社会的基本特征之一,也是公平、公正法理精神的重要体现,纳税人的知情权是公民知情权的重要内容,以及在税法领域的拓展与延伸,具有政治权利、社会权利与民事权利的综合属性。在税法层面上,纳税人的知情权应当包括获得税收法律与相关税收管理信息权利和了解税款用途权利两个方面,纳税人知情权的本意应当是指前者,更多地属于程序性权利;后者实际上是纳税人知情权的延伸,是宪法层面上的公民权在税收方面的体现,往往需要通过对政府预算的监督得以实现。纳税人的知情权由浅入深应当包括三个层面:一是本着"法无文明规定不违法"的理念,凡涉及课税与税收管理的规定必须公开,否则,纳税人有权不承担相应的纳税义务与责任;二是税务机关负有通过主动行为让纳税人了解其具体纳税义务的义务,例如,税法解释与一定程序下的告知;三是纳税人不仅有权了解其已经发生的应税行为承担的纳税义务,而且,应当有权了解即将发生的应税行为应当承担的纳税义务。显然,第三层次的纳税人知情权更多地反映了税务机关对纳税人合法权利的尊重,是对税法精神内涵更为深入的体现。而税收预约裁定恰好符合这一层次纳税人知情权的要求,对推动纳税人全面、准确、深入把握税法,对于增加税收行政执法的透明度有着重要的影响。

**(五)税法预测性的延伸**

税法的预测作用是指其提供指引的方向和评价的标准,可以预先估计到税收征纳双方相互之间如何行为,从而在税法许可范围内,对自己的行为做出最合理的安排。从整个社会来看,税法提供了税收活动中公认的、权威的行为规则,可以减少人们在税制征纳活动中的盲目性和无序性,提高整个社会活动的整体效果,有利于社会经济生活的稳定发展。税收预约裁定制度在纳税人发生应当纳税行为之前即将其指引方向明确,属于事前指引优于其他制度措施的事中和事后指引,因此,在很大程度上增强了税法的确定性,延伸了税法的预测作用。

## 二、相关国家和地区税收预约裁定的法律实践[①]

税收预约裁定制度 1911 年发端于瑞典,目前,在经济合作与发展组织

① 本部分对美国和香港特区、我国台湾地区税收事先裁定制度的描述主要参照东南大学法学院虞青松博士的《税务事先裁定研究报告》,归纳相关国家及地区税收事先裁定制度的表格来自普华永道课题组提供的相关研究成果。

（Organization for Economic Co-operation and Development ，OECD）国家税收法律规范中得到广泛采用并不断完善。因此，在我国税法中确立该制度时进行比较研究无疑是必要的。

**（一）美国的税收预约裁定制度**

美国是较最早采用税收预约裁定制度，并将其发展、规范的国家。1919 年，美国联邦税务局首次确定了仅对尚未发生的交易（以下简称预期交易）可以申请裁定，预约裁定成为正式程序。但是，哪些预期交易可以申请预约裁定仍不明确，为此，美国联邦税务局于 1960 年发布不予裁定清单，明确划分了事务管辖的范围。该范围经后期补充，程序化为三项：不予裁定领域、自由裁量领域和强制裁定领域。1938 年国会通过立法提供"结案协议"回应，该协议为最终、不可推翻的。这一裁定建立在双方各自的承诺基础上，美国联邦税务局承诺用约定方式对交易征税，而纳税人承诺不会改变交易的事实。从 20 世纪 40 年代开始，如果纳税人向美国联邦税务局申请就预期交易做出裁定时，美国联邦税务局不会立即着手与纳税人订立结案协议，而是会先发出一份信函，以告知纳税人美国联邦税务局在相关问题上的立场，信件裁定程序由此开始。1953 年该项政策先由美国联邦税务局在其文件中公布。1954 年美国税法正式将预约裁定程序上升为法律。从此，依赖裁定的纳税人可以从有溯及力的变化中受到保护——这与以前仅作为咨询意见裁定的做法有了一个清晰的转变。1976 年以后，法院认为美国联邦税务局事先裁定保密违反了《信息自由法案》。法院虽然坚持个人信件裁定是保密的，但同时认为，裁定解决问题部分有先例价值，应当公开。1976 年公布了《税收改革法》后，所有个人信件裁定必须公布，这意味着，个人信件裁定在重新编撰删减后都成为先例。但这种"一刀切"的做法却导致美国联邦税务局每年发布的税收裁定数量明显减少，从 20 世纪 80 年代后期的每年 100 件到 150 件，减少到了 2007 年的 68 件。这反映出强制公开的政策使纳税人对申请裁定采取了更审慎的态度，因为，被公布的裁定涉及其交易内容。在 1987 年前，申请私人信件裁定是免费的。但预约裁定需要税务机关投入大量的人力、物力，免费为少数纳税人提供裁定服务被认为是不公平的，即多数人纳税为少数人服务。于是，美国联邦税务局开始收取使用费。在 1990 年前，每件裁定费用为 600 美元，但从 1990 年开始，从每件 3966 美元一直上升到 2007 年的每件 1 万美元。因此，事先裁定已经成为昂贵的税务服务。高收费使纳税人选择预约裁定更加谨慎，而税务机关减少了工作负担以及越权解释法律的风险。

目前，美国税收事先裁定外在表现为纳税人所取得的一系列文书系统，主要有以下四种：

《私人信件裁定》(Private Letter Ruling)是指由(联邦)美国联邦税务局根据特定的事实解释和如何适用税法,向纳税人发布的一份书面声明。只有美国联邦税务局国家办公室(National Office)才能发布裁定并保密,只有申请人才能适用,其他任何人无权获取或就同样的交易要求适用他人的私人信件裁定。美国联邦税务局的裁定可以"创设"新的税收规则,但地方局只限于将法律适用于事实。

《税收裁定》(Revenue Rulings)是美国联邦税务局在《美国联邦税务局公告》中刊载的官方解释,是由私人信件裁定在删除申请人机密信息后,重新编辑而成。"税收裁定"只能由国家办公室发布,为纳税人、美国联邦税务局官员和其他人提供指引,具有普适性。

《结案协议》(Closing Agreements)是美国联邦税务局与纳税人之间关于私人信件裁定确定的具体问题形成的协议,该协议排除了美国联邦税务局的撤销、变更权。结案协议签订后成为私人信件裁定书的一部分,除非有欺诈、渎职或重大事实陈述失实,否则,该私人信件裁定具有最终效力,这使纳税人居于有利地位。

《决定书》(Determination Letter)是指根据个人和组织的书面咨询,由地方税务局依据美国联邦税务局公布的原则和先例适用于特定的事实而发布的书面声明。地方税务局适用法律、法规、税收裁定、国家税务局公布的其他先例,发布《决定书》来确定纳税人询问的纳税义务、税费征收。《决定书》仅能基于美国联邦税务局公告的法规、财政部决定、规章、通过裁定、观点、法院判决中已经阐明的明确规则作出。当提出的问题属于新争议或超出地方局管辖权的事项时,不能发布"决定书"。

**(二)中国香港特区的税收预约裁定制度**

1998年,香港特区《税务条例释义及执行指引(第31号)》将预约裁定定义为:"任何人士可根据税务条例所列出的规定,向税务局局长提出申请,就条例的各项条文如何适用于申请人或申请所述的安排做出裁定,该等申请是需要缴付费用的。"香港将预约裁定定位为给纳税人提供的一项服务。其目的是为纳税人提供一定程度的明确性;促进税务条例在适用方面的贯彻性;尽量减少税务局与纳税人之间的争议。

香港的预约裁定文书为"裁定",该裁定仅对申请人本人适用,不对其他人产生任何效力。该裁定具有终局性,不可上诉。当已发布裁定将要变成近期纳税结果的处理,在事实模式与先前发布的裁定一样的情况下,税务部门才会适用过去的裁定。

香港税务局可以选择部分裁定在将申请人机密信息采取保密措施后予以公开,称为"公开裁定"。从2000年开始,香港税务局相继颁布了52个行政裁定,其中,有25个事先裁定案例是处理各种产品和交易的事实形态以及处理经济服务活动。这些应纳税利润的规定经常处理门槛关系问题和常设机构的活动。可见,香港事先裁定的主要推动力是应纳税利润条款,对应的被解释法条为《税务条例》第14条。

《公开裁定》所公布的裁定只作一般参考之用。纳税人若要依赖这些裁定必须要小心谨慎。只有在有关事实与所拟进行的交易完全相同的情况下,才可参照一项裁定。在这方面,应留意相类似的交易通常都会有不同的事实。但这些《公开裁定》的参照作用似乎并不大,香港税务局注意到,其他纳税人并不倚重已经发布的事先裁定案例的结果。从上可知,香港的预约裁定是保密的,只有《公开裁定》才能供公众获取。

香港特区预约裁定经历了以下过程:

第一,申请人应当完成的事项包括,申请人必须详述每一项拟进行的交易;就该交易提供一份陈述书,说明该项交易的目的,阐明纳税人对《税务条例》有关条文当如何应用自己的诠释,并阐明为何要采用特定的实行方法,在此基础上,说明申请人要求做出裁定的税务问题,同时应当说明申请人认为《税务条例》的条文与该申请提出的要求有冲突不明的争论;纳税人还应当就所拟进行的交易下一步将采取何种行为做出的假设,如果有重复交易的书面约定,在摘录出事实的基础上,阐明支持纳税人立场的理由,还应就所拟进行的交易已取得的专业意见的副本;最后,自己草拟一份裁定。

第二,税务局的回应是,税务局可应要求而与纳税人会晤以提供新资料、澄清事实或修正任何误会或先前所提供的资料。如局长拟发出的裁定与申请人所草拟的裁定不同,申请人亦可获得机会咨询客户或执业人士,重新整理立场。如果局长认为任何裁定是否正确,有赖于做出某些假设(不论该等假设是就将来发生的事件或任何其他事项做出的),他可以做出他认为最为适当的假设;或拒绝做出裁定。

第三,申请人取得的裁定仅对申请人适用,不应作为其他个案的先例。

第四,裁定会述明该裁定所适用的安排;该裁定适用的期间;局长就将来发生的事件或其他事项在要项上做出的假设。

第五,裁定履行:在纳税人取得裁定后,在拟备报税表,要求兑现该裁定时,则该纳税人必须披露该裁定的存在,同时说明该纳税人在拟备和提交该报税表时是否有依赖该裁定以及在该裁定指明的安排上的任何重大变化。

第六,税务局可以根据法律变动而随时撤销事先裁定。一项裁定不论对申请人有利与否,即成为最终裁定,不得上诉。但是,税务局不依裁定履行,则申请人可以上诉。

### (三)中国台湾地区的税收预约裁定制度

我国台湾地区"财政部"在2003年发布了"财政部税务预先核释作业要点",确立了预先核释程序。其上位"法"依据为"税捐稽征法(2010年修正)"第1条规定:"财政部"依本规定或"税法"所发布之解释函令,对于据以申请之案件发生效力,但有利于纳税义务人者,对于尚未核课确定之案件适用之。

申请人就符合该作业要点规定的交易所牵涉的税法疑义,纳税义务人可以事先向"财政部"申请预先解释。除了可以建立税法适用的一致性与确定性、减少征纳双方的争议、鼓励纳税义务人自动诚实申报外,还有助于交易双方事先规划租税负担,减低风险,因此,构建预先税法解释机制是必要的。

但是,该制度以引用外资为目的,其申请门槛非常高,其申请要件要求为1年之内即将实行的个别跨境交易或投资的跨境租税案件,并且符合以下条件之一者为限:(1)投资金额不含土地达新台币2亿元以上或首次交易金额达新台币5000万元以上;(2)对我国台湾地区具有重大经济效益者。

实务上我国台湾地区"财政部"在审核个案解释的申请案件时,均要求申请人详细陈述或检附相关案例及事实证据以为其作成相关释示时的依据,针对尚未发生的交易或于规划阶段并未执行的案件,则极有可能以无具体事证或系假设情况等为由而未给予正面答复。但最需要"财政部"明确解释的案件,大多属新型或特殊形态的交易模式,而投资人在确认相关税负影响前,多不愿贸然执行该等交易。故为减少投资人因赋税"法令"不明确,产生意料之外的税捐风险及征纳双方将来的争议,需要建构的预先核释程序,该程序为事先裁定。我国台湾地区的事先裁定经历了以下过程:

第一,申请人仅需要阐明申请目的、适用之相关"税法"规定、适用疑义及专业建议,并陈述申请案件相关内容及重大假设、说明申请案件之性质、金额或对我国台湾地区经济效益之分析。不需要草拟裁定。

第二,由"财政部"组建"委员会",对申请人的申请进行审核。决议须经出席"委员"过半数之同意。

第三,预先核释案件案情较无争议或已有前例者,由辖区征税机关研提审理意见送本部函复申请人;案情争议性高或无前例者,得提报预先核释"委员会"审议之。

第四,"委员会"得视案件需要,同意申请人列席"委员会"说明。

第五,依预先核释程序所作成的核释,其效力与"财政部"解释函令相同。

对于相关国家及地区税收事先裁定的基本制度规定,我们可以通过表1进行归纳、比较:

表 1　中国香港特区、澳大利亚、新加坡及美国预约裁定制度比较

| | 中国香港特区 | 澳大利亚 | 新加坡 | 美国 |
|---|---|---|---|---|
| 裁定机制 | 事先裁定 | 个别裁定和口头裁定 | 事先裁定 | 个别函件裁定（Private Letter Rulings）和确认函（Determination Letter） |
| 概述 | 由税务局局长（Commissioner of Inland Revenue,CIR）对税务条例（Inland Revenue Ordinance,IRO）中的条文如何适用于申请人或者申请中描述的特定安排作出的书面裁定 | 个别裁定——由局长对税法如何适用于纳税人的特定方案作出的书面裁定。<br>口头裁定——局长对个人关于税法如何适用于特定方案的口头申请,而所作出的口头并具有约束力的意见 | 由新加坡税务局（IRAS）作出的关于所得税法中的某一条文或者某些条文如何适用于特定纳税人申请中所建议安排的书面说明 | 由美国国税局（Internal Revenue Service，IRS）出具给纳税人或者纳税人授权代表的书面声明,解释联邦税法如何适用于申请人的特定事实情 |
| 由谁作出裁定 | 管理当局——局长（the Commissioner） | 管理当局——局长（the Commissioner） | 管理当局——局长（the Comptroller） | 个别函件裁定:美国国税局办公厅（Associate Office）。<br>确认函:主管总监（Director） |

续表

| | 中国香港特区 | 澳大利亚 | 新加坡 | 美国 |
|---|---|---|---|---|
| 由谁提供解释说明（裁定起草人） | 纳税人提供解释草案作为申请的一部分 | 澳大利亚税务局（The Australian Taxation Office，ATO） | 纳税人提供解释草案作为申请的一部分 | 美国国税局 |
| 可以作出裁定的事项 | 就《税务条例》的任何条文（但与下列有关的条文除外）如何适用于申请人或申请所述而将进行的交易事先裁定适用于有关的下列条文的申请：<br>·申报表或者其他信息是否正确；<br>·施加或者减轻惩罚；<br>·是否对纳税人提出的检控；<br>·是否对纳税人所欠的债项作出追讨 | 个别裁定——必须是与某指定方案相关，可以涉及过去、现在或者将来的纳税年度或有关申请期间<br>口头裁定——通常指与个人所得税/医疗税有关的事项，即与个人相关的某些条款如何适用于指定方案。可以涉及过去、现在或者将来的财政或有关申请期间 | 提议中的安排 | 预期或者已结束的交易。下列为了获得税收优惠的情况是必须接受裁定：<br>·会计方法或会计期间的变更；<br>·采用不同于对合伙企业，S公司以及个人劳务公司所规定的纳税年度；<br>·其他 |
| 适用期间 | 申请和裁定中列明 | 申请和裁定中列明 | 申请和裁定中列明 | 申请和裁定中列明 |

续表

| | 中国香港特区 | 澳大利亚 | 新加坡 | 美国 |
|---|---|---|---|---|
| 可拒绝作出裁定的情形 | 如果有以下情形,将不得作出裁定：<br>·特定安排不是认真考虑进行的；<br>·琐屑无聊或无理取闹的申请；<br>·局长正进行一项审计,而该项审计牵涉申请中所须作出裁定有关《税务条例》如何适用于申请人的交易或适用于与申请中类似的安排；<br>·提供的数据不充足；<br>·从可得的资源来看,局长认为作出的裁定是不合理的。<br>如果有以下情形,局长可以拒绝作出裁定：<br>·要求确定任何有关事实的问题。对于纯属事实问题的事项,例如,出售物业的收益应否课税,局长是不会作出裁定的；<br>·裁定是否正确,有赖于作出某些假设； | 个别裁定：<br>·作出的裁定不利于或者过分限制某项税法的管理；<br>·如果局长正在考虑或者已经考虑了纳税人的问题,例如,与某一特殊事项相关的审计,或者如果该事项处于异议,或者该事项已在审核中确定；<br>·如果局长认为个别裁定的正确与否依赖于某些假设,并且选择不依据那些假设来作出裁定；<br>·纳税人在合理的期限内没有提供所要求的必需信息；<br>·琐屑无聊或无理取闹的申请,或安排并非认真考虑进行的。<br>口头裁定：<br>·流转税事项的裁定；<br>·所征求的意见与经营业务或者复杂的事项相关；<br>·相关事项正在或者已经被考虑到； | 与香港的情形相似,另外还有以下情形：<br>·该事项正在或者应该被税收协定缔约方的一个或两个主管当局处理；<br>·关于相关条文如何适用于个人和安排的裁定已经存在,并且这个已经存在的裁定的适用期限同样适用于所提出的裁定；<br>·对所提出裁定的适用期间已经作出评税(而非估计的评税)；<br>·请参看新加坡税务局关于事先裁定机制的文件第11页 | 美国国税局有权决定是否作出裁定<br>对以下事项美国国税局不作出裁定：<br>·缺乏真实商业目的的交易或者以减少纳税作为其主要目的；<br>·琐屑无聊的事项；<br>·有多种选择的计划或者假设性的交易；<br>·被提出的裁定是否会让纳税人受到刑事处罚；<br>·事项涉及对政府不利的司法裁决而美国国税局尚未确定是否就司法裁决作出上诉；<br>·其他。<br>对以下事项美国国税局一般不作出裁定：<br>·所要求的决定就是主要事实；<br>·裁定仅针对一个综合交易的某一部分；<br>·纳税人或其关联方的居住地或组织是在外国管辖区 |

续表

| | 中国香港特区 | 澳大利亚 | 新加坡 | 美国 |
|---|---|---|---|---|
| | ·事项不论就申请人或其他人而言，是任何反对或上诉的主题；<br>·该事项是已提交或到期应被提交的申报表的主题；<br>《税务条例释义及执行指引》第31号关于事先裁定的第9段落列举的裁定一般会遭拒绝的情况 | ·更进一步的信息已被要求但尚未提供；<br>·裁定的正确性取决于对未来事件或者其他事项作出的假设 | | 内，而美国与该这个外国管辖区没有互换税务信息的有效机制；<br>其他 |
| 申请中要求提供的信息 | 裁定申请所必须：<br>·申请人身份；<br>·披露所有相关事实以及与安排有关的文件；<br>·陈述《税务条例》中的相关条文；<br>·陈述法律相关条文；<br>·包括以指定格式起草的裁定；<br>·请参看《税务条例释义及执行指引》第31号的第15段落。<br>税务局局长可以要求更进一步的信息 | 确认(1)裁定所适用的纳税人；(2)相关方案以及(3)与裁定相关的规定。<br>税务局可以要求更进一步的信息 | 申请必须按照规定的格式，包括以下内容：<br>·申请人的详细情况；<br>·与安排有关的所有事实和资料；<br>·税法中相关的条文；<br>·与申请个案有关的案例及申请人对涉及个案条文的理解；<br>·若之前对相同或类似安排层经申请事先裁定，该申请的结果；<br>·由申请人准备的裁定草案。<br>税务局可以要求更进一步的信息 | 无规定的格式但必须包含以下内容：<br>·与交易相关的所有事实的完整说明；<br>·与交易所有相关文件的真实副本；<br>·相同的问题是否已在之前的申报表中申报，或涉及税务协定条款的解释，而该条款的解释已由主管当局裁定或主管当局正在考虑；<br>·理据声明：总结论据及相关支持；<br>·其他。<br>国税局可以要求更进一步的信息 |

续表

| | 中国香港特区 | 澳大利亚 | 新加坡 | 美国 |
|---|---|---|---|---|
| 纳税人是否可以依赖裁定 | 只有事先裁定中所涉及并给予裁定的纳税人可以依赖该裁定 | 只适用于裁定的申请人和特定安排 | 只适用于裁定标的的申请人和特定安排 | 只适用于裁定给予的纳税人以及裁定确认的交易<br>除非依赖裁定公正行事，否则，不能依赖于裁定 |
| 纳税人申报是否一定要根据裁定进行 | 但纳税人可以以与裁定不一致的基础在申报表中申报，因与裁定中税务局的基础不同，税务局很可能会不同意纳税人申报基础而根据原先裁定作出评税。纳税人可对评税提出反对，一般来说，若纳税人申报过程中披露所有有关事实，不遵照裁定申报不会有判处罚款 | 不遵照裁定没有处罚，但是可能会影响到以下方面：<br>·纳税人采用的立场是否有合理论证；<br>·少付税款是否由于纳税人没有合理谨慎处理申报 | 如果不同意裁定内容，无须遵照 | 如果纳税人不同意裁定的结果，纳税申报表可以按照不同的基础申报 |
| 裁定事项在申报表中的披露 | 申报表中必须披露的事项：<br>·裁定的存在；<br>·是否依赖于裁定准备申报表；<br>·任何对安排的重大变更 | 一般来说没有披露要求 | 在申报表中需要表明以下事项：<br>·已获取裁定；<br>·是否依赖于裁定填写申报表；<br>·任何对安排的重大变更必须在申报表中阐明 | 没有特别的披露要求 |

续表

| | 中国香港特区 | 澳大利亚 | 新加坡 | 美国 |
|---|---|---|---|---|
| 税务局如何把握纳税人的裁定安排 | 依赖申报表的披露和一般对申报表的审查 | 依赖申报表的披露和一般对申报表的审查 | 依赖申报表的披露和一般对申报表的审查 | 依赖申报表的披露和一般对申报表的审查 |
| 是否可以申请复议 | 裁定本身具有最终效力,不能申请复议,即纳税人不能对裁定产生异议;<br>纳税人如果不同意裁定结果并对所裁定事项予以拒绝适用进行备案,可选择不依赖该裁定 | 个别裁定:通过一般反对程序;<br>口头裁定:纳税人不能反对口头裁定或对口头裁定申请复议。但纳税人可以就同一事项申请个别裁定 | 裁定本身具有最终效力,不能申请复议,即纳税人不能对裁定产生异议;<br>纳税人如果不同意裁定结果并对所裁定事项予以拒绝适用进行备案,可选择不依赖该裁定 | 裁定本身具有最终效力,不能申请复议,即纳税人不能对裁定产生异议;<br>纳税人如果不同意裁定结果并对所裁定事项予以拒绝适用进行备案,可选择不依赖该裁定 |
| 裁定撤销/裁定何时不再适用 | 撤销:<br>·税务局局长可以随时用书面通知来撤销裁定,书面通知须说明撤销理由以及声明裁定已不再适用;<br>·但是,如果该安排在裁定撤销之前已经执行的,裁定仍然有效。<br>裁定不再适用的情形包括:<br>·当安排执行情况与裁定中描述的情况存在实质性差异 | 撤销:<br>个别裁定和口头裁定:当安排执行时与裁定中描述的情况存在实质性差异 | 撤销:<br>·税务局长可以随时用书面通知来撤销裁定,书面通知须说明撤销理由。<br>裁定不再适用的情形包括:<br>·当安排执行情况与裁定中描述的情况存在实质性差异;<br>·申请裁定时隐瞒或误导重要事实;<br>·负责机关在裁定中所作的 | 撤销:<br>·当国税局认为裁定内容有误或与现行国税局的观点不一致,国税局可以修改或废止该裁定;<br>·当该裁定所涉及的协议已经完成除外 |

续表

| | 中国香港特区 | 澳大利亚 | 新加坡 | 美国 |
|---|---|---|---|---|
| | ·申请裁定时隐瞒或误导重要事实；<br>·税务局局长在裁定中所作的任何假设有错误。<br>裁定停止适用的其他情形：<br>·裁定所涉及的相关《税务条例》已被修改或废除；<br>·裁定所涉及相关条例的解释已由于新的法院判决而有不同的阐释 | | 实质性假设之后被证实是不正确的；<br>·不遵守税务局长在裁定规定的条件 | |
| 申请费用 | 需要 | 不需要 | 需要 | 需要 |
| 通常所需时间 | 6 周内 | 个别裁定:60 天内。<br>口头裁定:1 ~2 周 | 8 周内 | 60 ~90 天内 |

续表

| | 中国香港特区 | 澳大利亚 | 新加坡 | 美国 |
| --- | --- | --- | --- | --- |
| 裁定的公布 | 税务局会选择部分裁定以不记名的形式公布在税务局官方网站上 | 个别裁定:以不记名的形式公布在税务局官方网站上。<br>口头裁定:不公开 | 裁定具有保密性,不会对外公开 | 个别函件裁定和确认函以不记名的形式公布在国税局官方网站上[一些特定事项除外(见下)]。但公众是可以书面申请要求知道纳税人的背景信息。<br>个别函件裁定或确认函只授予申请纳税人,不会被作为先例适用于其他案件。<br>有关一些特定事项的个别函件裁定或确认函,只有在公众要求时才能获悉 |
| 预约定价安排与预先裁定关系 | 税务局建议作为取得预约定价安排的途径之一 | 预约定价安排由其他机制处理 | 预约定价安排由其他机制处理,但是,如果新加坡与该国没有签订税收协定,单边预约定价安排(由新加坡税务局与纳税人签订)属于事先裁定体制的管辖范围以内 | 预约定价安排由其他机制处理 |

### (四)对有关国家和地区实施税收预约裁定制度的评析

从最早实施税收预约裁定的美国来看,其相关制度经历了一个比较长期的完善过程,美国的预约裁定程序是由一系列不同效力等级的文件所构成,是对私人信件裁定、税收裁定、决定书、结案协议等相关程序的概括。美国以结案协议为程序基础,构建了私人信件裁定程序。因此,税务机关与纳税人的协商是美国预约裁定制度的本质特征,该过程的内在机制可以理解为契约订立的过程,外在表现为税务机关与纳税人"合作治理"的过程。以此作为参照,相关国家和地区实施税收预约裁定经历的时间较短,并具备一定的可比性:一是经历了由税务机关的行政性裁定上升为法律的过程;二是裁定结果由保密走向公开,从仅适用于申请人到使其具有普适性,并从免费走向收费,客观上减缓了税务机关的工作压力,降低了税法的制度成本,扩大了税收预约裁定的辐射范围,从某种意义上提升了税法的效率。但公开的范围、决定者有所不同,美国要求所有信件裁定必须公布,而我国香港特区则由税务机关把握。三是出于目标上的差异,各个相关国家和地区对于税收事先裁定的范围限定与程序上的申请要求并不相同,但都有相关规定,并且各具特色。例如,我国台湾地区相关规定的特殊之处则是提升了申请的门槛,对投资额有较高的要求。四是出于法律制度完善的需要,各个相关国家和地区对于税收预约裁定都从反面做出了限定,即在程序上规定了可以拒绝裁定的情形。五是尽管表达不尽相同,但裁定结果都是仅对税务机关具备单方约束力,即只要申请人按照裁定载明的内容实施完全相同的交易,税务机关对于做出的裁定必须履行承诺;而申请人可以放弃或更改实施裁定载明内容的交易,裁定自动失效。另外,裁定具备最终效力,不得申请复议。六是多数国家和地区的税收预约裁定制度都与美国有一定的渊源,但受其本国或地区的法律制度体系影响,其法律属性与实施效果并不相同。例如,虞青松博士认为,我国香港特区的税收预约裁定是一个行政契约的订立过程,而我国台湾地区的税收预约裁定更接近于行政规则的制定;我国台湾地区的制度设计很好地区分出了预约裁定程序的不同形态。所选取的三个制度都是源自权威部门发布的文件,均在相关地区具有法律效力,因此,以之为样本具有科学性;而我国香港特区相关制度的实施效果并不理想。①

## 三、相关立法建议

税收预约裁定制度要在我国税法中设置,有一系列的问题需要予以分析讨

① 参见东南大学法学院虞青松博士未发表的《税务事先裁定研究报告》。

论,并加以明确:

### (一)适用范围

关于预约裁定的适用范围,国际上通行的概括性描述是“难以直接适用税法的预期未来发生的交易或事项”,这样的定位是比较准确和全面的,正是由于“难以直接适用税法”才需要以裁定的方式解决税法的确定性问题。而《税收征收管理法》修订稿中加上“重要”“复杂”这样的限定语,实际上反映的是国家相关部门对实施税收预约裁定制度的审慎态度和希望在开始阶段将该制度限定在较小范围内的考虑。鉴于裁定的实施要在税务机关与申请人之间达成一致和妥协,因此,做这样的限定,尽管很难定义,且可能涉及主观判断,但实行起来应当问题不大。同样,出于限定规模的考虑,限定金额门槛也是必要的。不过,在具体立法安排上,可以考虑在《税收征收管理法》中将申请人加上“符合法定条件”的定语限制,将金额限定等条件设置其中,具体的金额限定可以在实施细则中加解释性规定。对于预约裁定的适用范围,还应当从反面排除的方式予以明确,即规定不适用事先裁定的情形:(1)缺乏基本的税法依据,税务机关无法做出裁定的事项;(2)申请人为申请裁定而提供的基本信息资料不足,在真实性和全面性上存在问题,税务机关无从做出正确判断并作出合理裁定的事项;(3)申请人3年内在遵守税法与其他法律方面存在明显的不良记录,受到行政或刑事处罚,纳税信用等级评定级别较低;(4)申请裁定的目的是为确定有关事实,或完全没有实际可操作性的纯粹理论性问题,而非适用税收法律;(5)申请所涉事项已被或正在被税务机关处理或检查,或正在进行复议或诉讼程序;(6)涉及即将修订的税收法律、法规、规章或者规范性文件的事项;(7)与已被裁定过的事项完全相同的事项;(8)超越国家税务总局职能、权限范围的事项;(9)申请所涉事项已经做纳税申报或已经到申报时限;(10)会计准则和商业惯例公认的事项。

### (二)申请主体

一般情况下,申请预约裁定的主体当然是纳税人,但将其作为法律规范提出时边界必须清晰。这样,直接将申请的主体等同于纳税人就不尽准确,因为,从预约裁定的宗旨出发,还没有成为纳税人的预备投资者也应当有权了解自己未来投资的税收成本,也应当有权申请预约裁定。对于其他的涉税事项参与方,凡将承担缴纳税款责任的,也应当有机会申请预约裁定。例如,在一项境外间接股权转让交易中,买方(作为扣缴义务人)很难确定交易是否会被重新定性以及是否需要扣缴中国所得税,为了提高税务处理的确定性并降低涉税风险,扣缴义务人很可能有申请预约裁定的需要。当纳税担保人需要承担纳税责任时,同样可能有申请预约裁定以维护自身合法权益的动机。由此笔者建议,将税收预约裁定的申请人资格定义为:承担或可能即将承担缴纳税款责任的涉税当事人。

### (三)裁定主体

从使更多纳税人享有税收预约裁定权利,更好地发挥该制度应有作用的视角考虑,应当尽量扩大其适用范围,让更多了解实际情况的基层税务机关有权实施税收事先裁定。但是,如果这一制度全面实施,会引发征纳双方责任模式的根本变化。即由目前依托纳税申报,主要责任在纳税人一方,税务机关在很大程度上免责,转换为经过税收预约裁定,将主要涉税风险由纳税人一方转移到税务机关一方,为不适当的裁定承担责任。税法归责模式的这种转换,不符合税收征收管理改革的模式要求,税务机关也难以承受。另外,普遍实行税收预约裁定,对基层税务机关管理能力的要求过高,一定时期内难以适应。因此,笔者赞同将有权实施税收预约裁定权力的机关限定在国家税务总局和省级税务机关两级,以保证税法适用的严密性、权威性与公正性。但在推进步骤上,从规避制度与执法风险,达到预期制度设计效果的角度考虑,可以在第一阶段将实施税收预约裁定的权力只赋予国家税务总局,由与国家税务总局签订税收遵从协议的企业开始试点,然后扩展到国家税务总局直接管理的所有大企业;第二阶段再扩展到省级税务机关。这样便于积累经验,也符合风险控制的原则。对于省级税务机关拥有的税收预约裁定权力还可以考虑分为由《税收征收管理法》直接规定和由国家税务总局授权两种形式。需要说明的是,设定税收预约裁定具有普遍效力,即是说就某一具体事例由一家税务机关做出裁定后,则另外的税务机关不得做出相同或相近的裁定。但国家税务总局作为上级机关是否有权更改省级税务机关已经做出的预约裁定?笔者认为,本着该制度遵循的诚信原则,国家税务总局也不应当有这样的权力。这样,为了避免或减少由此产生的裁定不当对税法的偏离,省级税务机关在进行裁定的过程中,应当获得国家税务总局的指导。另外,独立的预约裁定委员会模式,使其与相应税务机关的摩擦会使税收行政成本过高,且难以维护其权威性,不符合国内实际情况,在一定时间内不宜采用。

### (四)起草与公布

在申请预约裁定时,国际普遍的做法是要求申请人提供事实说明、相关法律条文和论据等。有些国家和地区,例如,我国香港特区和新加坡,还会明确要求申请人就申请裁定事项提出自己的税务申报立场、起草预约裁定。这样,一方面,有助于增加税务机关对申请事项的了解,减少税务机关的行政负担;另一方面,提高了申请人的参与度、税法遵从意识和税务水平。此种做法,值得我们效仿。

税收预约裁定是在单个纳税人和税务机关之间进行的,[①]由此带来税务机关对税法的解释有助于改善税法的适用,修补税法的漏洞,因此,有更多的纳税人从中受益才更为公平,更有效率,而不应仅限于“私人信件裁定”。否则,对税务行政资源的浪费较大。所以,需要赋予裁定结论在税法中普遍的适用性。对部分OECD国家的调查表明,被调查的56个国家中有51个设立了个人裁定制度,但只有大约10%的个别裁定不对税务机关有约束力。[②] 但由此带来的顾虑是,使申请该裁定的纳税人面临信息被披露、保密权受到侵害的风险。因为,该制度“要求申请人向裁定机构提供相关事项的全部信息,其中可能涉及申请人的商业秘密,这多少会让纳税人产生顾虑”。[③] 其实,按照税法要求,没有税收预约裁定制度纳税人也必须向税务机关披露相关财务信息,面对税务机关,纳税人没有多少财务秘密可言。至于纳税人存在违法事实,顾虑被税务机关发现而不敢申请税收事先裁定,不能视为该制度的弊端,从诚信的角度考虑,恰好要将其排除在税收预约裁定制度之外。当然,税务机关有保守纳税人商业秘密与个人隐私的责任,应当注意将裁定文书中涉及纳税人秘密的信息或数据隐去后加以公布,纳税人不应对此有过度的顾虑。如果纳税人认为申请预先裁定而泄露商业秘密的风险与损失高于从该制度中获得的收益,完全可以不申请预先裁定。从税收事先裁定的内容划分,可以考虑涉及解释与适用税法的裁定可以公布,涉及计算税额的部分则不予公布。因为,公布税收预约裁定结论会被情况相同或相近的其他纳税人要求援引,税务机关似乎难有充足的理由加以拒绝,否则,容易产生执法不公的嫌疑。而对于涉及计算税额部分的裁定不予公布,则是从保护纳税人商业秘密的角度考虑的。

**(五)约束力与异议**

这里所谓的约束力是指裁定是否对双方都有约束力。一方面,预约裁定应当对税务机关有约束力,即税务机关必须完全履行事先裁定的承诺,“不能采用与事先裁定结果不一致的立场,至少不能因为税收事先裁定结果对纳税人有利而变更,否则便违背了事先裁定的确定性原则”。[④] 纳税人如果因为遵从预约裁定而

---

① 由于历史的原因,对于税收预约裁定制度的界定在不同的国家和不同的时期往往并不相同,例如,将普遍适用的预先裁定称为公共裁定,而将税务机关面向单个纳税人,不具备普遍适用效力的预先裁定称为个别裁定等。

② 参见普华永道课题组翻译的《OECD税收管理调研报告(2015版)——税收管理立法框架》,与之相关内容的表9-1附后。

③ 刘磊、熊晓青、周妍:《事先裁定制度研究》,载《税务研究》2012年第9期。

④ 樊勇、韩文达:《我国税收事先裁定制度之完善》,载《国际税收》2016年第9期。

出现未缴或少缴税款的，应当免除缴纳责任或处罚，否则，预约裁定也就没有意义了。而且，需要明确裁定是否对全国的税务机关均有一致的约束力，这样可以避免出现各地税务机关就同一纳税事项作出不同解释的情形。另一方面，对预约裁定申请人不具备约束力，其对未进行裁定申请中预设的事项并不承担责任，即所谓的预约裁定只具备单方约束力。因为对申请人而言，预约裁定是对其未来进行的事项如何适用税法而要求税务机关作出承诺，如果这一承诺对申请人一方的行为同样构成约束，即其必须兑现其要求裁定时预设的未来事项，则由于多方面的原因，这一点是难以确保做到的，例如，对于预计的投资就无法保证落实。其结果很可能是申请人因存在不能保证兑现承诺的顾虑，而放弃有效利用这一制度，导致与我国海关实行的事先裁定一样，近乎有名无实。

另外，还需要明确的是，当税务机关做出申请人不认可的裁定结果时，申请人可否对预约裁定结果申请复议？国际惯例是裁定本身具有最终效力（因为是最高税务当局做出的），不能申请复议（例如，我国香港特区、新加坡、美国）、行政诉讼，即不具备可诉性。其原因在于，“事先裁定的事项没有发生之时，尚不存在企业受到损害的事实，如果适用复议和诉讼则没有需要保护的法律意义的利益，因为纳税人完全可以不使事先裁定的事项发生”。[①] 不过，申请人如果不同意裁定结果，可以选择不按照裁定结果进行申报。当然，在后者这种情况下，应回归正常程序，申请人未按照裁定结果进行的纳税申报，如果不正确，税务机关有权利对申报立场做出税务调整或行政处罚等具体行政行为，此时，纳税人也可以根据一般的行政复议程序对税务机关的具体行政行为（而不是此前做出的预约裁定本身）提起行政复议或行政诉讼。作为例外，应当允许征纳双方就税务机关是否受理税收预约裁定产生的争议，“对纳税人有利的错误裁定不应允许撤销或变更”[②]产生的争议适用行政复议与行政诉讼程序。否则，会使税务机关拒绝受理而使该制度形同虚设，同时，税收预约裁定虽然具有事先性，但确具备最终的执行力，没有法律救济的途径，难免对纳税人的合法实体利益产生负面影响。

**（六）费用**

对于税收预先裁定是否要收费有两种对立的主张：主张不收费的理由是，税收是纳税人为购买公共服务产品而付出的代价，而税收事先裁定本身属于政府公共服务——纳税服务的一部分，纳税人不应付出双重代价。[③] 主张收费的理由则包括：“应通过收费对事先裁定的管理成本进行补偿，否则就是对其他纳税人的不

① 熊晓青：《事先裁定热点问题研究》，载《国际税收》2016年第4期。

② 刘磊、熊晓青、周妍：《事先裁定制度研究》，载《税务研究》2012年第9期。

③ 参见樊勇、韩文达：《我国税收事先裁定制度之完善》，载《国际税收》2016年第9期。

公平,也会增加税务机关的工作成本。"[①]笔者设想,在该制度开始依法实施后一段比较长的时间内不收费,因为,尽管每项税收预先裁定的成本较高,从成本补偿角度考虑收费有一定的合理性,但该项制度并非给纳税人额外的优惠,其根本出发点是提高税法的确定性,是纳税服务的深化,单独收费的理由并不充分。不应在为纳税人提供便利的同时增加纳税人的税外负担,使其产生疑虑并由此导致负面的社会影响。而且,尽管单个预先裁定成本较高,不过鉴于对申请主体与裁定主体的限定,未来一定时期内可能发生的预先裁定项目数量并不会过多,总成本自然就不会过高,对税收总成本的影响也不会很大,由此,至少在一定时期内,成本补偿不是税收预约裁定制度收费的好理由。另外,尽管国际上有一些国家的税收预先制度是收费的,但实际上,因实施税收预先裁定制度而单独收费的国家仍然是少数。根据对 OECD 国家的调查报告显示,41 个实行该制度的国家和地区中有 16 个规定了以成本收回为基本原则的收费标准,占比不到 1/3。[②] 远没有达到成为国际惯例的程度。当然,以后随着该制度的实施、完善,条件成熟时,通过修法为收费提供依据也是可以考虑的,但笔者不赞同该制度实施的初始即成为收费项目。

**(七)具体法律条款的表述**

综上所述,笔者设想,修订后的《税收征收管理法》,对税收预约裁定规则的表述可以为:

税务机关应当建立纳税人适用税法的预约裁定制度。

符合法定条件的涉税当事人对其预期未来发生、有重要经济利益关系的特定复杂事项,难以直接适用税法制度进行核算和计税时,可以申请预约裁定。国家税务总局及其委托的省级税务机关可以在法定权限内对纳税人适用税法问题作出书面预约裁定。

纳税人遵从预约裁定而出现未缴或少缴税款的,免除缴纳责任,但纳税人违反纳税诚信或国家税法规定作出相应调整的除外。

《税收征收管理法实施细则》要对"符合法定条件""有重要经济利益关系""特定复杂事项"等予以具体解释;对不适用预先裁定的范围予以规范。

---

① 李凯、李捷、孙金山:《税务事先裁定的国际经验与借鉴》,载《国际税收》2016 年第 4 期。

② 该数据与表格来自普华永道课题组编译的《OECD 税收管理调研报告(2015 版)——税收管理立法框架》。

# 第三方涉税信息提供制度研究

孙红梅*

涉税信息是指对确定应纳税额具有直接或间接影响的各种数据、事实等信息,特别是有关收入、支出等计税依据的涉税信息,是依法征税的前提和基础。在税法适用中所遵循的"以事实为根据",就是要求纳税义务的确定必须依据税法上有关税制要素的规定,查明是否发生相应的应税事实,且这种应税事实必须是客观的、全面的。涉税信息来源于纳税人和与纳税人相关的第三方,第三方包括与纳税人交易的相对方(支付人)、金融机构、政府相关部门等。

随着市场经济多种经济成分的不断涌现,经济数量规模、经济组织结构、纳税人经营核算方式和自然人纳税人数量等快速发展变化,信息不对称已成为制约税务部门征收管理的"瓶颈"。实践证明,第三方涉税信息对税收征收管理的作用越来越大,根据各国税收征收管理实践和发展趋势以及国内税制改革要求,利用第三方信息治税已迫在眉睫。因此,税务部门在进行税源管理时,不仅需要纳税人提供的信息,还要特别重视采集第三方涉税信息,这样能更好地与纳税人提供的信息作交叉稽核比对,提升涉税信息管理的水平,进而提高税收征收管理质量,助力税收治理现代化的早日实现。

* 国家税务总局税收科学研究所。

## 一、法理基础

### (一)税收利益支撑性

财政供养是一国各政府部门协助提供第三方涉税信息的根据和基础。政府部门的运作都是依靠国家财力支撑,各政府部门有必要对税务部门的协助要求给予支持。税收是国家治理的基础和重要支柱,奠定了各相关部门有义务将其掌握的涉税信息提供给税务征收部门的法理基础。

### (二)国家征税主权性

随着全球经济一体化不断深入,纳税人和税基的跨国流动对涉税信息的国际交换提出了迫切的要求。各国对国际税源的争夺日益激烈,例如,法国建立拥有海外银行账户纳税人档案,美国《海外账户税收遵从法案》的实施,这些都将倒逼对国内相关税收法律的修订与完善。但是,征税权是一国的国家主权,国家有权力根据主权要求掌握涉税信息的第三方向该国税收征收管理机构提供所需要的信息,避免本国税源的外流。

### (三)涉税信息基础性

涉税信息在税收征收管理中具有基础地位。征税部门与纳税人之间在涉税信息上的不对称是客观存在的,纳税人作为理性人在经济活动中追求个人利益最大化,因此,在提供涉税信息时有可能提供虚假信息,进行虚假申报,这直接影响了税收信息的准确性。如果通过第三方信息的比对,会减少部分由于纳税人自行申报少缴的税款。随着纳税人交易方式、支付方式的多样化,获取第三方信息对税源管理至关重要。

目前,各国税收征收管理制度建设的趋势是改革和完善现代税收征收管理制度,其内容包括改革税收征收管理流程,突出纳税申报和纳税评定的核心地位;健全涉税信息管理制度,加强税收基础管理;强化纳税服务理念,促进税法遵从;完善纳税人权利体系,加大保护力度;加快税收征收管理信息化建设,积极运用信息征收管理手段等。其中,涉税信息管理在整个税收征收管理流程中居于基础地位,特别是随着信息技术突飞猛进的发展,信息管税已成为各国税收征收管理改革的普遍做法和核心内容。

### (四)行政成本最小性

行政权力的划分具有法理性,无论任何行政系统都不能在国家行政权力划分的范围外行使执法权。行政权力的划分不仅明确了不同行政机关的权力管辖范围,更重要的是,提出了不同行政系统之间的行政协助问题。两者之间是辩证的统一,划分才有协助,协助才有划分。行政协助是为了有效地实现国家行政的总目标，对各项行政管理活动加以调节，引导各行政机关之间和国家工作人员之间分工协作，互相配合，同步地、和谐地完成工作。在现代社会中，国家公共事务逐渐增多，行政客体日益庞杂，行政环境经常变化，一个独立的行政系统难以独立地完成行政工作，行政系统之间的协助不可避免。行政协作是国家统一行政的必然要求，是现代行政整体化、系统化、专业化、规模化的必然结果，是提高行政效率、减少行政浪费，行政成本最小化的有效手段。

## 二、国内外立法现状

世界各国在其立法实践中都对第三方涉税信息的提供或简或繁，或散或整地给予了规范，促进了税收征收管理效率的提高。

### （一）国内立法现状

1.《税收征收管理法》

> 第五条　各有关部门和单位应当支持、协助税务机关依法执行职务。
>
> 第六条　国家有计划地用现代信息技术装备各级税务机关，加强税收征收管理信息系统的现代化建设，建立、健全税务机关与政府其他管理机关的信息共享制度。

《税收征收管理法实施细则》第4条第2款

> 地方各级人民政府应当积极支持税务系统信息化建设，并组织有关部门实现相关信息的共享。

2.《税收征收管理法修订草案（征求意见稿）》（以下简称《征求意见稿》）

> 第五条　地方各级人民政府应当依法加强对本行政区域内税收征收管理工作的领导或者协调，支持税务机关依法执行职务，建立、健全涉税信息提供机制。
>
> 各有关部门和单位应当支持、协助税务机关依法执行职务，及时向税务机关提供涉税信息。
>
> 税务机关依法执行职务，任何单位和个人不得阻挠。
>
> 第七条　国家有计划地用现代信息技术装备各级税务机关，加强税

收征收管理信息系统的现代化建设，建立、健全税务机关与政府其他管理机关的信息共享制度。

纳税人、扣缴义务人以及其他有关单位和个人应当按照国家有关规定如实向税务机关提供与纳税和代扣代缴、代收代缴税款有关的信息以及其他涉税信息。

第四章　信息披露

第三十条　纳税人及与纳税相关的第三方应当按照规定提交涉税信息。

第三十五条　政府有关部门和机构应当向财政、税务机关提供本单位掌握的市场主体资格、人口身份、专业资质、收入、财产、支出等与征税有关的信息，具体办法由国务院另行规定。

第六十八条　本法规定的采取税收保全措施、强制执行措施的权力，不得由法定的税务机关和人民法院以外的单位和个人行使。

税务机关采取强制执行措施时，可以提请公安机关协助，公安机关应当予以协助。

第七十一条　对决定不准出境的人员，税务机关应当按照规定及时通知出入境边防检查机关予以协助，或者提请公安机关出入境管理机构不予签发出（国）境证件。

第九十二条　税务机关实施强制检查、调取证据，应当在公安机关协助和保护下进行，公安机关应当予以协助和保护。

第一百一十一条　负有提供涉税信息协助义务和其他协助义务的纳税人、扣缴义务人以及其他有关单位和个人未按照本法规定履行提供涉税信息和其他协助义务的，经税务机关责令限期改正逾期仍不改正的，由税务机关对其处二千元以上一万元以下的罚款；造成国家税款重大损失的，处十万元以下的罚款。

3.《纳税人涉税保密信息管理暂行办法》

为维护纳税人合法权益，完善税务机关对纳税人涉税信息资料的保密管理制度，规范税务机关受理外部门查询纳税人涉税保密信息的程序。根据《税收征收管理法》及其实施细则，2008 年 10 月 9 日，国家税务总局制定了《纳税人涉税保密信息管理暂行办法》，自 2009 年 1 月 1 日起施行。

4.《社会信用体系建设规划纲要（2014 ~ 2020 年）》

2014 年 6 月 14 日发布《社会信用体系建设规划纲要（2014 ~ 2020 年）》，关于税务领域信用建设,规定:“建立跨部门信用信息共享机制。开展纳税人基础信息、各类交易信息、财产保有和转让信息以及纳税记录等涉税信息的交换、比对和应用工作。进一步完善纳税信用等级评定和发布制度,加强税务领域信用分类管理,发挥信用评定差异对纳税人的奖惩作用。建立税收违法黑名单制度。推进纳税信用与其他社会信用联动管理,提升纳税人税法遵从度。”

5.《深化国税、地税征管体制改革方案》

2015 年 12 月发布的《深化国税、地税征管体制改革方案》,在推进涉税信息共享方面,从拓展部门合作,构建税收共治格局的高度提出以下要求:

建立健全党政领导、税务主责、部门合作、社会协同、公众参与的税收共治格局,着力解决税收环境不够优、全社会诚信纳税意识不够强等问题。

推进涉税信息共享。加快《税收征收管理法》修订和实施进程,依法规范涉税信息的提供,落实相关各方的法定义务。建立统一规范的信息交换平台和信息共享机制,保障国税、地税部门及时获取第三方涉税信息,解决征纳双方信息不对称问题。依法建立健全税务部门税收信息对外提供机制,保障各有关部门及时获取和使用税收信息,强化社会管理和公共服务。全面建立纳税人信用记录,纳入统一的信用信息共享交换平台,依法向社会公开,充分发挥纳税信用在社会信用体系中的基础性作用。

拓展跨部门税收合作。以“三证合一、一照一码”改革为契机,扩大与有关部门合作的范围和领域,实现信息共享、管理互助、信用互认。探索政府购买税收服务。规范和发挥涉税专业服务社会组织在优化纳税服务、提高征收管理效能等方面的积极作用。

6. 地方法规和规章

近年来,在税务机关的积极推动下,全国多个地区制定实施税收保障条例、办法、综合治税意见以及信息共享规定,为构建综合治税体系、促进税收征收管理工作开展提供了制度保障,全社会初步形成了税收制度法制化、税收管理社会化、税源监控多元化和社会监督全民化的综合治税新格局,在区域、部门涉税信息共享方面作出了有益的尝试。

2003 年,山东省在全国率先以政府令的形式公布了《山东省地方税收保障办法》。2010 年,山东省又将保障办法上升为《山东省地方税收保障条例》。这是我国第一部税收保障方面的地方法规。2008 年 8 月,宁夏回族自治区发布实施《地方税收保障办法》,同年 10 月,江苏省发布《地方税收征收管理保障办法》。2009 年,湖北省发布《地方税费征收保障办法》。2012 年,重庆市发布《地方税收征收管理保障办法》。2012 年 9 月,湖南省发布《税收保障办法》,这是我国第一部协同国税局和地税局共同实施税收保障的省级政府规章。2013 年,福建、深圳和广西壮族自治区等省市也陆续发布了税收保障办法,从制度上保障对税收工作的支持和配合。2014 年 3 月,我国首部计划单列市级的税收征收协助条例在青岛施行。随后,大连市政府颁行了《大连市地方税收保障办法》。《江西省税收保障办法》于 2014 年 7 月 1 日起施行。《辽宁省税收征收管理保障办法》自 2014 年 9 月 1 日起施行。

据了解,目前,北京、海南和云南等地正紧锣密鼓地积极推进税收保障条例或办法的起草、征求意见和审议等工作,努力推动构建综合治税工作体系。

**(二)国外立法现状**

当前,第三方涉税信息对税收征收管理的作用越来越大,利用第三方信息管税已经成为世界税收征收管理的重要特点和发展方向。考察一些发达国家的涉税信息提供制度,其共同特征主要有以下几个方面:

一是各国立法中普遍都有对涉税信息提供制度的规定。考察一些 OECD 和非 OECD 国家,几乎都有权获取涉税信息,而且几乎所有国家(斯洛伐克和斯洛文尼亚除外)都有权要求第三方提供涉税信息(参见附件二表 7)。有的是在税法条款中,有的是单独制定法律,例如,韩国有专门的《课税资料提交及管理法》,提交机关包括国家机关、地方自治团体、金融机构、政府投资机关、政府贷款机关及其他公益性机关或团体。

美国《税收程序与管理法》规定,税务机关在有需要时,可以通过通知、规定等形式,要求义务人报送信息直至满足其需求为止。美国税法规定的纳税人所得税报送信息共 6 类 63 小项。纳税人不按法律规定或税务机关的要求报送信息,将承担法律责任,主要有丧失提起申诉的权利,遭受严厉的刑事或行政法律责任追究等。

德国税法明确规定纳税人报送信息为 5 类 21 项,赋予税务机关要求纳税人和相关方接受传唤、询问,出具证明等权力。

法国税法则明确纳税人不按法律规定或税务机关要求报送信息,税务机关可直接推定其应征税额,同时,用 39 个条款详细规定了税务机关主动获取涉税信息的权力。

二是多数国家的涉税信息提供方式一般包括定期自动提供和应要求提供两种方式,特定条件下适用信息提供除外制度。澳大利亚法律规定,纳税人可以不提供律师、会计师向其提供的专业咨询意见。美国、荷兰、德国等国家的法律规定,律师、税务顾问等依法有权拒绝提供第三方信息。德国法律还规定,第三人有权以会被起诉或受到伤害、需要保护职业秘密以及是纳税人亲属等理由,拒绝提供信息和文件资料。

三是各国普遍制定严格的涉税信息保密制度。多数国家要求金融机构提供涉税信息时应当尊重其与客户之间的保密约定,是有条件的提供,并且严格规定其使用范围和目的。因为涉税信息涉及纳税人的隐私权,必须对第三方信息实行严格的保密制度,对使用信息的范围、使用人的权限及法律责任都进行了详细规定。

四是半数以上 OECD 国家的税务官员无须其他政府部门的协助就能申请到搜查令。而这一比例在研究中非 OECD 国家则较低(比例还不到半数)(参见表 1)。

五是各国建立唯一的纳税人识别号,有利于第三方信息的归集。对世界 54 个国家的纳税人识别号进行考察,接近一半的国家使用了税务局特定编制的纳税人识别号,少一半国家直接使用身份证号码作为纳税人识别号,例如,美国、巴西等 5 国使用的社会保障号作为纳税人识别号。纳税人识别号是银行开户、合同交易、政府服务必须提供的信息。通过信息网络系统,税务局可以掌握纳税人的大量信息,通过比对,完善纳税人自行申报的征收管理措施。

六是一些发达国家在第三方涉税信息共享方面经过了长期的实践。这些国家的税务信息系统的设立都为涉税信息的交换和甄别提供了征收管理高效率的保障,同时极大地降低了征收成本。美国对纳税人的纳税状况就有相当完备的审计程序,税务审计通常由 7 个大区下属的 63 个分局进行。税务审计对象的确定通常通过使用计算机选出最可能包含错误的申报表。除此之外,信息匹配程序(Information-matching Progam)是另一项重要的筛选手段。该程序是把从银行、雇主得到的关于纳税人工薪、预提以及杂项所得的信息与纳税人申报表上的信息进行对比,要求纳税人提供进一步的证明文件,情节严重的纳税人可能会面对税务局的现场审计。而纳税人面临的现场审计花费较大,也体现了美国在涉税违法上成本非常高的原则。通过严格的审计和实时数据交换,美国对纳税人申报错误数据的甄别率达到 70%,有效地减少了税源的流失。

新加坡建立的"税务局一体化系统"包括纳税申报系统、"顾客交流"系统,该系统同样设计成可以通过多方渠道收集涉税信息。

日本早在 20 世纪 90 年代就已建立全国统一的征收管理信息综合管理系统(KSK 系统),不但税务部门内部实现了互联,而且与政府的有关部门广泛实现信息交换。同时,税务部门还利用该系统对专用发票进行大规模交叉稽核。

现就美国、德国、法国、加拿大和韩国关于涉税信息提供制度的具体内容介绍如下:

1. 美国

在美国,政府各部门,特别是经济部门及与经济相关的部门,每年都必须向联邦税务局提供各种税源信息,例如,货币收付报告、国外银行账号、不动产转让、租赁公证等。美国联邦税务局每年收到的《税源信息报告表》达 13 亿份之多。美国联邦税务局涉税信息采集还包括行业内部数据库和刊物公布信息,以及媒体公布信息。美国通过要求各种主体向税务机关进行信息申报的方式,获取大量第三方信息。美国《联邦税法典》将信息申报连同纳税申报编纂在同一章节下,题目就是"信息与纳税申报"。在这一章中,共用 65 个条款 6.2 万字详细规定了包括任何政府单位及其机构或部门在内的几乎所有主体应向财政部长(税务机关)报送"关于遵守特殊规定的主体的信息""与其他人交易信息""获薪雇员的相关信息""养老金等登记与信息""所得税纳税申报准备的信息"五大类源头信息的申报程序和内容,以及对这些信息的管理。最新立法显示,从 2011 年开始,证券公司必须在投资者发生投资转让时为其提供投资成本信息,以帮助他们准确、完整地填报纳税申报表。国会税收联合委员会估计,该项法律规定的实施,未来 10 年将为联邦政府带来约 67 亿美元的财政收入。从 2012 年起,电子支付交易平台提供商,包括贷记卡和借记卡交易平台提供商,必须向依托其平台交易的商家和联邦税务局提供年度信息报告,报告在一个财政年度向商家支付的总金额。

2. 德国

《德国税收通则》是通过对有关部门排除保密义务的方式规定税务机关获得税收信息的途径,在专门章节规定"行政机关或者包括德意志银行、国家银行和债务管理局在内的其他官方机构以及这些官方机构的机关和公务员的保密义务,不适用于他们向税务机关提供信息和出示材料的义务"。这样,从税法上保障税务机关在获取第三方信息方面的绝对权力。《德国税收通则》规定,地产所有者必须向税务机关说明在其地产上拥有住宅、住房、常设机构、仓库或其他营业场所的情况;房主与租房者必须向税务机关说明本人及其家庭成员的情况,特别是姓名、出生日期、住所、开业或就业及常设机构的情况;常设机构、仓库或其他营业场所的主人必须报送其经营情况。户籍登记机关则必须向税务局通报其了解到的有关以上情况的变更信息。

3. 法国

(1)法国关于第三方涉税信息报告义务的税法规定。法国关于第三方涉税信息报告的义务主要体现在《税法诉讼法典》里,该法第二章共 50 个条款规定了第三方报告义务,包括税务协助的义务人、条件、方法、法律责任等,并明确法国税务机构有权要求第三方报告,在必要时可复制第三方持有的公司、政府部门、信贷机构及其他组织的文件。报告文件保存的一般期限为6年。2005年12月7日，法国对《税则总法典》进行了修订，拒绝报告义务的惩罚被编入第1734条款中。该条款规定，纳税人拒绝履行税务部门提出的文件或有关资料的报告义务，以及所有阻碍报告的行为都会处以5000欧元的罚款。该条款还规定了刑事惩罚：阻碍执行税务任务将被轻罪法庭宣布处以25,000欧元刑事罚款，对惯犯将处以6个月的监禁。

(2)法国关于第三方涉税信息报告义务有两种方式。一是法律明确下列部门有自发报告义务(无须提前申请)：社会保险机构和类似机构(老年及残疾人津贴借方机构，青年残疾人津贴、就业最低收入及就业救助收入借方机构，社会保障征收组织)；司法机构；作家、出版社、作曲家或发行人组织以及国家电影和动画中心；农业部下属的各部门人员；国家个人安全活动委员会下属的代理人；能源部下属的各部门人员。近年来，税法逐渐扩大了报告义务的适用范围，将其扩及非商业手工业者、博彩机构、贵金属制造者和贸易商等人。二是纳税人履行报告义务时，税务部门可当场了解并在有需要时复印相关文件。

(3)法国关于银行向税务部门的报告义务的规定。1984年1月24日，银行保密被正式纳入法国银行法中。但是，在涉及某些私人(著作权持有人、配偶、代理……)时，还有因税务透明的需要和有效征税的需要时，允许税法违反银行保密原则。这就是法国银行和税务部门间合作与配合的基础。

合作分两种形式，一种是银行自动的报告义务；另一种是应税务部门特殊要求的报告义务。每一种合作方式，在法律中都有明确具体的规定，这些条款包括原则、适用范围、被授权人、执行程序、不配合的惩罚等。税务部门可以从银行获得两类信息：一是可以直接从银行获得财务信息、账户信息，包括支票或其他票据的清单、磁介质工具、支票复印件等。二是银行客户的其他信息，例如，银行客户的等级。这些文件经常被称为服务信息或是管理信息。为了获得这些信息，税务部门必须满足以下两个条件：一是必须是特殊请求；二是经税务总局批准。

法国税务部门于2009年12月5日创建了一个在国外拥有银行账户的纳税人档案。创建这份档案是为了打击避税天堂地的偷税漏税，帮助识别自然人或法人在法国之外拥有银行账户的信息，在此基础上，进行一些预防措施的研究，识别刑事犯罪或是偷税漏税。同时还要求纳税人自发地申报国外拥有账户的情况。这份档案汇集了自然人和法人的一些私人信息数据：个人的身份、公司名称、公司的SIREN/SIRET编号，信贷机构的名称，一个或多个账户的号码，账户余额和转账金额等。

为了打击贩毒和有组织犯罪团伙的洗钱活动，政府规定，在涉及洗钱或恐怖主义的情况下,金融机构有申报的义务。主要有两种类型:一是及时申报应处以低于1年监禁的犯罪金额和偷税漏税金额;二是系统申报涉及银行的一些高风险业务。《货币和金融法典》第L561-2条规定了有申报义务的金融机构、包括信贷机构、法兰西银行、储蓄和信托银行、保险公司、投资公司、金融工具和货币兑换管制市场成员。

获取信息权构成法国税务机关为履行其税收执法而享有的一项重要税法手段,在预防和打击逃漏税行为方面起到积极的作用。在相当长的时间内,在资本所得的纳税方面存在相当严重的逃漏税现象,但现在,根据获得信息权,税法要求支付股息等款项的机构向税务机关提供支付明细的单据和凭证。自从这一制度实施以来,这方面的逃漏税行为几乎完全被杜绝。因为,纳税人知道如果少申报所得,税务机关可以立刻发现问题,并拥有一切必要的手段予以追缴。

4.加拿大

加拿大税务部门为了获得更多的第三方涉税信息,加强与其他政府部门的合作,主要形式是签署合作谅解备忘录。每5年制定一个规划,确定与哪些部门合作,这种合作是互利的、双向的,费用分担。除了从其他政府机构获得行政协助外,加拿大税务局还与其他联邦、省和地方性部门建立和保持合作关系。这些互动关系可以采取多种形式,包括常设委员会、工作组、联合倡议等。

(1)加拿大税务局与其他政府机构签署合作备忘录的一般规定。加拿大税务局认识到,其他政府机构提供的行政协助可以有效利用这些部门的专长和行政能力,降低税务局的征收成本。与其他政府机构的合作关系使加拿大税务局能够:一是扩大影响范围,帮助纳税人自愿合规,为了更好提供服务(如加拿大服务局);二是获得支持,以便有效执行税法,为了更好地执法(如加拿大警察和司法部);三是实现高效的内部管理,为了提高效率(如加拿大公共工程及政府服务部)。

根据《加拿大税务局法案》第61条规定,授权税务局可以签订书面合作协议,第65条将这一授权实际上限制在与国内政府机构之间的协议,书面合作协议通常采取谅解备忘录的形式。如果某项提供信息服务是作为该政府机构职责本来的一部分(如警察、司法、法院系统),不需要签署正式的书面合作协议。

所有的谅解备忘录均要包含与信息使用和安全性有关的语言,例如,该信息只能被用于规定的特定目的。备忘录一方从另一方获得的信息将按照对其指定的安全类别予以对待,并根据加拿大法律免于进一步披露。若纳税人信息被不当披露,则可以实施《所得税法案》的处罚规定。各方收到的所有信息将按照其各自的信息管理、隐私和安全政策和程序予以维护和解释。

(2)加拿大税务局与政府服务局的合作谅解备忘录。加拿大政府服务局是许多加拿大政府项目和服务(如就业保险、养老金计划、老年人保障)的主要公共接入点(为公民服务)。在加拿大,共有41个服务地点。根据谅解备忘录,加拿大服务局允许加拿大税务局在服务局全国范围内的各服务地点放置和展示信息和宣传材料。这一安排旨在增进人们对加拿大税务局管理的项目和服务的了解,并便于人们获得相关材料。谅解备忘录规定双方发挥的作用,包括:

①加拿大税务局仍有责任管理其全部项目,包括项目政策、项目交付、信息沟通、风险管理、报告和评估。

②加拿大税务局对根据备忘录编制和实际发送材料产生的所有费用负责。

③加拿大服务局将有关询问转至(电话直通)加拿大税务局的相关联系人。

(3)加拿大税务局与联邦检控服务部的合作谅解备忘录。加拿大联邦检控服务部(加拿大司法部的一个分支机构)与加拿大税务局合作,以提高税收检控工作效率。联邦检控服务部与加拿大税务局之间谅解备忘录的目的:一是明确每一方在税收案例调查和起诉阶段的作用和责任;二是确定监管计划的主要目标,实施有关战略来提高调查和提请审判案例的质量,以提高税收检控工作的效率。根据谅解备忘录,双方的作用是:

①加拿大税务局:第一,负责对涉嫌违反其管理的各项税收法案(即《所得税法案》和《消费税法案》)的情况进行调查,对有意违反这些法案的行为进行起诉。第二,负责安排所有证人出庭,并根据国库委员会的指导原则,支付所有诉讼费用,包括专家报告费用、作证费用和其他开支。

②联邦检控服务部:第一,负责对案例进行预先筛查,对犯罪指控和被指控人提出建议,以及对所指控罪行提出起诉。第二,作为加拿大首席检察官代表皇室起诉的所有事项的起诉者,并执行罪行起诉和所有与起诉有关的职能。第三,确保对税收起诉中产生的问题采取全国一致的方法。

(4)加拿大税务局与皇家骑警的合作谅解备忘录。加拿大皇家骑警是加拿大的国家警力,合作方式是在加拿大全国范围内建立联合犯罪得益调查组,目标是识别、评估、控制和没收通过犯罪活动积累的未报告非法财富。这些调查组利用来自政府各部门人员的专长,包括:

①司法部;②加拿大边境服务局;③加拿大公共工程及政府服务部;④加拿大税务局;⑤各省市警力。

本谅解备忘录的目的是规定加拿大税务局和加拿大皇家骑警活动适用的条件:

①加拿大税务局和联合犯罪得益调查组的调查人员的交换派遣。②双方及

犯罪得益调查组内部的合作和信息分享。③在联合犯罪得益调查组内部，加拿大税务局的任务是开展联合税收和犯罪得益调查，并协助识别和及时向税务局提交可能需要重新评估税收的案例。④加拿大税务局不从联合犯罪得益调查组项目得到资金支持。

根据《加拿大税务局法案》第5(1)(c)段，加拿大税务局负责实施本局与加拿大政府各部门或机构之间以开展活动或管理项目为目的的协议。根据普通法，并作为以下法律规定的法定职责的一部分，加拿大皇家骑警具有分享信息(例如，与加拿大税务局之间分享信息)的法律授权:《加拿大皇家骑警法案》第18条；1998年《加拿大皇家骑警条例》第17条；《安全罪行法案》第6条第1款。

(5)加拿大税务局与法院的合作。加拿大《所得税法案》第241(4)(e)(v)段授权加拿大税务局根据《刑法》第462.48(3)段发布的指令提供纳税人信息；《所得税法案》第241(4)(k)段授权加拿大税务局向根据议会法案有法定权利获得纳税人信息的任何人，完全出于此人有权获得这种信息的目的，提供这种信息；根据法院指令，加拿大税务局有权根据《所得税法案》第225(1)条没收和出售资产，以弥补税收欠款:根据法院指令，如果债务人拥有可予没收的有价值资产，加拿大税务局有权指示法院官员没收那些资产并出售给第三方。

没收行动由执法官和法警根据省立法执行，法院指令是由执法官还是法警执行，各省和地方根据立法有所不同。例如，不列颠哥伦比亚省的《执法官法案》规定:法律条款赋予执法官在民事执行程序上的任何权力、权利或责任，包括但不限于以下方面的权力、权利和责任，那么，就此可言，根据第1款任命的法警被视作执法官:

(a)文书、搜查证、法院指令和民事诉讼过程中发出或形成的其他程序的执行；

(b)法律允许的征收、扣押或处置；

……

(e)所提供服务的收费或其他支付。

执法官/法警代表所有债权人行事，没有义务优先处理加拿大税务局的要求/行动。然而，如果负责的执法官/法警参与得益分配，则税收债务被给予优先地位。执法官/法警的服务是在"按服务收费"的基础上提供的。

①取决于辖区，费率不同，但收费通常包括基本费用加上根据没收和出售具体情况确定的附加费。

②加拿大税务局预先支付费用，但可能从纳税人收回费用，因为，这些费用被加到纳税人账户上。

5. 韩国

韩国为了使公共机关等部门及时向税务机关提交所持有的国税征缴管理所需资料，作为课税依据，做到公正、公平，实现税务行政的科学化，营造诚信纳税的环境，1999 年 12 月 31 日制定了《课税资料提交及管理法》及《课税资料提交及管理实施细则》，自 2000 年 7 月 1 日起施行。随后又根据形势变化和实施过程中的经验，经过了 2003 年 12 月 30 日和 2007 年 8 月 6 日的修订，不断完善。

《课税资料提交及管理法》内容包括：目的、相关定义、与其他法律关系、课税资料提交机关范围、课税资料范围、金融交易相关课税资料的提交、课税资料的提交方法、关于协助搜集课税资料的要求、课税资料的管理及运用等、课税资料提交机关的责任、保密义务、课税资料管理委员会、罚则等。

在其提供的附表中包括了课税资料提交机关、课税资料名称、受理机关和提交时间等几项内容，清晰明确地列出了各相关第三方的提交要求。而且，针对不同部门的信息情况，详细而明确地提出了各部门的提交格式及填写要求。

韩国《课税资料的提交及管理法》第 4 条规定，需要向税务机关提交信息资料的机关包括六类：一是《国家财政法》第 6 条规定的中央官署及其县级行政机关和辅助机关；二是地方自治团体；三是金融监督机构设置等相关税法规定的金融监督员、金融实名交易规定的金融机关；四是政府投资机关及政府拨款、资助的机关；五是地方《公营企业法》规定的地方公社、地方公团及由地方自治团体拨款、资助的机关或团体；六是依照民法以外的其他税法设立或由国家、地方自治团体资助，并接受第 1 款或第 2 款所列机关的业务监督或监督检查的机关或团体以及其他以总统令规定的公益性机关或团体。

另外，规定课税提交机关应提交以下五类资料：一是依法提交或受理的审批、许可、专利、注册、申请所需资料；二是依法进行的调查、检查结果相关资料；三是依法上报的经营、销售、生产、工程等业绩相关资料；四是依照《增值税法》和《所得税法》或《法人税法》提供的税款发票及发票合计表；五是课税资料提交机关支付的各种补贴、保险金、共济金等支付明细及法人或团体委员会、经营者等经营业绩相关的资料。

## 三、存在的问题与完善建议

### （一）存在的问题

1. 相关法律、法规不健全

《税收征收管理法》规定各有关部门和单位应当支持、协助税务机关依法履行职责，《税收征收管理法实施细则》只是在原则上规定了相关职能部门有提供涉税信息,加强协税护税的义务,但对具体采取什么方式、何种程序,相关部门和单位与税务机关有什么权力和义务,违反规定应如何追究和处罚等均没有具体规定。刚性文件的缺乏,使税务机关在协调社会其他部门提供数据的过程中,处于十分被动的局面,受到的阻力较大。从推行第三方涉税交流机制情况看,主要是依靠政府行政力量加以引导,先天性存在不足:一是地方政府文件虽然为第三方涉税信息的交流提供了具有一定可操作性的依据,但由于地方规范性文件其位阶处于法律和法规之下,权威性不强;二是获取第三方涉税信息的成本仍然较高,税务部门需要政府协调各相关部门采取行政命令,或与部门"一对一"的形式加以确定,大大提高了征税成本。

2.《征求意见稿》的不足

此次《征求意见稿》就试图对《税收征收管理法》做出数处修订,以建立起较为全面的涉税信息管理规则体系,例如,增设有关个人纳税人应办理税务登记以及税务机关应建立纳税人识别号制度的规定。从广义的第三人协助的角度来看,《征求意见稿》有关涉税信息管理的修订内容可以概括为如下两个方面:(1)从税务机关主动收集涉税信息而言,规定税务机关依法查询从事生产、经营的纳税人开立账户及其资金交易、取现等情况时,有关银行和其他金融机构应当予以协助。(2)从第三人提供涉税信息而言,增设第28条专门予以规定,该条第1款规定,政府部门和有关单位应当及时向税务机关提供所掌握的涉税信息;第2款规定,银行和其他金融机构应当及时向税务机关提供本单位掌握的储户账户有关金融信息;第3款则授权国务院规定涉税信息提供办法。存在的主要问题:首先,现行《税收征收管理法》第5条第3款未作改动,维持现状,意味着税务行政协助制度仍然缺乏较为明确具体的一般性规定。其次,所增设的第28条第1款与现行《税收征收管理法实施细则》第4条第2款相比:一是将后者所规定的地方政府组织涉税信息共享的职责直接规定为其他政府部门和有关单位对税务机关提供涉税信息的协助义务,体现为明确的税务行政协助规则;二是将涉税信息行政协助规则的效力等级由目前的行政法规提升至法律层级;三是授权国务院制定行政法规层级的涉税信息提供办法。虽然对负有信息协助义务的主体采取了概括式的规定方式,从而避免了前述所谓"挂一漏万"的弊端,同时所谓"力不从心"的问题也有望在"涉税信息提供办法"中获得一定程度的解决,但这仍然只是涉税信息管理,而非税务行政协助的整体解决方案,有关其他行政机关在税务机关实施税收保全、税收强制执行或者税收检查时协助义务的原则性规定和具体规则仍然缺失。所以,此次《征求意见稿》采取的依旧是(税务)行政机关主导立法、"头痛医头、脚痛医脚"的传统修订模式,缺乏对整体构建税务行政协助制度的全局视角和前瞻眼光。

3. 涉税信息共享机制未有效建立

从实际工作开展情况来看,建立了第三方涉税信息交流机制的单位只是政府各职能部门的个别单位,由于没有相应的法律规定,导致涉税数据采集不能常态化,延续性较差,实用性不强。同时,从涉税信息的交流、反馈情况来看,其他社会团体、企事业单位参与较少,少数纳税人对职能部门向国税部门提供涉税信息不理解。而且,由于第三方涉税信息广布于不同的部门、单位,来源于不同的信息系统,从而导致第三方涉税信息、口径的不统一。信息交换、共享对应难度大。

4. 信息化发展不均衡,缺乏高效数据传输平台

当前,我国各个公共管理部门都着力开展信息化建设,但各部门、单位之间信息化水平程度不一,有的部门单位已经实现了全国信息集中,有的实现了省级集中,有的则仅实现了市级集中,由于部门间信息化程度不一致,导致信息电子化收集难度大,准确性低。现行数据主要以 Excel 表格的形式通过电子邮件或移动 U 盘进行传递,保密性差,安全性也得不到保障,有的职能部门只能提供纸质报表,数据不能纳入计算机管理,容易造成使用面窄、储存时间短、重复采集等问题。各部门间统一的信息交换平台,数据采集缺乏统一的口径和标准,税务机关需花费大量的精力进行数据筛分比对,降低了涉税信息利用率。

5. 涉税信息分析利用不充分

近年来,各级税务机关在涉税数据分析利用上做了许多有益的尝试,制定了一些分析制度和分析指标,但信息化程度不高,全凭人工分析,加上分析人员综合业务素质限制,致使分析利用深度不够。从目前看,涉税信息分析还停留在数据比对阶段,只是就数据分析数据,拿第三方数据和内部申报数据进行印证,而不能通过深入细致的分析、科学的筛选、准确的判断,使收集到的原始数据转化为有价值的税源信息。

**(二)完善建议**

1. 通过立法推动建立涉税信息提供制度

正是因为第三方涉税信息在税收征收管理中具有重要地位,各国都注重在立法上健全涉税信息管理制度,要求第三方履行涉税信息提供义务。例如,美国《联邦税法典》在"信息与纳税申报"一章中,共用 65 个条款 6.2 万字详细规定了包括任何政府单位及其机构或部门在内的几乎所有主体应向税务机关报送"关于遵守特殊规定的主体的信息""与其他人交易信息""获薪雇员的相关信息""养老金等登记信息"和"所得税纳税申报准备的信息"五大类源头信息的具体内容、申报程序和监督管理。《德国税收通则》通过对有关部门排除保密义务的方式,规定税

务机关获得税收信息的途径。《法国税收程序法》从第 L81 条至第 L102AA 条共用 39 个条款详细规定了税务机关获取涉税信息的权力。韩国则专门制定了课税资料提交及管理法。

我国现行《税收征收管理法》没有建立涉税信息管理制度，税务机关只能通过税务登记、纳税申报等间接手段获取信息，缺乏直接获取涉税信息的必要权力和手段。要从根本上建立涉税信息提供制度，必须通过修改《税收征收管理法》，为涉税信息管理工作的开展提供法律依据。

建立第三方涉税信息报告制度是修订《税收征收管理法》需要解决的核心问题之一，在《征求意见稿》中，已经大大增加了关于信息报告的条款，还需要再进一步细化。可借鉴法国的经验，对于第三方涉税信息报告的主体、条件、内容、程序以及拒绝报告义务的法律责任都需要明确、完整地规定在法律中，以利于法律的有效实施。

但需要指出的是，涉税信息提供制度具有丰富的内容，仅通过一个条文难以真正建立有效的涉税信息管理制度，而授权国务院制定涉税信息提供办法，由于受到法律层级的限制，其立法空间不大，难以突破《商业银行法》等其他上位法律对涉税信息提供的阻碍。因此，应当通过推动《税收征收管理法》的"大修"，就涉税信息的提供主体、提供内容、提供时限和法律责任等作出详细明确的规定。

2. 构建第三方涉税信息提供制度的基本框架和工作机制

第三方涉税信息提供制度构建的核心是涉税信息采集制度，包括涉税信息提供主体的范围、涉税信息提供的内容和涉税信息提供的时限等。概括来说，凡是掌握涉税信息的第三方都有向税务机关提供与征税相关信息的协助义务。这是因为税收具有公益性，其征收事关政府公共职能的行使和公共服务的提供。

第一类主体是与纳税人发生交易并向其支付款项的支付人。这类主体直接与纳税人发生交易，由其提供交易额等有关信息直接而可靠，是获取有效、有用信息的重要途径。例如，美国联邦税务局研究发现，纳税人资本利得或损失申报错误，大多数是因为纳税人不能准确报告其投资成本而致。因此，美国国会立法规定，从 2011 年开始，证券公司必须在投资者发生投资转让时，为其提供投资成本信息，以帮助纳税人准确完整地填报纳税申报表。据估算，该项规定实施 10 年，将为联邦政府带来 67 亿美元的税收。从 2012 年起，要求电子支付交易平台提供商必须向依托其平台交易的商家和联邦税务局提供在一个财政年度内其向商家支付的总金额的年度信息报告。

第二类主体是银行等金融机构。银行、保险公司，以及信托、证券等金融机构掌握着纳税人的开户、存款、支付和收益等大量、经常性的资金流情况。这些信息对于掌握纳税人生产经营状况、成本、价格、利润和资金流量等动态信息具有重要意义。为了保障税收征收,在特定情形下可以排除银行保密制度的适用。

第三类主体是政府部门。财政、工商、公安、审计、国土资源、房地产、证券、社保、海关和商务等部门在其管理工作中掌握着大量的涉税信息。应当通过建立涉税信息行政协助机制,实现这些部门与税务机关涉税信息的实时交换和共享。

为了督促第三方切实履行涉税信息提供义务,应当规定相应的法律责任,建立涉税信息问责机制。为了保护纳税人商业秘密权和隐私权,应严格要求税务机关履行对涉税信息的保密义务和承担法律责任。税务机关应当大力运用信息技术,建立全国统一的涉税信息采集、提供、传递、分析和应用等平台及其机制,加强涉税信息的稽查、评估和应用,进而构建科学顺畅高效的信息管税平台和信息管税监管机制。①

3. 搭建网络传输应用平台,提供信息共享技术支撑

目前,国土、工商和金融等部门都建立了相对独立的信息系统。由于部门间信息化建设程度各不相同,并且缺乏完善的部门信息共享平台,各地税务机关主要依靠与国土等部门建立数据传输专线的方式实现单线信息共享,既不能全面掌握纳税人信息,也无法满足未来税制改革的需要。建议应尽快完善信息共享传递机制,以信息共享、互联互通为重点,大力推进国家电子政务网络建设。税务机关应抓住这一时机,积极争取当地政府支持,由政府督促民政、法院、工商、国土和社保等有关部门,加快信息化建设。充分利用现有电子政务网络条件,组织搭建统一的跨部门信息共享平台。应建立健全涉税信息智能应用平台。借助现有税务管理信息系统,逐步建立全国统一集中、方便快捷的第三方信息采集和分析平台,科学归集整理各种渠道的涉税数据资源,将其与现有税收征收管理系统中的数据进行比对分析,最终转化为有价值的指向性税源信息,将税收征收管理延伸到各个领域、各个方面。

4. 构建国际税收的涉税信息提供法律体系

要尽快修订我国《税收征收管理法》:一是要明确税务机关可以根据税收征收和管理需要,要求纳税人和包括金融机构在内的其他相关方主动提供境外涉税信息。二是要建立以终身唯一的纳税识别号为核心的自然人税务登记制度,构建纳税人各类涉税信息的逻辑关联,便于税务机关整合分析相关征收管理数据以及进行税收情报的分类检索。三是要明确通过情报交换机制从国外税务主管当局

① 施正文:《需对涉税信息提供的主体、内容、时限和法律责任作详细规定》,载《中国税务报》2013 年 7 月 3 日。

取得的税收情报与税务机关从国内取得的证据具有同等效力。四是要将税收保全和强制执行措施的适用范围扩大到非从事生产经营的自然人纳税人，增加税务机关对自然人税收违法行为的执法刚性。五是要强调税务机关可以突破《商业银行法》《反洗钱法》等国内相关法律关于银行保密规定的限制，获取纳税人金融账户涉税信息并开展国际税收情报交换。要加快完善我国《个人所得税法》，结合党的十八届三中全会提出的建立综合与分类相结合的个人所得税税制要求，强化《个人所得税法》对国际税收政策与管理的法律支撑，加强其与税收协定、《企业所得税法》及《税收征收管理法》的协调与衔接，建立与国际接轨的税收居民定义及所得来源地规则，增加包括一般反避税条款在内的个人所得税反避税规定，构建对我国居民个人、特别是高净值个人境外所得的政策体系和征收管理规范，同时，要对个人所得税中可能出现的税基侵蚀与利润转移现象保持关注，积极采取措施加以防范。要按照 OECD 的技术模板和要求，尽快制定我国开展金融账户涉税信息自动交换的技术标准，并据此对我国税收征收管理信息系统进行升级改造，实现金融账户涉税信息的电子收集、识别、处理和交换，提高自动情报交换的质效。在此基础上，针对我国国际税收征收管理数据、第三方报告信息、跨部门共享信息以及税收情报交换数据彼此割裂的现状，结合金税三期的试点和完善，探索建立涵盖自动税收情报交换等各项业务、与相关政府部门联网的国际税收管理平台，整合分析各类数据与信息，加快数据仓库等新型技术手段的应用，深度挖掘数据中所反映出来的国际税收风险管理线索，为强化跨境税收征收管理，压缩逃、避税筹划空间奠定税源信息基础。同时，要将金融账户涉税信息自动交换放在国际经济发展的大背景中去认识，通过对所交换的金融账户涉税信息进行国际税收经济分析，洞察我国经济发展走向与市场特征，反映跨境经济活动对国际税收管理的影响，以及国际税收对不同生产要素跨境流动和配置的作用，掌握国际税收与对外经济发展共生共荣的内在规律，识别逃、避税风险并及时制定保护我国税基安全的应对举措，充分发挥国际税收在维护国家权益、服务对外经济中的积极作用。①

5. 针对《征求意见稿》的立法建议

一是建议将第四章“信息披露”名称修改为“信息提供”。因为信息披露一词内涵比较大，对于披露的主体和对象要求不确切，容易与上市公司披露证券发行信息等混淆，而第三方涉税信息提供仅对税务部门，不仅不能公开披露，而且还要

---

① 参见梁若莲：《应对金融账户涉税信息自动交换 推进国际税收治理现代化》，载《国际税收》2015 年第 3 期。

严格保密使用数据。二是建议将所有与提供第三方涉税信息的内容整合在这一章里。应该包括以下内容:提供主体(与纳税人发生交易并向其支付款项的支付人、金融机构、相关政府部门)、提供对象、提供程序、涉税资料管理机构、提供标准、提供期限、保密规则、法律责任、监督机构、争议解决机制,以上内容为原则性叙述,具体操作规范可以在《税收征收管理法实施条例》中加以明确。或者参照韩国的做法,专门制定一部第三方涉税信息提供管理条例。

# 纳税人权利保护制度研究

普华永道中国税收政策服务团队*

纳税人是税收法律关系的主体,也是国家财政的主要承担者。国家财政收支的运行是否稳健,与纳税人的权利是否获得有效的保护有着密不可分的联系。从世界范围来看,越来越多的国家逐渐重视对纳税人权利进行保护。很长时间以来,我国的税收管理部门将更多的关注点和精力,聚焦在如何对纳税人加强管理,保证税款按时足额入库上。令人欣喜的是,近年来,税收管理部门在越来越多地为保障纳税人权利做出努力。例如,在各级税务机关成立专业纳税服务部门、出台以《国家税务总局关于纳税人权利与义务的公告》(国家税务总局公告〔2009〕1 号,以下简称《1 号公告》)为代表的一系列文件等。在本次发布的《税收征收管理法修订草案(征求意见稿)》(以下简称《征求意见稿》)中,更是进一步完善了纳税人权利保护体系,我们相信这必将使中国的税收征收管理走向更均衡、更有效、更和谐的发展道路。

本文通过引用中国税收法律法规的现行规定、参考和提供国际经验、分享专业视角建议,结合长期以来深入中国税收实践的经历,从宏观和微观两个层面来讨论纳税人权利保护问题。宏观层面是对纳税人权利保护的法理基础进行探讨;微观层面是以具体权利内容为索引,从"现行规定—国际经验—建议"的角度,对《征求意见稿》的条款提出建议。

---

* 执笔人:梅杞成、陈琳、赵淳、邵陆静、姜雪、姜静颖、徐寒冰。

## 一、法理基础

### (一)历史沿革及国际借鉴

税收的历史源远流长,早在我国古代的第一个奴隶制朝代夏朝中,“贡”作为一种财政征收方式即是税的雏形。经过不断演变,现代社会各个国家的税收要素和特征已经趋近相同。鉴于不同社会阶段中征税机关和纳税人在实力、地位上的悬殊差距,对纳税人权利进行保护要远远晚于税收的出现。

现代意义上的纳税人权利保护起源于“税收法定原则”的出现。税收法定原则,是指由立法者决定全部税收问题的税法基本原则,突出体现在对公权力征税权的限制。即没有相应法律作前提,政府不能征税,公民也没有纳税的义务。“税收法定原则”最早可追溯到英国1215年的《大宪章》中。《大宪章》规定,“国王在没有征得贵族的同意下,不得随意向国民征税,不得随意剥夺他人的财产”。这是首次在实质上对国王的征税权进行限制。蕴含在《大宪章》中的“税收法定”思想在17世纪开始的资产阶级革命中被不断引用、升华。

以1689年英国《权利法案》确定“税收由议会控制,征税必须取得国民的同意”为起点,现代各国纷纷把税收法定原则写入宪法。美国《1787年宪法》第1条规定,“规定和征收直接税、间接税、进口税与货物税的权力属于国会”,“所有征税议议案应首先由众议院提出”;《法国宪法》第34条规定:“各种性质的赋税的征税基础、税率和征收方式需由法律规定”;《日本国宪法》第84条规定:“新课租税,或变更现行租税,必须有法律或法律规定之条件作依据。”税收法定入宪,对公权力的征税权进行规范,无疑标志着纳税人权利得到了宪法层面的保护。

除了宪法层面外,许多发达国家还制定专门的纳税人权利法案,以将宪法精神在具体法律中予以落实。对纳税人权利的保护也从“税收法定原则”逐渐拓展到各个实体和程序权利。以美国为例,早在1988年就专门制定《纳税人权利法案》,明确规定美国纳税人应享有的实体权利,向全社会公布纳税人依法可以享有的程序方面的援助和救济权,几经修订并不断丰富、完善后,已成为保护纳税人权利的标志性法案。此外,英国、加拿大、澳大利亚等发达国家也有类似专门保护纳税人权利的法案。

同时,国际组织亦对纳税人权利保护的推进起到了重要作用。经济合作和发展组织(Organization for Economic Co-operation and Development,OECD)经过专项调查和充分研究,制定并于2003年发布《纳税人宣言》范本,规定了纳税人“知情、协助、陈述权”“复议上诉权”“不超额缴纳税款权”“确定权”“隐私权”“保密权”六大类基础权利。除此之外,范本明确了“总体介绍”“纳税人权利”“纳税人义务”的体例格式，不仅逐项列明纳税人权利名称，更介绍了税务机关可以提供的具体保障措施。我国国家税务总局于2009年发布的《1号公告》亦参考了上述范本的内容。在OECD范本的指导下，纳税人权利保护得到更广泛的重视。根据《经合组织税收管理调研报告（2015版）——税收管理立法框架》（以下简称《OECD调研报告（2015版）》）中披露的调查结论，在2003年仅有约2/3的成员国关于纳税人权利有某种形式的正式陈述；而截至2014年年初，几乎所有受访国家都在其立法或行政体系中制定了一套纳税人权利保护机制，并以此为基础开展税收工作。从保护纳税人权利的形式上来看，截至2014年年初，OECD的受访国家中有45个国家已将纳税人权利（部分或全部）编纂入税法或其他法规，而43个受访国家则是在行政文件中予以规定，例如，“纳税人”或“服务”宣言。由此可见，各国对纳税人权利与义务日益重视，以法律或行政法规等形式确定本国纳税人的权利与义务已成为全球的主流趋势。

除了OECD之外，部分国际组织也在其发布的一些文件指南中提及纳税人权利保护。例如，国际货币基金组织的《财政透明度手册》对于纳税人权利的重要性给予明确肯定，并提供相应的具体指导意见（IMF，2007）等。

**（二）《宪法》**

我国《宪法》规定了公民的政治权、人身权及财产权等基本权利。《宪法》第13条第1款、第2款规定：“公民的合法的私有财产不受侵犯。国家依照法律规定保护公民的私有财产权和继承权。”这里的财产权指的是公民的私有财产，似乎不能直接适用于纳税人权利，因为，税收在中国并不被看作公民让渡出了私有财产，这个要从税收的定义说起。

关于税收定义，目前理论界的通说有两种，一种是“社会契约论”。孟德斯鸠在《论法的精神》第十三章论述了“赋税、国库收入的多寡与自由的关系”。他认为，“国家的收入是每个公民所付出的自己财产的一部分，以确保他所余财产的安全或快乐地享用这些财产”。采取这一理论的国家将税收看作公民对财产权的让渡与委托。例如，《德国税收通则》第二部分“纳税债务法”，将税收定义为“税收债务关系”；澳大利亚《1953年税收管理法》，将纳税人称为“税收债务人”。

另一种是“国家分配论”。马克思主义国家税收学说认为，税法的本质是通过法律体现的统治阶级参与社会产品分配的国家意志。按照中国国家税务总局网站对税收的介绍，“税收是国家为满足社会公共需要，凭借公共权力，按照法律所规定的标准和程序，参与国民收入分配，强制地、无偿地取得财政收入的一种方式”。可以看出，我国是采取“国家分配论”。

**（三）《立法法》税收法定原则**

如上所述，税收法定原则要求没有相应法律作前提，政府则不能征税，公民也没有纳税的义务。2015年3月修订的《立法法》第8条第6项规定:"下列事项只能制定法律,(六)税种的设立、税率的确定和税收征收管理等税收基本制度。"与原规定相比,修订后的《立法法》明确"税种的设立、税率的确定和税收征收管理"必须通过制定法律来实现。税收法定原则的落实,可以给行政相对人实施具体行为以稳定性和确定性,对纳税人权利的保护至关重要。

《税收征收管理法》第3条第2款规定:"税收的开征、停征以及减税、免税、退税、补税,依照法律的规定执行……"这是税收法定原则在税收征收管理法律层面上的具体体现。"税收法定"之法,是指狭义的法律。即全国人大及其常委会制定的法律,而不包括国务院和财税主管部门制定的法规、规章及其他规范性文件等广义上的法,其内涵是征税要素法定、征税要素明确以及程序保障。

我国目前的税收法律体系中,大部分的税种都由国务院颁布的行政法规调整,全国人大及其常委会颁布的税收法律较少。必须承认,中国正处于经济转型期。经济业务的日新月异和千变万化,决定了立法程序复杂的狭义法律,只能作出基础性、原则性规定。实践中大量的具体问题,要用不同层级的下位法进行调整。纳税人并不苛求在短时间内全面提升税法的法律层级,但希望可以多为改善税法的稳定性、确定性预留"空间",提供制度上的保障和支持。

**(四)现行《税收征收管理法》**

基于上述中国当前的法律体系,《宪法》没有对纳税人权利的原则性规定;《立法法》所确认的税收法定原则只涉及税收立法过程中的纳税人权利;而只有现行《税收征收管理法》的第8条集中阐述了纳税人的各项权利。虽然《税收征收管理法》从根本上讲是一部程序法,但由于目前税收体制中有关实体的法律只限于单项法,而缺乏统管所有税种的基本法,因此,税收领域的基本法的缺位使《税收征收管理法》不得不兼顾到保护纳税人权利的实体性内容。

认识到纳税人权利保护的重要性,鉴于目前在征收管理过程中反映出来的问题,现行《税收征收管理法》第8条所规定的以及其他条款所涉及的纳税人权利可以进一步充实和完善。特别是在如何确保各项权利的落实上,部分发达国家已经通过长期探索和实践形成了成熟的理论基础和具体措施,值得分不同层级充分参考和吸纳。一是直接在《税收征收管理法》修订中从法律层面加以借鉴;二是在具体操作层面,通过《税收征收管理法实施细则》乃至更为微观的规范性文件分级落实,以使中国的纳税人权利体系更加完整,相关保护制度更加完备,纳税人权利得到更好地保护。

## 二、国内外现状与建议

### (一)知情权

1. 现行规定

(1)现行《税收征收管理法》和《征求意见稿》规定。

表 1

| 现行《税收征收管理法》 | 《征求意见稿》 |
| --- | --- |
| **第 8 条第 1 款**:纳税人、扣缴义务人有权向税务机关了解国家税收法律、行政法规的规定以及与纳税程序有关的情况 | **第 11 条第 4 款**:同现行《税收征收管理法》第 8 条第 1 款 |

(2)其他规范性文件规定。

①《1 号公告》

您有权向我们了解国家税收法律、行政法规的规定以及与纳税程序有关的情况,包括:现行税收法律、行政法规和税收政策规定;办理税收事项的时间、方式、步骤以及需要提交的资料;应纳税额核定及其他税务行政处理决定的法律依据、事实依据和计算方法;与我们在纳税、处罚和采取强制执行措施时发生争议或纠纷时,您可以采取的法律救济途径及需要满足的条件。

②《行政处罚法》

第三十一条　行政机关在作出行政处罚决定之前,应当告知当事人作出行政处罚决定的事实、理由及依据,并告知当事人依法享有的权利。

第四十二条　行政机关作出责令停产停业、吊销许可证或者执照、较大数额罚款等行政处罚决定之前,应当告知当事人有要求举行听证的权利;当事人要求听证的,行政机关应当组织听证。当事人不承担行政机关组织听证的费用。

③《税务行政处罚听证程序实施办法(试行)》

第三条　税务机关对公民作出二千元以上(含本数)罚款或者对法

人或者其他组织作出一万元以上(含本数)罚款的行政处罚之前,应当向当事人送达《税务行政处罚事项告知书》,告知当事人已经查明的违法事实、证据、行政处罚的法律依据和拟将给予的行政处罚,并告知有要求举行听证的权利。

2. 国际经验

现代税收国家都对纳税人的知情权给予了高度重视,力图在各方面保障纳税人的知情权,体现在知情权的内容以及知情权的实现途径等方面。例如:

《德国税法通则》第93条第9款规定:"相关当事人或公共部门可以按相关规定对纳税信息提出查询请求,税务局应告知被查询人员其个人数据可能会被查询,或者可以通过正式表格及指引性说明来提前告知。"

《法国税收程序法》第L76B条规定在税务检查程序中,"对于税务机关从第三方取得的、据以确定有关税收的信息和资料,税务机关应当将其内容和来源告知纳税义务人,在实施征收前,税务机关应当向提出申请的纳税义务人提供上述资料的复印件"。

3. 建议

对比现行《税收征收管理法》和《征求意见稿》与国外的相关规定,知情权在以下两方面仍然有进步的空间:

(1)实现知情权的途径。我国当前纳税人的知情权还停留在"有权了解"的层次。根据《1号公告》的解读,纳税人实现知情权的途径一般为:办税服务厅、税务机关官方网站、电话语音服务系统(12366)等。换言之,纳税人必须主动去了解,而税务机关并没有积极告知的义务。我们在之后"知情权的内容"中会提到,知情权既包括了实体性政策方面的知情,也包括涉税程序性的知情。对比国外,税务机关对于"涉税程序性的知情权"承担的都是明确的告知义务,这比我国的"有权了解"更进了一步,值得我们借鉴。

其实,我国在一些税收行政法规中的知情权已经在朝这个方向发展:例如,《国家税务总局关于非居民企业股权转让适用特殊性税务处理有关问题的公告》规定,非居民企业股权转让适用特殊性税务处理未进行备案的,税务机关应告知其按照本公告第2条、第3条的规定办理备案手续(第7条),这一条就体现了与国际惯例接轨的税收理念。

(2)知情权的内容。知情权的内容在《1号公告》及其解读中规定得非常具体,包括:税收政策、涉税程序、应纳税额核定、其他税务行政处理决定、法律救济途径。特别是在涉税程序知情权中,提到了要让纳税人了解税务机关实施税务检查、税务行政处罚等税务事项时的法定程序。在应纳税额核定知情权中,提到了有权获知税额核定的法律依据、事实依据以及核定方法等。此外,还有纳税人在享受税收法律救济权时有权了解如何进行申请等。

此外,我国《税务稽查工作规程》(国税发〔2009〕157号)中也有比较具体的有关告知的规定:税务检查部门在检查前,应当告知被查对象检查时间、需要准备的资料等(第22条);检查结束前,检查人员可以将发现的税收违法事实和依据告知被查对象(第41条);拟对被查对象或者其他涉税当事人作出税务行政处罚的,向其送达《税务行政处罚事项告知书》,告知其依法享有陈述、申辩及要求听证的权利(第51条)。

以上这些有关告知的具体规定,在现行《税收征收管理法》的高度不论是总则部分还是具体环节都还是空白。

因此,结合上述两点,建议《征求意见稿》第11条第4款修改如下:

> 纳税人、扣缴义务人有权向税务机关了解国家税收法律、行政法规的规定。涉及程序问题的,税务机关应当主动告知根据国家税收法律、行政法规的规定纳税人、扣缴义务人应履行的程序。

第八章新增一条:

> 税务检查部门在检查前,应当告知被查对象发现的税收违法事实和依据,检查时间、需要准备的资料等;拟对被查对象或者其他涉税当事人作出税务行政处罚的,应告知其依法享有陈述、申辩及要求听证的权利以及提出申请的期限等有关事项。

**(二)保密权**

1. 现行规定

(1)现行《税收征收管理法》和《征求意见稿》规定。

表 2

| 现行《税收征收管理法》 | 《征求意见稿》 |
| --- | --- |
| **第 8 条第 2 款**：纳税人、扣缴义务人有权要求税务机关为纳税人、扣缴义务人的情况保密。税务机关应当依法为纳税人、扣缴义务人的情况保密 | **第 11 条第 5 款**：纳税人、扣缴义务人有权要求税务机关为纳税人、扣缴义务人的情况保密。税务机关应当依法为纳税人、扣缴义务人的情况保密，**法律另有规定的除外** |
| | **第 32 条第 2 款：税务机关从银行和其他金融机构获取的纳税人信息只能用于税收目的，不得向第三方披露** |
| **第 54 条第 6 款**：……税务机关查询所获得的资料，不得用于税收以外的用途 | **第 88 条第 6 项**：同现行《税收征收管理法》第 54 条第 6 款 |
| | **第 32 条第 2 款**：税务机关从银行和其他金融机构获取的纳税人信息只能用于税收目的，不得向第三方披露 |
| **第 87 条**：未按照本法规定为纳税人、扣缴义务人、检举人保密的，对直接负责的主管人员和其他直接责任人员，由所在单位或者有关单位依法给予行政处分 | **第 125 条**：未按照本法规定为纳税人、扣缴义务人、检举人保密的，对直接负责的主管人员和其他直接责任人员，由所在单位或者有关单位依法给予处分。<br>**税务机关和税务人员有其他侵害纳税人权益情形的，按照前款规定处理** |

（2）其他规范性文件规定。即《1 号公告》规定，关于纳税人的保密权的范围限于纳税人的商业秘密和个人隐私保密，主要包括技术信息、经营信息和纳税人、主要投资人以及经营者不愿公开的个人事项。

2. 国际经验

世界上许多国家都在相关法律中对纳税人保密权做出了规定。这些规定不仅是其概念的介绍，对保密的范围、保密的措施、保密的环节、保密的例外以及法律责任等都有明确规定，为落实保密权建立了完善的制度体系。

（1）保密内容。美国《国内税收法典》详细地规定了保密的内容，包括纳税申报（任意税收或信息申报、估计税额申报、退税申请等）、相关信息（纳税人身份、所得的性质、来源或金额、支付款、收据、扣除、免税等）、数据（财政部长在纳税申报中获得、记录、准备、搜集或向其提交的）、任意书面决定、任意预约定价协议以及任意类似协议(B 分章　杂项规定　第 6103 节)。

(2)相应罚则。澳大利亚对违反保密原则的当事人,规定了较为严厉的罚则。根据规定,一般将责以一万澳币罚金,或监禁两年,或两者并罚(第 IA 章 3C)。针对各种泄露秘密的情况,还有更为细化的规定。例如,如果违反向澳大利亚打击犯罪委员会提供涉税信息下的规定,则将被处以一百澳币以内的罚款,或判处两年以内的监禁,或两者并罚(第 IA 章　3D)。如果获得涉密信息的执法机构以及适格的皇家委员会对税务信息不当使用,则将被判处一万澳币的罚金或不超过两年的监禁,或两者兼而有之(第 IA 章　3E)。

(3)金融机构提供涉税信息的保密义务。德国从保护银行客户的角度,对税务机关提取银行信息实行适度限制。《德国税法通则》第 30(a)条第 1 款规定:"税务局在进行调查时应特别注意不破坏金融机构及其客户之间的保密关系";第 2 款规定:"税务机关不得要求金融机构一次性地或者定期地报告某种类型或者某一金额范围的账户情况";第 5 款规定:"若非开展犯罪调查,税务机关均需先向纳税人调查了解情况。"从纳税人处无法获取有效信息时,才可根据第 208 条第 1 款第 1 项的规定程序,向金融机构出示证明材料并请求提取纳税人有关账户信息。

韩国的立法也遵循这一原则。《课税资料的提交及管理法》第 6 条规定,"国税厅厅长(包括地方国税厅厅长,限于本条)认为只有根据金融交易相关信息和资料,方能确认偷漏税嫌疑的,可在符合相关目的的最小范围内,要求金融实名交易及保密法第二条第一款规定的金融机构提供偷漏税嫌疑者的金融交易信息,而不受其他法律规定限制"。其中隐含的意思也是呼应了德国的适度限制,即只有在确有必要的情况下,方可要求金融机构提供涉税信息。

3. 建议

目前,我国的保密法仅针对保守国家秘密,没有对政府机关保护公民的秘密做出要求。尽管现行《税收征收管理法》首次将保密权引入到纳税人权利中,要求税务机关为纳税人、扣缴义务人的情况保密,但并没有明确的内容性要求,罚则也较轻。借鉴国际的经验,可以在以下几个方面进行改进:

(1)保密的内容。现行《税收征收管理法》层面对保密的内容没有明确。《1 号公告》的解读在解释保密权时,指出保密的内容主要有两项:商业秘密和个人隐私。对于"按照法律、法规的规定应予公布的信息、根据法律规定第三方有权查询的信息、纳税人查询自身的信息以及经纳税人同意公开的信息",还是会予以公开。在《税收征收管理法实施细则》中,还特别指出"纳税人、扣缴义务人的税收违法行为不属于保密范围"。

实际操作中,税务机关常会在公开媒体上发布税收案例以陈述其处理结果达到提醒广大纳税人的作用,这些案例中,有时候涉事单位或个人的名字没有隐去,从而对纳税人的日常经营和声誉产生不利影响。《1 号公告》的解读在阐述保密权时,特别说明"不能因信息泄露而使您的利益受到损害",某些情况下,纳税人可能正因为声誉受损而造成其利益受害。这些信息的泄露可能没有泄露纳税人商业秘密等信息来得直接,但其对纳税人造成的长远不利影响不容小觑。当然,税务机关可以通过公布违法案例达到警示其他纳税人的作用,但应该隐去纳税人的相关私人信息,在维护保密权与发挥威慑作用之间寻求平衡。

此外,我们认为无须纳税人、扣缴义务人向税务机关要求保密,税务机关的职责就是应该对纳税人的相关信息进行保密。

鉴于此,我们建议将《1 号公告》的保密内容提升到《税收征收管理法》的层次,并且对《征求意见稿》第 11 条第 5 款进行如下修订:

> 税务机关应为纳税人、扣缴义务人的情况保密。保密的范围包括纳税人的商业秘密、个人隐私保密以及纳税事项等,包括但不限于技术信息、经营信息、涉税信息和纳税人、主要投资人以及经营者不愿公开的个人事项。

(2)相应的罚则。现行《税收征收管理法》对于违反保密权的情况只在第 87 条规定了行政处分。《征求意见稿》在此基础上增加了"有其他侵害纳税人权益情形的"也应责以行政处罚的规定。首先,这条与现行《税收征收管理法》的其他法律责任相比,相对单薄,处罚力度不足。尤其是行政相对人泄露商业机密等给纳税人造成的经济利益损害,纳税人可能也难以依法获得相应经济赔偿。我们在国际经验中探讨了澳大利亚的罚则,除此之外,美国也对违反保密义务应承担的法律责任做出了明确规定,不仅有行政制裁还可能被处以一定的罚金甚至判处有期徒刑。德国还要求公务机关应当赔偿纳税人损失。这些罚则对于纳税人保密权的落实起到了震慑作用。其次,《征求意见稿》里新增的"其他侵害纳税人权益情形",是否可以理解为对涉及纳税人权益的信息都应当进行保密,如果这一理解正确,那么,将纳税人的名称公布在公开的税收案例就应触犯这一条款。但"其他侵害纳税人权益情形"过于笼统,建议予以明确。

针对上述分析,我们建议,在总则中明确保密的范围以及相应的罚则。建议改为:

> 未按照本法规定为纳税人、扣缴义务人、检举人保密的，对直接负责的主管人员和其他直接责任人员，由所在单位或者有关单位依法给予处分以及罚款。税务机关和税务人员由于未按照本法规定为纳税人、扣缴义务人、检举人保密，而对其财产、经营、名誉、人身安全等权益造成侵害的，除按照前款规定处理，还应当赔偿纳税人损失。

(3)金融机构提供涉税信息的保密义务。此次，《征求意见稿》的新增章节“信息披露”，规定银行和其他金融机构应向税务机关提供涉税信息。当然，《征求意见稿》也考虑到了信息保密，增设了“涉税信息仅用于税收目的，不得向第三方披露”的规定。我们研究发现，一些国家也有专门针对金融机构提供信息的规定，这些规定往往突出了适度限制的原则，即在向金融机构采集信息与维护金融机构的保密义务之间寻求平衡。

此外，对于金融机构的涉税信息提供，在保护纳税人保密权的同时，还需要平衡陆续出台的国际税收情报交换标准，包括美国的《海外账户税收合规法案》(Foreign Account Tax Compliance Act, FATCA)，以及OECD2014公布的纳税人《金融账户信息自动交换标准》(Standard for Automatic Exchange of Financial Account Information)。

因此，《征求意见稿》第32条第2款建议改为：

> 税务机关从银行和其他金融机构获取的纳税人信息只能用于税收目的，不得向第三方披露。法律、法规或中华人民共和国缔结的国际条约另有规定的除外。

(4)保密的措施。如何进行保密，在现行《税收征收管理法》中也未明确体现，在《1号公告》的解释中也没有展开。当然，我们理解这项权利的实现途径时一方面，要通过前面谈到的罚则规定加以落实；另一方面，我们也建议针对每个征收管理环节，对工作流程进行相应的规范，明确各个行政相对人的工作职责，这事实上也从侧面有利于保密程序的实现。

2015年9月，国家税务总局发布了《“互联网+税务”行动计划》(税总发〔2015〕113号)，其中提到的数据共享以及涉税大数据两项行动计划，会涉及大量的纳税人信息采集工作，其中，不乏纳税人不愿公开的信息。如何在“互联网+”的时代背景下，做好信息系统的管理工作，切实保护纳税人的保密权，可能也是在《税收征收管理法》的修订中值得关注的课题。

我们建议,在将来的《税收征收管理法实施细则》中,或者对于某一特定税务事项在相关税收规范性文件对保密的措施也予以规定。

**(三)陈述与申辩权**

1. 现行规定

(1)现行《税收征收管理法》和《征求意见稿》规定。

**表 3**

| 现行《税收征收管理法》 | 《征求意见稿》 |
| --- | --- |
| **第 8 条第 4 款**:纳税人、扣缴义务人对税务机关所作出的决定,享有陈述权、申辩权 | **第 11 条第 6 款**:同现行《税收征收管理法》 |

(2)其他规范性文件规定。

①《1 号公告》

> 您对我们作出的决定,享有陈述权、申辩权。如果您有充分的证据证明自己的行为合法,我们就不得对您实施行政处罚;即使您的陈述或申辩不充分合理,我们也会向您解释实施行政处罚的原因。我们不会因您的申辩而加重处罚。

②《行政处罚法》

> 第六条　公民、法人或者其他组织对行政机关所给予的行政处罚,享有陈述权、申辩权;对行政处罚不服的,有权依法申请行政复议或者提起行政诉讼。
>
> 第三十二条　当事人有权进行陈述和申辩。行政机关必须充分听取当事人的意见,对当事人提出的事实、理由和证据,应当进行复核;当事人提出的事实、理由或者证据成立的,行政机关应当采纳。
>
> 行政机关不得因当事人申辩而加重处罚。
>
> 第四十一条　行政机关及其执法人员在作出行政处罚决定之前,不依照本法第三十一条、第三十二条的规定向当事人告知给予行政处罚的事实、理由和依据,或者拒绝听取当事人的陈述、申辩,行政处罚决定不能成立;当事人放弃陈述或者申辩权利的除外。

2. 国际经验

许多国家都有陈述权和申辩权的相关规定，往往都和纳税人的救济权（例如，听证程序、复议程序等）有关联。一些国家尽管没有单列“陈述与申辩权”的章节（例如，美国、加拿大、日本等），但在税收法律救济权中均有所体现。

《德国税法通则》第91条规定了纳税人的陈述和申辩权，“如果一项税收行政决定将对当事人的权利产生影响，则在下发之前应给予当事人解释与该决定相关事实的权利。特别是在申报数据与行政决定存在较大差异的情况下”。此外，在行政复议程序中，德国也规定了公平听证原则，纳税人享有陈述其观点和提供支持证据的机会。

澳大利亚规定纳税人享有税收异议权。根据《1953年税收征收管理法》第IVC章第3条，纳税人可以通过一定的形式对某些修正的税务决议行使有限异议权（只能对修订过的地方提出异议），异议权还可以依申请展期，并可以要求税务局长在一定的时间内作出异议决议。

3. 建议

陈述权与申辩权的行使是以税务行政处罚为条件的。根据《1号公告》的解释，不管是适用简易程序的税务行政处罚，还是一般程序的税务行政处罚，在作出行政处罚决定之前，都应当告知纳税人享有陈述、申辩的权利。只有在听取了纳税人的陈述、申辩并复核后，或者纳税人明示放弃陈述、申辩权后，税务机关才可以作出税务行政处罚决定。

现行《税收征收管理法》对陈述权与申辩权的规定相对单薄，例如，没有明确行使陈述和申辩权的时间和内容等。其实，一些国内的税收法规对此倒，有具体要求，例如，《一般反避税管理办法（试行）》（国家税务总局令〔2014〕32号）规定：“被调查企业认为其安排不属于本办法所称避税安排的，应当自收到《税务检查通知书》之日起60日内提供下列资料……”（第11条）；再如，《特别纳税调整实施办法（试行）》（国税发〔2009〕2号）中规定“税务机关在实施转让定价调查时应向被调查企业送达《税务事项通知书》……企业应在《税务事项通知书》规定的期限内提供相关资料，因特殊情况不能按期提供的，应向税务机关提交书面延期申请，经批准，可以延期提供，但最长不得超过30日。”（第33条）这些规定，一是明确了纳税人行使陈述和申辩权的期限；二是还考虑了纳税人特殊情况下的延期申请；三是规定了应提供的相关资料（或者参见《税务事项通知书》）。

我们在实践中发现，由于现行《税收征收管理法》上这一项权利行使的期限空白，个别税务机关在限期提交材料的期限设定上随意性过大，导致纳税人可能来不及准备应诉的事实依据和相关资料，错过了在税务机关发布处罚决定前的申辩机会，而只能在之后寻求其他救济途径。另外，税务机关要求提供的某些资料对纳税人来说及时获取存在一定难度，例如，要求纳税人提供非关联第三方的资料文件等。

综上所述，《征求意见稿》建议修改为：

第 11 条第 6 款：

纳税人、扣缴义务人对税务机关所作出的决定，享有陈述权、申辩权。纳税人、扣缴义务人应按照法律、法规、或规范性文件规定的期限内提供陈述、申辩资料，法律、法规、或规范性文件无规定特别规定的，应自作出相关决定的不少于 60 日内提供。因特殊情况不能按期提供的，应向税务机关提交书面延期申请，经批准，可以延期提供。

**（四）申请延期申报权及申请延期缴纳税款权**

1. 现行规定

（1）现行《税收征收管理法》和《征求意见稿》规定。

**表 4**

| 现行《税收征收管理法》 | 《征求意见稿》 |
|---|---|
| **第 27 条**：纳税人、扣缴义务人不能按期办理纳税申报或者报送代扣代缴、代收代缴税款报告表的，经税务机关核准，可以延期申报。<br>经核准延期办理前期规定的申报、报送事项的，应当在纳税期内按照上期实际缴纳的税额或者税务机关核定的税额预缴税款，并在核准的延期内办理税款结算 | **第 41 条**：同现行《税收征收管理法》 |
| **第 31 条**：纳税人、扣缴义务人按照法律、行政法规规定或者税务机关依照法律、行政法规的规定确定的期限、缴纳或者解缴税款。<br>纳税人因有特殊困难、不能按期缴纳税款的，经省、自治区、直辖市国家税务局、地方税务局批准，可以延期缴纳税款，但是最长不得超过三个月 | **第 43 条**：纳税人、扣缴义务人按照法律、行政法规规定或者税务机关依照法律、行政法规的规定确定的期限、缴纳或者解缴税款。<br>纳税人因有特殊困难、不能按期缴纳税款的，经县以上税务局（分局）局长批准，可以延期缴纳税款，但是最长不得超过三个月。<br>**纳税人补缴税款数额较大难以一次缴清的，经县以上税务局（分局）局长批准，可以分期缴纳，但最长不得超过一年** |

(2)其他规范性文件规定,即《1号公告》。

申请延期申报权

您如不能按期办理纳税申报或者报送代扣代缴、代收代缴税款报告表,应当在**规定的期限内**向我们提出书面延期申请,经核准,可在**核准的期限**内办理。经核准延期办理申报、报送事项的,应当在税法规定的纳税期内**按照上期实际缴纳的税额或者我们核定的税额预缴税款**,并在核准的延期内办理税款结算。

申请延期缴纳税款权

如您因有特殊困难,不能按期缴纳税款的,经省、自治区、直辖市国家税务局、地方税务局批准,可以延期缴纳税款,但是最长不得超过三个月。**计划单列市国家税务局、地方税务局可以参照省级税务机关的批准权限**,审批您的延期缴纳税款申请。

您满足以下任何一个条件,均可以申请延期缴纳税款:一是因不可抗力,导致您发生较大损失,正常生产经营活动受到较大影响的;二是当期货币资金在扣除应付职工工资、社会保险费后,不足以缴纳税款的。

2. 国际经验

延期申报及延期缴纳税款作为纳税人在特殊情况下的合理要求,在世界上许多国家的相关税收法律中都得以体现。这一制度一般包括三个方面:申请延期的条件,可延长期限以及如何实现这一权利。由于延期的条件在各国(包括中国)的规定中都大同小异,一般都为纳税人发生了不可抗力或者确有困难,因此,我们将重点分析可延长期限以及权利实现的途径。

(1)可延期期限。尽管许多国家都引入了延期申报和延期缴纳的制度,但大部分都是由审批权人掌握自由裁量权,并没有限制一定的期限或者最长期限。例如,德国和日本都有这一制度但都没有期限规定[①]。美国规定得相对具体:

**延期申报**

《国内税收法典》第6081节和第7508A节:纳税申报的合理延期应由财政部长予以批准,特别地,对于居住在海外的纳税人,这个合理延期期限不能超过6个月。而如果由于灾害、恐怖活动或军事活动等原因,该延期期限最长可以为1年。

**延期缴纳**

《国内税收法典》第6161节和第7508A节:一般情况下,美国财政部长可以

① 《德国税收通则》第109条及《日本国税通则法》第11条。

合理延长应缴税款的缴纳时间,延长期限不应超过6个月(海外纳税人延期甚至可以超过6个月)。特定行为即由于灾害、恐怖活动或军事活动等原因造成的,延期缴税期限最长可以为1年(同延期申报的期限)。

(2)延期的实现途径。美国对"延期申报权"以及"延期缴纳权"的实现分别进行了具体规定。而且,任何美国企业只要符合一定条件的,其所得税申报都可以自动适用"延期申报权"。根据美国《国内税收法典》第6081节的规定:美国对公司所得税纳税申报适用自动延长,任何公司只要按照财政部规章所规定的方式和时间填报规定的表格,并且在所规定的缴纳税款之日或者之前缴纳相应税款,则该公司的所得税纳税申报期限就可以自动延长3个月。

(3)分期缴税制度。除了通过延期制度缓解纳税人特定时期的缴税压力,美国、加拿大①、日本②等国的相关法律中还制定了分期缴税制度。以美国的分期缴税制度为例(《国内税收法典》第6159节),对于企业所得税的分期期限为3年,并要求财政部长定期检视分期协议。

3. 建议

此次《征求意见稿》对延期缴税相关内容进行了修改。一方面,明确规定了将延期缴税的审批权限由省级、自治区、直辖市的税务局下放至由县以上税务局(分局)局长批准,审批权限的下放,更有利于纳税人申请延期缴税并取得更及时的批复。另一方面,引入了分期缴税制度,为纳税人提供了便利。但延期申报方面并没有改进。

结合国际经验,延期申报和延期缴纳在如下方面还可以有所借鉴改进:

(1)延期申报的期限。对于延期申报来说,现行《税收征收管理法》及《税收征收管理法实施细则》都没有明文规定延期期限。实际操作中,基层税务机关有时难以把握如何核准这一最长期限,有的可能会以3个月为标准③,但各地操作不一。我们建议在《税收征收管理法》的层面明确规定延期申报的期限规定。

另外,3个月的期限对比美国6个月,甚至是1年的规定可能过短,尤其是对那些由于不可抗力而经营经济严重受损的企业来说,恢复期往往需要更久。因此,建议延期申报的期限放宽,延长至6个月。

---

① 《加拿大税务局税务征缴培训讲座资料》(英文版)第20页及第21页:"如果纳税人无法偿还所欠全部税款,可以与加拿大税务局负责征缴的官员制定一个付税计划,分期缴纳税款。"

② 《日本国税通则法》第46条第4款规定:"在延期纳税的情况下,可以将延期缴纳的金额进行适当的分割,并对各分割金额确定延期的期间。"

③ "3个月"是比照根据《国家税务总局关于四川省等遭受强烈地震灾害地区延期申报纳税的通知》(国税函〔2008〕409号)的规定。根据该通知,延期时限由各省、市在最长不超过3个月的期限内自行核准。

(2)延期申报的预缴税要求。我们的延期申报制度,要求纳税人预缴上期实际缴纳的税款或者税务机关核定税额的税款,这值得商榷。纳税人申请延期申报往往是遭受了“天灾人祸”,如果仍然要求纳税人预缴相当数额的税款,换言之,纳税人要是缴不起税就不能延期申报,那么,这就违背了这一制度的初衷(即缓解纳税人不能按期申报及缴税的困难)。因此,建议取消预缴税款的规定。

(3)分期缴税制度。此次新引入的“分期缴税”制度,对于纳税人来说无疑是个利好消息。但我们注意到,这里是用了“补缴税款”一词,这是否意味着这一制度只适用于补缴的情况,对按期缴税的情况就不包括在内了?我们认为,这一适用面过于狭窄,似乎不妥。建议对按期缴纳税款的情况也一并适用。

此外,分期缴纳的最长期限不得超过1年的设定也相对过短。我们理解这其中有担忧纳税人利用这一制度故意拖延税款的考虑,那么,可以考虑借鉴美国的定期检视制度,对于超过1年期的分期协议,要求纳税人定期提供最新的财务状况,供税务机关重新审视分期缴税的必要性。这样,既能真正缓解面临财务困难的纳税人的经济压力,也会保证国家税收利益不受到侵害。

综合上述三点,《征求意见稿》第五章申报纳税我们建议第41条、第43条修改如下:

> 第四十一条:纳税人、扣缴义务人不能按期办理纳税申报或者报送代扣代缴、代收代缴税款报告表的,经税务机关核准,可以延期申报。延期申报的期限不得超过六个月,因不可抗力,例如,地震、洪水等自然灾害以及战争、动乱等社会事件导致的,最长不得超过一年。
>
> 第四十三条:纳税人、扣缴义务人按照法律、行政法规规定或者税务机关依照法律、行政法规的规定确定的期限、缴纳或者解缴税款。
>
> 纳税人因有特殊困难、不能按期缴纳税款的,经县以上税务局(分局)局长批准,可以延期缴纳税款,但最长不得超过六个月。
>
> 纳税人缴纳税款数额较大难以一次缴清的,经县以上税务局(分局)局长批准,可以分期缴纳,但最长不得超过三年。分期缴纳的期限超过一年的,纳税人应当在每一纳税年度结束后的×月内,向税务机关提供当期财务状况①;财务状况好转不再适用分期缴税的,可要求纳税人提前结清税款。

---

① 财务状况具体的说明资料,例如,当期货币资金余额情况及所有银行存款账户的对账单、资产负债表、应付职工工资和社会保险费等,可在《税收征收管理法实施细则》中明确。

### (五)诚实推定权

1. 现行规定

(1)现行《税收征收管理法》和《征求意见稿》规定

诚实推定权是纳税人的基本权利之一,然而,在现行《税收征收管理法》和《1号公告》中均未予以体现。与诚实推定权密切相关的是举证责任的分配。一般来说,如果纳税人被推定是诚实的,那么,税务机关要质疑纳税人少缴或不缴税,就应该承担相应的举证责任。此次《征求意见稿》在举证责任的分配方面引入了一些原则性规定,填补了现行《税收征收管理法》的空白,为落实诚实推定权起到了一定的推动作用。

**表 5**

| 现行《税收征收管理法》 | 《征求意见稿》 |
|---|---|
| 无规定 | **第 36 条第 2 款**:纳税人、扣缴义务人对纳税申报、扣缴税款申报的真实性和合法性承担责任 |
| | **第 57 条**:对税务机关进行的税额确认,纳税人应当证明其纳税申报的真实性、合法性。<br>纳税人对其提供的发票等会计凭证、账簿、报表、完税凭证以及其他有关涉税资料中所记载数据、记录及其他相关事实的真实性、完整性和准确性负责。<br>税务机关在税额确认中对纳税人应纳税额作出调整且纳税人已经履行本法规定的协助义务的,税务机关应当对使用的纳税人账簿、文件、记录、其他资料的数据信息的来源及计算方法、确认方法、依据负责,对其所使用的其他方面数据信息来源的合法性负责;有关提供方对其提供信息的真实性、准确性负责。纳税人对税务机关来源于第三方信息的真实性、完整性有异议的,应当告知相关第三方修改提交信息。<br>纳税人对税务机关按照第五十条规定核定应纳税额有异议的应当**提供相关证据** |
| | **第 130 条**:复议过程中,被申请人对其做出的行政决定的合法性、合理性负有**举证责任**。申请人对下列事项承担**举证责任**:(一)其申报的收入、支出、减税、免税、退税的真实性;(二)依法履行了记录、保存、提供账簿凭证等涉税资料的义务 |
| | **第 131 条**:按照国际税收条约、协定规定的情报交换机制取得的信息,税务机关经审核确认可以将其作为确定纳税人税额的依据;纳税人有异议的,由纳税人**举证** |

(2)其他规范性文件规定

①《行政诉讼法》

第三十四条　被告对作出的行政行为负有举证责任,应当提供作出该行政行为的证据和所依据的规范性文件……

②《行政复议法》

第二十三条　……被申请人应当自收到申请书副本或者申请笔录复印件之日起十日内,提出书面答复,并提交当初作出具体行政行为的证据、依据和其他有关材料。

③《税务行政复议规则》

第五十三条　在行政复议中,被申请人对其作出的具体行政行为负有举证责任。

④《对纳税人适用"无过错推定"原则的指导意见》(以下简称《指导意见》)。①

2009年,厦门市地税局出台了《指导意见》,对诚实推定权进行了探索,规定在无证据的情况下不得推定纳税人有偷逃税款的行为,税务机关对纳税人违法行为负有全部举证责任。具体条款包括:

第一条　……本指导意见所称"无过错推定"原则,是指未经税务机关依法认定,对纳税人、扣缴义务人、其他纳税人等税务行政相对人都不得确认其有涉税违法行为……一是税务机关在没有确凿证据证明纳税人存在涉税违法行为时,不应认定或推定纳税人存在涉税违法行为,坚持疑错从无;二是税务机关负有对纳税人涉税违法行为的举证责任,税务机关应当通过合法手段、法定程序取得证据……

第三条　……在涉嫌税务违法行为的认定、处理过程中,税务机关

① 参见厦门市地方税务局关于印发《对纳税人适用"无过错推定"原则的指导意见》的通知(厦地税发〔2009〕104号)。

应当承担纳税人行为违法的举证责任，必须用确实充分的证据来支持对纳税人作出的征收、处罚等执法行为。在举证责任分配问题上应把握：纳税人有证明自己无违法行为或者违法行为轻微的权利，没有主动证明自己有违法行为的义务，但纳税人应积极配合税务机关的调查取证，在税务机关调查询问时应如实向税务机关陈述情况并提供有关资料……

2. 国际经验

目前，世界上许多国家均规定了纳税人的诚实推定权。以澳大利亚为例，澳大利亚《纳税人宪章》（"Taxpayers' Charter"）规定，应推定每个纳税人都是诚实的，如果数据有误，可能是计算失误或者疏漏，也可能是存在故意偷漏税的情况。[①] 由此可见，税务机关并不是直接推定纳税人是故意而为的。再以加拿大为例，加拿大《纳税人权利法案》（"Taxpayer Bill of Rights Guide"）中规定，[②]纳税人有权被专业地、礼貌地、公正地对待，这一规定间接说明了纳税人的"诚实性"。除此之外，英国、美国、韩国也都直接或间接地赋予了纳税人被诚实推定的权利。

不难发现，诚实推定权多出现在专门为保护本国纳税人权利设立的法规中，而关于举证责任分配的明确，往往出现在实体法规中。例如，美国《国内税收法典》第7491节规定，如果在审批程序中，纳税人针对确定A或者B分标题（A、B分标题为犯罪或其他违法行为）所课征税款的纳税义务相关的事实争议提出了可靠证据，则针对上述争议，财政部部长应当承担举证责任。旨在说明纳税人不应被迫自证存在逃避纳税等违法行为，举证的责任应当主要归于税务机关。又如，《德国税法通则》第89条规定，税收征收阶段，一般按照"谁主张，谁举证"的原则分配征纳双方的证明责任（第93条、第95条）。在税务审计阶段，纳税人对自己税收违规行为不承担证明责任。在税务刑事案件中，纳税人有权利不自证其罪，税务机关承担更加严格的完全证明责任（第393条）。

3. 建议

在我国实际税收征收管理过程中，税务机关往往采取"避税推定"而非"诚实推定"的态度，尤其是在税收检查中经常默认纳税人具有避税嫌疑，这和世界上大部分发达国家推崇的诚实推定原则是有差距的。

---

① "Taxpayers'charter-treating you as being honest"，载澳大利亚税务局：https://www.ato.gov.au/About-ATO/About-us/In-detail/Taxpayers-charter/Taxpayers-charter-treating-you-as-being-honest/。最后访问日期：2015年11月17日。

② "Taxpayer Bill of Rights Guide: Understanding your rights as a taxpayer"，载加拿大税务局：http://www.cra-arc.gc.ca/E/pub/tg/rc17/rc17-14e.pdf。最后访问日期：2015年11月20日。

前文所介绍的厦门的《指导意见》其实是一次很有意义的先锋探索，但遗憾的是，《指导意见》中的“诚实推定”精神并未在全国得到推广和普及，也没有在立法中得到明示。借此次《税收征收管理法》修订为契机，我们建议，应该将“纳税人诚实推定”原则明确、具体地规定在新《税收征收管理法》中，从立法角度将“诚实推定”这一理念在征纳双方，特别是税务机关中推广。《征求意见稿》第11条新增1款，具体修改建议如下：

> 纳税人、扣缴义务人享有被认为是诚实的权利，除非有充分证据证明，税务机关不应推定纳税人、扣缴义务人有涉税违法行为。

此外，为了保障该原则的顺利落实，还需要将“举证责任分配”这一配套规定也在《税收征收管理法》中予以明确。此次的《征求意见稿》虽然填补了现行《税收征收管理法》在举证分配方面的空白，但不难看出，相较于税务机关，纳税人仍被赋予较为沉重的举证责任。现行的《行政诉讼法》《行政复议法》以及《税务行政复议规则》规定了在诉讼或复议的过程中，应由税务机关负主要的举证责任，《指导意见》也明确对纳税人行为违法举证的责任主体主要是税务机关，而非纳税人。有关举证责任，更详细的国际经验介绍及建议请参阅《举证责任制度研究》。

由此我们建议《征求意见稿》第一章增加1条：

> 税务机关负有对纳税人涉税违法行为的举证责任，税务机关应当通过合法手段、法定程序取得证据。

《征求意见稿》建议删除第57条第1款：“对税务机关进行的税额确认，纳税人应当证明其纳税申报的真实性、合法性。”

**（六）获取税收确定性的权利**

纳税人应享有获取税收确定性的权利。现行《税收征收管理法》及《征求意见稿》第3条均规定，“税收的开征、停征以及减税、免税、退税、补税，依照法律的规定执行”，这是税收法定原则在税收征收管理法层面的具体体现。税收法定原则的内涵是征税要素法定、征税要素明确以及程序保障，因此，获得税收的确定性对该原则的实现十分重要。在实践操作中，纳税人通常可通过以下两种途径保障获取税收确定性的权利：一方面，纳税人在面临难以直接适用税法的事项时，如何在事前得到有关税收处理的确定性，从而对可能发生的经济业务风险成本做出判断,即预约裁定。另一方面,税法很多时候仅能做出原则性规定,具体适用时往往很多细节难以涵盖,纳税人如何获取权威的解释,即税法解释。

1. 现行规定

(1)现行《税收征收管理法》和《征求意见稿》规定。

**表6**

| 现行《税收征收管理法》 | 《征求意见稿》 |
|---|---|
| 无规定 | **第46条** 税务机关应当建立纳税人适用税法的预约裁定制度。<br>纳税人对其预期未来发生、有重要经济利益关系的特定复杂事项,难以直接适用税法制度进行核算和计税时,可以申请预约裁定。省以上税务机关可以在法定权限内对纳税人适用税法问题做出书面预约裁定。<br>纳税人遵从预约裁定而出现未缴或少缴税款的,免除缴纳责任 |

(2)其他规定

《税收规范性文件制定管理办法》(国家税务总局令第20号)第12条规定:

税收规范性文件由制定机关负责解释。制定机关不得将税收规范性文件的解释权授予本级机关的内设机构或下级税务机关。

2. 国际经验

为落实纳税人的知情协助权以及获得税收确定性权利,许多国家的税务机关在实践中会以裁定制度向纳税人解释税收法律条文。其中,既有面向特定纳税人的个别裁定,也有面向不特定纳税人的公共裁定。借鉴这些制度有助于完善我国纳税人确定性权利的保护体系。

(1)预约裁定制度。预约裁定作为纳税人防范税收风险的重要制度安排,对于保障税收确定性,维护纳税人的合法权益有着十分重要的意义,这已经是国际上许多国家税务立法和执法机关的共识。根据《OECD调研报告(2015版)》的调查显示,受访国家或地区中有51个(例如,澳大利亚、加拿大、法国、德国、和美国等)设立了相似制度。

具体国际经验请参见《预约裁定制度研究》。

(2)税法解释。以澳大利亚为例,澳大利亚十分重视对法律条文的解释工作,并且已经把解释性条款包含在税法规定之中,这对增加税法的确定性十分有益。在澳大利亚《1953年税收管理法》中,许多重点章均有“解释”“释义”等专门小节。以第三章"起诉及违法"为例,第1条前言专门规定"释义"内容。第8A条规定,"本章,除非出现相对的意义,合作公司指的是任何团体之间的合作……本章规定的违法指的是:(a)违反《刑法》中与税务法相关的8C节……"

此外,根据《OECD调研报告(2015版)》,许多国家用公共裁定制度进行税法解释。公共裁定指税务机关针对非特定纳税人,在特定情况下以公开声明的方式解释税法条款。通常来说,公共裁定是为了阐明税法适用性而发布的,特别是当发现某一规定存在不确定性容易引起误解时。根据OECD的调查结果,受访国家或地区中绝大部分国家或地区都设立了公共裁定制度。

3. 建议

2015年3月修订的《立法法》第8条第6项规定:"下列事项只能制定法律,(六)税种的设立、税率的确定和税收征收管理等税收基本制度。"与原规定相比,修订后的《立法法》明确"税种的设立、税率的确定和税收征收管理"必须通过制定法律来实现,这一修改是我国贯彻落实税收法定原则的关键性一步,对于推动我国税收法治的建立和完善意义重大。我们希望在《税收征收管理法》层面通过一系列制度安排,增加税法的确定性以保障税收法定原则的顺利实现。

(1)预约裁定。我们很高兴地看到,《征求意见稿》首次从立法层面正式引入"预约裁定"制度,规定纳税人对预期未来发生、有重要经济利益关系的特定复杂事项,可以就税法的适用性问题申请预约裁定。希望在未来的立法过程中充分借鉴国际经验,深入结合中国征收管理双方的实际情况,确保预先裁定的可操作性。相关建议请参阅《预约裁定制度研究》。

(2)税法解释。预约裁定是针对具体个案的解释,其适用范围是"重要经济利益关系的特定复杂事项",同时需要省以上税务机关裁定。这就使其适用范围较为有限,影响面难以覆盖全部或多数纳税人。相比之下,税法解释的普及面更广。

依照我国法律规定,法的解释分为立法解释、司法解释和行政解释。在税法的行政解释层面,我国已有所尝试。近年来出台的一系列重大税收政策,均会伴随相应的文件解读。文件解读在纳税人理解文件意图及具体规定上作用显著。但是,在实践中也存在一定局限性。一是文件解读的法律地位有待明确;二是部分文件解读用语较为笼统,释义性和指导性有待加强。同时,由于与文件同时公布,无法针对执行中反应突出的问题进行回应。因此我们建议,在《征求意见稿》中引入一种固定的税法解释机制,规范纳税人反映涉税政策性问题的统一制度,由有权部门在甄别筛选后,针对理解有歧义,或纳税人疑问较多的突出法律、法规、规章或规范性文件做出普适性的解释或补充说明,解决全部纳税人的税法确定性问题。

建议在《征求意见稿》第3条增加第4款：

税务机关应建立规范制度收集纳税人涉税问题，对于反应突出的普遍性问题，按照法律、行政法规规定的职责范围做出解释。

**（七）申请退还多缴税款权**

1. 现行规定

（1）现行《税收征收管理法》和《征求意见稿》规定。

**表7**

| 现行《税收征收管理法》 | 《征求意见稿》 |
| --- | --- |
| **第8条第3款** 纳税人依法享有申请减税、免税、退税的权利 | **第11条第3款** 纳税人依法享有申请减税、免税、退税的权利 |
| **第51条** 纳税人超过应纳税额缴纳的税款，税务机关发现后应当立即退还；纳税人自结算缴纳税款之日起三年内发现的，可以向税务机关要求退还多缴的税款并加算银行同期存款利息，税务机关及时查实后应当立即退还；涉及从国库中退库的，依照法律、行政法规有关国库管理的规定退还 | **第85条** 纳税人超过应纳税额缴纳的税款，自结算缴纳税款之日起五年内可以向税务机关要求退还多缴的税款并加算银行同期存款利息，税务机关及时查实后应当立即退还。涉及从国库中退库的，依照法律、行政法规有关国库管理的规定退还 |

（2）其他规定。《税收征收管理法实施细则》第75条规定：

税收征管法第三十二条规定的加收滞纳金的起止时间，为法律、行政法规规定或者税务机关依照法律、行政法规的规定确定的税款缴纳期限届满次日起至纳税人、扣缴义务人实际缴纳或者解缴税款之日止。

2. 国际经验

在纳税人因各种原因多缴税款的情况下，世界各国均赋予纳税人当然的退税及退还利息权，这与我国一贯的规定相一致。但由于精确计算多缴税款利息存在一定难度，部分国家在制度设计上对多缴税款利息的计息时间给予明确规定，以确保纳税人退还多缴税款及利息权的完整实现。

（1）美国。美国《国内税收法典》第6611节（b）期间（2）退税规定，从多缴税款日起,至退税支票送达日前由财政部长确定的某一天结束的期间(不超过30天),无论送达是否被纳税人所接受。

(2)德国。《德国税法通则》第236条规定,如果通过具有法律效力的法院裁定或者根据此类裁定,降低已核定的税额或者给予退税,则自诉案搁置之日起至支付之日止,对应退还或返还的金额计息。如果在发生诉案搁置之后方缴纳应退还的金额,则自支付之日起开始计息。

(3)日本。日本《国税通则法》第58条规定,应该根据以下各目所列退还金的分类,按从该各目所定之日的次日起至退还的决定支付之日或充抵之日的期间的日数。

3.建议

(1)退税权的实现。《征求意见稿》将申请退税的适用期间从3年延长至5年,更好地保护了纳税人的权利。但需要注意的是,在实际操作中申请退还的程序相当复杂,耗时持久且不易执行。在一些单行文件中,会规定纳税人多缴的税款可以退税或抵减后期税款,但税务机关出于文书烦琐或收入任务压力,往往倾向于要求纳税人选择抵减下期税款而不予退税。对于纳税人而言,在某些情况下会对实体权利造成影响。因此,我们建议在立法层面明确纳税人要求退税的,税务机关不得要求纳税人抵减后期税款,以便确保纳税人申请退还多缴税款的权利得以实现。

(2)多缴税款利息的计息时间。对比国际经验中对于利息计息时间的明确规定,《征求意见稿》仅原则性地规定纳税人多缴的税款要退还并加算同期银行利息,但没有明确具体的计息时间和方法。实践中,税务机关由于没有明确的操作指引可能不能准确合理地计算应退还纳税人的利息。但是,操作方面的问题不应影响纳税人的实体权利,因此应在立法层面明确应退纳税人利息的计息时间。

因此,我们建议《征求意见稿》第85条修改为:

> 纳税人超过应纳税额缴纳的税款,自结算缴纳税款之日起五年内可以向税务机关要求退还多缴的税款并加算银行同期存款利息。利息的起止时间,为纳税人、扣缴义务人实际缴纳之日起,至税务机关将税款实际退还纳税人止。纳税人要求退还税款的,税务机关及时查实后应当立即退还,不得要求纳税人抵减后期税款。涉及从国库中退库的,依照法律、行政法规有关国库管理的规定退还。

**(八)依法享受税收优惠权**

1. 现行规定

(1)现行《税收征收管理法》和《征求意见稿》规定

**表 8**

| 现行《税收征收管理法》 | 《征求意见稿》 |
|---|---|
| **第 8 条第 3 款** 纳税人依法享有申请减税、免税、退税的权利 | **第 11 条第 3 款** 同现行《税收征收管理法》第 8 条第 3 款 |
| **第 33 条** 纳税人可以依照法律、行政法规的规定书面申请减税、免税。<br>减税、免税的申请须经法律、行政法规规定的减税、免税审查批准机关审批…… | **第 44 条第 1 款** 纳税人依照法律、行政法规的规定办理减税、免税、退税 |

(2)其他规定

①《税收减免管理办法》(国家税务总局公告〔2015〕43 号)。

第五条 纳税人享受核准类减免税,应当提交核准材料,提出申请,经依法具有批准权限的税务机关按本办法规定核准确认后执行。未按规定申请或虽申请但未经有批准权限的税务机关核准确认的,纳税人不得享受减免税。纳税人享受备案类减免税,应当具备相应的减免税资质,并履行规定的备案手续。

第六条 纳税人依法可以享受减免税待遇,但是未享受而多缴税款的,纳税人可以在税收征收管理法规定的期限内申请减免税,要求退还多缴的税款。

②《关于税务行政审批制度改革若干问题的意见》(税总发〔2014〕107 号)。

实施备案管理的事项,纳税人等行政相对人应当按照规定向税务机关报送备案材料,税务机关应当将其作为加强后续管理的资料,但不得以纳税人等行政相对人没有按照规定备案为由,剥夺或者限制其依法享有的权利、获得的利益、取得的资格或者可以从事的活动。

③《企业所得税优惠政策事项办理办法》(国家税务总局公告〔2015〕76 号)。

第十六条　企业已经享受税收优惠但未按照规定备案的，企业发现后，应当及时补办备案手续，同时提交《目录》列示优惠事项对应的留存备查资料。税务机关发现后，应当责令企业限期备案，并提交《目录》列示优惠事项对应的留存备查资料。

2. 国际经验

国际上，几乎每个国家都有赋予纳税人在符合条件的情况下享受税收优惠的权利。这和我国的规定原则上是一致的。

3. 建议

为切实保障纳税人享受税收优惠的权利，建议明确实体权利不被程序瑕疵否定。

在实际税收征收管理中，税务机关有时候会以纳税人没有履行相关程序为由而不允许纳税人享受税收优惠政策。我们认为，严格执行程序性规定固然可以有效加强税收管理，但以此否认纳税人的实体权利在法理上并不恰当。况且，根据现行法律法规，即使纳税人由于没有履行必要程序而未享受税收优惠的，纳税人仍有权就多缴的税款要求退税：

现行《税收征收管理法》第 51 条规定："纳税人超过应纳税额缴纳的税款，税务机关发现后应当立即退还……"

《税收减免管理办法》第 6 条规定："纳税人依法可以享受减免税待遇，但是未享受而多缴税款的，纳税人可以在税收征收管理法规定的期限内申请减免税，要求退还多缴的税款。"

其实，近年来这个问题已经得到了税务总局的重视，《关于税务行政审批制度改革若干问题的意见》（税总发〔2014〕107 号）规定，"不得以纳税人等行政相对人没有按照规定备案为由，剥夺或者限制其依法享有的权利、获得的利益、取得的资格或者可以从事的活动。"《企业所得税优惠政策事项办理办法》（国家税务总局公告〔2015〕76 号）规定，"企业已经享受税收优惠但未按照规定备案的，企业发现后，应当及时补办备案手续……税务机关发现后，应当责令企业限期备案……"

综上所述，纳税人未在程序上履行应有的义务，税务机关可以依据相关法律、法规进行处理，即现行《税收征收管理法》第 62 条规定："纳税人未按照规定的期限办理纳税申报和报送纳税资料的，或者扣缴义务人未按照规定的期限向税务机关报送代扣代缴、代收代缴税款报告表和有关资料的，由税务机关责令限期改正，可以处二千元以下的罚款；情节严重的，可以处二千元以上一万元以下的罚款。"但不能因此而剥夺纳税人的实体权利。

建议《征求意见稿》第五章第44条增加第3款修改如下：

纳税人依法可以享受减免税待遇，但是未履行相关程序的，根据本法的第六十二条规定处理，但不得因此影响纳税人享受相关的税收优惠。

**（九）税收法律救济权、依法要求听证的权利**

为保障纳税人的税收法律救济权，在行政相对人与税务机关发生涉税争议时，相应的解决机制在保护纳税人权利、监督税务机关依法行政上十分重要。税务复议和税务诉讼是最主要的税务争议解决（或税收法律救济）途径。

1. 现行规定

（1）现行《税收征收管理法》和《征求意见稿》规定

**表9**

| 现行《税收征收管理法》 | 《征求意见稿》 |
|---|---|
| **第8条第4款** 纳税人、扣缴义务人对税务机关所做出的决定，享有陈述权、申辩权；依法享有申请行政复议、提起行政诉讼、请求国家赔偿等权利 | **第11条第6款** 同现行《税收征收管理法》第8条第4款 |
| **第39条** 纳税人在限期内已缴纳税款，税务机关未立即解除税收保全措施，使纳税人的合法利益遭受损失的，税务机关应当承担赔偿责任 | **第63条** 同现行《税收征收管理法》第39条 |
| **第88条** 纳税人、扣缴义务人、纳税担保人同税务机关在纳税上发生争议时，必须先依照税务机关的纳税决定缴纳或者解缴税款及滞纳金或者提供相应的担保，然后可以依法申请行政复议；对行政复议决定不服的，可以依法向人民法院起诉。<br>当事人对税务机关的处罚决定、强制执行措施或者税收保全措施不服的，可以依法申请行政复议，也可以依法向人民法院起诉 | **第126条** 纳税人、扣缴义务人、纳税担保人同税务机关在纳税上和直接涉及税款的行政处罚上发生争议时，可以依法申请行政复议；对行政复议决定不服的，应当先依照复议机关的纳税决定缴纳、解缴税款或者提供相应的担保，然后可以依法向人民法院起诉。<br>对税务机关做出第一款以外的与征收税款金额无关的处罚决定、强制执行措施或者税收保全措施不服的，可以依法申请行政复议，也可以依法向人民法院起诉 |

续表

| 现行《税收征收管理法》 | 《征求意见稿》 |
| --- | --- |
| | **第127条** 行政复议可以适用和解、调解。<br>和解协议或者调解书经申请人、被申请人签字后生效，申请人不得就同一事实、同一理由再次申请行政复议。<br>申请人与被申请人和解、调解不成的，行政复议机关应当及时做出行政复议决定。<br>行政复议决定维持征税处理决定的，申请人应当按照规定缴纳税款及税收利息 |
| | **第128条** 行政复议机关不得做出对申请人更为不利的行政复议决定 |
| | **第129条** 行政复议期间，税务机关做出的具体行政行为不停止执行；但是，有下列情形之一的，可以停止执行：<br>(一)被申请人认为需要停止执行的；<br>(二)行政复议机关认为需要停止执行的；<br>(三)申请人申请停止执行，行政复议机关认为其要求合理，决定停止执行的；<br>(四)法律规定停止执行的 |
| | **第130条** 复议过程中，被申请人对其做出的行政决定的合法性、合理性负有举证责任。<br>申请人对下列事项承担举证责任：<br>(一)其申报的收入、支出、减税、免税、退税的真实性；<br>(二)依法履行了记录、保存、提供账簿凭证等涉税资料的义务 |

(2)其他规定

《1号公告》：

您对税务机关作出的决定，依法享有申请行政复议、提起行政诉讼、请求国家赔偿等权利。

您、纳税担保人同税务机关在纳税上发生争议时，必须先依照税务机关的纳税决定缴纳或者解缴税款及滞纳金或者提供相应的担保，然后可以依法申请行政复议；对行政复议决定不服的，可以依法向人民法院起诉。如您对税务机关的处罚决定、强制执行措施或者税收保全措施不服的,可以依法申请行政复议,也可以依法向人民法院起诉。

2. 国际经验

从国际经验上看,在行政诉讼前不设清税前置限制使纳税人诉讼权可顺利实现,确保行政复议机构的独立性有助于其做出独立公正的复议决定。

(1)行政诉讼前不设清税前置限制。在很多国家,纳税人向税务机关提起申诉时不必缴税。例如,澳大利亚、美国、日本规定,纳税人对税务机关决定不服提出申诉的,不需要先行缴纳税款。

(2)确保税务复议机构的独立性

①德国。德国的税务行政管理机构分为联邦、州、市县三个层级。在州税务局层面,按照税收管理的核心流程相应设置了纳税申报受理部门、纳税评估部门、税款追征部门、违法调查部门和争议处理部门。争议处理部门组织人员独立于其他部门之外,承担依照法定程序处理、解决各种税收争议的职责。

②加拿大。加拿大税务局上诉科的运作独立于加拿大税务局的其他分支机构。负责处理的争议涉及所得税评估、消费税、商品及服务税、统一营业税以及加拿大退休金计划和就业保险裁决和评估。其工作人员不得参与最初的评估、判定或裁决,通过公正审查加拿大税务局裁决来解决和纳税人之间的争议,做出公正公平的决定。

③日本。《日本国税通则》专门规定独立的行政复议审理部门,即"国税不服审判所"。国税不服审判所是国税厅的附属机关,其组织人员单设,完全独立于各国税局和各税务署等征收机关之外。独立、公正的第三者地位在制度上得以保障,有助于其裁决的公正性以及涉税争议的解决。

④其他。此外,根据《OECD 调研报告(2015 版)》,部分国家如英国、法国、韩国、新加坡、西班牙、芬兰等,除了税务机关复议以外,纳税人还可以申请监察专员或者其他政府机构进行行政复议或者对复议结果再审查。这也在很大程度上保障了复议机构的独立性。

3. 建议

(1)建议取消税收行政诉讼的"清税前置"规定

此次《征求意见稿》取消了税务复议的"清税前置"要求,降低了纳税人在申请税务复议时的门槛,这对于保护纳税人的合法权益无疑是一大进步。

但是,税收诉讼的"清税前置"仍保留,即必须先缴清税款才能提起诉讼,这无疑抬高了纳税人行使诉讼权利的"门槛"。虽然从实际经验来看,清税前置保证了税款的及时入库,有效防止了纳税人以诉讼为由,迟迟不缴纳税款的情况,但同时也存在一些弊端,在税务机关违法征税的情况下,如果税款数额巨大,纳税人无力缴纳,或者无力提供相应担保,诉讼程序无法启动,税务机关的行为得不到监督和制约。同时,纳税人合法权益也就得不到法律应有的保障。

建议《征求意见稿》第十章第126条第1款修改如下:

> 纳税人、扣缴义务人、纳税担保人同税务机关在纳税上和直接涉及税款的行政处罚上发生争议时,可以依法申请行政复议;对行政复议决定不服的,可以依法向人民法院起诉。

(2)确保税务复议机构的独立性

近年来,虽然税务行政复议案件数量不断上升,但在机构设置上依旧缺乏独立性和制衡机制。根据税务复议管辖的规定,通常纳税人应向做出行政行为的税务机关的上一级税务机关申请复议。但实践中,基层税务机关在出具缴纳税款通知书之前可能已经征询过其上级税务机关的意见,那么,纳税人在向其同一上级税务机关提出税务行政复议时,可能难以保证其获得独立公正的复议决定。因此,我们建议应当借鉴国际经验,建立相对独立的税收行政复议机构,从其组织地位、人员配置、制度设计上入手,增加税收行政复议程序的透明度和公正性。

有关税务争议解决机制,更详细的国际经验介绍及建议请参阅《税务行政复议制度研究》。

**(十)税务检查不得重复进户**

1.现行规定

(1)现行《税收征收管理法》和《征求意见稿》规定

**表10**

| 现行《税收征收管理法》 | 《征求意见稿》 |
| --- | --- |
| **第54条第2项** 税务机关有权进行下列税务检查:<br>(二)到纳税人的生产、经营场所和货物存放地检查纳税人应纳税的商品、货物或者其他财产,检查扣缴义务人与代扣代缴、代收代缴税款有关的经营情况 | **第88条第2项** 税务机关在履行税额确认、税务稽查及其他管理职责时有权进行下列税务检查:<br>(二)到纳税人的生产、经营场所和货物存放地检查纳税人应纳税的商品、货物或者其他财产,检查扣缴义务人与代扣代缴、代收代缴税款有关的经营情况 |

(2)其他规定

《国家税务总局关于进一步规范税务机关进户执法工作的通知》(税总发〔2014〕12号)规定:

> 税务机关工作人员依法到纳税人、扣缴义务人(以下简称纳税人)生产经营场所实施实地核查、纳税评估、税务稽查、反避税调查、税务审计、日常检查等税务行政执法行为,应当严格遵守法定权限和法定程序,能不进户的,或者可进可不进的,均不进户。
>
> 在同一年度内,除涉及税收违法案件检查和特殊调查事项外,对同一纳税人不得重复进户开展纳税评估、税务稽查、税务审计;对同一纳税人实施实地核查、反避税调查、日常检查时,同一事项原则上不得重复进户。

2. 国际经验

如何在加强涉税管理的同时,尽量减少对纳税人的干扰是世界各国普遍关注的问题。尽管对于其中的尺度和界限很难在立法层面量化,但一些国家做出的具体制度设计保障值得借鉴。

以美国为例,《国内收入法》第7605节(b)纳税人检查的限制:纳税人的账簿针对每一个纳税年度只能调查一次,除非纳税人另有要求或财政部长在调查后书面通知纳税人需要再进行检查。

3. 建议

我们建议在《税收征收管理法》中确立不得重复进户原则。在发达国家的税收征收管理中,一贯秉承"最低打扰"原则。随着近年来我国政府职能的不断转变,也做出了类似规定。在"便民办税春风行动"中,针对纳税人反应强烈的"多头检查""重复进户"的问题,取消了多项进户执法项目,做出了同一年度内同一事项原则上不得重复进户的规定,减少了对纳税人正常经营活动的干扰,减轻了纳税人的行政负担。我们希望,在转变政府职能、简政放权的当前形势下,将取消"多头检查""重复进户"等原则的要求写入《征求意见稿》,以增强征纳之间透明、合作的良好关系。

建议《征求意见稿》第6条增加1款修改如下:

> 税务机关实施税收征收管理,应尽量避免干扰纳税人正常生产经营,需实地开展工作的,对同一纳税人原则上一年内不重复进户。

# 税收优先权制度研究

徐阳光[*]　韩　蓉[**]　魏　凯[***]

## 一、税收优先权的法理基础及其反思

税收优先权，是指当纳税人欠缴税款与其他未获清偿债务同时存在，且其剩余财产不足清偿全部债务时，税收可以排除其他债权而优先受偿的权利。[①] 税收优先权有不同的分类：依据税收债权是否优先于担保债权，可分为广义的税收优先权和狭义的税收优先权，广义的税收优先权不仅优先于无担保债权，而且优先于有担保债权。依据税收优先权的行使是否针对特定标的物，可分为一般税收优先权和特别税收优先权，一般税收优先权是征税主体对债务人的全部财产都有优先受偿权，而特别税收优先权则是指征税主体对债务人的特定财产有优先受偿权。

理论上一般认为，国家设立税收优先权有公益性与风险性两大理由。公益性理由是基于西方财政学理论而产生的，其认为税收是一种公共收入，是进行公共支出、提供公共物品的物质基础，基于公共需要的公共物品提供与私人需要的满足具有内在的一致性，“公共欲望只能经由公共经济，通过国家或政府的财政手段来得到实现，

---

* 中国人民大学破产法研究中心。

** 中国人民大学法学院研究生。

*** 中国人民大学法学院研究生。

① 参见刘剑文、熊伟：《税法基础理论》，北京大学出版社2004年版，第298页。

为了满足公共欲望和公共需要，必须由国家这个非盈利的组织体向营利性的私人经济主体（企业、居民）课税征收，以此向社会公众提供公共物品。这使税收成为满足公共需要的最主要的手段，从而使其具有很强的公益性”。[①] 私法债权有赖于国家保障和实现，而税收作为国家强制力的最重要的支持基础之一，是为保护私法债权而理应优先受偿的最基本的公益费用。如果税收债权不能优先受偿，就会影响国家财政支出与国家机关的正常活动，进而不利于国家利益、社会利益、个人利益的保障。因此，税收优先权的设置具有正当性。

所谓风险性理由，是指税收作为一种缺乏对待给付的债权，本身存在风险性，需要税收优先权作为保障手段。纳税人的个人利益与税收所代表的公共利益之间必然存在矛盾，纳税人一方面希望享受公共服务；另一方面又往往不愿缴纳应负担的税金。纳税人的数量众多、形式各异，以及税法的复杂性和信息的不对称性等都给纳税人故意隐瞒与逃避缴税提供了空间，加之其他税收保障措施的限制较多，税收债权的履行得不到保障。若不规定税收债权相对于担保债权的优先性，纳税人在产生税收债务后又以其财产设定担保物权，劣后于担保债权的税收债权的清偿将难以得到保证。

税收债权是以国家为主体对纳税人的一种金钱上的请求权，税收优先权的实施可以保障税收债权的实现，维护国家财政稳定。然而，由于优先权制度的法理基础并非坚不可摧，[②]且税收优先权制度在实践中出现了许多问题，学界对税收优先权设立的两大理由进行了反思与质疑。对于税收优先权设立的公益性理由，有学者认为，税收并非天然具有公益性，其最初是作为一国的统治阶级用以剥削被统治阶级的一种不劳而获的工具。自16世纪社会契约论的国家学说诞生始，税收才与公益性联系起来，且这种联系蕴含着自由、平等、理性等西方启蒙思想内涵。但国家基于社会契约诞生的学说更多的是一种信仰，因此，如果用社会契约和税收国家的理论来诠释税收债权，就必须要将其蕴含的民主、平等、法治等先进理念真正渗透于税法之中，也就必须摒弃税收债务所享有的特权。再者，个人利益是否必须屈从于国家利益？从实践来看，在中国行政权力膨胀的当下，在公益性被塑造成为一种信仰之前，国家利益不应凌驾于个人利益之上。[③]

税收优先权设立的风险性理由亦需商榷。一方面，税收虽然的确是一种缺乏

---

① 张守文：《论税收的一般优先权》，载《中外法学》1997年第5期。

② 学界关于优先权的性质之争颇多，主要集中于优先权的特种债权效力说和担保物权说。同时，优先权基于法律规定而产生，其成立无须以占有等方式进行公示，又导致物权公示原则与优先权法定性间的矛盾。

③ 参见向逢春：《质疑税收优先权》，载《财税法论丛》（第11卷），法律出版社2010年版。

对待给付的债权,其履行可能性较于私法债权可能更弱,但是,税收债权的债权人是代表国家的执行机关,其与私法债权的债权人的身份和能力都完全不同,拥有行政执法权,可以采取行政强制措施和行政处罚措施,这足以弥补税收缺乏对待给付的所谓薄弱之处。另一方面,若纳税人在税收债权发生后恶意设定担保物权以逃避缴税,税务机关可以行使税收保全措施加以保护,特别是《企业破产法》专门设立了撤销权制度以保证债务的公平清偿,故纳税人恶意设定担保的行为对税收债权的履行已有足够的保障措施。再者,政府的社会管理系统几乎涵盖到纳税人社会生活的各个方面,纳税人所面临的不仅是税务机关一个政府部门,而是要面对整个政府系统。因此,当纳税人不履行其纳税义务时,税务机关与纳税人之间的信息不对称性可以通过此途径而弥补。

我们认为,税收优先权的设立旨在保障税收机关依法征收税款并保证税款及时入库,是行使国家公权力、维护国家财政利益的体现。但从立法论的角度分析,税收优先权并非亘古不变的真理,更不是理所当然的事情。如学者所言:“由于税收的发生缺乏公示性和确定性,第三人无从知晓其存在及具体数额,税收优先权会对民事交易安全构成威胁,损害其他债权人的合理期待利益。另外,税收的公益性和风险性并不必然支持税收优先权。在世界范围内,税收优先权制度呈弱化趋势,有的国家甚至早已将其取消。”[①]实际上,澳大利亚早已废止了税收优先权的规定,事实证明,这不仅没有给税收带来损害,反而促使征税机关积极运用税务保全、税收强制措施来保障税款及时征缴入库。不少国家和地区即便没有废止税收优先权,也在税收优先权的效力登记、适用范围、适用形式等方面呈现弱化的趋势。[②] 当然,立法论的分析只能供现行法律的修改完善以参考,现实问题的解决必须依靠解释论。

## 二、税收优先权的国内外立法现状

### (一)税收优先权在我国的相关规定

税收优先权的一般条款体现在2001年修改后的《税收征收管理法》第45条,其规定:“税务机关征收税款,税收优先于无担保债权,法律另有规定的除外;纳税人欠缴的税款发生在纳税人以其财产设定抵押、质押或者纳税人的财产被留置之前的,税收应当先于抵押权、质权、留置权执行。纳税人欠缴税款,同时又被行政机关决定处以罚款、没收违法所得的,税收优先于罚款、没收违法所得。税务机关

---

① 熊伟:《中国税收优先权制度的存废之辩》,载《法学评论》2013年第2期。

② 参见侯作前:《我国税收优先权制度前瞻》,载《云南大学学报》(法学版)2003年第1期。

应当对纳税人欠缴税款的情况定期予以公告。”这是我国税法体系中第一次明确规定税收优先权，但该条文本身较为笼统，实践中缺乏可操作性。例如，本条所规定的税款是仅指税收本金还是包含利息、滞纳金、罚款？对于“欠缴的税款发生时间”，到底是“欠缴”的起始时间还是“税款”的形成时间？如果解释为纳税人行为符合税收的构成要件而产生税款的时间，则由于税收的发生缺乏公示性，税收优先权的设置就在一定程度上增加了交易成本，损害了作为市场经济之基础的信赖利益，导致冲突与矛盾的产生，不利于维护市场经济的秩序。

《税收征收管理法》第45条是对税收优先权的一般性规定，在此之前，税收优先权的规定散见于一些部门法之中。我国税收优先权最早规定于1986年颁布的《企业破产法(试行)》中，在1991年《民事诉讼法》以及现行《企业破产法》《海商法》《商业银行法》《保险法》《合同法》《民用航空法》等法律中都有体现。

1986年颁布的《企业破产法(试行)》第37条规定，全民所有制企业破产，“破产财产优先拨付破产费用后，按照下列顺序清偿：(一)破产企业所欠职工工资和劳动保险费用；(二)破产企业所欠税款；(三)破产债权。破产财产不足清偿同一顺序的清偿要求的，按照比例分配”。这是最早关于税收优先权的规定。1991年颁布的《民事诉讼法》第203条、第204条则将《企业破产法(试行)》中破产财产的清偿顺序的规定主体扩展到所有企业法人。2006年颁布的《企业破产法》延续了《企业破产法(试行)》所规定的破产程序中税收债权的优先地位的做法，第113条规定：“破产财产在优先清偿破产费用和共益债务后，依照下列顺序清偿：(一)破产人所欠职工的工资和医疗、伤残补助、抚恤费用，欠的应当划入职工个人账户的基本养老保险、基本医疗保险费用，以及法律、行政法规规定应当支付给职工的补偿金；(二)破产人欠缴的除前项规定以外的社会保险费用和破产人所欠税款；(三)普通破产债权。”但《企业破产法》第109条同时规定了担保债权具有别除权，享有优先受偿之地位，“对破产人的特定财产享有担保权的权利人，对该特定财产享有优先受偿的权利”。

在《企业破产法》相关规定的基础上，我国《保险法》和《商业银行法》对保险公司和商业银行这两类金融机构被宣告破产后的债权清偿顺位做出了特殊规定，使得部分普通债权可以优先于税收债权受偿。《保险法》第91条规定：“破产财产在优先清偿破产费用和共益债务后，按照下列顺序清偿：(一)所欠职工工资和医疗、伤残补助、抚恤费用，所欠应当划入职工个人账户的基本养老保险、基本医疗保险费用，以及法律、行政法规规定应当支付给职工的补偿金；(二)赔偿或者给付保险金；(三)保险公司欠缴的除第(一)项规定以外的社会保险费用和所欠税款；(四)普通破产债权。破产财产不足以清偿同一顺序的清偿要求的，按照比例分配。"《商业银行法》第 71 条第 2 款规定:"商业银行破产清算时,在支付清算费用、所欠职工工资和劳动保险费用后,应当优先支付个人储蓄存款的本金和利息。"当保险公司、商业银行破产时,保险公司应赔偿或给付的保险金、商业银行应支付的个人储蓄存款的本金和利息应当优先于税收债权清偿。赔偿或给付保险金债权与个人储蓄存款债权本属于无担保债权,但是,这两类债权却是保险公司和商业银行重要的资产来源和运营基础,为了保障投保人、被保险人以及个人储户的合法权益、保障保险公司和商业银行系统的正常运营,故使赔偿或给付保险金债权与个人储蓄存款债权优先于税收债权而受偿。上述规定与《税收征收管理法》第 45 条规定的税收优先权之间产生了张力。

根据《企业破产法》的规定,一般情况下,破产程序中债权清偿先后顺位为:担保物权、破产费用、共益债务、职工债权、税收债权、普通债权。而根据《税收征收管理法》的规定,税收债权与担保物权的清偿顺位依据产生的时间来确定,由此打乱了破产程序中的清偿顺位规则。毋庸置疑,从解释论分析,优先顺位被打乱并形成循环怪圈的法律事实已然发生,也导致了理论上对担保物权与税收债权的清偿顺序的处理产生了两种不同,但都有一定道理的观点。一种观点认为,税收债权优先受偿。因为,税收债权属于公法之债,关系国家财政收入与经济发展,所以,理应优先于作为私法之债的担保债权受偿。另一种观点认为,担保物权优先受偿。因为,担保物权具有对世性和绝对性,对维护交易安全与市场诚信体系具有重要意义。

我国《海商法》第 21 ~ 23 条对船舶优先权做出了特别规定。船舶优先权是指,海事请求权人可以依照相关规定向船舶所有人、光船承租人、船舶经营人提出海事请求,对产生该海事请求的船舶享有优先受偿的权利。其中,船舶吨税的交付请求属于具有船舶优先权的海事请求,但船舶优先权中,海难救助的救助款项的给付请求优先受偿,包括船舶吨税在内的其他各项海事请求按照发生顺序受偿。可见,无论何时船舶吨税债权都优先于船舶担保债权受偿。我国《民用航空法》第 18 条、第 19 条、第 22 条也对无担保普通债权优先于税收债权作了特别规定,援救民用航空器的报酬与保管维护该民用航空器的必需费用具有民用航空器优先权,同时,民用航空器优先权先于民用航空器抵押权受偿。

在建工程价款的优先权是我国《合同法》规定的法定优先权,该法第 286 条规定"发包人未按照约定支付价款的,承包人可以催告发包人在合理期限内支付价款。发包人逾期不支付的,除按照建设工程的性质不宜折价、拍卖的以外,承包人可以与发包人协议将该工程折价,也可以申请人民法院将该工程依法拍卖。建设工程的价款就该工程折价或者拍卖的价款优先受偿"。当在建工程进入司法拍卖程序后,建设工程价款优先权会与税收优先权会产生冲突,而厘清这两种优先权之间的顺位,需要结合两种优先权的立法目的进行分析。建设工程价款优先权旨在解决建筑业拖欠工人工资的问题,保障建筑业工人的劳动者权益,维护社会稳定;税收优先权则基于公权力产生,旨在保障国家财政收入。当人的生存权与国家财政收入产生冲突时,尤其是在我国社会保障还不完备的情况下,建设工程价款优先权应当优先于税收优先权。但毕竟法律没有明确规定,在司法实践中,二者的冲突难以避免。

**(二)税收优先权在其他国家和地区的相关规定**

1.美国

美国破产法中对于税收优先权的规定较为细致,根据税收类型的不同,税收的优先程度亦不同。在破产程序终结后,不能从破产财产中得到清偿的税收,有的可以豁免,有的不可豁免。

根据《美国破产法典》,非税担保债权有"准超级优先权",在破产财产分配之前即可受偿。类似于我国《企业破产法》中的别除权制度。在清偿非税担保债权后,有8类优先权,即(1)破产费用,包括破产案件过程中发生的税收;(2)债权人向法院提出申请后至法院宣告债务人破产时,债务人在正常业务活动中形成的债权;(3)工资及其他劳务报酬;(4)职工福利;(5)粮食生产者或水产品生产者的债权;(6)消费者所交付的定金;(7)满足相应条件的无担保税收;(8)对美国联邦存款保险公司的存款保证金。[①] 满足所有准超级优先权和优先权项目后,才可清偿其他无担保普通债权。在这8种债权中,只有前一顺位的债权人已获得充分清偿后,后一顺位的债权人才可以开始分配,同一顺位的债权人之间按债权比例进行分配。担保税收的清偿顺序在前6项优先权之后,在无担保税收之前,此时,前6项优先权的权利范围不能超过担保税收本身。

满足什么样条件的无担保税收才可以列入第7顺位优先权?所得税需满足下列三个条件之一:第一,纳税申报的到期日在破产申请日之前的3年以内;第二,税收在破产申请日之前240天内已经被核定;第三,破产申请受理之后,税收核定时效尚未届满,税收仍然可以被核定。消费税、销售税、使用税等需满足的条件为:债务人在破产申请之前3年之内申报纳税。

总结来说,美国的税收优先权制度的优先度分别为:位于第一层级优先权的为"破产案件过程中发生的税收";位于第二层级的为"债权人向法院提出申请后至法院宣告债务人破产时,债务人在正常业务活动中形成的税收";担保税收;位

① U.S. Bankruptcy Code §507.

于第七层级的为“满足相应条件的无担保税收”。

2. 德国

在税收优先权问题上，德国与我国的做法有很大差异。德国的新旧《破产法》在对待税收优先权的问题上的态度大不相同。德国制定于1877年的《帝国破产法》(习惯上称为德国旧《破产法》)承认税收债权在破产清算中的优先权地位。根据这部法律的规定，破产债权的清偿顺序为:“(1)因宣告程序前一年的迟付或者破产人死亡的不属于财团债务的债权;(2)帝国国库、各州金库、公务团体、乡镇、省、县级联合会按公法应纳税赋，且在破产宣告前一年已经到期;(3)教会、学校、公共团体和公共火灾保险机构按法律或者宪法在宣告程序前一年征收的税赋及酬金债权;(4)医生或护士在破产宣告前一年的医疗费债权;(5)破产人的未成年子女、被监护人或者辅助人在对其财产进行法定管理中所发生的债权;(6)所有其他破产债权。”[①]可以看出，旧《破产法》还是给了税收债权较高的清偿顺位，比较注重国家税收的保护。但是，德国新《破产法》取消了所有的优先受偿制度，包括税收债权的优先权。新《破产法》统一了传统《破产法》和《破产和解法》，对企业破产清算中的债权清偿顺序也进行了颠覆性的修订，其将破产债权人分为一般破产债权人和次位破产债权人。其中，一般破产债权依比例清偿，而其第39条也对次位破产债权作出了规定:“破产债权人的其他债权依下列位次清偿，同一位次依比例清偿:(1)破产债权人的债权自破产宣告之后所生利息;(2)各破产债权人因参加破产程序而发生的费用;(3)罚金刑、罚款、违警罚款、强制罚款以及犯罪或违法行为所产生的附加性金钱支付责任;(4)要求债权人无偿给付之债权;(5)要求偿还股东资本替代性贷款之债权或类似债权。”另外，第174条第3款规定:“次位债权人的债权仅在破产法院特别督促其申报时始予申报。申报此等债权时对位次须做提示并须说明债权人所享有的债权位次。”并且，在《德国税收通则》中，也没有为税收债权规定优越于其他债权的优先顺位。所以，在德国，税收债权并没有得到特别的优待。从承认税收优先权到否认税收优先权，这种变化主要是因为德国新旧《破产法》在价值目标上发生了彻底的改变。新《破产法》不再单纯地注重维护国家作为税收债权人的利益，也要保护其他债权人以及债务人的利益，而且还要维护社会的整体利益。[②]

---

① 李永军:《破产法律制度》，中国法制出版社1999年版，第332~333页。

② 参见王欣新:《德国和英国的破产立法》，载《人民法院报》2005年10月21日，第B04版。

3. 日本

日本旧《破产法》将债权分为破产债权和财团债权。其中,财团债权是指优先于破产债权,并且不需要根据破产程序,就可以从破产财团中随时受到清偿的债权。① 破产债权根据其清偿顺位又分成优先破产债权、一般破产债权、劣后破产债权。位于同一顺位的债权是平等的,根据其比例获得清偿。旧《破产法》中,所有的税收债权都是财团债权,因此便获得了很高程度的保护,清偿顺序仅次于担保物权。日本旧《破产法》做出这种制度上的安排,无疑是为了保证国家的税收收入,维护税收在法律上的神圣地位,但是,这种做法在实际的运行过程中却收到了相反的效果,在立法论上受到强烈的批判。②

鉴于此,日本新《破产法》对原来的许多制度进行了修订,而其中最为重要的一个方面就是对于税收优先权顺序的调整。在日本的新《破产法》中,财团债权的范围得到了调整:将破产程序开始前3个月产生的工资请求权、退职补贴请求权与退职前3个月的工资总额相当的部分作为财团债权,提高了其优先顺序;部分租税债权被排除出财团债权的范围之外,其优先顺序被降低;涉及税收的债权的加算税(附加税)等被列为后顺位破产债权。另外,在分配前,法院可以酌情允许清偿仅作为优先债权的一部分劳动债权。总之,日本新《破产法》对于清偿顺位的调整主要体现为税收债权顺位的后移以及职工债权顺位的前移,这也体现了世界范围内税收优先权的逐步弱化以及对普通债权和职工债权保护力度的加强。这种改变所体现的理念与我国"以人为本"的理念实际上是契合的。

另外,日本《国税征收法》第8条规定:"对纳税人的总财产,除本章另有规定场合外,国税优先于一切捐税和其他债权而予以征收",也即确立了一般情况下的税收优先权原则。该法的第9~26条对于国税与地方税、国税与担保债权、国税与临时登记或转让担保的债权、国税和地方税与私债权之间的关系都作出了详细的规制。此外,日本的优先权制度中共益费用优先于一切债权。日本税法规定,实行强制换价的消费税,如因征收而运输的物品,就其换价款,优先于其他税收。这是因为,在强制执行过程中拍卖、变卖相关物品所产生的税收与强制执行已存在的税收相比,具有共益费用的性质。

将日本税收优先权的规定与我国相比,可以得出以下结论。第一,关于比较税收债权与抵押权、质权的清偿顺位,日本破产法明确指出两者确定顺位先后的标准是"法定缴纳期限"与"债权设立时间""抵押权设立时间",为二者之间清晰

---

① 参见[日]石川明:《日本破产法》,何勤华、周桂秋译,中国法制出版社2000年版,第159页。

② 参见[日]伊藤真:《破产法》,中国社会科学出版社1995年版,第123页。

地比较提供了可能。而我国《税收征收管理法》则没有明确指出税收优先权产生的具体时间,导致了实务中操作的困难。第二,日本税法赋予了留置权以绝对优先于税收债权的效力,而我国在判断二者清偿顺位之时依然是按照成立时间先后,相比之下,日本税收考虑到了留置权的特殊性,立法选择上更加合理。第三,日本税收领域的法律与破产领域的法律也存在清偿顺序上的冲突,与我国相同,体现出了不同的立法意图以及由此带来的法律之间的冲突,需要在立法上加以协调。第四,我国《税收征收管理法》第45条规定的问题,在日本却用了近20个法条来规制,这也体现出日本税法立法相比我国更加精细,值得我们借鉴。立法的精细化本身也是实现法律之间相互协调的前提,如果我国税收立法能进一步实现精细化,甚至规定不同领域的不同清偿顺序(例如,破产清算领域、保险领域、人身侵权领域等),则可以更好地针对不同领域的情况加以针对性地解决,从而也可以避免法律之间冲突的问题。

4. 澳大利亚

澳大利亚的《破产法》废除了联邦和地区的税收优先权制度,仅保留了破产费用和员工福利两类优先权。根据澳大利亚《公司法》规定,税收债权与其他无优先权之债权有相同地位,按比例获得清偿。值得注意的是,澳大利亚在取消了税收优先权后,国家税收不减反增。

5. 俄罗斯

根据俄罗斯《破产法》第134条之规定,在清偿破产费用后,债权清偿的顺序为:"一、公民债权,即为消除由于企业生产经营而对公民生命或健康的危害而产生的债权;二、工资、津贴、劳动报酬等;三、债务人财产担保的税收债权;四、其他债权。可见,同澳大利亚一样,俄罗斯也取消了税收优先权。"

6. 我国台湾地区

我国台湾地区没有设立税收一般优先权制度,仅在捐税稽征等相关规定中有一些涉及土地增值税、关税、营业税、船钞以及破产清算、重整过程中的特别规定。例如,"税捐稽征法"第6条第2款规定:"土地增值税之征收,就土地之自然涨价部分,优先于一切债权及抵押权。"但是,按我国台湾地区学者的理解,这些规定以外的税收,现行"税法"既然未设规定,就应当解释为只有"普通债权"之性质,与其他普通债权立于平等地位,依比例受偿,而担保物权则应优先受偿。[1]

---

① 参见王泽鉴:《税捐、工资与抵押权》,载王泽鉴:《民法学说与判例研究》(4),中国政法大学出版社1998年版。

## 三、我国现行立法中的主要问题及立法建议

### (一)《税收征收管理法》本身的问题

《税收征收管理法》对税收优先权的规定集中体现在第45条、第46条。其中,第45条前两款规定了税收债权对于无担保债权的税收优先权、税收债权与抵押权、质权、留置权之间的清偿顺位、税收债权与罚款、违法所得没收的清偿顺位,并在第3款对欠税公告制度进行了宣誓性的规定。第46条则规定了纳税人对于抵押权人、质权人的欠税情况告知义务以及抵押权人、质权人请求税务机关提供欠税信息的权利。上述条款中存在以下问题。

1.我国一般意义上的税收优先权应否保留

一般意义上的税收优先权,是指税收债权对于普通无担保债权及设立于其后的担保债权的优先清偿顺位。对此应否保留,理论界对此问题争论不一。通说认为,税收具有强烈的社会公益性,并且,税收不具有对待给付的性质,其征收具有较大的风险性。正是公益性与风险性决定了应对一般意义上的税收优先权予以保留。[①] 有学者建议废除一般意义上的税收优先权,其认为,税收优先权会造成对市场交易安全的冲击,因为税收的发生并无物权登记之公示制度,且纳税义务可随时因某种所得或行为之发生而发生,第三人无从知悉这种优先权所保障的债权数额,若为保障税收安全就如此牺牲市场交易安全,将得不偿失。[②] 此外,该学者还认为,尽管税收具有公益性,但公益价值并非绝对价值,当公共利益和私人利益相冲突时,必须妥善加以衡量,而不能直接让公共利益凌驾于私人利益之上;尽管税收具有风险性,但相比私法债权,税收债权的保障措施众多,因此,再赋予税收优先权并无必要。[③] 其他持类似观点的学者也都是从对公益性和风险性的检讨以及对市场交易安全的保护出发论述为何要废除税收优先权。然而,也有学者持不同观点:"讨论税收优先权的存废问题不能仅从税收的公益性和风险性出发,而应该从政策考量、经济效应和社会影响等多维度仔细考虑,综合权衡。"[④]

我们认为,虽然从维护私法交易安全出发,一般意义的上税收优先权的逐步弱化是国际趋势,但我国现阶段仍不宜立即取消一般意义上的税收优先权。原因有三:第一,现阶段我国还没有完全建立起纳税光荣的社会风气,很多纳税主体的诚信意识较为淡薄。在这种背景下,如果进一步取消税收优先权,可能导致许多

---

① 参见徐孟洲、徐阳光:《税法》,中国人民大学出版社2015年版,第281页。

② 参见熊伟、王宗涛:《中国税收优先权制度的存废之辩》,载《法学评论》2013年第2期。

③ 同上。

④ 李慈强:《破产清算中税收优先权的类型化分析》,载《税务研究》2016年第3期。

人欠税后通过设定财产担保偷、逃税款。此外,这还会使税收更加得不到应有的重视,使税款征收难度进一步加大。第二,私法债权依据契约关系产生,因此,市场主体之间进行交易时,就有义务对交易人的资信情况、欠税情况进行了解,并在此基础上妥善决定是否与之交易,否则,理应承担债权有可能无法实现的风险。而税收债权是依据法律规定直接产生的,属于公法上的债权,税收机关并没有选择征收对象的自由,因此,赋予税收债权以优先权也是题中之意。这也会形成一种市场倒逼机制,令市场主体在交易之时更加关注对方的欠税情况,从而迫使市场主体积极纳税,保持自己良好的纳税记录,进而促进我国依法纳税风气的进一步养成。第三,虽然现行立法规定了许多税收保障措施,例如,税收保全、税收强制执行、强制纳税人提供纳税担保、预先征收、加收滞纳金、公告欠税情况等,看似均有了比普通债权更加强大的保障力度。但从利益驱动的角度来说,当某一债务人欠钱不还时,债权人会想方设法地要求其还钱,甚至提起诉讼,要求法院强制执行,这是因为,债权人对该欠款具有直接利益关系。而当税务机关为债权人时,纵然其手中有如此多的"武器",但其所征得的税款与其没有直接的利益关系,其执法积极性便无法保障。因此,从利益驱动的角度来说,并不能过度高估这些措施抵御税收债权风险性的能力。

综上所述,基于我国具体情况考虑,现在就取消一般意义上的税收优先权还为时过早。但在不久的将来,随着我国纳税人诚信纳税意识的不断加强、征税机关执法水平和执法积极性的进一步提高以及全社会对依法纳税认识的不断提高,可以考虑逐步取消我国一般意义上的税收优先权。

2. 税收优先权与抵押权、质权的清偿顺位问题

根据《税收征收管理法》第45条的规定,税收优先权与抵押权、质权的清偿顺序是依据成立时间先后来确定的。[①]《物权法》为抵押权、质权的成立时间进行了规定,此处不再予以讨论。但欠缴税款"发生"的时间点应如何确认?

从文义解释的角度出发,"欠缴的税款发生"应是指纳税人的行为或财产符合税收构成要素,并自动产生税款的时间。[②] 若按此理解,税收债权一经"出生"便具有优先顺位,对保障国家税收债权最为有利,但对交易安全的冲击也最大,且

---

① 与留置权这种法定担保模式不同,抵押权、质权是当事人通过约定设立的保障债权顺利实现的方式,因此,纳税人的交易人在决定是否与纳税人交易前,可以通过欠税公告了解纳税人的欠税情况,并在此基础上决定是否与纳税人交易以及是否需要设立抵押权或质权。因此,按成立时间先后确定两者的清偿顺序是合理的。

② 参见向逢春:《质疑税收优先权》,载刘剑文主编:《财税法论丛》(第11卷),法律出版社2010年版,第124页。

不具备现实意义上的可操作性。这是因为,不同税种的税收债权产生时间不同,在实践中很难具体确定各笔不同税收何时产生。当交易主体无法确定其交易对象的欠税情况时,就无法判断其为保障债权清偿而设立的抵押权、质权能否起到相应的作用。因此,此种法律解释的方法在此是行不通的。还有学者提出,应按欠税公告的时间确定税收优先权与抵押权、质权的清偿顺位,时间在先者优先清偿。[①] 但笔者认为,以欠税公告的时间为参照确定标准虽有利于交易安全的保护,但一定程度上超越了原条文的立法本意,不利于税收优先权制度功能的正常发挥,同时也为纳税机关带来了过重的工作负担。因此,本文建议采取一种折中的观点:以法定纳税期限(税款缴纳期限)届满作为判断是否可以行使税收优先权的时间节点。这是因为,税收债务的发生有其特殊性,在满足法定税收条件前的税收债务是不确定的,具体的应缴税款数额也没有确定下来,这时,其只是一种抽象的纳税义务。根据我国税法的设定逻辑,在经过纳税申报或者经过特定情况下适用的税收核定,纳税义务才由抽象变得具体。[②] 但此时,虽然法定纳税期限(税款缴纳期限)届满,纳税义务已经变得具体,却依然无法保障私法交易安全不受税收优先权的冲击。税收优先权之所以会对私法交易安全造成冲击,最主要的原因就在于欠税情形不为第三人所知。所以,在判断抵押权、质权与税收债权的清偿顺位之时,应当明确,虽然税收优先权自法定纳税期限(税款缴纳期限)届满之时产生,但不经欠税公示不具有对抗第三人的效力。

综上,建议:以法定纳税期限(税款缴纳期限)届满作为税收优先权产生的时间,以此判断税收债权与普通无担保债权的清偿顺位,即在税收优先权产生后,税收债权均优先于普通无担保债权清偿。在判断税收债权与抵押权、质权的清偿顺位时,虽然在法定纳税期限(税款缴纳期限)届满之日税收优先权产生,但只有在欠税进行公示后,税收债权才能获得优先于其后设立的抵押权、质权的清偿顺位,以此保护抵押权人与质权人的利益,维护私法交易安全。

另外,应当指明,在以法定纳税期限(税款缴纳期限)届满作为税收优先权产生时间的前提下,无担保债权人的私法交易安全也并非不能得到保障。首先,税收债权作为一种法定的债权,其产生数额具有一定的稳定性与规律性,因此,通过了解纳税人之前的资信状况、欠税情形,即可大致判断无担保债权可能面临的税收债权的威胁程度。其次,为维护私法交易安全,交易主体还可以选择设立抵押权或质权为自己的债权实现提供保障。

---

① 参见曹艳芝:《优先权论》,湖南人民出版社2005年版,第191页。

② 参见田学伟、徐阳光:《论破产程序中的税收债权》,载《政治与法律》2008年第9期。

3. 税收优先权与留置权的清偿顺位问题

依照《税收征收管理法》第45条，若税收债权形成于纳税人的财产被留置之前，则税收债权可以优先于留置权清偿。笔者认为，这种安排不够合理。首先，作为一种特殊的担保方式，留置权除具有保障债权实现的功能外，还具有实现公平原则、预防道德风险、降低债权人追偿成本、提高债权救济效率等功能，因此，《物权法》赋予了留置权人优先于抵押权人和质权人优先受偿的效力。① 而根据《税收征收管理法》第45条，若一项抵押权或质权优先于某税收债权成立，而一留置权后于税收债权成立，则会形成这样一种清偿顺序：抵押权或质权—税收债权—留置权。这与《物权法》第239条所规定的清偿顺序发生了根本冲突。其次，即使留置权的产生晚于税收债权，令留置权后于税收债权清偿也不符合留置权的功能定位。留置权作为一种"费用性担保物权"，主要是就债权标的物施以劳务、技术或供给材料，其制度设计中可体现出法律维护公平、鼓励创造价值的精神。② 若纳税人在欠税已形成的情况下接受了加工、修理、保存、运输等服务，依照《税收征收管理法》，该留置权劣后于税收债权受偿，则实际上是将该笔税负从纳税人转移到了留置权人身上，这是不符合公平正义原则的。

鉴于上述原因，本文建议，无论税收债权与留置权谁先成立，留置权人都应优先于税收债权人受偿，以实现《税收征收管理法》与《物权法》之间的协调以及留置权的制度价值。

4. 欠税公示制度的问题

在税收债权与抵押权、质权清偿顺位确定的问题上，税收公示制度发挥着十分重要的作用。《税收征收管理法》第45条第3款规定："税务机关应当对纳税人欠缴税款的情况定期予以公告。"第46条规定："纳税人有欠税情形而以其财产设定抵押、质押的，应当向抵押权人、质权人说明其欠税情况。抵押权人、质权人可以请求税务机关提供有关的欠税情况。"这两个条款的立法本意，都在于在保留税收优先权的前提之下维护私法交易安全，防止抵押权人、质权人的利益被不正当损害。但这两个条款能否起到应有的作用却值得探讨。

第45条第3款属于提示性条款，并没有明确税务机关公告欠税信息的具体方式、程序、效力以及未公告的法律效果，从而导致该条款缺乏现实可操作性。2004年国家税务总局颁布了《欠税公告办法（试行）》（以下简称《办法》）。《办法》对欠税公告的发布机关、公告内容、公告媒体及法律责任等都做了具体的规

① 《物权法》第239条规定："同一动产上已设立抵押权或质权，该动产又被留置的，留置权人的优先受偿。"

② 参见陈祥健主编：《担保物权研究》，中国检察出版社2004年版，第10页。

定。但《办法》的立法宗旨存在偏差,其实际上更加注重国家税收利益的维护[①],即将欠税公告定性成了一种督促纳税人自觉缴纳税款的行政事实行为,[②]对于私法交易安全的保护则关注不足。例如,根据《办法》第4条:"公告机关应当按期在办税场所或者广播、电视、报纸、期刊、网络等新闻媒体上公告纳税人的欠缴税款情况。(一)企业或单位欠税的,每季公告一次。(二)个体工商户或其他个人欠税的,每半年公告一次。……"那么,当某项交易发生在跨地域的主体之间,而欠税的公告仅在一方所在地的办税场所公告,则交易相对方想了解相关欠税情况就十分不便。另外,欠税公告的周期过长也不利于税收优先权制度功能的正常发挥。因此,基于维护私法交易安全的考虑,本文建议,应将公告的周期缩短,并且在定期公告的前提下,税务机关还可以视需要不定期对特定纳税人的欠税情况进行公告。

第46条前半部分规定,纳税人有欠税情形而以其财产设定抵押、质押的,应当向抵押权人、质权人说明其欠税情况。笔者认为,这一条款在实践中很难发挥应有的作用。当纳税人想要与相对人完成交易时,其必然不会将其欠税情况直接告知交易相对方。为解决私法交易安全得不到保护的问题,应当做的是进一步完善我国的欠税公告制度,使这一制度更具可操作性,而不是将交易安全的维护依靠在纳税人的个人自觉性之上。

第46条后半部分规定,抵押权人、质权人可以请求税务机关提供有关的欠税情况。此款的规定具有重要的现实意义,若市场主体在决定设立抵押权、质权之前,可以通过税务机关得到其交易对象的欠税信息,则其私法上的交易安全可以得到很好的保护。但该条款仅是宣示性条款,《办法》也并未对该条款提供具有可操作性的指引,因此,下一阶段的立法应重视对此条款的细化,使其具有可操作性。

基于上述分析,笔者建议,对欠税公告的现行立法宗旨进行修订,不可将之作用局限于保障国家税款的征收,而应更多地考虑私法交易安全的维护,并以此为出发点,对具体规则的设计进行完善。另外,应逐步完善抵押权人、质权人请求税务机关提供特定纳税人欠税信息的具体规则,增强其可操作性。

**(二)《税收征收管理法》与其他法律相互冲突的问题**

1.《税收征收管理法》与《企业破产法》的协调

《企业破产法》第109条规定:"对破产人的特定财产享有担保权的权利人,

---

① 根据《欠税公告办法(试行)》第1条规定,其立法目的为"规范税务机关的欠税公告行为,督促纳税人自觉缴纳欠税,防止新的欠税的发生,防止新的欠税发生,保证国家税款及时足额入库"。

② 参见李建人:《欠税公告制度的完善》,载《税务研究》2014年第2期。

对该特定财产享有优先受偿的权利。”第113条规定:“破产财产在优先清偿破产费用和共益债务后,依照下列顺序清偿:(一)破产人所欠职工的工资和医疗、伤残补助、抚恤费用,所欠的应当划入职工个人账户的基本养老保险、基本医疗保险费用,以及法律、行政法规规定应当支付给职工的补偿金;(二)破产人欠缴的除前项规定以外的社会保险费用和破产人所欠税款;(三)普通破产债权。”基于这两条的规定,在破产程序中债权清偿顺位应为:“担保物权—破产费用—共益债务—职工债权—税收债权—普通债权。”但根据《税收征收管理法》第45条规定,纳税人既欠缴税款又同时欠有其他债务人担保债权时,税收债权与担保债权处于平等地位,按自己发生时间的先后决定执行顺序,从而形成了完全违背《企业破产法》第113条规定的债权清偿顺位:税收债权—担保债权—职工债权—普通债权。那么,在破产程序中,应如何协调这两部法律的关系?

从解释论分析,优先顺位被打乱并形成循环怪圈的法律事实已然发生,且两部法律均由全国人大常委会制定,不存在上位法和下位法的关系,意欲解决这一困境,只有依据《立法法》关于同位阶法律冲突的处理原则来解决。对此,又存在三种解读的可能:第一,《企业破产法》的颁布时间晚于《税收征收管理法》,应当依据“新法优先于旧法”的原则,即《立法法》第92条的规定“同一机关制定的法律……新的规定与旧的规定不一致的,适用新的规定”,适用《企业破产法》的规定处理。第二,《税收征收管理法》是面向纳税人正常状态下进行的税收征收管理所做的规定,属于“一般规定”;《企业破产法》是面向企业非正常状态下(即陷入破产程序)的情形所做的规定,属于“特别规定”,应当依照“特别法优先于一般法”的原则,即《立法法》第92条的规定“同一机关制定的法律……特别规定与一般规定不一致的,适用特别规定”,适用《企业破产法》处理。第三,《企业破产法》是对全体债权进行公平清偿所做的规定,但其颁布时间在后,属于“新的一般规定”;《税收征收管理法》是专门对税收债权优先顺位做出的规定,制定时间在前,属于“旧的特别规定”,根据《立法法》第94条的第1款规定:“法律之间对同一事项的新的一般规定与旧的特别规定不一致,不能确定如何适用时,由全国人民代表大会常务委员会裁决。”故此情形下,应由全国人民代表大会常务委员会裁决。

对于上述三种解读如何取舍,取决于选择者对两部法律的特殊性的认识。笔者认为,第一种观点和第二种观点都符合此种情形,且都可得出相同的处理结论。我国的税收法律制度基本面向纳税人正常状态来拟定,很少考虑企业破产时的课税问题,而《企业破产法》是专为陷入财务危机的企业设定的法律制度。虽然《税收征收管理法》第45条重在明确税收优先权,但实际上涉及税收优先权与担保物权、无担保债权、罚款等各类债权的处理,不能构成特殊规定。《企业破产法》则是制定在后的专门针对困境企业债权债务处理的特殊规定。而且,税收优先权属于一般优先权,并非针对债务人特定财产设置的权利,不符合别除权的一般特征,在破产程序中更不具有优先于别除权的超级优先权。《企业破产法》可以规定在一定范围内享有优先于别除权的超级优先债权,仅限于该法第132条规定的职工债权,税收优先权不在其内。加之,遵循目的论之解释方法,《企业破产法》未规定税收债权享有别除权甚至优先于别除权受偿的权利,是对其他立法上所设优先权的特殊调整措施,体现了对其他债权人的保护,体现了"国家不与民争利"的原则。考虑到在破产程序外,税收债权有强大的实现手段,而且已经有优先于无担保债权受偿的权利,尤其是发生物权担保设置前欠缴的税款,甚至有优先于物权担保权受偿的权利,本可以优先实现,但其怠于行使其权利,实际上是消极地放弃权利,所以,在破产程序中不应再给予其特殊保护。[①] 基于此,本文建议严格执行《企业破产法》,担保物权优先于税收债权清偿,《税收征收管理法》第45条依照时间先后处理的规定应仅限于非破产程序之中。征税机关意欲取得税收债权在破产程序中优先于担保物权的效果,应当依据《税收征收管理法》规定采取纳税担保的方式来实现,否则,纳税担保制度就失去了存在的价值和意义。

需要特别指出的是,有学者认为,税收优先权制度只有在纳税人的财产不足以清偿其全部债务时才最能体现其存在意义和价值,如果将破产程序中的税收优先权排斥在税收优先权的一般规定之外,将使《税收征收管理法》中的相关规定失去立法的意义。[②] 本文对此持不同观点。以2014年的数据为例,该年度全国企业注销数量为505,866户,吊销数量为214,130户,而全国法院共审结破产案件2059件。即该年度适用破产程序退出市场的企业不足全部退出市场企业数量的3%。由此可见,现阶段,并不是每一个资不抵债的企业都会选择破产程序,鉴于破产程序具有显著的终极性特征,[③]有很多债权人依然会采取一般的民事强制执行程序来实现自己的债权,真正能进入破产程序的实际上仍是少数。因此,即使将破产程序排除在税收优先权的一般规则之外,也不会使这一规则名存实亡。

2.《税收征收管理法》与《商业银行法》《保险法》的协调

依《商业银行法》第71条、《保险法》第91条,在商业银行破产清算中,个人储蓄存款的本金和利息被赋予了优先于税收债权清偿的顺位,在保险公司破产清算中赔偿或者给付保险金的请求也被赋予了优先于税收债权清偿的顺位。再结

---

① 参见王欣新:《破产别除权理论与实务研究》,载《政法论坛》2007年第1期。

② 参见张欣:《浅议我国税收优先权制度》,载《税务研究》2005年第3期。

③ 参见徐阳光:《破产案件审判庭设置的正当性证成》,载《人民法院报》2016年5月25日,第7版。

合《企业破产法》的有关破产清算顺序的规定，可以得出，在商业银行（保险公司）的破产中，应遵循这样一种清偿顺位：担保物权—破产费用—共益债务—职工债权—个人储蓄存款的本金和利息（赔偿或者给付保险金的请求）—税收债权—普通债权。这与《税收征收管理法》规定的清偿顺位是存在冲突的。

《企业破产法》与《税收征收管理法》之冲突的协调的办法在上文已经详细阐述，并已得出了在企业破产程序中，应坚持《企业破产法》所规定的清偿顺位的结论。在商业银行、保险公司破产清算之中，《企业破产法》基于上文所述理由同样适用。[①] 另外，之所以《商业银行法》（《保险法》）赋予了兑付个人储蓄存款的本金和利息的请求（赔偿或给付保险金的请求）优先于税收债权的清偿顺位，是因为其与个人利益、社会稳定等关系密切，是从社会秩序、公共利益出发所作的考量。既然税收也是为了公共利益，并且与保障社会公众的权利（兑付个人储蓄存款的利息的请求、赔偿或给付保险金的请求）相比，其作用更为间接，因而，把个人利息从其他银行债权中独立出来（把赔偿或给付保险金的请求从保险公司其他债权中独立出来），确定其优先于税收债权清偿的顺位，也是适宜的。[②]

因此，笔者认为，在商业银行、保险公司的破产清算中，当出现法律间的冲突时，应坚持《企业破产法》与《商业银行法》《保险法》的规定，遵循以下清偿顺位：担保物权—破产费用—共益债务—职工债权—个人储蓄存款的本金和利息（赔偿或给付保险金的请求）—税收债权—普通债权。

3.《税收征收管理法》与《海商法》的协调

上文所提个人储蓄存款的本金和利息债权、保险金债权等均是一般优先权，而船舶优先权属于特别优先权，是对产生该海事请求的船舶所具有的优先受偿的权利。《海商法》第22条规定了享有船舶优先权的项目范围：第一，船舶职工债权及社会保险费用。第二，在船舶营运中发生的人身伤亡的赔偿请求。第三，船舶吨税、港口规费的缴付请求。第四，海难救助款项给付请求。第五，船舶侵权行为产生的财产赔偿请求。此外，行使船舶优先权产生的诉讼费用，保存、拍卖船舶和分配船舶价款产生的费用，以及为海事请求人的共同利益支付的其他费用，[③]具

① 《企业破产法》作为调整企业破产事宜的一般法，在商业银行破产、保险公司破产中也要依法适用，但若《商业银行法》《保险法》对于商业银行破产、保险公司的破产作出了特别的规定，则应基于特别法优于一般法的原则，在适用《企业破产法》的基础上，同时适用《商业银行法》《保险法》对于破产程序做出的特殊规定。

② 参见张守文：《论税收的一般优先权》，载《中外法学》1997年第5期。

③ 此项由《海商法》第24条规定，其虽不是船舶优先权的项目，但赋予其最优先的清偿顺位属于国际通行做法。

有比这5项更加优先的清偿顺位。这几项海事请求均享有船舶优先权,对产生海事请求的船舶具有优先受偿的权利。《税收征收管理法》第45条规定的税收优先权在实践中可能与海事优先权产生冲突。这种情况下,船舶优先权与税收优先权应如何协调?

第一,对于行使船舶优先权产生的诉讼费用,保存、拍卖船舶和分配船舶价款产生的费用,以及为海事请求人的共同利益支付的其他费用。这类费用具有共益债务的性质,其对船舶优先权的正常实现具有重大意义,理应优先于税收债权优先清偿。但在此过程中(例如,船舶的拍卖、变卖或处置中)又产生新的税收,则此类新生税收也具有公益费用的性质,应具有最优先的清偿顺位,随时发生,随时清偿。第二,对于船舶职工的工资债权、社保债权。这两项债权与船舶职工利益切身相关,相比税收债权中蕴含的公共利益,船舶职工的生存权更加重要,因此,应承认船舶职工的工资债权、社保债权具有比税收优先权更优先的清偿顺位。第三,对于船舶营运过程中发生的人身伤亡的赔付请求。人身侵权之债具有不同于财产侵权之债的内在属性和救济需求,其为维持受害人后续康复或发展所必需。若受害人不能及时充分的得到赔偿,则其人身利益必然会受到消极影响。[①] 因此,出于被侵权人生存权的考虑,应赋予其优先于税收债权的清偿顺位。第四,对于船舶吨税、港口规费的赔偿请求。该项海事请求属于税收特别优先权,这种特别优先权所担保的船舶吨税和港口规费可视为保存船舶所产生的优先权,具有共益债务的性质,它同样应优先于债务人因其他行为或财产而产生的税收优先权。[②] 第五,对于海难救助款项给付请求。此类优先权可以视为基于“共有”观念而形成的动产优先权。[③] 因为,若没有海难救助行为,船舶可能已不存在,所以,应赋予其优先于税收债权的清偿顺位。[④] 第六,对于因船舶侵权行为产生的财产赔偿请求。笔者认为,此项海事请求权亦应具有优先于税收债权的清偿顺位,原因有二:一是船舶侵权的财产赔偿有时亦会关乎被侵权方职工的生存权,例如,船舶碰撞中,如果财产赔偿得不到及时给付,船员工资依然可能受到影响;二是即使不存在对生存权的影响,若税收债权优先于船舶侵权产生的财产赔偿请求,则无

---

① 参见韩长印:《债权受偿顺位思考——基于破产法的考量》,载《中国社会科学》2010年第4期。

② 参见毕金平:《论税收优先权与民事优先权的竞合》,载《江淮论坛》2006年第4期。

③ 基于“共有”观念而设立优先权指动产或不动产保存优先权、不动产工作优先权、不动产买卖优先权及从事耕作和收割工人酬金债权、农业生产必要供给和劳动债权等。基于“共有”观念而形成的优先权与税收优先权并存之时应优先于税收优先权,因为,如果没有上述享有特定优先权人的劳动、资金和供给物,就不能产生形成税收债权的动产或不动产,税收的征收也就无从谈起。

④ 参见毕金平:《论税收优先权与民事优先权的竞合》,载《江淮论坛》2006年第4期。

异于将纳税人的税负转移至被侵权方身上,这也有违公平正义理念。

综上所述,在处理船舶优先权与一般税收优先权的清偿顺位时,出于对船舶优先权范围内各海事请求项目之性质的考虑,其应优先于一般税收债权得到清偿。但在行使船舶优先权过程中新产生的税收,鉴于其共益债务的性质,应具有更优先的清偿顺位,随时产生,随时清偿。对于船舶优先权内部的清偿顺序,按《海商法》的具体规定操作即可。

4.《税收征收管理法》与《民用航空器法》的协调

民用航空器优先权属于一种民事特别优先权,其是对产生法定赔偿请求的民用航空器所享有的优先受偿的权利。《民用航空器法》第19条规定了享有民用航空器优先权的债权范围:(1)援救该民用航空器的报酬;(2)保管维护该民用航空器的必须费用。该法第21条规定:"为了债权人的共同利益,在执行人民法院判决以及拍卖过程中产生的费用,应当从民用航空器拍卖所得价款中先行拨付。"《税收征收管理法》第45条规定的税收优先权在实践中可能与民用航空器优先权产生冲突。

在处理这两部法律有关清偿顺序的冲突时,应坚持以下两方面:第一,在执行法院判决及拍卖过程中的费用具有公益费用的性质,理应获得最优先的清偿顺位,随时产生,随时清偿。这一过程中产生的新的税收也应获得同样的清偿顺位。第二,支付援救、保管航空器的费用的请求权应优先于税收优先权,原因有二:一是此类费用属于基于"共有概念"而产生的优先权,因为,如果没有援救、保管行为,航空器便不复存在。[①] 二是援救人、保管人为保全航空器付出了一定的劳动,给予其特别保护可以彰显公平正义的理念。

因此,笔者认为,在协调《税收征收管理法》与《民用航空器法》的关系时,应充分认识到民用航空器优先权的特殊性,赋予民用航空器优先权更优先的清偿顺位。

5.《税收征收管理法》与《合同法》的协调

《合同法》第286条规定:"发包人未按照约定支付价款的,承包人可以催告发包人在合理期限内支付价款。发包人逾期不支付的,除按照建设工程的性质不宜折价、拍卖的以外,承包人可以与发包人协议将该工程折价,也可以申请人民法院将该工程依法拍卖。建设工程的价款就该工程折价或者拍卖的价款优先受偿。"而在拍卖、变卖过程中,会产生营业税、土地增值税等税收缴纳的问题。对于建设工程款优先权与税收优先权之顺位协调的问题上,笔者认为,应坚持建设工

---

① 参见毕金平:《论税收优先权与民事优先权的竞合》,载《江淮论坛》2006年第4期。

程款优先受偿权具有比税收优先权更优先的清偿顺位。原因有二：其一，建设工程价款优先权是不动产工作优先权，属于基于"共有"观念形成的民事特别优先权的一种，因此，理应赋予其优先于税收债权的清偿顺位；其二，工程价款优先权是基于人的生存权的考虑而设定的，由于目前建筑业拖欠民工工资的情况较为严重，造成了社会的不稳定因素，国家为缓和此矛盾才做出此规定，以保护建筑业工人工资得以优先受偿。[①] 因而，其应当具有比税收优先权更优先的顺位。

**（三）税务机关的程序参与问题**

《税收征收管理法》虽然从实体上确定了税收优先权，但并没有为税务机关如何行使税收优先权设定具体规则，这在司法实践中造成了许多争议。为了能规范税收优先权的行使，应通过立法对相关程序问题进一步明确。

1. 对于税收优先权的行使主体

目前，代表国家行使税权的国家机关是具体履行征收管理职能的征税机关，包括税务机关、财政机关和海关。其中，税务机关（包括国税机关和地税机关）是最主要的税款征纳主体，广泛地负责各项税款的征收。另外，出于行政便利的考虑，耕地占用税、契税等方面的法规由财政部和地方各级财政机关负责征收管理，海关总署和地方各级海关负责关税的征收。此外，海关还会代征进口环节的增值税、消费税。那么，是否税务机关、海关、财政机关均享有行使税收优先权的权力？我国《税收征收管理法》第 2 条规定："凡依法由税务机关征收的各种税收的征收管理，均适用本法。"第 90 条规定："耕地占用税、契税、农业税、牧业税征收管理的具体办法，由国务院另行制定。关税及海关代征税收的征收管理，依照法律、行政法规的有关规定执行。"因此，依文义解释，税收优先权仅为税务机关所享有。但财政机关、海关所征收的税种同样具有公益性、风险性，因此，将财政机关、海关排除在税收优先权行权主体范围之外有失妥当，并容易造成实践中的纠纷。况且，同样是征收增值税、消费税，为何税务机关享有税收优先权，而海关不享有？因此，本文建议，明确税收优先权的行使主体包括税务机关、海关以及财政机关。

2. 破产程序中税务机关的程序参与问题

在非破产程序中，对于税收优先权的实现，税务机关在途径选择上具有较大空间。[②] 但在破产程序中，税务机关的权力受到《企业破产法》的限制，其必须根

---

① 参见栾金娣、胡钰、陈晓伟：《在不动产司法强制拍卖中工程款是否优先于税收受偿》，载《人民法院报》2007 年 10 月 12 日，第 6 版。

② 在非破产程序中，税务机关一般可以通过三种方式实现税收优先权：第一，作出税收处理决定，向法院申请执行。第二，进行税收强制执行。第三，当其他债权人向法院申请执行时，税务机关向法院申请参与财产分配，主张优先于其他债权人得到偿还。

据《企业破产法》的规定参与破产程序,实现税收债权。在司法实践中,税务机关在破产程序中主张税收债权可能会遇到以下问题:

第一,税收债权的申报问题。在破产程序中,债权人应当进行纳税申报是一般性原则,但对税收债权等特殊性质的债权是否需要申报,《企业破产法》未做明确规定,理论上和实务上亦存在不同的观点。笔者认为,我国《企业破产法》将税收债权与其他债权在程序上一视同仁,并未明确豁免税务机关的申报义务。为了更好地督促税务机关行使权力,维护国家税收利益,应当理解为法律并未豁免其债权申报义务,税务机关应当依照《企业破产法》的规定申报债权,积极参与破产程序。另外,在税收债权具体申报机关如何确定的问题上,笔者认为,宜采取根据现行税法体系中"谁征收,谁申报"的原则来确定。这是因为,在债权审核过程中可能会出现争议并形成债权确认之诉,需要由相应的税务机关来起诉,因此,由各征收机关直接申报债权更为适宜。

第二,对于税收债权争议解决的问题。在破产程序中,税务机关作为税收债权人,也是第一次债权人会议的成员,参与债权核查工作。实践中的问题在于,如果管理人和第一次债权人会议对税务机关申报的税收债权审核确认的数额与税务机关申报的数额不同,由此形成的债权争议如何解决?有一种观点认为,税务机关作为公法人机构,无权也不适宜提起民事诉讼,但税务机关可以做出税务处理决定并下达缴款通知,债务人不服可以根据《税收征收管理法》的相关规定申请行政复议,对行政复议不服,再提起行政诉讼。但笔者认为,税务机关作为税收债权人,应当与其他债权人一样对待,既然《企业破产法》没有对税收债权争议处理作出特别规定,则在破产程序中,不宜采取《税收征收管理法》的规定处理,而是应当依据《企业破产法》第58条的规定,由税务机关作为债权人提起债权确认之诉。一方面,是因为最高人民法院司法批复明确了税务机关提起债权确认之诉的依据①;另一方面,是因为实践中已经不乏税务机关作为民事主体提起诉讼的先例。②

第三,对于破产程序中不同类型税收债权的优先权顺位问题。税收债权可进

---

① 根据最高人民法院《关于税务机关就破产企业欠缴税款产生的滞纳金提起的债权确认之诉应否受理问题的批复》,税务机关就破产企业欠缴税款产生的滞纳金提起的债权确认之诉,人民法院应当受理。滞纳金兼具补偿与惩罚双重功能,税务机关尚可据此提起确认之诉,税款本金争议更应通过债权确认之诉予以解决。

② 例如,北京市第一中级人民法院(2012)一中民初字第1112号民事判决书解决的就是北京市西城区国家税务局诉中国华阳金融租赁有限责任公司破产债权确认纠纷;再如,浙江省温州市瓯海区人民法院(2014)温瓯商初字第225号民事判决书解决的是温州市地方税务局鹿城税务分局作为原告依据公司法司法解释起诉要求追究股东连带责任的问题。

一步细分为税收本金债权、利息债权、滞纳金债权、税收罚款债权等内容。如上文所述,在破产程序中应坚持《企业破产法》设定的清偿顺位,但不同类型的税收债权,因其性质不同,依然需要进行区别对待。笔者认为,首先,在破产清算程序进行中新产生的税收,是为了支持破产程序的顺利进行、为了维护全体债权人的公共利益而发生,因此,其性质上属于破产费用和公益债务,应具有最优先的清偿顺位,在破产清算程序中随时发生、随时清偿。其次,税收本金及利息债权。这部分债权并不具有惩罚性,而具有明显的公益性,其是为了保障国家的税收,维护公共利益。因此,依照《企业破产法》有关规定,此部分债权应优先于无担保的普通债权清偿。再次,税收的滞纳金。依据《税收征收管理法》第32条,纳税人未按照规定期限缴纳税款的,扣缴义务人未按照规定期限解缴税款的,税务机关除责令限期缴纳外,从滞纳税款之日起,按日加收滞纳税款0.05%的滞纳金。虽然这一比例相比之前的2‰已经有所下调,但仍是较高的,依然带有明显的惩罚性,若赋予滞纳金同税收本金、利息一样的优先权,在债权清偿率普遍不高的破产清算程序中,无异于将对纳税人的惩罚转移到了普通债权人身上。因此,将滞纳金列入破产债权,但排除在优先受偿的"破产人所欠税款"之外更为合理。《最高人民法院关于税务机关就破产企业欠缴税款产生的滞纳金提起的债权确认之诉应否受理问题的批复》(法释〔2012〕9号)明确,破产企业在破产案件受理前因欠缴税款产生的滞纳金属于普通债权,破产案件案件受理后因欠缴税款产生的滞纳金不属于破产债权。最后,税收的罚款。罚款具有明显的惩罚性,因此应劣后于普通债权受偿,否则,就如上所述,相当于将对纳税人的惩罚转移到了普通债权人身上。此外,参照《最高人民法院关于审理企业破产案件若干问题的规定》第61条的规定,《税收征收管理法》第45条第2款所规定的罚款、没收违法所得不应列入破产债权。

此外,还应注意,在非破产程序中,税收债权同样存在进行类型化分析从而确定税收优先权适用范围的需要。虽然此时并不存在破产清算程序中新产生的税收,但对于税收本金及利息债权、税收滞纳金、税收罚款的处理可采用同样的方式,因为,无论是在破产程序中还是非破产程序中,之所以有税收优先权发挥作用的空间,都是因为纳税人的财产并不足以清偿全部债权,所以,应在各债权之间进行清偿顺位的排序。在非破产程序中,基于上文对于抵押权、质权、留置权清偿顺位的分析,会形成这样一种清偿顺位:第一,若纳税人财产被依法留置的,应首先清偿留置权。第二,设立于税收债权产生之前的抵押权、质押权可以优先受偿。第三,税收本金及利息债权享有税收优先权,应优先于普通无担保债权及设立于其后的抵押权、质押权受偿。第四,鉴于税收滞纳金较明显的惩罚性,亦不应享有税收优先权,参考上文所提最高人民法院批复的精神,应处于同普通无担保债权同样的清偿顺位。第五,税收罚款应劣后于普通债权清偿。《税收征收管理法》第45条第2款所规定的罚款、没收违法与税收罚款性质类似,且没有专门的司法批复,因此,应置于同税收罚款同样的清偿顺位,劣后于普通债权清偿。

**(四)立法建议**

1.关于《税收征收管理法》第45条

第一,应在条文中明确,税收优先权产生的时间以法定纳税期限(税款缴纳期限)届满为准,但欠税未经公示不产生对抗抵押权人、质权人的效力。

第二,应对条文加以修改,明确若纳税人的财产被留置的,则留置权应优先于税收债权清偿。

第三,应在条文中加以明确,税收优先权及于税收本金债权及税收利息;税收滞纳金不享有税收优先权,应与普通债权处于同一清偿顺位;税收罚款应劣后于普通债权清偿。

2.关于欠税公示制度的完善

第一,对于《办法》第1条立法宗旨的修改。建议在原条文关于立法宗旨的表述中加入"维护私法交易安全"的表述。

第二,对于《办法》第4条公告地点、公告时间的修改。首先,对于公告地点:公告机关应当按期在办税场所并在相关媒体上公告纳税人的欠缴税款情况。另外,在网络化的时代背景下,建议在全国范围内建立全国税收信息公示系统,实现统一化和高效化,方便交易主体查阅。其次,对于公告时间。应进一步缩短公示周期。企业或单位欠税的,应每月公告一次;个体工商户和其他个人欠税的,每两个月公告一次。此外,税务机关还可视需要随时公示纳税人的欠税情况。

第三,应制定抵押权人、质权人请求税务机关提供有关欠税情况的具体操作方案,明确具有提供欠税情况之义务的具体机关,明确抵押权人、质权人要求提供欠税情况的具体申请方式,并明确税务机关无正当理由拒绝提供欠税情况的行政责任。另外,如上文所提,从长期来看,应在全国范围内建立全国税收信息公示系统,以方便当事人在交易时随时查阅。

3.关于《税收征收管理法》与相关法律冲突的协调

第一,建议通过司法解释明确,在破产程序中,应坚持《企业破产法》关于清偿顺序的规定,坚持别除权理论。在保险公司、商业银行破产程序中,除坚持《企业破产法》的规定外,还应坚持《保险法》第91条、《商业银行法》第71条关于清偿顺序的特别规定。

第二,建议通过司法解释明确,船舶优先权、民用航空器优先权、建筑工程价款优先受偿权应享有比一般税收优先权更优先的清偿顺位。

4. 关于税务机关的程序参与问题

第一，建议立法明确，税收优先权的行使机关包括税务机关、海关以及财政机关（谁征收，谁享有）。

第二，建议立法明确，在破产程序中，税务机关应当依照《企业破产法》的规定申报债权，积极参与破产程序，具体申报主体应遵循"谁征收，谁申报"的原则。

第三，建议立法明确，在破产程序中，对于税收债权的争议，应当依据《企业破产法》第 58 条的规定，通过由税务机关作为债权人提起债权确认之诉来解决。

第四，建议立法明确，在破产清算程序中，应坚持《企业破产法》关于清偿顺位的规定。对于税收债权，应进行类型化分析：税收本金债权、税收利息享有对于普通无担保债权的优先受偿权；税收滞纳金不享有税收优先权，应置于同普通无担保债权一样的清偿顺位；税收罚款不享有税收优先权，应劣后于普通债权清偿。

# 税收举证责任制度研究

何小王[*]　何其昭[**]

本文研究的税收举证责任制度，是指行政程序中的举证责任制度。《税收征收管理法》构建了我国基本的税收行政程序制度，但其中未对举证责任制度作出规定，有必要作出修改完善。

## 一、法理基础

### （一）举证责任学说

举证责任学说，早在罗马法时代就已经确立。古罗马法上关于举证责任的分配可概括为两条原则：一是原告负举证责任。原告对于其诉，以及其诉请求之权利，须举证证明之；原告不举证证明，被告即获胜诉；被告提出抗辩时，则就其抗辩有举证之必要。二是为主张之人负有证明义务，为否定之人则无。即主张积极事实的人有证明义务，主张消极事实的人没有证明义务。各当事人应就各自所陈述的原因事实举证证明，原告就其起诉以及再抗辩的原因事实应举证证明，被告就其抗辩及再抗辩的事实应举证证明，即后来所称的“谁主张，谁举证”。举证责任之所以受到古罗马法学家的重视，是因为在诉讼过程中需要解决两个问题：其一，当作为裁判基础的重要案件事实发生争议时，应当由哪一方当事人首先提供证据证明；其二，在争议事实缺乏必要的证据而难以认定时，应当判决哪一方当事人败诉。

---

* 湖南长沙税务干部学院。

** 武汉大学经济管理学院研究生。

19世纪,德国学者将举证责任分为主观的举证责任和客观的举证责任。主观的举证责任又称行为责任或形式上的举证责任,它是指当事人为避免败诉的风险,负有提供证据证明其主张的事实存在的责任。其目的在于要求当事人提供证据进行诉讼活动,而不是只主张事实而不提供证据加以证明,或者用证据以外的方法,例如,宣誓、决斗、神明等方法对事实作出证明,它强调的是当事人的举证行为而不涉及诉讼结果的问题。客观的举证责任又称结果责任或者实质上的举证责任,它是指当事实于最后仍处于真伪不明的状态时,主张该事实的人则要承担不利的后果。其目的在于供法官解决案件事实真伪不明的疑难案件,即在诉讼程序结束的时候,如果案件事实处于真伪不明的状态,法官不得拒绝裁判,而必须根据证明责任的负担确定案件的胜败。它本身与诉讼结果有着密切的关系。这种学说的提出结束了靠宣誓制度解决疑难案件的历史,首次突破了此前人们一直把提供证据的责任作为举证责任本质的局限,从而使人们的认识提升至与举证后的结果相联系的高度。并且,为之后两大法系各国在审判实践中,从提出证据的行为和案件事实最终处于真伪不明状态时的责任两个方面来认识举证责任,扫清了理论上的障碍,并且后者作为客观上的一种责任状态,其设置本身还有利于克服和防止法官拒绝裁判的情形。客观证明责任理论的进一步发展,很快成为德国理论界的通说。后来传到日本,影响东亚国家。

英美法系国家的学者一般认为举证责任的含义有两个,即证明负担和举证负担。前者又称说服负担,是指当事人提供证据加以证明的结果,能够说服事实认定者,包括陪审团和没有陪审团时审判时的法官,对该责任的负担者作出有利的认定。否则,如果需要证明的事实处于真伪不明的状态,对该事实负有证明责任的人将要承担由此而产生的败诉后果。举证负担又称提供证据的负担,是指双方当事人在诉讼过程中,应当根据诉讼进行的状态,就其主张的事实或者反驳的事实提供证据加以证明。如果主张的事实提出后主张者不提供证据加以证明,法官则拒绝将该事实提交陪审团审理和评议,对方也没有反驳的义务。在这种情况下,法官则将该事实作为法律问题处理,决定主张者承担败诉的后果,如果主张者就事实主张提供证据加以证明,对方当事人就产生了提供证据加以反驳的义务。对方当事人如果不提供证据反驳,法官便认定该事实无争议,把它作为法律问题作出不提供证据一方当事人败诉的判决。只有在主张事实的一方当事人提供证据后对方当事人也提出证据加以反驳,从而使该事实形成争议,法官才决定把该事实交给陪审团审理。可以看出,在英美法系中举证负担是当事人履行的第一次负担,只有履行第一次负担之后,才会产生说服负担。说服负担是依据实体法产生,目的在于解决特定的事实争议,产生使陪审团作出事实成立的后果。

对于举证责任，我国法学界主要有三种界说：一是行为责任说。行为责任说认为，举证责任（或称证明责任，下同）是指在诉讼中，当事人对于自己主张的事实，有提供证据以证明事实真实性的责任。二是双重含义说。双重含义说认为，举证责任包括行为意义上的举证责任和结果意义上的举证责任这两层含义。前者是指对于诉讼中的待证事实，应当由谁提出证据加以证明的责任，又称形式上的举证责任、主观的举证责任、提供证据的责任；后者是指当待证事实的存在与否最终陷于真伪不明的状态时，应当由谁承担因此而产生的不利法律后果的责任，又称为实质上的举证责任、客观的举证责任、说服责任。三是危险负担说，又称风险负担说。危险负担说认为，举证责任是指案件事实真伪不明时，当事人一方所承担的败诉风险。

### （二）民事举证责任理论

民事举证责任制度，一般是指规定举证责任的分配及其法律后果的制度，但证明对象和证明标准与举证责任存在密切关系，因此，民事举证责任理论研究中通常将举证责任问题与证明对象、证明标准问题联系起来研究。

1. 证明对象

举证责任的研究离不开证明对象的研究，因为，案件事实并非都需要证据加以证明。只有明确了案件中哪些事实需要以证据加以证明，才能在此基础上将举证责任分配给相关当事人。案件事实分为三类：

（1）须用证据证明的事实。民事诉讼中的证明对象是指诉讼参加人和法院运用证据加以证明的对案件的解决有法律意义的事实。包括：一是当事人主张的有关实体权益的事实；二是当事人主张的程序法律事实；三是证据材料，即证据材料本身的真实性发生疑问时，也成为证明对象；四是习惯、地方性法规和外国法，当其不被法院所知时，也会成为证明对象。

（2）不须证明的事实。有的事实不需要当事人承担举证责任，包括：一是众所周知的事实和自然规律及定理。二是诉讼上承认的事实，即自认事实，一方当事人主张的对另一方不利的事实，对方当事人于诉讼上予以确认其真实性或不对其真实性予以争辩。自认系对法官作出，具有免除证明的效力。民事诉讼中还有认诺规则，认诺不是对事实的自认，而是对对方诉讼请求的认可，一方认诺的，法院可直接判决支持对方的诉讼请求。

（3）预决事实、推定事实和公证事实。预决事实，是指法院确定判决认定的事实，预决事实通常不须另行证明。推定事实，是指根据法律或已被确认证据推定的事实，主张推定事实的一方无须就推定事实举证。公证事实，是指经公证程序证明的事实，除有反证足以推翻外，法院可直接认定。

2. 证明标准

证明标准,是指负担举证责任的人提供证据对案件事实加以证明所要达到的证明程度。显然,证明标准的确定直接影响举证责任的负担。

民事诉讼中的证明标准,《民事诉讼法》规定的是“事实清楚,证据确定充分”,但并无明确的、具体的证明标准规定。证明标准是一种理论上的标准,理论上存在多种对证明标准的表述,例如,“盖然性”“高度盖然性”“优势证据”等表述。普遍认同的观点是借鉴美国民事诉讼中的“盖然性占优势的证明”标准,即综合全案证据作出盖然性比较判断,支持判断结果占优势一方的主张。

证明标准还与证据的判断模式有关。采用不同的证据判断模式,相同证据下对事实证明程度的判断结论会有差异,产生证明标准的实际应用差异。在法定证据主义模式下,证据的证明力及取舍均由法律预先规定,法官没有判断的自由;在自由心证制度下,证据的证明力及取舍由法官或陪审团按照良心、理性形成内心确信,法律一般不预先规定。现代证据理论一般倡导自由心证,自由心证是大多数国家采用的证据判断模式。我国目前仍没有明确规定自由心证,但《民事诉讼法》规定了法官在遵循一定的证据规则的前提下自主作出证据判断,认定事实,实际上借鉴了自由心证的判断模式。

3. 举证责任分配

(1)“谁主张,谁举证”。这是传统的民事举证责任分配基本原则。首先,从整个诉讼来看,原告是提起诉讼请求的一方,故应对其提出的诉讼请求承担举证责任,否则,诉讼请求不成立。但“谁主张,谁举证”原则也可从案件争议的个别事实来看,任何在诉讼中首先提出某项事实的当事人,均应对该事实承担举证责任,否则,其主张的事实不成立。这种对个别事实的举证责任又称为行为意义上的举证责任,不限于原告承担,被告首先提出某事实时,也应承担举证责任。

(2)举证责任的调整。举证责任的分配极为复杂,在“谁主张,谁举证”的举证责任分配原则下,特定情况需要作出必要调整。例如,按照“谁主张,谁举证”原则分配举证责任的结果与公平正义的价值发生冲突时,法律应规定举证责任倒置;当实体法等法律法规对举证责任的负担已作规定时,民事诉讼中应从其规定;当事人之间已经合法达成证据约定时,民事诉讼中应当尊重其约定。

(3)举证责任的倒置。举证责任倒置是将本属于原告承担的举证责任,转由被告承担。举证责任倒置须有法律或司法解释的特别规定才成立,主要存在于特定类型的诉讼中,一般是因为实体法上的严格责任,或因解决举证能力或举证难度的客观差异而设定,例如,因方法发明专利、危险作业致害、环境污染、医疗事故、劳动纠纷、高空坠物等。其他法律规定了举证责任倒置的,民事诉讼中应予遵循。

(4)法院依职权查证。民事诉讼中的事实由当事人举证证明,法院一般不依职权查证,但《民事诉讼法》也规定了特定情况下法院查证的情形。法院主动查证事实,会对当事人的举证责任产生影响,容易引起偏袒,需严格控制。法院查证一般存在于少数情形,包括客观原因引起的举证不能、必要的鉴定或勘验、证据存在矛盾无法认定及法院认为应当由自己查证的事实等。

**(三)刑事举证责任理论**

刑事诉讼不同于民事诉讼,民事诉讼双方是平等民事主体,而刑事诉讼中的双方,一方是犯罪嫌疑人,另一方是代表国家公权力的公诉机关。民事诉讼的目的是解决民事权利义务纠纷,而刑事诉讼的目的是解决犯罪及其刑事责任追究问题。刑事诉讼中的举证责任有别于民事诉讼中的举证责任。

1. 无罪推定

无罪推定是指在刑事诉讼中,未经审判证明有罪前,推定被告人无罪。无罪推定原则是现代法治国家刑事司法通行的一项重要原则,是国际公约确认和保护的一项基本人权,也是联合国在刑事司法领域制定和推行的最低限度标准之一。无罪推定原则的内容具体体现在以下几个方面:(1)被追诉者在被起诉前处于犯罪嫌疑人的地位,被起诉后处于被告人的地位,而非罪犯。(2)控诉方负举证责任,被告人不承担证明自己有罪或无罪的责任。(3)疑罪从无,罪与非罪存疑时,判定被告人无罪。

无罪推定原则决定了刑事诉讼中的举证责任:证明被告犯罪的责任由控诉人一方承担,被告人不负证明自己无罪的责任。

2. 证明标准

我国《刑事诉讼法》并未直接规定刑事诉讼的证明标准,但刑事诉讼理论和实务中公认以排除合理怀疑为证明标准。

排除合理怀疑是指对于事实的认定,已没有符合常理的、有根据的怀疑,依据案件证据材料得不出其他结论,可以形成确信。只有达到了排除合理怀疑的证明程度,才能判决有罪;不能排除合理怀疑的,按照疑罪从无判决无罪。所谓合理怀疑,是有具体证据为依据而产生的怀疑,具有实质性,必须是符合经验与逻辑、具有合理性的怀疑,而不是毫无根据的主观臆测。合理怀疑还应当具有足以能够动摇裁判者对案件事实认定的效力,对全案证据进行综合分析判断时出现矛盾与疑点属于正常现象,并不一定影响定案,只有那些能够动摇基本事实认定的怀疑才是定罪证明标准所指的合理怀疑。

排除合理怀疑的证明标准与无罪推定原则是统一的,体现了刑事诉讼中对基本人权的保护。

3. 举证责任分配

(1)控方举证责任。刑事诉讼中,原则上控方对其指控承担举证责任,这在理论上并无争议。控方的举证责任源自无罪推定原则,刑事诉讼以假定被告人无罪为逻辑起点,控方指控被告人有罪,就应当对其指控承担举证责任,否则,被告人无罪。控方的举证责任是一种严格的、高标准的举证责任,严格集中体现在控方的证据须依法取得,非法证据予以排除;高标准体现在证明标准,控方所举证据须达到排除合理怀疑程度方能认定事实。

(2)无罪或罪轻证据。刑事诉讼中控方举证责任与民事诉讼中当事人的举证责任还有一个重要区别:民事诉讼中当事人承担就其主张举证的责任,但法律并未要求当事人提供反证,对于不利于自己主张的证据,除非法有特别规定,当事人可以不举证;但在刑事诉讼中,实事求是的要求贯穿于整个刑事诉讼过程,侦查机关、检察机关对于案件事实均应持实事求是的态度,因而,要求控方不仅要收集和取得证明犯罪嫌疑人或被告人有罪或罪重的证据,也应收集和取得证明犯罪嫌疑人或被告人无罪或罪轻的证据。因此,刑事诉讼中控方的举证责任,不仅包括对支持其指控的举证,还包括反对其指控的证据提交。

(3)非法证据排除。非法证据排除规则通常是指在刑事诉讼中,侦查机关及其工作人员使用非法手段取得的证据不得在刑事审判中被采纳的规则。刑事诉讼中,人民检察院应当对证据收集的合法性加以证明。采用刑讯逼供等非法方法收集的犯罪嫌疑人、被告人供述和采用暴力、威胁等非法方法收集的证人证言、被害人陈述,应当予以排除。收集物证、书证不符合法定程序,可能严重影响司法公正的,应当予以补正或者作出合理解释;不能补正或者作出合理解释的,对该证据应当予以排除。

(4)举证责任倒置。在刑事诉讼中,控方举证责任原则下也有例外,有举证责任倒置即由被告方承担举证责任的特殊规定。西方国家刑事诉讼普遍存在举证责任由被告方承担的特殊规定。例如,在美国,被告方提出积极的抗辩、特殊抗辩时,须予以证明。如果一项法律条文规定,在没有特殊规定、例外情况、某种理由或合法授权的情况下,实施某种行为是非法的,这时,被告方就有责任证明其存在特殊规定、例外情况、某种理由或合法授权。有些制定法明确要求被告方对一定事项承担举证责任,在刑事诉讼中被告方也有举证责任。再如日本,在控方已对被告人的行为符合犯罪构成条件进行证明之后,被告方有义务对是否存在违法阻却事由及责任阻却事由进行证明。制定法规定的应由被告方负举证责任的情形,刑事诉讼中遵循该规定。被告方对于本方所主张的程序法事实负有证明责任。其他可以合理地推认由被告方举证更为方便的事实,举证责任也可由被告方承担。我国刑事诉讼理论研究中也有对举证责任倒置的研究,但在法条中并无举证责任倒置的明确规定。理论上比较一致认可,并在实务中实际应用的举证责任倒置,主要局限于刑法中的一些特定罪名,例如,巨额财产来源不明罪。该罪的特点决定了控方证明了巨额财产存在的事实后,被告方有证明其财产来源合法性的举证责任;持有类犯罪,例如,持有伪造的发票罪。控方证明其持有事实后,被告方须就其持有的合法性承担举证责任。理论研究中也对一些基于合理性、举证能力考虑而应当实行举证责任倒置的情形进行了探讨,但尚未形成定论。

**(四)行政举证责任理论**

1. 证明对象

(1)行政程序中的证明对象。行政机关实施行政行为,需要依据一定的事实。实施行政行为所依据的事实,是行政程序中的证明对象。不同性质的行政行为,法律对事实依据提出的要求各有不同,因此,行政程序中的证明对象存在较大差异,不同种类的行政行为,证明对象各不相同。

(2)行政诉讼中的证明对象。行政诉讼是对行政行为提出的诉讼,而行政行为又以一定的事实为依据。这里存在两个层面上的事实:一是行政行为事实,即行政行为本身存在的程序性事实;二是行政机关实施该行政行为所依据的事实。行政诉讼中既要审查行政行为事实,又要审查行政行为所依据的事实。但法院对两者的审查范围和程度有所区别,对行政行为事实的审查是全面审查,而对行政行为所依据事实的审查,取决于该行政行为的法定事实要件,法院应当根据行政行为的法定事实要件开展审查,而不应扩大对事实的审查范围。

2. 证明标准

刑事诉讼的证明标准,采用排除合理怀疑标准;民事诉讼的证明标准,采用"盖然性占优势的证明",即优势证据标准。刑事诉讼证明标准和民事诉讼证明标准,理论上已然成为通说。但行政诉讼中采用何种证明标准,理论上尚未形成通说,但存在一些相对一致的意见:

(1)行政程序中的证明标准。行政程序不能追求统一的证明标准。这一点在理论上基本达成共识。行政行为具有复杂多样性,不同行政行为的法定事实要件各不相同,无法形成统一的行政程序证明标准。首先,不同类型的行政行为之间存在差异,授益性行政行为与损益性行政行为,依申请的行政行为与依职权的行政行为,行政处罚、行政强制、行政征收、行政许可、行政确认、行政指导、行政合同、行政裁决等,不同类型的行政行为,所应当适用的证明标准不能机械地追求统一,而应区别对待。其次,行政法上,公正与效率是一对矛盾,行政规则的构建需要在公正与效率中做出权衡与选择,有的行政行为更加强调公正,有的行政行为更加强调效率,强调公正时往往会形成较高的证明标准,强调效率时则相反,证明标准不能过高,过高则损害效率。最后,行政行为的重要性差异也很大,重要的行政行为与一般性的行政行为在证明程度上应当允许存在差异。

行政程序证明标准是多种证明标准的组合。针对不同行政程序和不同案件,应当采用不同的证明标准,这一点是理论上的共识。但对于何种情况下采用何种具体标准,理论上尚有分歧。学者们提出了排除合理怀疑、高度盖然性、清晰而有说服力、优势证据、排除滥用职权、有理由相信、有理由怀疑等不同证明标准,认为在不同的行政程序中应当合理选择适用不同的标准。例如,涉及犯罪的行政处罚案件,宜采用排除合理怀疑标准;启动某项行政调查程序,可采用有理由怀疑标准;决定实施某种保全措施,可采用有理由相信标准;实施行政许可,可采用清晰而有说服力标准;行政调解或裁决,可采用优势证据标准等。

(2)行政诉讼中的证明标准。行政诉讼是对行政行为的复查程序。行政诉讼中需要查明的事实包括行政行为程序事实和行政行为所依据的事实,行政诉讼中对于这两种事实的证明标准有所不同。

对于行政行为程序事实,一般应当由行政机关证明其实施的行政行为遵循了法定程序,故对该部分事实的证明标准应当采用严格的、较高的证明标准,以防止行政机关违背法定程序,滥用行政权力。

对于行政行为所依据的事实,则因不同行政程序的法定事实要件不同,行政程序本身的证明标准不同,在行政诉讼中也应有不同的证明标准。对于这部分事实,行政诉讼中不能脱离行政程序的证明标准另行确定证明标准,而应采用与行政程序一致的证明标准。

3. 举证责任分配

(1)行政程序中的举证责任分配。理论上尚未达成行政程序中举证责任分配的共识。行政程序的复杂多样性,行政程序中公正与效率的权衡、实体正义与程序正义的平衡、行政相对人遵循行政秩序的义务和责任等,使得行政程序中难以形成统一的举证责任分配原则。

通常认为,行政程序中的举证责任不能统一由行政机关承担。在行政程序中,行政机关和当事人均有举证责任。有学者主张以“谁主张,谁举证”原则来解释一般行政程序中的举证责任,即在行政程序中主张权利应对权利根据的事实负举证责任,对方则应对权利妨碍或权利消灭的事实负举证责任。这在依申请的行政行为,以及行政调解、行政裁决等行政程序中特别明显,这些行政程序围绕当事人提出的权利主张而启动和推进,当事人应当对其主张权利所依据的事实承担举证责任。例如,在实施行政许可的行政程序中,当事人提出申请,应就其符合申请条件的事实承担举证责任,不能证明其符合条件的,行政机关有权不批准其申请。但在当事人对符合申请条件承担举证责任后,行政机关主张当事人存在妨碍其获得行政许可的事实的,应承担举证责任,行政机关主张撤回、撤销行政许可的,应当承担举证责任。

在行政程序中,当事人承担一定的举证责任,但多数情况下,由行政机关承担举证责任。行政机关承担举证责任的情况主要有:一是程序合法性的事实。并非全部程序性事实都由行政机关承担举证责任,行政机关对其遵循法律、法规规定开展的相关程序性活动承担举证责任。二是依职权作出行政行为的法定要件事实。并非案件的全部事实均由行政机关承担举证责任,行政机关只对行政行为所要求的、作为法定要件的事实承担举证责任。三是拒绝当事人请求事项的原因事实。拒绝请求的原因事实并非案件的全部事实,而是证明存在拒绝请求原因的相关事实。

(2)行政诉讼中的举证责任分配。《行政诉讼法》关于举证责任分配的基本规定:一是被告行政机关对其所实施的行政行为承担举证责任。二是作为原告的当事人应承担启动行政诉讼程序的举证责任和特殊事项的举证责任。当事人对其符合起诉条件的事实承担举证责任。在行政赔偿案件中,当事人对损害事实承担举证责任;在不作为案件中,当事人对其提出申请的事实承担举证责任。三是法院对举证责任分配享有一定的自由裁量权。人民法院有权要求当事人提供或者补充证据,法院在特定情形下可依职权调取证据,可委托司法勘验、鉴定,这些规定都具有调整个案举证责任的作用。

行政诉讼理论研究中对举证责任分配的探讨:有学者认为,行政诉讼中应以“谁主张,谁举证”原则作为举证责任分配原则。行政机关作出行政行为应当有证据在先,并在行政诉讼中规定的期限内提交这些证据,但这并不意味着一概由行政机关对案件事实承担举证责任。对行政行为承担举证责任并不等同于对案件事实承担举证责任,行政诉讼举证责任以行政程序举证责任为前提和基础,行政程序中应当由当事人承担举证责任的案件事实,行政诉讼中的举证责任并不会转移给行政机关。

由于行政活动的复杂多样性,法院对行政程序中的举证责任分配规则会存在理解运用上的困难,因此,对于一些特殊事项,应当对行政程序中的举证责任分配规则作出明确规定,这样,法院对行政行为进行审查时,就可以依据这些规则确定行政诉讼各方的举证责任。

### （五）国外行政举证责任制度

1.英美法系行政举证责任制度

英美法系国家一般存在比较详备的证据法，并通过判例补充证据法。对行政举证责任也有比较完善的规则。

行政程序中，需要证明的事实无外乎实体性事实和程序性事实。实体性事实即案件事实，例如，行政相对人是否符合法定条件、是否发生了违法行为等事实，程序性事实即行政行为发生的事实，例如，行政机关在作出行政决定时是否遵守了行政程序法的规定，是否履行了告知义务等。

行政程序中的证明标准：《美国联邦程序法》第556条第4款规定："……除非考虑了全部案卷或其中为当事人所引证部分，并且符合和得到可靠的有证明力的和实质性证据的支持，否则不得科处制裁，发布规章或作出裁定。"王名扬教授认为，美国行政程序中的证明标准是实质性证据支持。所谓实质性证据支持，美国法院判例中有解释：行政裁决正式听证中的实质性证据支持就是民事案件中的优势证据标准，但也有的法院判例有不同解释，认为实质性证据支持的标准，证明程度需要高于优势证据标准，例如，因欺诈行为而取消营业执照时，这个标准应当达到清晰而令人信服的标准。

行政程序中的举证责任分配：《美国联邦行政程序法》第556条第(d)款规定："除法律另有规定外，法规或裁定的提议人应负举证的责任。"凡提出某种要求、控诉或申请的人，应承担举证责任。美国行政程序中的举证责任分配类似于民事诉讼中的"谁主张，谁举证"原则。在此原则基础上，对于固定地需要由某一方承担举证责任的，须由法律作出特别的规定。

行政程序中的案卷排他性原则：《美国联邦行政程序法》第556条第5款规定："证言、物证，连同裁决程序中提出的文书和申请书，构成本编第557条规定作为裁决依据的唯一案卷。"这一规定要求，行政机关的裁决只能以案卷作为根据，不能将案卷以外的材料作为裁决的依据。这一规定对于行政机关和当事人均构成约束，作出、改变、撤销裁决的依据都只能是案卷中的证据。法院行政诉讼中的审查是对行政裁决的监督，同样基于案卷进行。

行政诉讼中，法院对行政行为的审理是一种复查性质的活动，因此，行政诉讼中的举证责任与行政程序中的举证责任相同，同样实行"谁主张，谁举证"的举证责任分配制度，即提出主张的人有责任提供证据。"谁主张，谁举证"原则，适用于申请司法审查的受理条件事实、案件实体性事实、程序性事实、司法审查期间是否停止执行的条件事实。

在"谁主张，谁举证"原则之外，一些法律规定了举证责任倒置情形，即不是由提出主张的一方提供证据，而由法院指令对方提供证据。例如，对于行政机关封锁档案造成当事人无法举证时，法院可命令行政机关提供档案。举证责任的倒置，须由法律作出特别规定或由法院按照公正程序发出命令。

2. 大陆法系行政举证责任制度

大陆法系国家一般没有专门的证据法典，其行政证据制度也明显区别于英美法系国家证据制度。

大陆法系国家一般奉行职权主义，在行政证据制度中也往往强调行政机关依职权调查事实。《德国联邦行政程序法》第 24 条规定："行政机关依职权调查事实。行政机关决定调查的方式和范围，不受参与人提供的证明以及证明要求的限制。行政机关应顾及一切对具体案件有意义的情况，甚至是有利于参与人的情况，行政机关对在其管辖范围的声明或申请，不得以认为其实际上不允许或不成立而拒绝受理。"第 25 条规定："明显因疏忽、不知情而未提出声明、申请或提交不正确的声明、申请时，行政机关应提醒参与人提出声明，提交申请或对声明、申请予以更正。有需要时，行政机关应告知参与人在行政程序中享有的权利和应负的义务。"

大陆法系国家强调行政机关依职权调查取证，因而，行政机关应承担主要的举证责任。但大陆法系国家也并不否定当事人的举证责任，表现在：一是同样强调当事人提供其所知的事实和证据，协助行政机关调查的义务，这种义务会产生当事人对特定事项的举证责任，或产生减轻行政机关举证责任的效果。二是通过担保代宣誓制度、听证制度、公务上的认证制度等，固定行政程序中的事实和证据，当事人提供的事实情况或证据经这些程序固定后，如反悔则应承担举证责任。三是法律可以对当事人应当承担的举证责任的情形作出特殊规定，例如，在税收方面，如果行政机关证明纳税人账目记录不正当，或者纳税人拒不答复某些问题，或者纳税人非法作出了虚假申报，那么证明税收数目过大的责任应当由纳税人承担。

在行政诉讼中，大陆法系国家同样强调当事人应当对其提出的事实承担举证责任。由于奉行职权主义，法官在举证责任分配上享有很大的裁量权。在法国，行政法官有权让当事人提出所有的证据材料，这样有利于法官对案件事实作出公正判断。在所有的案件中，最高行政法院对决定那些对裁决案件至关重要的事项，即各诉讼当事人应当提供什么文件有完全的自由裁量权。可见，法国行政诉讼中并非完全由行政机关承担举证责任，法官为保障对案件事实作出公正判断，享有很大的裁定举证责任分配的权力。在日本，近年的法院判例认为，行政诉讼中的举证责任分配应当对应各个要件事实的性质，根据要件事实的性质分配举证责任。根据要件事实分配举证责任,意味着并非一概由行政机关对案件事实承担举证责任,不同性质的案件举证责任分配各有不同。例如,在撤销之诉中,行政机关负证明其行政行为合法的责任;确认无效的诉讼中,原告承担证明无效原因缺陷存在的责任;起诉行政机关逾越、滥用行政裁量权的诉讼中,原告对逾越、滥用行政裁量权的事实承担举证责任;对于行政程序性事实,法院一般要求行政机关承担举证责任。

## 二、国内外现状

### (一)我国税法中的相关规定

我国税法中欠缺举证责任分配的特别规定。《税收征收管理法》及其实施细则以及各实体税法中,均没有对举证责任问题作出明确规定,但有一些可对举证责任分配构成影响的相关规定。主要从三个方面来看:

1. 纳税申报制度

《税收征收管理法》第 25 条规定:"纳税人必须依照法律、行政法规规定或者税务机关依照法律、行政法规的规定确定的申报期限、申报内容如实办理纳税申报,报送纳税申报表、财务会计报表以及税务机关根据实际需要要求纳税人报送的其他纳税资料。扣缴义务人必须依照法律、行政法规规定或者税务机关依照法律、行政法规的规定确定的申报期限、申报内容如实报送代扣代缴、代收代缴税款报告表以及税务机关根据实际需要要求扣缴义务人报送的其他有关资料。"

在税收征收管理的基本模式上,我国并未采用职权主义而是借鉴了美国的做法,以纳税人的纳税申报作为确定其纳税义务的基础。这是否意味着,税务机关根据纳税申报征收税款,无须承担举证责任?税务机关和纳税人双方,任何一方如果否定纳税申报,是否应当对其否定所依据的事实承担举证责任?

2. 税务机关的特别征税权

例如,《税收征收管理法》第 35 条规定了税务机关对应纳税额的核定权,并依此形成了个体工商户定期定额征收、企业所得税定率或定额征收等核定征收方式,以及税务稽查中采用核定方法认定事实并计算应纳税额的做法。核定应纳税额时,税务机关当然未掌握案件的全部事实,不能对客观的课税事实承担举证责任,但税法仍然赋予税务机关征税权。其中,关于"计税依据明显偏低,又无正当理由"时税务机关有权核定应纳税额的规定,对举证责任的影响最为典型。《税收征收管理法》第 35 条、《增值税暂行条例》第 7 条、《消费税暂行条例》第 10 条、《营业税暂行条例》第 7 条以及《企业所得税核定征收办法(试行)》等对此均有规定。根据该项规定,税务机关查明纳税人计税依据明显偏低,而纳税人无正当理由时即可行使征税权。再者,《税收征收管理法》第 36 条规定的反避税条款,赋予税务机关仅凭关联交易价格不按独立企业间业务计价且影响总体税负即可调整征税的权力。

税法赋予税务机关特别征税权,认可税务机关在因纳税人原因造成客观课税事实无法查明,或因效率考量没有必要查明的前提下,通过推定方法行使征税权。这是否意味着,税务机关只需对行使核定权的法定要件事实承担举证责任,而无须对客观课税事实承担举证责任,纳税人主张课税数目过大时,须对其主张承担举证责任?

3. 纳税人在行政程序中提供事实和证据的义务

《税收征收管理法》第 24 条规定:"从事生产、经营的纳税人、扣缴义务人必须按照国务院财政、税务主管部门规定的保管期限保管账簿、记账凭证、完税凭证及其他有关资料。账簿、记账凭证、完税凭证及其他有关资料不得伪造、变造或者擅自损毁。"第 56 条规定:"纳税人、扣缴义务人必须接受税务机关依法进行的税务检查,如实反映情况,提供有关资料,不得拒绝、隐瞒。"此外,在《税收征收管理法》及其实施细则、各税种的法律、法规、规章中,存在较多的要求纳税人承担向税务机关提供涉税事实和计税资料的条款。

纳税人在行政程序中向税务机关提供事实和证据的先行义务,应对税务机关的举证责任产生一定的影响:一是如果纳税人履行了提供事实和证据的先行义务,税务机关根据其提供的事实和证据确认的税款,是否应当免除税务机关的举证责任?二是如果纳税人拒不履行先行义务,导致税务机关有权实施推定课税,是否意味着纳税人不能再主张根据客观事实课税,免除税务机关对课税客观事实的举证责任?或者如果税务机关能够通过其他方式查明课税事实,是否意味着可以适当降低税务机关对课税事实的证明标准?

上述三类情形下,税务机关的举证责任应当有别于一般意义上行政机关的举证责任。但遗憾的是,现行税法中对于这些情形下如何确立举证责任制度缺乏明确规定,造成实际工作中的认识差异,举证责任不明,既可能损害纳税人的合法权益,也可能损害国家的税收利益。

**(二) 国外税法中的举证责任规定**

1. 美国《国内税收法典》的规定

美国《国内税收法典》中有关于税收举证责任的规定。第七十六章"司法程序"之 E 分章规定了"举证责任"。

第 7491 节　举证责任

(a)纳税举出可靠证据时责任的转移

(1)总则

如果在审判程序中,纳税人针对与确定 A 或者 B 分标题所课征税款的义务(作者注:指所得税、遗产税与赠与税)相关的事实争议提出了可靠证据,则针对上述争议,财政部长应当承担举证责任。

(2)限制

仅当下列条件同时得以满足时,第(1)段才适用于某争议:

(1)纳税人已经遵守本标题下的要求去证实任意项目;

(2)纳税人已经遵守本标题下要求的所有记账凭证,且已配合财政部长关于证人、信息、文件、会议以及接见的合理要求;

(3)对于合伙企业、公司或者信托而言,纳税人符合第 7430 节(c)(4)(A)(ⅱ)的规定。

(C)分段不得适用于符合条件的可撤销信托[根据第 645 节(b)(1)的定义],关于在被继承人死亡之日以后并且在可适用日期[根据第 645 节(b)(2)的定义]之前结束的纳税年度的纳税义务。

(3)协调

如果本标题的其他规定对于争议规定了特别的举证责任,则第(1)段不得适用于该争议。

(b)使用关于不相关纳税人的统计信息

对于个人纳税人而言,如果司法程序是针对由财政部长仅通过使用关于不相关纳税人的统计信息而进行重建的所得项目,则举证责任应当由财政部长承担。

(c)罚款

尽管本标题有其他规定,如果司法程序是针对个人就本标题所课征的罚款、附加税或者额外数额的所承担的义务,则举证责任应当由财政部长承担。

对于举证责任分配,还应结合评定制度来理解。F 分标题“征收程序和行政管理”第 63 章规定了“评定”。

第 6202 节　根据规章所确定的评定模型和时间

如果评定国内收入税(包括利息、附加金额、附加税和应税罚款)的模型或者时间没有另作规定,则财政部长可以通过规章确定。

第6203节　评定方法

应当根据财政部长所制定的规定或者规章,在财政部长的办事处,通过记录纳税人的义务来进行评定。依纳税人要求,财政部长应当向该纳税人提供评定记录的一份副本。

第6212节　报税不足的通知

(a)总则

如果财政部长确定,关于根据A或者B分标题或者第四十一章、四十二章、四十三章或者四十四章所课征的税款存在报税不足,则其被授权通过挂号邮件方式向纳税人邮寄欠税通知。……

第6213节　适用于报税不足的限制;向税务法庭提起申诉

(a)提起申诉的期限以及评定的限制

在第6212节所授权的报税不足通知被邮寄以后的90天或150天(如果该通知是邮寄给在美国境外的主体)内(最后一天适逢星期六、星期天或者哥伦比亚特区的法定假日则顺延),纳税人可以向税务法庭提起重新确定报税不足的申诉。……

第6214节　由税务法庭确认的税款

(a)关于报税不足的增加、附加金额或者附加税的管辖权

除非第7463节另有其他规定,否则,税务法庭应当拥有重新决定正确的报税不足金额的管辖权,即使重新确定的金额大于报税不足的金额,并且报税不足通知已经邮寄给纳税人。此外,税务法庭还拥有确定是否应当评定附加金额,或者附加税的管辖权,只要财政部长在听证或者再次听证之时或之前提出申请。……

第6215项　由税务法庭进行的报税不足评定

(a)总则

如果纳税人向税务法庭提起诉讼,则经过税务法庭评定后重新确定的金额为最终的报税不足金额,纳税人必须缴纳。由税务法庭判决否定的报税不足金额,税务机关不得征收或者再次通过任何法院程序进行征收,无论该法庭是否实施评定程序……

对于欺诈等情形的举证责任,第七十六章的C分章作出了特别规定。

第7454节　在欺诈以及受让人案件中的举证责任

(a)欺诈

涉及提起诉讼者是否被认定为意图逃税的欺诈罪的诉讼中,关于上

述问题(作者注:指小额税款争议外的争议)的举证责任应当归于财政部长。

(b)基金会管理人

在任意以下程序中,该程序涉及基金会管理人[根据第4946节(b)的定义]是否"明知"而故意参加自我交易行为(在第4941节所规定的含义范围内),参加危险免税目的(在第4944节所规定的含义范围内)的投资,或者同意进行应税开支(在第4945节所规定的含义范围内),或者在第501节(c)(21)所指的信托的托管人是否"明知"而参加自我交易行为(在第4951节所规定的含义范围内)或者同意应税开支(在第4952节所规定的含义范围内),某组织管理人[根据第4955节(f)(2)的定义]是否"明知"而同意进行政治开支(在第4955节所规定的含义范围内),或者某组织管理人[根据第4912节(d)(2)的定义]是否"明知"而同意进行在第4912节(b)所规定含义范围内的不符合条件的游说议员开支,或者某组织管理人[根据第4958节(f)(2)的定义]是否"明知"而参加超额收益交易[根据第4955节(c)的定义],则关于上述问题的举证责任应当在于财政部长。

(c)交叉参照

关于受让人债务的举证责任,参照第6902节(a)。

而上述第6902节是属于F分标题下,第七十一章"受让人与受托人"。第6902节"适用于受让人的特殊条款"(a)规定:

(a)举证责任

在税务法庭程序中,财政部长有举证责任,证明上诉人作为纳税人财产受让人有纳税责任,而不是证明纳税人有纳税责任。

除上述规定外,美国《国内税收法典》的一些条款中,还有较多关于举证责任的规定。由于美国《国内税收法典》内容复杂、规定详尽、实体法程序法甚至诉讼规则融合在一起,这里未完全列举那些分散于各条款下的关于举证责任的特别规定。

上述规定中,第7491节关于税收争议中举证责任分配的基本规定是"如果在审判程序中,纳税人针对与确定A或者B分标题所课征税款的义务相关的事实争议提出了可靠证据,则针对上述争议,财政部部长应当承担举证责任"。可见,税收争议中首先应由纳税人就其纳税申报的真实性承担举证责任;纳税人承担了举证责任后,税务机关另行提出主张的,对其提出的与纳税人不同的主张承担举证责任。在纳税人未承担举证责任的情况下,税务机关可评定税款;评定根据财政部部长所制定的规定或者规章,在财政部长的办事处,通过记录纳税人的义务来进行;经评定,税务机关可向纳税人邮寄报税不足的通知;纳税人不服通知,可向税务法庭申诉,由税务法庭作出评定,税务法庭的结论是最终结论。对于欺诈等特殊事项的认定,税务机关应当承担举证责任。

对于美国税法中的举证责任规定,应当放在美国行政举证责任的基本规则下分析。美国行政程序和司法程序中均遵循“谁主张,谁举证”原则,在税收领域也是如此。纳税人作出纳税申报即其提出了税收主张,应当对其主张承担举证责任。纳税人未承担举证责任的,由税务机关或税务法庭通过评定来确定纳税人的应缴税款,而评定并非完全根据纳税人的课税事实,而是根据规定、规章并结合对纳税人的记录来实施,具有推定性质。

可见,美国税法并未规定税务机关对课税事实承担举证责任,而是相反,纳税人对课税事实承担基本的举证责任,只有法律特别规定由税务机关承担举证责任时,才由税务机关承担举证责任。

2. 德国税法的相关规定

德国税法中没有对税收举证责任分配作出原则性规定。《德国税收通则》第四部分“征税的实施”第三节“核定程序和确认程序”中多项条款,对举证责任的分配有直接影响:

> 第 158 条　簿记的证明力
>
> 纳税义务人进行的符合第 140 ~ 148 条规定的簿记与记录,只要根据具体情况没有理由对其客观真实性提出异议的,应被作为征税的根据。
>
> 第 159 条　受托管人的证明
>
> (一)若某人认为自己仅作为受托管理人、其他人的代理人或者抵押债权人而持有或占有开列在他名下的权利或者他所占有的物品,则当遵照要求证明权利或物品归何人所有;否则,权利或物品通常应视为归该人所有。税务机关调查事实真相的权力,不因此受到限制。……
>
> 第 160 条　债权人及支付受领人的具名
>
> (一)纳税义务人未遵照税务机关的要求而明确指出债权人或受领人的,计税时通常不予考虑债务和其他经济负担、营业支出、广告费用以及其他支出。税务机关调查事实真相的权力,不因此受到限制。……

第 161 条　盘存短缺额

进行规定的盘货或者由官方进行盘存时，如果查出应缴纳消费税的货物有短缺额，则推定对该短缺额已形成消费税，或者有一定条件才能形成消费税已变为无条件，只有在能够证明短缺额产生于该两种情况之外的情形时，才可不作此推定。盘存时不能予以确定的，一律视为已形成消费税或已变成无条件的消费税。

第 162 条　估算纳税基础

（一）倘若税务机关无法查明或计算征税基础，则应对其进行估算。此时，应将对于估算产生作用的所有情况考虑在内。

（二）纳税义务人对其申报事项未作充分说明，或者拒绝进一步提供情况或者作出宣誓保证，或者违背第 90 条第 2 款规定的协助义务的，则尤其应进行估算。若纳税义务人无法提出根据税法应进行的簿记与记录，或者簿记或记录未按第 158 条的规定作为征税的依据，或者存在实际情况，发现纳义务人申报的事项不实或不尽，将形成更高应税所得或更多的经营资产，且纳税义务人不做出第 93 条第 7 款第 1 名第 5 点规定的同意时，同样适用本规定。如果纳税义务人违背了第 90 条第 2 款第 3 名规定的协助义务，将推定在第 90 条第 2 款第 3 名规定的国家和地区产生了应税所得，或该所得高于其申报的所得；此推定可辩。

（三）纳税义务人未提供记录，或者所提供的记录大部分不可用，或者确认纳税义务人未按照第 90 条第 3 款第 3 名的规定按照记录，纳税义务人因此违背第 90 条第 3 款规定的协助义务时，则可推定，根据第 90 条第 3 款规定的记录所确定的纳税义务人的国内所得，高于他所申报的所得。如果税务机关在这种情况下必须进行估算，并且所得只能在一定的范畴内确定，特别是只能根据价格差确定时，则这一范畴的确定可以穷尽不利于纳税义务人的各种因素。尽管纳税义务人提供了可用的记录，但存在事实可认为根据正常交易原则所计算的所得高于根据记录确定的所得，且这一怀疑因为纳税义务人的外国关联人没有善尽第 90 条第 2 款的协助义务或第 93 条第 1 款规定的信息提供义务而无法澄清时，第二名同样适用……

德国税法中的“核定”不同于我国现行税法中的核定，德国税法中，在任何情况下纳税人的应纳税额，均须由税务机关“核定”，这体现了职权主义的特点。我国税法中的核定，大致相当于德国税法中的“估算”或“推定”。

根据上述列举的规定,德国税务机关在"核定"税额过程中,纳税人需要承担举证责任,且税务机关根据纳税人提供的簿记或记录核定的税款,税务机关有权调查但无举证责任。当纳税人未尽举证责任时,税务机关可采用估算方式推定纳税人的应纳税额。当纳税人未尽举证义务时,一些特殊情况下可作对纳税人不利的事实推定或可穷尽考量不利于纳税人的因素。

虽然德国行政程序中奉行职权主义,强调行政机关依职权调查事实。但在税收领域,行政程序中的举证责任首先由纳税人承担,当纳税人不能举证时,则产生税务机关实施推定课税的权力,在推定课税下,税务机关并不需要对客观的课税事实承担举证责任。当然,根据《德国税收通则》第四部分第四节"实地检查"的规定,如果税务机关实施实地检查,另行对客观课税事实作出自己的认定结论,也应对其主张的事实承担举证责任。此外,德国在对税收进行司法审查的行政诉讼过程中,举证责任的分配以行政程序中的举证责任的分配为基础,且法官对举证责任分配可根据公正合理的要求作出自由裁量。

可见,德国税法也未规定税务机关对课税事实承担举证责任,相反,纳税人对课税事实承担举证责任。在纳税人未承担举证责任,税务实施推定课税时,不需要对客观课税事实承担举证责任,只对推定课税的合法性、公正性、合理性承担举证责任。只有在税务机关另行提出事实主张时,税务机关才需要对其提出的事实主张承担举证责任。从实质上看,德国税法遵循的原则同样是"谁主张,谁举证"原则,即纳税人应当对其主张的税额承担举证责任,税务机关应当对另行主张的事实承担举证责任。

## 三、建议

### (一)几个基本问题

1.《税收征收管理法》规定税收举证责任制度的必要性问题

举证责任,是指当事人对其主张,负有收集、提供证据并运用证据证明其主张成立的责任。《行政诉讼法》规定行政机关对行政行为承担举证责任。在司法、行政实践中,通常把这一要求解读为行政机关对案件所涉及的全部事实承担举证责任,加重行政机关的举证负担。

行政机关对行政行为承担举证责任,并不等同于行政机关对案件所涉全部事实单方面承担举证责任。对行政行为承担举证责任,是指对行政行为中认定的、据以作出行政决定的事实,以及对行政过程和依据等承担举证责任。但在行政程序中,对于据以作出行政决定的事实,其事实的提出和举证责任分配规则存在多样性。有的行政行为要求行政机关主动查明事实并承担举证责任;有的行政行为并不要求行政机关主动查明事实而要求行政相对人提供事实并承担举证责任；有的行政行为要求行政机关和行政相对人分担提出事实和举证的责任；在有的行政行为中，行政机关有权推定事实；等等。行政诉讼中的举证责任与行政程序中的举证责任不可分割，行政诉讼中的举证责任以行政程序中的举证责任为前提、基础，不能脱离行政程序中的举证责任来谈行政诉讼中的举证责任，不能在行政诉讼中将案件所涉全部事实的举证责任都交给行政机关。

税收属于金钱给付之债，与民法之债有共通之处，且税务机关与纳税人之间处于信息不对称地位。纳税人开展生产经营活动而发生纳税义务，其掌握发生纳税义务的全部事实信息，而税务机关并未参与纳税人生产经营过程，难以掌握纳税义务的全部事实信息，特别是当纳税人有意隐瞒、捏造、歪曲事实时，如果对税务机关征税所需要查明事实的要求过高，则纳税人的信息优势就会转化为利益优势，使国家利益与纳税人利益之间失去平衡。行政程序中要求税务机关对课税事实承担全面的举证责任，既不现实，也不合理，不利于平衡国家的征税权和纳税人的财产权。

由于现行《税收征收管理法》并没有对税收举证责任制度作出规定，造成税收行政程序中的举证责任问题不够明确。在税收征收管理实践中，对举证责任的认识不统一，比较混乱。有时，税务机关对自己的举证责任过于苛求，影响国家税收利益的实现；有时，税务机关对自己的举证责任过于放任，造成对纳税人合法权益的侵害。应当在《税收征收管理法》中对于行政程序中的举证责任作出基本规定，在税务机关与纳税人之间，公正、合理地分配举证责任，这样才能促进税务机关规范检查取证工作，保障税收征收管理的顺利实施。

《税收征收管理法》中欠缺税收举证责任制度规定，还影响到涉税行政诉讼实践，造成各地法院在涉税行政诉讼中对税务机关举证责任的把握不统一，同样的情形产生的诉讼结果经常不一致，影响到司法的权威性，影响到行政诉讼法对税收征收管理的保障作用。在《税收征收管理法》中规定税收举证责任制度，并非排斥行政诉讼法规定的举证责任制度，恰好相反，是为了给涉税行政诉讼提供基础性依据，有利于法院在行政诉讼中准确界定税务机关与纳税人的举证责任，平等保护国家利益和纳税人的合法权益。

2. 税收征收管理中的举证责任分配原则问题

行政程序中的税收举证责任制度，应当坚持“谁主张，谁举证”原则，并在《税收征收管理法》中作出明确规定。

“谁主张，谁举证”的含义非常简明，即任何人都要对其提出的主张承担举证责任。在税额确认中实行“谁主张，谁举证”原则，主要的理由是：

(1)“谁主张,谁举证”原则是举证责任分配的基本原则。举证责任分配理论起源于古罗马,其基本原则就是“谁主张,谁举证”。从实质上讲,刑事举证责任分配规则与“谁主张,谁举证”原则并不矛盾。因为,刑事诉讼中,控方指控被告构成犯罪,当然应对其指控即犯罪的成立承担举证责任。行政诉讼中被告负举证责任的规则,也与“谁主张,谁举证”原则不矛盾。因为行政诉讼是对被告所实施的行政行为的审查程序,被告实施了行政行为即提出了主张,故应对其行政行为承担举证责任。“谁主张,谁举证”原则是举证责任分配的理论基础,在行政程序中也应予以贯彻。

(2)“谁主张,谁举证”原则与税收的债权债务关系属性相适用。税收具有债权债务关系的属性,例如,德国税法中将之明确称为税收之债。在债权债务关系中,需要基本均衡的举证责任分配规则,才能维护债权债务关系的平衡性。民事债权债务纠纷中奉行“谁主张,谁举证”的举证责任分配原则。我国税法理论认可税收之债的理论,与之相适应的举证责任分配原则是“谁主张,谁举证”原则。

(3)“谁主张,谁举证”原则有利于实现权力优势与信息优势之间的平衡。税务机关掌握行政权力,具有权力优势,但行政权力并非万能,在有些领域,仅凭行政权力无法保障查明事实真相。课税事实是纳税人、扣缴义务人实施经济活动的事实,纳税人、扣缴义务人离课税事实最近,掌握全面的信息,而税务机关一般并未参与纳税人、扣缴义务人的经济活动,离课税事实较远,并不直接掌握全面信息,纳税人、扣缴义务人处于信息优势地位。只有“谁主张,谁举证”原则才能在权力优势与信息优势之间求得平衡,实现平等保护国家税收利益,维护纳税人、扣缴义务人合法财产权益的目的。

(4)“谁主张,谁举证”原则与行政诉讼举证责任制度并不矛盾。《行政诉讼法》第34条规定:“被告对作出的行政行为负有举证责任,应当提供作出该行政行为的证据和所依据的规范性文件。”这里规定的对“行政行为”的举证责任,在实际工作中经常被误解,被误认为行政机关需要对一切与案件相关的事实举证。对“行政行为”的举证,包括对行政行为程序性事实的举证和对行政行为所依据的事实的举证。其中,行政行为所依据的事实并不是指一切与案件相关的事实,而是根据法定的行政程序规则,行政机关实施该行政行为所需要获取的事实,这可能只是部分事实,且这些事实是由行政机关和行政相对人按照规定分别举证证明的。故对“行政行为”的举证并不等同于对一切相关事实的举证,行政诉讼中的举证责任分配,并不改变行政程序中的举证责任分配规则,而是遵循行政程序举证责任分配规则。故在《税收征收管理法》中规定“谁主张,谁举证”的举证责任分配原则,与《行政诉讼法》规定的被告行政机关对行政行为承担举证责任的规定并不矛盾。

(5)"谁主张,谁举证"原则是两大法系行政程序法和税法中普遍适用的原则。从前文介绍的英美法系与大陆法系的行政举证责任规则可知,英美法系国家在行政诉讼中奉行"谁主张,谁举证"原则,大陆法系行政诉讼中虽实行职权主义,但审问式的诉讼体制赋予了法院较大的自由裁量权。在举证责任的裁量上,法官遵循合理性原则在对举证责任分配上作出合理裁量,这种合理裁量同样遵循"谁主张,谁举证"原则。就税法规定而言,在英美法系和大陆法系的代表性国家,例如,美国和德国税收之债的确认程序中,均强调纳税人的举证责任,纳税人提供事实和证据是其法定义务,是税额确认的基础。特别是德国税法中还有对纳税人作出"不利推定"的规定,即当纳税人未遵循其举证责任时,须穷尽对纳税人不利的考量。"谁主张,谁举证"原则是税收确认领域国际通行的举证责任分配原则,我国税法中应当明确规定这一原则。

3. 举证责任概念的运用问题

法条中表述举证责任时,是直接使用"举证责任"或"证明责任"概念,还是采用其他方式表达举证责任分配之意?《税收征收管理法(征求意见稿)》(以下简称《征求意见稿》)中没有使用"举证责任""证明责任"概念,而使用"对……负责"等方式间接表达举证责任分配之意。这样造成含义不明,难以起到明确各方举证责任的作用。在《税收征收管理法》中规定举证责任分配有充分的理由,完全可以直接作出规定,明确使用"举证责任"或"证明责任"来表达举证责任的分配。而在"举证责任"与"证明责任"两者之间,举证责任一词更符合表述习惯、能与《行政诉讼法》的表述保持一致,也符合国外通常做法,故建议使用"举证责任"的表述方式。

4. 证明对象、证明标准问题

证明对象、证明标准问题是与举证责任分配密切相关的问题。证明对象是落实举证责任的目标,法律在规定举证责任时必须同时规定该举证责任所指向的证明对象,即对什么事实承担举证责任,故立法上不需要使用证明对象一词,也不必要单独对证明对象作出规定。证明标准则具有相对独立性,需要作出单独规定才能实现证明标准的明确化,但证明标准在我国理论和实践中都还存在较大争论,特别是行政纠纷中的证明标准具有复杂多样性,当前,并不具备在立法上加以规定的条件,此次《税收征收管理法》修改暂不宜对证明标准作出规定。

5. 扣缴义务人的举证责任问题

在代扣代缴法律关系中如何分配税务机关与扣缴义务人之间的举证责任分配也很重要,需要一并加以明确。扣缴义务人同样应当对其扣缴税款报告、递交的资料、作出的税收承认等负责,除核定税额等与扣缴义务人无关的事项外,其他事项中，扣缴义务人的举证责任与纳税人的举证责任原理一致，故建议一并作出规定。

**(二)《征求意见稿》的不足之处**

2015 年 1 月国务院公布的《征求意见稿》，对税额确认程序中的举证责任作出了规定：

> 第五十七条　对税务机关进行的税额确认，纳税人应当证明其纳税申报的真实性、合法性。
>
> 纳税人对其提供的发票等会计凭证、账簿、报表、完税凭证以及其他有关涉税资料中所记载数据、记录及其他相关事实的真实性、完整性和准确性负责。
>
> 税务机关在税额确认中对纳税人应纳税额作出调整且纳税人已经履行本法规定的协助义务的，税务机关应当对使用的纳税人账簿、文件、记录、其他资料的数据信息的来源及计算方法、确认方法、依据负责，对其所使用的其他方面数据信息来源的合法性负责；有关提供方对其提供信息的真实性、准确性负责。纳税人对税务机关来源于第三方信息的真实性、完整性有异议的，应当告知相关第三方修改提交信息。
>
> 纳税人对税务机关按照第五十条规定核定应纳税额有异议的应当提供相关证据。

结合税收实际对行政程序中的举证责任分配作出规定，是一种非常有益的尝试，是《税收征收管理法》立法中的一大突破，但这一规定也存在不足：

(1)含义不够明确。对税额确认中的举证责任作出特别规定有充分的理由，举证责任的含义应当更加明确，《征求意见稿》似乎有些躲闪，使用“对……负责”之类的表述方式，而未使用“举证责任”或“证明责任”这样明确的表述，恐难以真正起到划分税务机关与纳税人、扣缴义务人举证责任的作用。

(2)未明确举证责任分配原则。对税额确认中的举证责任作出分配，需要遵循一定的分配原则，这样才能取得理论上的认同，并保持举证责任分配的统一性。《征求意见稿》中并未提出这样的基本原则，且各项规定并未遵循统一的分配原则。

(3)内容不够完整。就税额确认程序中的举证责任分配，《征求意见稿》中的规定仍然有所遗漏，例如，对于税收承认的证据效力和举证责任、核定方法下税务机关的举证责任、第三方信息的证明责任、税务机关前期行为的举证责任等，欠缺规定或规定不够合理。

(4)表达不够清晰。第1款中规定纳税人应当证明其纳税申报的真实性、合法性,第2款中规定纳税人对资料的真实性、完整性和准确性负责。两款规定不统一,且将真实性、合法性、完整性、准确性捆绑在一起,反而容易引起歧义和反对。第3款规定较细,也比较生涩,指向不够明确,含义较难理解。第4款规定似乎对税务机关实施核定没有证据要求而只规定了纳税人的举证责任。

(5)未提及扣缴义务人。扣缴义务人的举证责任,与纳税人的举证责任应当保持一致性,但《征求意见稿》中没有作出规定。

(6)存在不合理之处。一是第3款中对税务机关取得的第三方信息真实性证明责任转移给纳税人,规定由纳税人告知第三方修改信息,这样的规定明显不合理。二是第4款中未规定税务机关的举证责任。三是其他一些情况,例如,对税务机关不认可前期行政决定的举证责任等未作规定,对纳税人、扣缴义务人有所不公。

**(三)条文修改建议**

1.条文表述

建议将条文表述修改为:

【举证责任分配原则】第五十七条　在税额确认程序中,税务机关及纳税人、扣缴义务人应对各自提出的主张负举证责任。

【纳税申报、扣缴税款报告的法律效力和相关举证责任分配】纳税人、扣缴义务人对纳税申报、扣缴税款报告负责,向税务机关提出申报、报告后又提出修正、申请退还税款或以其他方式主张原申报、报告有错误的,应负举证责任;税务机关根据申报、报告确认税额不须举证,在申报、报告之外确认税额应负举证责任。

【账簿凭证、报表、文件等资料的法律效力和相关举证责任分配】纳税人、扣缴义务人对其账簿凭证、报表、文件等资料负责。纳税人、扣缴义务人依法向税务机关递交资料后又主张资料不真实的,应负举证责任;纳税人、扣缴义务人递交资料所清楚反映的事实,税务机关不须另行举证,但税务机关主张纳税人、扣缴义务人递交的资料不真实,或者取得未经纳税人、扣缴义务人签署认可的资料,应负举证责任。

【税收承认的法律效力和相关举证责任分配】纳税人、扣缴义务人对事实或税额以书面形式向税务机关作出税收承认后又主张原承认有错误的,应负举证责任;税务机关不接受税收承认或另行提出事实或税额主张的,应负举证责任。

【第三方信息的真实性证明责任和不利推定】税务机关取得第三方信息作出税额确认的,应对第三方信息的真实性负举证责任;纳税人、扣缴义务人向税务机关递交经其签署认可的第三方信息后又主张该信息不真实的,应负举证责任;税务机关证明第三方信息真实的,纳税人、扣缴义务人应对产生该第三方信息的经济事实作出解释并提供证据,无法作出合理解释并证明的,在税收上作出对纳税人、扣缴义务人不利的推定。

【税务机关前期行为的约束力和相关举证责任分配】税务机关以书面形式向纳税人、扣缴义务人发出涉税的批准、认定、裁定或作出其他行政决定后,在税额确认中不认可原行政决定的,应对原行政决定已经被依法撤销、撤回或变更负举证责任。法律、行政法规另有规定者除外。

【核定应纳税额中的举证责任分配】税务机关根据本法第五十条规定核定应纳税额的,应对实施核定的理由、依据和方法负举证责任;纳税人、扣缴义务人有异议的,应在收到税务机关书面通知或公告后十五日内提出异议并举证,未按期举证的视为没有相反证据。法律、行政法规另有规定或者税务机关同意延长异议期限的除外。

2. 分析说明

第1款明确了"谁主张,谁举证"的举证责任分配原则。

第2款明确了纳税申报、扣缴税款报告的法律效力及相关举证责任分配。如实申报、报告是纳税人、扣缴义务人的法定义务,是确定税收举证责任分配规则的前提、基础。故申报、报告对纳税人、扣缴义务人有法律约束力,向税务机关作出申报、报告后,即视为纳税人、扣缴义务人已经主张其申报是真实的。纳税人、扣缴义务人提出申报、报告后又主张申报、报告错误的,应当对存在的错误承担举证责任,不能举证确实存在错误的,原申报、报告仍然对其有约束力。税务机关根据申报、报告确认税额无须举证,但主张申报有错误的,同样需要对存在的错误承担举证责任,不能举证的,主张不成立,应当按照原申报、报告确认税额。

第3款明确了账簿凭证、报表、文件等资料的法律效力及相关举证责任分配。"账簿凭证、报表、文件等资料"的表述方式,是为与第48条等条款中的表述方式保持一致。保证账簿凭证、报表、文件等资料的真实性并依法向税务机关提交,是纳税人、扣缴义务人的法定义务,向税务机关递交这些资料后,即视为纳税人、扣缴义务人已经主张这些资料是真实的。纳税人、扣缴义务人向税务机关递交资料后又主张资料不真实的,应当对其新主张承担举证责任,否则,原递交的资料仍作为税额确认的依据。税务机关依据纳税人、扣缴义务人递交的资料确认税款，对于资料能够清楚反映的事实，税务机关无须另行举证。但税务机关主张纳税人递交的资料不真实的，应当承担举证责任；税务机关从纳税人处或从第三方获得的未经纳税人签署认可的资料，只有在税务机关能够证明其真实性时才能作为对纳税人、扣缴义务人税额确认的依据。

第4款明确了税收承认的法律效力及相关举证责任分配。税收承认是指在税收征收管理过程中，纳税人、扣缴义务人以正式的、可证明的方式（这种方式应当是书面形式，如有必要，可进一步规定具体的书面承认方式）向税务机关作出关于课税事实或税额的承认后，这种承认的效力如同纳税申报、扣缴税款报告，应被赋予对纳税人、扣缴义务人的法律约束力。纳税人、扣缴义务人作出税收承认的事实或税额，事后又主张承认有错误的，应对新主张，即存在的错误承担举证责任，否则，原税收承认仍对其有约束力。税务机关不接受纳税人、扣缴义务人所作的税收承认（包括部分接受、部分不接受），应就其不接受事项承担举证责任，或对另行提出的事实或税额主张承担举证责任，否则，税务机关应当接受纳税人、扣缴义务人的税收承认。

第5款明确了第三方信息的真实性证明责任和不利推定。谁提出了第三方信息，谁就应当在税额确认中担保第三方信息的真实性，当出现异议时应负举证责任。《征求意见稿》中将税务机关提出的第三方信息的举证责任转移给纳税人，要求纳税人去通知第三方更正信息，背离了"谁主张，谁举证"原则，所以不合理。故税务机关应对自己提出的第三方信息的真实性承担举证责任，纳税人向税务机关提出第三方信息后又主张该信息不真实的，应承担举证责任。在税务机关证明了第三方信息的真实性后，该第三方信息反映的经济事实即原因，纳税人、扣缴义务人有举证责任，故其应对相关经济事实作出合理解释并证明，如不能作出合理解释并证明，则在税收上对其作出不利推定。这种不利推定，符合举证责任分配原则。例如，当税务机关证明了纳税人银行账户中有资金入账后，纳税人应当对产生这些资金入账的原因即相关经济事实作出合理解释并证明，以澄清其属于收入、借款、往来或其他经济原因，这样才能在税收上作出正确的处理。如果在这种情况下纳税人无法作出合理解释并证明的，应在税收上对其作出不利的推定。

第6款明确了税务机关前期行为的约束力和相关举证责任分配。《征求意见稿》中没有涉及这方面的内容。税务机关已经作出的涉税批准、认定、裁定或作出其他行政决定，具有确定力，对征纳双方都有约束力，非因法定事由并经法定程序不得随意否定，在税务确认中应当作为依据。但这些前期行政决定可能属于另外的法律关系，由税额确认机关在税额确认程序中直接否定原行政决定并不妥当，应当由作出原行政决定的机关按该行政决定应当遵循的法定程序作出新的行政决定，才可否定原行政决定的效力。故这里不宜规定在税额确认中直接对原行政决定承担举证责任，而只规定税额确认机关对原行政决定已经被依法撤销、撤回或变更负举证责任。同时，由于该问题较复杂，特殊情况下会有不须撤销、撤回或变更原行政决定，也可以不认可原决定的情况，故应留有一定余地，应加以除外条款。

第7款明确了核定应纳税额中的举证责任分配。《征求意见稿》中只规定了纳税人对核定结论提出异议的举证责任，而未规定税务机关在实施税额过程中的举证责任，故较为片面。税务机关采用核定方法确认税额的，虽然不需要对全部的课税事实承担举证责任，但也不能毫无根据地实施核定。税务机关需要对实施核定的理由、依据和方法负举证责任。实施核定的理由，指具备实施核定的必要事实条件和法律条件。实施核定的依据，指事实依据，核定是一种推定，但推定总有一定的事实基础，以一定的事实为起点来推定计税依据并最终确认税额，这种作为推定起点的事实，就是核定依据。实施核定的方法，是指核定中采用的标准、方式和计算方法等。对于这些事项，税务机关应当承担举证责任。也只有当税务机关对这些事项举证并作出核定意见后，纳税人、扣缴义务人有异议的才应承担举证责任。纳税人的异议只有在税务机关作出核定行政决定前提出才能实际发挥作用，为保障纳税人的异议权即陈述申辩权，应当设置特殊的程序，故建议规定税务机关对拟作出的核定结论的通知或公告规则，通知主要适用于税务检查中的事后核定，公告主要适用税务管理中的事前核定，并规定纳税人提出异议举证的期限。这一期限以15日比较合理。规定举证期限并规定未按期举证的视为没有相反证据，有利于保障核定结论的稳定性，起到排除相反证据的作用。同时，考虑到核定的复杂性，举证期限应留有一定余地，故规定法律、行政法规另有规定或者税务机关同意延长异议期限的除外。

# 税务行政强制制度研究

袁森庚[*]　宋玉华[**]

《行政强制法》已于2011年6月30日经第十一届全国人大常委会第二十一次会议审议通过，并于2012年1月1日起施行。《行政强制法》是继《行政处罚法》《行政复议法》《行政许可法》之后又一部规范政府行政行为的重要法律，与税务机关关系重大。《行政强制法》既是一部授权法，更是一部控权法，对于保障和监督税务机关严格依法履行职责，提高行政执法效率，保护纳税人等行政相对人的合法权益具有重要意义。

《行政强制法》对行政强制措施和行政强制执行主体、程序等作出了明确规定，与现行《税收征收管理法》及其实施细则中的相关规定存在较大差异，甚至存在明显冲突。这就很有必要在理论上就税收强制与《行政强制法》的衔接问题进行梳理和分析。在税收执法过程中，如何适用《税收征收管理法》与《行政强制法》相关规定，实现两法的顺利衔接，避免执法过错是摆在各级税务机关面前的现实课题。从《税收征收管理法》修订的角度而言，有关税务行政强制制度的立法，应当主要研究如何与《行政强制法》相关制度规定有机衔接这一问题。研究两法衔接的基本原则，主要制度应如何衔接，从而提出《税收征收管理法》修订的相关建议。

* 国家税务总局干部学院。

** 广东省广州市国家税务局稽查局。

## 一、现行《税收征收管理法》关于税务行政强制的规定与《行政强制法》的冲突

### （一）两法程序性规范的冲突

1. 冻结存款期限

与《税收征收管理法》及其实施细则规定的查封、扣押措施期限不同，《行政强制法》冻结存款、汇款的期限明显缩短。《行政强制法》第 32 条第 1 款规定："自冻结存款、汇款之日起三十日内，行政机关应当作出处理决定或者作出解除冻结决定；情况复杂的，经行政机关负责人批准，可以延长，但是延长期限不得超过三十日。法律另有规定的除外"。而《税收征收管理法实施细则》第 88 条规定："依照税收征收管理法第五十五条规定，税务机关采取税收保全措施的期限一般不得超过 6 个月；重大案件需要延长的，应当报国家税务总局批准。"由于冻结纳税人存款 6 个月期限的规定源自《税收征收管理法实施细则》，其效力低于《行政强制法》。因此，自《行政强制法》正式实施起，在税收执法过程中，对纳税人采用冻结存款的税收保全措施时，冻结期限仅为 30 日。即使延期，也仅能再次延长不超过 30 日，且不能多次延期。

对于查封、扣押行为，《行政强制法》同样仅规定了 30 日期限，但同时规定，"法律、行政法规另有规定除外"。因此，《税收征收管理法实施细则》规定的 6 个月税收保全期限对于税务机关实施的查封、扣押行为仍然有效，并可以通过报国家税务总局批准延期。

与《税收征收管理法》相比，《行政强制法》更加注重对纳税人银行存款的权利保护，该法将冻结存款、汇款的行政强制措施与限制公民人身自由行为等同，仅能通过法律进行设定。《行政强制法》第 33 条第 3 款规定："行政机关逾期未作出处理决定或者解除冻结决定的，金融机构应当自冻结期满之日起解除冻结。"《行政强制法》关于缩短冻结存款期限的规定，将对今后税收执法尤其是税务稽查执法产生重大影响，如不及时有效应对，则必然会影响税收保全措施的实施及稽查案件的查处。

2. 行政强制程序

（1）强制执行中告知及当事人陈述申辩程序。《行政强制法》明确规定，行政机关强制执行前必经催告程序，该法第 35 条规定，行政机关作出强制执行决定前，应当事先催告当事人履行义务。催告应当以书面形式作出，涉及金钱给付的，催告文书不仅需载明明确的（给付）金额和给付方式，还应告知当事人依法享有的陈述权和申辩权。值得注意的是，《税收征收管理法》对于税收强制行为并未

明确规定告知程序，因而，也缺少相应程序的执法文书。

《行政强制法》第36条规定："当事人收到催告书后有权进行陈述和申辩。行政机关应当充分听取当事人的意见，对当事人提出的事实、理由和证据，应当进行记录、复核。当事人提出的事实、理由或者证据成立的，行政机关应当采纳。"与行政处罚告知程序相同，行政强制执行同样需要提前告知被执行人，要求行政机关认真听取并记录、复核当事人陈述申辩意见。《税收征收管理法》对此并无专门规定。因此，在今后的税收强制执行过程中，税务机关应更加重视纳税人陈述申辩意见的听取和完善相关记录复核工作程序。

(2)行政强制措施中查封、扣押、冻结存款程序要求。《行政强制法》明确了查封、扣押的程序要求，查封、扣押措施实施前应当向行政机关负责人报告并经批准，通知当事人到场，当场告知当事人采取行政强制措施的理由、依据以及当事人依法享有的权利、救济途径，听取当事人的陈述和申辩。同时，要求制作现场笔录，由当事人和行政执法人员签名或者盖章。当事人拒绝的，在笔录中予以注明；当事人不到场的，邀请见证人到场，由见证人和行政执法人员在现场笔录上签名或者盖章。

根据《税收征收管理法》第37条、第38条、第40条等规定，税务机关在一定的条件下可以对纳税人采取税收保全及强制执行措施，但通常须经县以上税务局(分局)局长批准。税收执法实践中，稽查局拟对逃避纳税义务，存在明显的转移、隐匿应纳税商品、货物以及其他财产或者应纳税收入迹象的纳税人采取行政强制的，往往要经稽查局所属的税务局(分局)局长审批。现根据实体从旧，程序从新的一般法律适用原则，笔者认为，从前必须经税务局(分局)局长批准的税收强制行为，在税务检查过程中采取的，行政强制法生效后，可直接由稽查局局长批准。

总之，《行政强制法》生效后，税务机关对纳税人采取行政强制措施应当按照《行政强制法》的有关程序规定，不论是采取冻结存款，还是查封、扣押措施都应当制作现场笔录，允许纳税人陈述申辩，并制作决定性文书，告知纳税人寻求法律救济的方式和途径。

3. 罚款强制执行规定

(1)罚款强制执行期限。《行政强制法》和《税收征收管理法》对于罚款强制执行期限的规定差异较大。《行政强制法》第46条规定，实施加处罚款或者滞纳金超过三十日，经催告当事人不履行的，具有行政强制执行权的行政机关可以强制执行。而《税收征收管理法》第88条第3款规定："当事人对税务机关的处罚决定逾期不申请行政复议也不向人民法院起诉、又不履行的，作出处罚决定的税务机关可以采取本法第四十条规定的强制执行措施,或者申请人民法院强制执行。”可见,《行政强制法》关于罚款强制执行期限的规定明显短于《税收征收管理法》的相关规定。根据法律适用的一般原则,笔者认为,税务机关可以根据《行政强制法》的规定,及时采取行政强制措施,但并不意味着,税务机关必须在30日内采取行政强制措施。《行政处罚法》也规定,当事人的行政复议、行政诉讼不影响行政强制的执行。

《行政强制法》第45条第2款规定:“加处罚款或者滞纳金的数额不得超出金钱给付义务的数额。”关于此条款,存在两种不同的理解。一种观点认为,《行政强制法》实施后,税务机关对纳税人加收滞纳金及罚款的数额不得超过税款的数额,否则,即是违法。另一种观点认为,滞纳金具有附属性质,税款所属期相应的滞纳金不受《行政强制法》规定数额的限制,唯有税务机关在纳税人逾期不履行的情况下加收的滞纳金及罚款不得超过税款的数额。笔者赞同第二种观点。当然,税务机关在加处罚款或者滞纳金时,应当谨慎适用,并控制合理幅度。

(2)关于税款、滞纳金、罚款的分期履行。《行政强制法》第42条规定:“实施行政强制执行,行政机关可以在不损害公共利益和他人合法权益的情况下,与当事人达成执行协议。执行协议可以约定分阶段履行;当事人采取补救措施的,可以减免加处的罚款或者滞纳金。”该条款涵盖了税务处理决定及行政处罚决定的强制执行。《税收征收管理法》第31条也明确规定了税款缓缴的严格审批条件,两者存在立法冲突。笔者认为,在不损害国家税收利益的前提下,应当允许税务机关与纳税人达成协议,分期缴纳税款、滞纳金及罚款。该规定对于确实存在客观经济困难,但努力缴纳税款、滞纳金及罚款的纳税人具有现实意义,尤其在首次涉嫌逃避缴纳税款罪发生时,直接关系到税务机关是否移送司法机关追究纳税人刑事责任。笔者认为,该条款的适用必能充分体现宽严相济,鼓励纳税人及时缴纳税款,减少损害后果的发生,对于税务稽查案件的执行也将起到促进作用。

4.行政强制措施及强制执行实施限制

(1)行政强制行为实施时间。《行政强制法》对行政强制行为实施时间作出明确规定,一般情况下,禁止行政机关在夜间或者法定节假日实施强制执行行为(紧急情况除外)。而《税收征收管理法》及其实施细则并未对税收强制执行时间作出具体限定。今后,税收强制执行措施应当遵照《行政强制法》规定,避免在夜间和法定节假日进行。

(2)强制执行中止及豁免规定。《行政强制法》规定,对没有明显社会危害,当事人履行行政决定确无履行能力的,可以中止执行。中止执行满3年未恢复执行的,行政机关不再执行。而在税收执法中,只有国家税务总局发布的《税务稽查工作规程》第70条规定了执行中止的事项，[①]该规程明确了执行中止的条件和程序，一般的税款、滞纳金执行不在中止之列，罚款也是一样。《行政强制法》执行方面的规定更加宽松，税务机关应当认真研究如何具体适用。

**（二）两法实体性规范的冲突**

关于行政强制措施对象，《行政强制法》着重强制对象与违法行为的相关性，该法规定，行政强制措施（保全措施）查封、扣押限于涉案的场所、设施或者财物，不得查封、扣押与违法行为无关的场所、设施或者财物。《行政强制法》规定冻结存款、汇款也要求与违法行为有关。《税收征收管理法》则更注重强制对象的价值相当性，规定税务机关可以查封、扣押与应纳税款相当的商品、货物或其他财产。

与《行政强制法》相比，《税收征收管理法》及其实施细则对于查封、扣押对象的限定范围更加具体明确。《行政强制法》规定，不得查封、扣押公民个人及其所扶养家属的生活必需品。《税收征收管理法》虽然同样规定，“个人及其所扶养家属维持生活必需的住房和用品，不在税收保全措施的范围之内”。但是，《税收征收管理法实施细则》进一步限定了所谓“个人及其所扶养家属维持生活必需的住房和用品”范围，将机动车辆、金银饰品、古玩字画、豪华住宅或者一处以外的住房排除在外。此外，税务机关对单价5000元以下的其他生活用品，不采取税收保全措施和强制执行措施。

笔者认为，《行政强制法》关于强制对象的限定属于一般性规定，而《税收征收管理法》的规定属于特殊规定，由于税收是公民获取公共产品的对价，其无偿性、强制性、固定性的特点，决定了在税收执法过程中税收强制更注重保障国家税收利益。因此，应当优先适用《税收征收管理法》的规定，即使是对于并非直接用于生产经营的汽车、房产甚至股票等其他财产，税务机关仍然能够使之成为行政强制的对象。

总之，与《税收征收管理法》相比，无论是实体性规范，还是程序性规范，《行政强制法》都体现出对行政机关依法行政、高效执法的要求和对相对人合法权益

---

① 《税务稽查工作规程》第70条规定：“执行过程中发现有下列情形之一的，由执行部门填制《税收违法案件中止执行审批表》，附有关证据材料，经稽查局局长批准后，中止执行：（一）被执行人死亡或者被依法宣告死亡，尚未确定可执行财产的；（二）被执行人进入破产清算程序尚未终结的；（三）可执行财产被司法机关或者其他国家机关依法查封、扣押、冻结，致使执行暂时无法进行的；（四）法律、行政法规和国家税务总局规定其他可以中止执行的。

中止执行情形消失后，应当及时填制《税收违法案件解除中止执行审批表》，经稽查局局长批准后，恢复执行。”

的最大限度保护。因此,贯彻实施《行政强制法》,对《税收征收管理法》的修订而言,不仅是理解适用新的法律规定,更重要的是要相应调整执法理念,适应新的执法形势和要求,促进税务执法的高效和规范。

## 二、衔接的基本原则

我国现行《税收征收管理法》及其实施细则、《抵税财物拍卖、变卖试行办法》《税务稽查工作规程》等法律文件对税收强制制度作出了基本规定。《税收征收管理法》及其实施细则有关税收强制的法律条文共有 18 条,这是税收机关实施税收强制的主要法律依据。2011 年我国《行政强制法》颁布,对行政强制法律制度作了较为详尽的规定。而《税收征收管理法》等税收法律文件与《行政强制法》相关规定存在许多差异。有的是两法对同一制度规定不一致,有的是《行政强制法》有规定,而《税收征收管理法》及其实施细则未明确规定,有的甚至对同一概念(如滞纳金)所赋予的内涵不同。因此,在讨论《税收征收管理法》及其实施细则的修订时,就必然要研究二者如何衔接的问题。首先,应当确定的是衔接的基本原则。笔者认为,税收强制与《行政强制法》衔接的基本原则是,除《行政强制法》明确规定可以适用部门法的例外规定之外,一律适用《行政强制法》的规定。主要有以下两点理由:

一是就行政强制制度而言,《行政强制法》具有统领作用。《行政强制法》对行政强制制度以法典的方式,对行政强制的定义、范围、原则、种类和设定、操作程序、例外规定以及法律责任等基本内容作出了纲领性规定,这是所有行政强制的实施,也包括税收强制的实施都必须遵循的制度。否则,以法典的方式制定《行政强制法》就失去了立法的意义。

二是《行政强制法》关于行政强制制度的规定,具有先进的行政法理念。《行政强制法》的首要立法目的是规范行政机关强制性权力的行使,以保护人权。其次才是保障行政管理目标的达成和行政行为内容的实现。其立法的价值取向是在控权、权利、效率等价值间进行了平衡和选择,并偏重选择了控权以及权利价值而非效率价值。[①] 因此,《行政强制法》关于行政强制的规定,包括程序设计,体现了我国立法机关有关行政强制的最新理念、精神和要求。而现行《税收征收管理法》与《行政强制法》相隔 10 年之久,与《行政强制法》进行比较,当初《税收征收管理法》有关税收强制的规定及其体现的理念、精神和程序要求等内容不可同日

---

① 参见郎佩娟:《行政强制法制定的若干问题及其评析》,载《中共中央党校学报》第 14 卷第 1 期。

而语。因此，虽然我国《立法法》第85条规定，法律之间对同一事项的新的一般规定与旧的特别规定不一致，不能确定如何适用时，由全国人民代表大会常务委员会裁决。而《税收征收管理法》与《行政强制法》比较而言，其有关税收强制的规定属于特别规定，但我们还是认为，在修订《税收征收管理法》时，有关税收强制与《行政强制法》的衔接，只能是当《税收征收管理法》的相关规定与《行政强制法》的规定不一致，或者《税收征收管理法》没有作出规定的，除法律明示的例外规定外，都只能保持与《行政强制法》相一致的规定。

## 三、《税收征收管理法》与《行政强制法》的衔接

### （一）《税收征收管理法》关于税收保全措施的立法与《行政强制法》的衔接

《税收征收管理法》所规定的税务行政强制，包括税收保全措施和税务行政强制执行两种情形。税收保全措施也就是《行政强制法》所称的行政强制措施。按照《行政强制法》的规定和要求，《税收征收管理法》关于税收保全措施的立法需要与《行政强制法》衔接的方面主要有：

1. 税收保全措施的种类

通常认为，依据《税收征收管理法》第37条、第38条、第55条的规定，税收保全措施有冻结存款、查封财物、扣押财物三种。《行政强制法》第9条明示列举的行政强制措施有限制公民人身自由、查封场所、设施或者财物、扣押财物、冻结存款、汇款四种。但还有兜底条款，即"其他行政强制措施"。《税收征收管理法》第37条、第38条、第55条所列举的税收保全措施与《行政强制法》第9条明示列举的行政强制措施吻合，没有冲突，不存在需要衔接的问题。但《行政强制法》所规定的"其他行政强制措施"，在《税收征收管理法》中是否也存在呢？即《行政强制法》颁布后，根据其对行政强制措施的定义，过去通常认为《税收征收管理法》只规定了三种税收保全措施的理解是否正确呢？例如，《税收征收管理法》所规定的税务机关调取纳税人、扣缴义务人的账簿，停售发票，收缴发票等行为是否属于行政强制措施呢？我们需要进一步研究这些问题。

依据《行政强制法》的定义，行政强制措施是指行政机关在行政管理过程中，为制止违法行为、防止证据损毁、避免危害发生、控制危险扩大等情形，依法对公民的人身自由实施暂时性限制，或者对公民、法人或者其他组织的财物实施暂时性控制的行为。行政强制区别于其他限制活动的重要标准是行政主体运用强制力之活动。[①] 因此，即一旦当事人不听从行政主体的指挥或命令，行政主体无须

① 参见胡建淼主编：《行政强制》，法律出版社2002年版，第261页。

采取行政处罚等其他行政手段,就可以直接采取物理性强制手段排除阻碍来实现行政目的。这是行政强制的实质。我们还可以从逆向思维的角度来理解行政强制,即如果行政主体对当事人作出行政行为,当事人不听从行政主体的指挥或命令,行政主体还可以采取行政处罚等其他行政手段,那么,行政主体作出的这类行政行为就不是行政强制,就属于其他行政行为。因为,既然法律授权行政主体具有行政强制权,当事人在强大的强制力作用下将不得不屈服,甚至无力反抗,行政主体可以凭借其强制权排除阻碍直接实现行政目的,就无须采取行政处罚等其他行政手段。根据这一标准,笔者认为,首先,税务机关的调账行为不属于行政强制措施。《税收征收管理法》第54条及其实施细则第86条只规定,税务机关有权责成纳税人、扣缴义务人提供与纳税或者代扣代缴、代收代缴税款有关的文件、证明材料和有关资料。而如果当事人拒不提供,《税收征收管理法》及其实施细则并没有授权税务机关可以直接采取物理性强制手段排除阻碍来实现调账目的。税务机关只能依据《税收征收管理法》第70条以及实施细则第96条的规定,对当事人处1万元以下的罚款。情节严重的,处1万元以上5万元以下的罚款。因此,调账的行为并具有行政强制的特征。其次,停售发票和限制出境也不是行政强制措施。这两种行政措施税务机关都无须运用物理性强制力就可以达到其行政目的。最后,收缴发票却属于一种行政强制措施,即属于税收保全措施。《税收征收管理法》第72条规定,从事生产、经营的纳税人、扣缴义务人有本法规定的税收违法行为,拒不接受税务机关处理的,税务机关可以收缴其发票或者停止向其发售发票。对于收缴发票行为,如果当事人不服从税务机关的指令,税务机关要达到行政目的,就必须使用物理性强制手段排除阻碍。而且,对于当事不配合税务机关收缴其发票的行为,《税收征收管理法》及其实施行政以及《发票管理办法》也都没有设置行政处罚等其他行政措施。因此,要达到收缴其发票的目的,也就只能采取行政强制措施。所以,笔者认为,依据《行政强制法》的规定,税务机关适用的行政强制措施(税收保全措施)的种类应该有冻结存款、查封财物、扣押财物和收缴发票四种。因此,在修订《税收征收管理法》时,应当把税务机关实施收缴发票的行为,明确规定为税收保全措施的一种。

2. 税收保全措施的实施程序

《税收征收管理法》及其实施细则所规定的税收保全措施的实施程序与《行政强制法》规定的行政强制措施实施程序在许多方面的要求是一致的。例如,实施强制措施的主体及其执法人员的资格、人数、执法身份证件的出示、实施的理由、相关内容的告知、通知当事人到场、向行政机关负责人报告与批准、相关法律文书及送达、强制措施的解除等程序方面的要求,两法的规定是基本一致的,在此不作评述。但也存在一些差异而需要衔接。

第一,《行政强制法》有关行政强制措施实施程序的有些规定,《税收征收管理法》及其实施细则并未对此作出明确规定。例如,听取当事人的陈述和申辩程序、现场笔录的制作程序、不予采取行政强制措施的情形、禁止重复查封、冻结等程序规定就是如此。还有,《行政强制法》第 19 条规定,情况紧急,需要当场实施行政强制措施的,行政执法人员应当在 24 小时内向行政机关负责人报告,并补办批准手续。对此,《税收征收管理法》第 37 条并未要求税务机关在情况紧急时实施税收保全措施后,应在 24 小时内向行政机关负责人报告并补办批准手续。还包括,依据《税收征收管理法》第 38 条的规定在非紧急情况下实施税收保全措施,《税收征收管理法》及其实施细则并未规定税收保全的期限,而《行政强制法》第 25 条对查封、扣押的期限规定为不得超过 30 日,情况复杂的,经行政机关负责人批准,可以延长,但延长期限不得超过 30 日。对这方面的差异如何处理,笔者认为,依据前面提出的衔接原则,在《税收征收管理法》的修订时,必须依照《行政强制法》的规定进行。

第二,《行政强制法》与《税收征收管理法》及其实施细则的相关规定不一致。主要有以下几种情形。

一是税收保全措施的期限。这分两种情形。一种情形是《税收征收管理法》第 37 条及其实施细则第 58 条对情况紧急情形时实施扣押措施所规定的期限是 15 日。而《行政强制法》并未对紧急情形与一般情形予以区分,只是采取“30 + 30”的模式。同时规定,法律、行政法规另有规定的除外。两法的规定明显存在差异。对此,笔者认为,从有利于维护当事人利益以及约束行政机关的强制权的角度,在实施税收保全措施时,依据《税收征收管理法》及其实施细则的规定。而且,《行政强制法》也明确规定,法律、行政法规另有规定的除外。在修订《税收征收管理法》时就无须改动。

另一种情形是依据《税收征收管理法》第 55 条在检查环节实施税收保全措施,《税收征收管理法实施细则》第 88 条规定,期限一般不得超过 6 个月;重大案件需要延长的,应当报国家税务总局批准。而《行政强制法》第 25 条对查封、扣押的期限规定,以及第 32 条对冻结存款、汇款的期限规定,都是采取“30 + 30”的模式,而且,《行政强制法》第 32 条对于冻结存款、汇款的期限规定,《行政强制法》明确规定,只有法律才可以有例外规定,即行政法规都不能有例外规定。而对实施税收保全措施期限为 6 个月的规定,正是《税收征收管理法实施细则》这一行政法规规定的。对于两法规定不一致的情形,笔者认为,关于查封、扣押措施时,对于期限的规定可以适用《税收征收管理法》及其实施细则的规定,即期限一般不得超过6个月。因为,《行政强制法》明确规定法律、行政法规都可以有例外规定。而对于冻结存款的措施,因《行政强制法》明确规定只有法律才可以有例外规定,《税收征收管理法实施细则》作为行政法规,其规定就不能适用。因此,在修订《税收征收管理法》时,为了避免这一冲突,可以将《税收征收管理法实施细则》关于税收保全期限6个月的规定在《税收征收管理法》予以规定。这就符合《行政强制法》所明确规定的法律可以有例外规定这一制度。

二是查封、扣押发生的保管费用的承担。根据《税收征收管理法实施细则》第64条的规定,税收保全标的物的价值应当包括税款、滞纳金和扣押、查封、保管、拍卖、变卖所发生的费用。从这一规定中可以看出,实施税收保全产生所产生的保管费用是由被保全人承担的。但是,《行政强制法》第26条第3款明确规定,因查封、扣押发生的保管费用由行政机关承担。那么,在修订《税收征收管理法》时,应明确规定税务机关实施税收保全措施所产生的保管费用就应由税务机关承担。

三是税收保全的标的物。《行政强制法》第23条第1款规定,查封、扣押限于涉案的场所、设施或者财物,不得查封、扣押与违法行为无关的场所、设施或者财物;不得查封、扣押公民个人及其所扶养家属的生活必需品。而《税收征收管理法》第37条、第38条、第55条及其实施细则相关条款对扣押、查封的标的物,并未规定仅限于涉案财物,只要符合法定情形,对当事人的财产都可以查封、扣押。① 同时规定,对纳税人个人及其所扶养家属的生活必需品和住房不得实施税收保全措施,而且,对纳税人所扶养家属的范围以及生活必需品和住房作了更为详细的解释性规定。因此,两法对行政强制标的物的规定存在两个方面的差异。首先,行政强制的标的物是否仅限于涉案对象。对此,笔者认为,只要是税收保全的标的物的价值相当于税款,就可以认为是查封、扣押了与违法行为有关的财物。其次,关于纳税人所抚养家属的范围以及生活必需品和住房的范围。《行政强制法》对此没有进一步作出规定,对于《税收征收管理法》及其实施细则的细化解释性规定,二者也不存在矛盾,税务机关也可以按照《税收征收管理法》及其实施细则的规定操作。所以,两法对行政强制标的物的规定几乎不存差异,二者的精神实质是相同的。

四是税收保全标的物的移送。依据《行政强制法》第21条的规定,违法行为涉嫌犯罪应当移送司法机关的,行政机关应当将查封、扣押、冻结的财物一并移

① 依据《税收征收管理法》及其实施细则规定,税务机关无权查封管理相对人的场所。对于当事人的作案工具、违法物品、设施的查封、扣押,税务机关都是必须遵循与涉案有关这一原则。

送,并书面告知当事人。而在税收执法实践中,对于涉及税款涉嫌犯罪的行为,例如,涉嫌逃税罪的行为,如果税务机关依照《税收征收管理法》及其实施细则的规定采取了税收保全措施,在案件移送过程中,并不会将查封、扣押、冻结的财物一并移送。对于二者的差异,从理论上分析,笔者认为,对于不涉及税款的涉嫌犯罪的行为,如果税务机关采取了税收保全措施,税务机关在移送案件时,应当将保全的标的物,即所谓的"赃物"一同移送司法机关。一是便于司法机关查证,二是对这类案件包括所谓的"赃物",税务机关也没有处理权限。但对于涉及税款的涉嫌犯罪案件,税务机关在移送案件时就不必将保全的标的物同时移送司法机关。因为,此时采取税收保全措施的目的是保障税款的追缴,其标的物与违法行为没有直接的关联性,无须因便利司法机关查证而必须将标的物移送。而且,税收的征收管理权限,包括追缴税款的权限始终由税务机关行使,不因涉嫌犯罪案件移送而取消。有关法律也明确规定,涉税案件移送后,税款仍然由税务机关追缴。① 因此,为了保障追缴税款而采取了税收保全措施,在移送涉税犯罪案件时,就不必将保全的标的物一同移送司法机关。即使移送了,司法机关最终还得将标的物退回税务机关以便追缴税款,其没有任何意义,只是增加行政和司法成本而已。因此,无须对《税收征收管理法》进行修改。

**(二)《税收征收管理法》关于税务行政强制执行的立法与《行政强制法》的衔接**

《税收征收管理法》所界定的税务行政强制执行与《行政强制法》所界定的行政强制执行在内涵上是一致的。但二者对强制执行的要求存在许多差异。《税收征收管理法》关于税务行政强制执行的规定需要与《行政强制法》衔接的方面主要有:

1. 税务行政强制执行的种类

依据《税收征收管理法》第 37 条、第 38 条、第 40 条的规定,税务行政强制执行的措施有划拨存款和拍卖或者依法处理查封、扣押的财物这两种措施。《行政强制法》第 12 条列举了加处罚款或者滞纳金、划拨存款、汇款、拍卖或者依法处理查封、扣押的场所、设施或者财物、排除妨碍、恢复原状、代履行五种行政强制执行的方式。兜底条款,即"其他强制执行方式"。两法对强制执行种类的规定,《行政强制法》规定的范围比《税收征收管理法》的要广。从需要衔接的角度进行比较,有的种类二者的规定完全一致,有的种类,例如,排除妨碍、恢复原状、代履行

① 我国《刑法》第 212 条规定,犯本节第 201 ~205 条规定之罪,被判处罚金、没收财产的,在执行前,应当先由税务机关追缴税款和所骗取的出口退税款。从这一条文的精神可以看出,涉税犯罪的案件,也是应当先由税务机关追缴税款和所骗取的出口退税款。

等方式,在税收执法实践中不会涉及,这些都无须进行分析。而需要进一步研究的问题主要有以下两种情形。

一是加处滞纳金是否应界定为一种税务行政强制执行的方式。《行政强制法》明确规定加处滞纳金是一种行政强制执行的方式。在《税收征收管理法》及其实施细则中,虽然有23条涉及税收滞纳金制度,但对加收滞纳金的性质并未明确界定。而且,加收税收滞纳金的程序与《行政强制法》关于加处滞纳金的程序规定极为不同。如何衔接二者的差异?是否在《行政强制法》施行后也应当把加收税收滞纳金界定为一种税务行政强制执行方式而依照《行政强制法》规定的程序操作呢?我们的观点是,应当把税收滞纳金界定为因纳税人或扣缴义务人的原因欠缴税款时对国家的补偿,是一种补偿性利息(孳息)。而不应界定为一种执行罚,即行政强制执行的方式。建议利用《税收征收管理法》修订的契机,明确界定税收滞纳金的性质,甚至为了与《行政强制法》规定的滞纳金制度区分开来,使两法不存在冲突,还可以将现有的"滞纳金"更名为"利息"或者"税收迟缴金"之类的名称。

二是《税收征收管理法》第68条所规定的罚款是否为一种税务行政强制执行方式,即执行罚的一种。《税收征收管理法》第68条规定:"纳税人、扣缴义务人在规定期限内不缴或者少缴应纳或者应解缴的税款,经税务机关责令限期缴纳,逾期仍未缴纳的,税务机关除依照本法第四十条的规定采取强制执行措施追缴其不缴或者少缴的税款外,可以处不缴或者少缴的税款百分之五十以上五倍以下的罚款。"此条规定的罚款是否为一种执行罚呢?从法理上分析,有的学者认为,执行罚,是指在当事人不及时履行他人不能代为履行的义务时,行政机关为促其履行而采用的课以新的金钱给付义务的强制执行办法。① 还有的学者认为,执行罚,是指有关国家机关对拒不履行法定义务或已生效具体行政行为的相对人进行制裁,以迫使相对人自觉履行法定义务或具体行政行为所确定的义务的法律制度。② 从上述学理的分析我们可以归纳出:执行罚适用的前提是当事人具有不履行法定行政义务的行为;执行罚制度设计的目的是促使当事人履行义务;采用的方式是对当事人课以新的金钱给付义务;其性质是一种行政制裁方式。对照执行罚的特点,笔者认为,《税收征收管理法》第68条所规定的罚款,其制度设计的目的、适用的前提条件、制裁方式、操作程序以及其性质都完全符合执行罚的特点,应当界定为一种执行罚。当然,有的学者认为,执行罚所要求当事人承担的新义

① 参见应松年主编:《行政行为法》,人民出版社1992年版,第552页。

② 参见胡建淼主编:《行政强制》,法律出版社2002年版,第211页。

务,还应具备持续性的特点。[①] 也许有人会以此而提出,《税收征收管理法》第68条所规定的罚款是一次性的,不具有持续性的特点,从而否认其执行罚的性质。但笔者认为,这只是学理上的一种微差,课处的新义务如果不具备持续性特点,并不影响对其界定为一种执行罚。例如,奥地利于1925年通过并于1926年1月1日起生效的《行政强制执行通则》所规定的行政执行罚——罚金,就规定对负有忍受,或者其他作为或不作为义务,而且,按其性质不能由他人代为执行的,应由执行机关处不超过3000先令的罚金。[②] 该国的执行罚就是一次性的,不具备持续性的特点。我国台湾地区"行政执行法"第30条规定的怠金,[③]也不具备持续性的特点。因此,只要符合执行罚的本质要求,就可以将其认定为执行罚的一种方式。所以,如果在修订《税收征收管理法》时,除了规定"税收利息"之外,如果还规定"滞纳金"的概念,就应删除《税收征收管理法》第68条的规定,避免在《税收征收管理法》中出现双重执行罚这样不合理的制度。

2. 税务行政强制执行的程序

《税收征收管理法》及其实施细则以及相关规定对税务行政强制执行的程序规定与《行政强制法》关于行政强制执行的程序规定,有的要求是一致的。例如,关于强制执行决定及其内容的要求、划拨存款以及扣押、查封财物的变现程序的规定、有关当事人赔偿救济权的规定等;有的程序要求,《行政强制法》的规定与《税务稽查工作规程》的规定也基本一致,例如,有关中止与终结执行(不予执行)的规定,只是《行政强制法》规定的适用条件更为合理,在税收执法实践中适用《行政强制法》的规定即可;另外,《行政强制法》所规定的一些程序要求,例如,不得在夜间或者法定节假日实施行政强制执行,不得对居民生活采取停止供水、供电、供热、供燃气等方式迫使当事人履行相关行政决定,以及有关违法的建筑物、构筑物、设施的拆除要求,在税收执法实践中不会涉及,对于上述内容,本文不作评析。但也有许多程序要求,两法的规定存在差异而且需要衔接。

第一,催告与陈述、申辩程序。《行政强制法》第35~37条关于行政强制执行程序中的催告与陈述、申辩程序的规定包括三方面的内容,一是行政机关作出强制执行决定前,应当事先催告当事人履行义务,而且,对催告的文书及其送达都作了明确要求;二是只有经催告当事人逾期仍不履行行政决定,且无正当理由的,行政机关可以作出强制执行决定;三是当事人收到催告书后有权进行陈述和申辩,

---

① 参见罗豪才主编:《行政法学》,中国人民大学出版社1996年版,第202页;马怀德主编:《〈行政强制法〉条文释义及应用》,人民出版社2011年版,第42页。

② 参见胡建淼主编:《行政强制》,法律出版社2002年版,第196页。

③ 同上书,第201页。

并就行政机关应如何对待当事人的陈述、申辩也作出了规定。《税收征收管理法》第40条规定了催告程序,规定税务机关只有责令当事人限期缴纳税款后,当事人逾期仍未缴纳的,税务机关可以采取强制执行措施。但对催告程序的规定并不如《行政强制法》详细。而且,《税收征收管理法》及其实施细则并未设定陈述、申辩程序。对于二者存在的上述差异如何衔接,笔者认为,在修订《税收征收管理法》时,也应保持与《行政强制法》相一致的规定。

第二,税务行政强制执行的起始点。在税收执法实践中,税务行政强制执行只涉及税款、滞纳金的强制执行和罚款的强制执行这两种情形。对于税款、滞纳金的强制执行,根据《税收征收管理法》第37条、第38条的规定,只要当事人在行政决定规定的期限内未缴纳税款、滞纳金,经税务机关负责人批准后税务机关就可以直接对当事人实施税务行政强制执行,换言之,税务行政强制执行的起始点是行政决定规定缴纳税款、滞纳金的期限届满之次日。而依据《税收征收管理法》第40条规定,当事人未按照规定的期限缴纳税款,由税务机关责令限期缴纳,逾期仍未缴纳的,经县以上税务局(分局)局长批准,税务机关就可以采取强制执行措施。此条规定的税务行政强制执行的起始点应当是税务机关责令(催告)规定的期限届满之次日。对于税款罚款的强制执行,依据《税收征收管理法》第88条规定,当事人对税务机关的处罚决定逾期不申请行政复议也不向人民法院起诉、又不履行的,作出处罚决定的税务机关可以采取本法第40条规定的强制执行措施,或者申请人民法院强制执行。换言之,税收罚款强制执行的起始点应当是处罚决定作出后6个月届满之次日。① 因此,可以发现,《税收征收管理法》对此程序的规定并没有统一,或者说比较混乱。但根据《行政强制法》第35条、第37条、第45条、第46条的规定,金钱给付义务的执行(包括税款、滞纳金、罚款的强制执行),其起始时间的计算应当是:当事人在行政决定书规定期限内不履行行政义务的,首先,行政机关依法加处罚款或者滞纳金,期限为30日。其次,当事人仍不履行的,行政机关应当再次进行催告,催告书应当规定当事人在多长期限内履行缴纳义务,《行政强制法》没有规定。最后,当事人在催告书规定的期限内无正当理由仍不履行的,行政机关才开始对当事人实施强制执行。从上述描述中可以看出,两法对此程序的规定差异较大。从衔接的角度来说,在修订《税收征收管理法》时,也应保持与《行政强制法》相一致的规定。②

① 根据《行政复议法》《行政诉讼法》以及《行政处罚法》的相关规定,当事人不申请行政复议也不向人民法院起诉、又不履行这三种情形中,向人民法院起诉的期限最长,为6个月。

② 但对税款的强制执行,笔者认为中,无须把加处滞纳金作为前置程序,如上所述,笔者认为,加收滞纳金不是一种执行罚,应按照《税收征收管理法》的规定执行。

第三，执行和解与不予执行制度。因《税收征收管理法》及其实施细则没有执行和解的规定，所以，在税收执法实践中就不存在这种情形。但《行政强制法》第 42 条规定，实施行政强制执行，行政机关可以在不损害公共利益和他人合法权益的情况下，与当事人达成执行协议。执行协议可以约定分阶段履行；当事人采取补救措施的，可以减免加处的罚款或者滞纳金。对于执行和解与不予执行制度，在修订《税收征收管理法》时对此应作出明确规定。

**（三）关于税收滞纳金制度的立法选择**

税收滞纳金制度是我国税收征收管理的一项重要制度。随着我国《行政强制法》颁布及施行，其关于滞纳金的规定与现行《税收征收管理法》关于税收滞纳金的规定与存在明显差异，从而在税收执法实践中产生了该制度适用的困惑。而且，《税收征收管理法》正在修订，也把关于税收滞纳金制度的立法选择推到了风口浪尖上。这一选择不仅涉及有关滞纳金理论的探讨，尤其对滞纳金性质的认识，同时，还涉及税收执法实践的操作性等诸多问题。如果在《税收征收管理法》中把滞纳金界定为因纳税人或扣缴义务人的原因欠缴税款时对国家的补偿，应是一种合理权衡的选择。

1. 问题的提出

我国《税收征收管理法》及其实施细则有 23 条涉及税收滞纳金制度。但主要是《税收征收管理法》第 32 条及其实施细则第 75 条对这一制度予以了基本规定。该法第 32 条规定："纳税人未按照规定期限缴纳税款的，扣缴义务人未按照规定期限解缴税款的，税务机关除责令限期缴纳外，从滞纳税款之日起，按日加收滞纳税款万分之五的滞纳金。"但是，相关规定并没有界定税收滞纳金的性质。《行政强制法》从行政强制执行的角度对滞纳金制度作出了规定。该法第 12 条界定了加处滞纳金行为的性质，即属于行政强制执行方式的一种，即行政机关依法作出金钱给付义务的行政决定，当事人逾期不履行的，行政机关可以依法加处滞纳金。

虽然《行政强制法》从对行政机关加处滞纳金作出了一般性的规定，但未从列举的角度明确规定该法调整的范围是否包括税务机关加收的税收滞纳金，而因名称的相同，自然使税务机关将税收滞纳金与《行政强制法》所规定的滞纳金挂钩。立法机关的权威人士在对此问题进行解释时，自然将税收滞纳金界定为行政强制执行的方式之一。[①] 但《税收征收管理法》及其实施细则对滞纳金制度的设定，尤其加收程序，又与《行政强制法》的规定存在较大差异。那么，《行政强制法》的颁布和施行，必将导致税务机关在税收执法实践中就税收滞纳金制度的适

① 参见信春鹰主编：《中华人民共和国行政强制法释义》，法律出版社 2011 年版，第 42～44 页。

用出现迷茫和困惑。从操作层面而言,主要涉及四个方面的问题。

一是税收滞纳金的起算时间及加收程序。税收滞纳金是从滞纳税款之日起开始加收,还是从税务机关依法对当事人作出纳税义务的决定,当事人逾期不履行纳税义务时开始起算?《税收征收管理法》的规定与《行政强制法》的规定存在较大不同。如果依据《税收征收管理法》及其实施细则的规定,税收滞纳金从滞纳税款之日起开始加收,即从法律、行政法规规定或者税务机关依照法律、行政法规的规定确定的税款缴纳期限届满次日起加收滞纳金,而如果依据《行政强制法》的规定,滞纳金作为行政强制执行方式的一种,应从税务机关依法对当事人作出纳税义务的决定,当事人逾期不履行纳税义务时开始起算。

二是对税收滞纳金的加收是否可以超过税款本金。现行的《税收征收管理法》及其实施细则对滞纳金的加收只是规定,从税款缴纳期限届满次日起至纳税人、扣缴义务人实际缴纳或者解缴税款之日止,按日加收滞纳税款0.05%的滞纳金。而对于滞纳金加收是否可以超过税款本金并没有规定。而《行政强制法》第45条第2款明确规定,加处罚款或者滞纳金的数额不得超出金钱给付义务的数额。两法对此问题的规定也不一样。

三是对税收滞纳金的加收可否减免。依据《行政强制法》第42条第1款前半部分规定:"实施行政强制执行,行政机关可以在不损害公共利益和他人合法权益的情况下,与当事人达成执行协议。"执行协议可以约定分阶段履行;当事人采取补救措施的,可以减免加处的罚款或者滞纳金。换言之,就滞纳金而言,行政机关在实施行政强制执行时,对于符合《行政强制法》第42条所规定的情形,就可以减免加处的滞纳金。但《税收征收管理法》及其实施细则并没有这样的规定。那么,税务机关在实施行政强制执行时,对于符合《行政强制法》第42条所规定的情形,是否也可以减免加收税收滞纳金呢?税务机关也十分困惑。

四是税收滞纳金的加收是一个行政强制执行(执行罚)行为还是一个征税性行为。《税收征收管理法》及其实施细则虽然没有界定滞纳金的性质,但从对滞纳金的处理方式而言,似乎将加收滞纳金定性为一个征税性行为,是一个跟随于税款的附属性征收行为,即在补征税款时才能加收滞纳金,而不能独立加收。而依据《行政强制法》第12条的规定,加处滞纳金是一种独立的行政强制执行方式,对此行政行为不服,无须缴纳滞纳金就可以申请行政复议或者向人民法院起诉。二者规定的差异,影响对加收滞纳金发生行政复议时是否需要先行缴纳的争议。

上述所有问题解决的钥匙,就是涉及税收滞纳金的性质问题。如果《税收征收管理法》将税收滞纳金定性为"附带税",或者"因占用国家税金而应缴纳的一种补偿",或者"占有国家税款所要支付的利息",对税收滞纳金的加收就应按照

《税收征收管理法》及其实施细则有关规定执行。如果将税收滞纳金定性为一种强制执行方式(执行罚),就应依照《行政强制法》的规定加处税收滞纳金。而《税收征收管理法》对税收滞纳金性质界定的契机是《税收征收管理法》的修订。而在修订《税收征收管理法》时如何界定税收滞纳金性质,设计税收滞纳金制度,必须在法理上对税收滞纳金的性质作充分的理论阐述。

2. 税收滞纳金性质的法理分析

如上所述,关于税收滞纳金的性质,我国现行的《税收征收管理法》及其实施细则并未予以界定。国家税务总局颁布和历次修订的《税务行政复议规则》始终将加收滞纳金认定为征税行为。其理论背景是税收说。在 1998 年 5 月 15 日国家税务总局批复内蒙古自治区地方税务局的请示时,在下发的《国家税务总局关于偷税税款加收滞纳金问题的批复》(国税函〔1998〕291 号)中明确对税收滞纳金界定为不是处罚,而是纳税人或者扣缴义务人因占用国家税金而应缴纳的一种补偿。其理论背景是补偿说。而税务总局以规章或者规范性文件的形式对税收滞纳金进行界定不但缺乏公信力,而且,对其性质的界定还不完全一致。因此,有必要在法理上进一步深刻研究和广泛讨论,理论上达成相对共识,立法机关在《税收征收管理法》中明确税收滞纳金的性质,税务机关在处理滞纳金的相关问题时才有充分的法理和法律依据。

关于税收滞纳金的性质,在学界存在一定的争论,也各有其理由,至今没有形成一定程度的共识。主要有以下几种观点:

(1)行政处罚说(惩罚说)。在我国,20 世纪 90 年代,有的学者从行政处罚说的角度来界定税收滞纳金的性质。较早提出这一观点的是在一些辞书中。有编者认为,滞纳金是税务机关对不按规定期限交缴税款的纳税单位或个人加收的罚款。[①] 或者说,滞纳金是行政机关对不按规定交纳税款或其他有关款项的行政管理相对人所适用的行政处罚措施。[②] 后来也有人赞同这一观点,并进一步说明理由,主要认为,滞纳金的加收率大大高于银行贷款利率,加收滞纳金在更大程度上带有惩罚性质。[③] 但随着对滞纳金制度研究的进一步深入,学界逐渐放弃了对这一观点的坚持。笔者也认为这一观点有失偏颇。

---

① 参见于光远主编:《经济大辞典》,上海辞书出版社 1992 年版;许崇德主编:《中国日用法律大全》,新华出版社 1993 年版。转引自杨亦烽、顾志民:《滞纳金概念之我见》,载《石油大学学报》(社会科学版)1998 年第 4 期。

② 参见周振想主编:《法学大辞典》,团结出版社 1994 年版。转引自杨亦烽、顾志民:《滞纳金概念之我见》,载《石油大学学报》(社会科学版)1998 年第 4 期。

③ 参见赖向明、吴芳:《加收滞纳金是否属行政处罚》,载《涉外税务》1998 年第 11 期。

(2)附带税或者滞纳税说。有的学者依据日本税法的立法体例,认为把滞纳金界定为逾期缴纳税款而应承担的新税是比较科学的。滞纳金就是滞纳税,是纳税人逾期未缴或少缴税款依法应当另行缴纳的税款。[①] 还有的学者在法理上进一步阐述了理由。[②] 同时强调,把税收滞纳金作为一个附带税,列为以后出台的《税收基本法》内容。[③] 但笔者认为,不能把税收滞纳金界定为一种因当事人逾期缴纳税款而应承担的"新税"。从税的开征角度来说,对某一对象征税要具有可税性。不仅从经济学的的角度来说,具有"经济上的可税性",同时,从法学及其税法学的角度来看,还应具有"法律上的可税性"。[④] 即不仅应考虑法律上的合法性、合理性,还应从税收实体法所规定的税收要素角度来分析滞纳金是否是一种税。仅从税收要素的角度分析,一般而言,发生了生产经营行为或其他特定行为,或财产的拥有或财产的变化,才有可能出现应税现象。但若把一个无任何经营性、财产性的未缴或少缴税款的违法行为作为课税对象,从现代税法的角度分析,是极为不合理的。

(3)利息和罚款双重性质说。有的学者认为,滞纳金是税务机关对超过规定纳税期限未缴或少缴税款的纳税人依法加收的带有利息和罚款双重性质的款项。[⑤] 这一观点是从税收滞纳金的作用和功能的角度来界定其性质的。但从哲学上说,对事物性质的界定,一般是依据其占主导地位的属性,一物区分他物的根本属性进行界定的,不应出现"双重性质"的界定。所以,关于税收滞纳金的双重性质说,并没有真正界定其性质。

(4)执行罚说。国内有许多学者认为,加处税收滞纳金是一种行政强制执行方式,是间接强制执行方式之一,也是与加处罚款性质相同的一种执行罚。在较早的一些法律辞书中,有的学者就提出,滞纳金是税务机关依法对逾期不缴纳税款者所实施的执行罚。[⑥] 后来又有学者在一些教科书中明确把税收滞纳金界定

---

① 参见杨亦烽、顾志民:《滞纳金概念之我见》,载《石油大学学报》(社会科学版)1998 年第 4 期。

② 参见周倩:《税款滞纳金法律性质浅析及相关制度完善》,载北大法律信息网:http://article.chinalawinfo. com/article print-asp articleid = 2249。最后访问日期:2015 年 8 月 20 日。

③ 参见何慧玲:《现行税收滞纳金制度的评价及完善思路》,载《财会研究》(下)2007 年 4 月。

④ 参见张守文:《论税法上的"可税性"》,载《法学家》2000 年第 5 期。

⑤ 参见何盛明主编:《财经大辞典》,中国财政经济出版社 1990 年版;姚梅炎、郝如玉主编:《中国新税收制度应用指南》,中国对外经济贸易出版社 1994 版。转引杨亦烽、顾志民:《滞纳金概念之我见》,载《石油大学学报》(社会科学版)1998 年第 4 期。

⑥ 参见江平主编:《中国司法大辞典》,吉林人民出版社 1991 年版;邹瑜、顾明主编:《法学大辞典》,中国政法大学出版社 1991 年版。转引杨亦烽、顾志民:《滞纳金概念之我见》,载《石油大学学报》(社会科学版)1998 年第 4 期。

为一种执行罚。认为执行罚,是指行政强制执行机关对拒不履行作为义务或者不可为他人代为履行的作为义务的义务主体,课以新的金钱给付义务,以迫使其履的行政强制执行措施。其在我国税务、海关、环保、审计等部门中被广泛运用,最为典型的是滞纳金。① 还有学者发表论文进一步阐述这一观点。② 而且,在《行政强制法》中也明确规定,加处滞纳金是行政强制执行的方式之一。如上所述,《行政强制法》立法机关权威人士的解释也把税收滞纳金界定为一种行政强制执行方式。笔者认为,这一学说的不足之处主要是没有把税收滞纳金与其他性质的滞纳金加以区分,没有关注税收滞纳金的特殊性,简单地把税收滞纳金定性为一种执行罚。当然,对于税收滞纳金制度,在立法选择时也可以在《税收征收管理法》中对其界定为一种执行罚。但对其界定为一种补偿性质的利息(孳息)更为合理。

(5)补偿性利息(孳息)说。这一学说认为,纳税人或扣缴义务人未经批准不按法定期限足额缴纳或解缴税款,实质就是占用了国家资金,国家也就因此而造成损失。而使用本应缴纳给国家的税款,如同占用了银行贷款,应当承担支付利息的义务。税收滞纳金是个人占有国家税款所要支付的补偿或者报酬。③ 笔者也十分认同这一观点,而且认为,应利用《税收征收管理法》修订的契机,在其条文中明确依据补偿性利息(孳息)说,将税收滞纳金的这一性质法定化、固定化,消除《行政强制法》施行后税务机关适用税收滞纳金制度所产生的各种疑惑。在本文的后一部分,将对此作重点阐述。

3. 税收滞纳金制度的立法选择

税法关于税收滞纳金制度的立法选择,执行罚说与补偿性利息(孳息)说都有其相对合理性。但可以在权衡以下因素之后作出合理选择。

(1)税收滞纳金的功能。对于税收滞纳金而言,一是具有一定的制裁功能。二是具有督促功能。有助于促使一个理性的纳税人或扣缴义务人尽快履行纳税义务。三是具有补偿功能。

关于税收滞纳金的上述功能,不论是按照执行罚说还是依据补偿性利息(孳息)说去设计税收滞纳金制度,都能实现上述功能。但如果在《税收征收管理法》中依据补偿性利息(孳息)说设计税收滞纳金制度,却可以更好地保障其上述功

---

① 参见姜明安主编:《行政法与行政诉讼法》,北京大学出版社、高等教育出版社2007年版,第331页。

② 参见孙凤清:《关于税收滞纳金问题的法理研究》,载《辽宁税专学报》1998年第3期;赵新彬:《关于征收滞纳金的行政法思考》,载《河南师范大学学报》(哲学社会科学版)2009年第36卷第3期。

③ 参见邓永勤:《明确法律定位:对滞纳金进行硬约束》,载《涉外税务》2000年第1期。

能的实现。依据补偿性利息(孳息)说加收滞纳金所产生的制裁、督促和补偿的力度比依据执行罚说所产生的效果要更好。也更有利于增加国家财政收入。因此,《税收征收管理法》依据补偿性利息(孳息)说来设计税收滞纳金制度更为合理。

(2)税收滞纳金制度设计的目的。虽然税收滞纳金制度具有制裁、督促和补偿三大功能,但是,从现行《税收征收管理法》对税收滞纳金制度设计的目的及其加收滞纳金的操作程序来说,主要还是强调滞纳金的补偿功能。如上所述,这一观点也得到了我国税务行政主管部门的确认,1998 年 5 月 15 日,国家税务总局的批复明确认定,滞纳金就是纳税人或者扣缴义务人因占用国家税金而应缴纳的一种补偿。

(3)制度的公平与公正。如上所述,纳税人或扣缴义务人未经批准不按法定期限足额缴纳或解缴税款,实质就是占用国家资金从事生产经营,融资都必然要付出相应的财务费用。如果依据执行罚说设计滞纳金制度,从税务机关依法对当事人作出纳税义务的决定,当事人逾期不履行纳税义务时才开始起算滞纳金,那就意味着,从税款滞纳之日至滞纳金加处之日这一段期间无须加收滞纳金,即税收违法行为人实际是在免费占用国家资金从事生产经营。那么,对及时履行纳税义务的纳税人来说也极不公平,必将破坏公平竞争的市场经济秩序。因此,为了保障税收滞纳金制度的公平与公正,在制度设计时也应选择补偿性利息(孳息)说。

(4)其他国家的立法经验。税款滞纳金是世界各国税法通行的一项法律制度。虽然有的国家将税收滞纳金界定为附带税,例如,日本、德国,[①]而有的国家界定为利息(民事处罚),例如,美国,[②]但一般不把税收滞纳金界定为一种执行罚(依据笔者能查阅到的资料)。而且,加收滞纳金的起点时间都是从税款滞纳之日或税款滞纳当月起开始加收。[③] 这基本与我国现行税收滞纳金制度一致。因此,依据其他国家的立法经验和惯例,对于滞纳金制度,在修订《税收征收管理法》时保持现有制度更为合理。

(5)理论基础。将税收滞纳金界定为纳税人或者扣缴义务人因占用国家税金而应缴纳的一种补偿,也有其深刻的理论基础——“税收债务关系论”。这一

---

① 参见《德国租税通则》第 3 条、第 240 条;《日本国税通则法》第 2 条第 1 款第 4 项,第 60 条第 1 项,[日]金子宏:《日本税法》,战宪斌、郑林根等译,法律出版社 2004 年版,第 389 ~ 390 页。

② 参见美国《联邦税法典》第 6651 条,熊伟:《美国联邦税收程序》,北京大学出版社 2006 年版,第 282 ~ 283 页。

③ 日本是从滞纳之日开始加收,德国和美国是从税款滞纳当月起开始加收。

学说自德国法学家阿尔伯特·亨泽尔所创立之后,越来越多的国内外学者接受和主张这一学说。我国学者对此也做了系统论述。[①] 即认为税收法律关系属于公法上的债权债务关系,国家和纳税人之间乃是公法上的债权人和债务人的关系。因此,当纳税人或扣缴义务人不按期履行其纳税义务,就可以理解为一种违约行为,应当承担和弥补因无偿占用国家税金给国家造成的相应损失。因此,税收滞纳金实质上就是一种因违约而向对方支付的经济补偿。

另外,当没有足够的理由选择依据执行罚学说设计税收滞纳金制度时,保留现有制度,遵从历史习惯,更有利于制度的稳定与延续,以及执法习惯与效率的提升。而一旦修订《税收征收管理法》时依据选择补偿性利息(孳息)说设计滞纳金制度,并在法律文件中明确界定其性质,执法实践中关于滞纳金制度适用的一切疑惑都将消除。

当然,依据补偿性利息(孳息)说设计滞纳金制度,既然是补偿,就应当与造成的损害基本一致。因此,在规定税收滞纳金的加收比例时,就应当在现有比例的基础上再降低一些,使之接近银行利息,或略高一点。出于适应执法实践操作便利的需要,根据银行利息的调整,可以规定在一个年度内调整一次,使之与银行利息基本保持一致。而且,还应明确,除个别特殊情形外,例如,经批准缓缴等情形,只要是纳税人或扣缴义务人的原因造成税款未缴或少缴,包括特别纳税调整补征税款,延期申报预缴税款或少缴预缴税款,缴纳或追缴应扣未扣个人所得税等情形,都应加收滞纳金。当然,如果出现税款溢退时,同时,也应退滞纳金。此外,为了与《行政强制法》规定的滞纳金制度区分开来,使两法不存在冲突。因此,在修订《税收征收管理法》时,可以将现行的“滞纳金”更名为“税收利息”或其他类似的称谓。

## 四、立法建议

### (一)税收保全措施

1. 关于查封扣押措施

(1)关于通知纳税人规定。对于《税收征收管理法(征求意见稿)》(以下简称《征求意见稿》)第62条第2款规定:“税务机关采取前款规定的措施应当书面通知纳税人并制作现场笔录”,因采取冻结措施并不需要通知当事人赶到现场,而是在税务机关采取冻结措施后及时通知纳税人,采取查封、扣押措施时,则应通知当事人到场。应当区分冻结措施和查封扣押措施进行通知时的区别。因此,建议修

① 参见刘剑文:《财税法专题研究》,北京大学出版社2007年版,第162~181页。

改该条为：

> 税务机关采取前款规定的措施应当制作现场笔录；
> 采取查封扣押措施时应通知纳税人到场。

（2）关于查封扣押手续。目前，《征求意见稿》第66条已将包括冻结在内的税收保全措施期限规定为6个月，“税务机关采取税收保全措施的期限一般不得超过六个月；案情重大复杂的，经国务院税务主管部门批准可以延长一次，但延长期限不超过六个月”。同时，按照《行政强制法》规定，补充完善采取冻结及查封、扣押措施时的手续。《征求意见稿》第62条第2款规定，“税务机关采取前款规定的措施应当书面通知纳税人并制作现场笔录”（冻结、查封与扣押）。但是，目前修改草案并未规定《行政强制法》中权利告知及听取当事人陈述申辩等内容，建议补充：

> 采取查封扣押措施应当场告知纳税人采取措施的理由、依据以及纳税人依法享有的权利、救济途径，并听取纳税人的陈述和申辩。
> 制作查封扣押现场笔录，应由纳税人和税务执法人员签名或者盖章。纳税人拒绝的，在笔录中予以注明；纳税人不到场的，邀请见证人到场，由见证人和税务执法人员在现场笔录上签名或者盖章。

（3）对于查封扣押的保管方面，建议补充：

> 对查封、扣押的场所、设施或者财物，税务机关应当妥善保管，不得使用或者损毁；造成损失的，应当承担赔偿责任。
> 因查封、扣押发生的保管费用由税务机关承担。

2. 关于冻结措施

建议在《征求意见稿》第62条规定基础上补充以下内容：一是完善冻结措施的现场笔录规定，补充“制作冻结措施现场笔录，应由银行人员和税务执法人员签名或者盖章”。二是完善冻结措施通知规定，建议补充“采取冻结措施后，税务机关应在三日内及时书面通知纳税人”。

3. 关于税收保全措施的审批权限

根据《行政强制法》规定，采取行政强制措施由行政机关负责人进行批准，建议调整税务检查中税收保全措施的审批权限，由“经县以上税务局（分局）局长批准”调整为“经稽查局局长批准”。

**（二）税收强制执行措施**

1. 补充催告程序

根据《行政强制法》的规定，建议补充以下催告程序：

（1）进行催告

税务机关作出强制执行决定前，应当事先催告纳税人及时缴纳税款、滞纳金和罚款。催告应当以书面形式作出，并载明下列事项：

（一）缴纳的期限；

（二）缴纳的方式；

（三）有明确的缴纳金额；

（四）纳税人依法享有的陈述权和申辩权。

（2）听取陈述申辩

纳税人收到催告书后有权进行陈述和申辩。税务机关应当充分听取纳税人的意见，对纳税人提出的事实、理由和证据，应当进行记录、复核。纳税人提出的事实、理由或者证据成立的，税务机关应当采纳。

（3）经催告后进行强制执行

经催告，纳税人逾期仍不履行税务处理（处罚）决定，且无正当理由的，税务机关可以作出强制执行决定。

2. 关于税款、滞纳金、罚款的分期履行

建议根据《行政强制法》精神，补偿完善以下内容：

对于存在客观履行困难的纳税人，经税务机关同意，可以分期缴纳税款、滞纳金和罚款，分期缴款期限最长不得超过1年。

有特殊情况，需延长缴款期限的，纳税人应当提供相应担保。

3. 关于强制执行时间限制

建议根据行政强制法规定,补充以下条款:

> 税务机关不得在夜间或者法定节假日实施行政强制执行。但是,情况紧急的除外。

4. 事后滞纳金性质及《税收征收管理法》第68条修改

(1)事后滞纳金规定补充。当前,《税收征收管理法》修改草案将作出税务处理决定前时段的滞纳金改为"税收利息",并规定了作出决定后与《行政强制法》概念相同的滞纳金。《征求意见稿》第67条规定:"纳税人逾期不履行税务机关依法作出征收税款决定的,自期限届满之日起,按照税款的千分之五按日加收滞纳金"。但是,未明确滞纳金的性质及限制,建议补充以下条款:

> 滞纳金加收金额不得超过税款金额。

(2)《税收征收管理法》第68条修改。因上述事后滞纳金规定与《税收征收管理法》第68条对逾期不缴纳税款的处罚规定同属于滞纳罚种类。因此,建议删除《税收征收管理法》第68条规定。

5. 调整罚款的强制执行时点

根据《行政强制法》规定精神,建议修改《税收征收管理法》第88条第3款关于罚款强制执行期限规定,具体如下:

> 当事人逾期缴纳罚款,经催告后无正当理由仍不缴纳,作出行政处罚决定的税务机关可以采取强制执行措施,或者申请人民法院强制执行。

# 《税收征收管理法》纳税争议前置条件的完善

河北省国家税务局课题组*

随着税收征收管理实践的不断深入,笔者愈加认识到税收征纳在一定程度上讲是国家和纳税人进行的博弈,在这个过程中难免出现失衡的现象,从而导致税务纠纷的产生。在大部分纠纷之中,国家税务机关往往处在主动、强势地位,这就需要一定的程序对行政行为相对人(纳税人)予以救济,使税务机关和纳税人之间重新回到势力的均衡。广义上的税收救济程序又叫税收争讼程序,包括税收复议程序和税收行政诉讼程序两种。虽同为救济程序,但二者的价值取向不同。税收复议程序是税务行政机关内部解决纠纷的程序,其更注重效率,讲求方便、快捷,属行政救济;税收行政诉讼程序是通过司法途径解决纠纷的程序,其更注重公平、公正,讲求程序的严密性和结果的公正性,属司法救济。

为节约行政、司法资源,提高税收征收管理效率,税务机关在采用税收救济程序时往往更倾向于采用复议方式。2015 年年初,国务院法制办公室向社会发布了《税收征收管理法修订草案(征求意见稿)》(以下简称《征求意见稿》),在征纳双方争议税收前置条件的设置上,《征求意见稿》将税收复议前置条件中的清税前置条件后移到行政诉讼环节。为此,现从征纳双方争议税收前置条件

---

* 课题组组长:刘子剑;副组长:李玉斌;成员:陈晓路、王志国、成城、孙永生、高亚静、陈思佳、王磊、王宗仁、王欣丽。

设置的历次变化和理论内涵入手，分析对比当前国内主流观点和借鉴国外部分国家做法的基础上，对征纳双方争议税收前置条件提出修改和完善的建议。

## 一、纳税争议前置条件的制度沿革和理论内涵

中华人民共和国成立初期，我国就建立了解决纳税争议的税务行政复议制度，当时的政务院制定了《税务复议委员会组织通则》，第一次在法规中使用了“复议”一词，明确规定了税务复议委员会的性质任务和受案范围，初步确定了较为完善的税务行政复议制度，当时的复议决定为终局决定，纳税人不得对复议决定提起诉讼。

20 世纪 80 年代制定的《中外合资经营企业所得税法》《外国企业所得税法》《个人所得税法》《税收征收管理暂行条例》都规定了税务行政相对人对纳税不服的，可以向上级税务机关申请复议。1989 年，我国颁布了《行政诉讼法》，建立了行政诉讼制度，为建立税务行政诉讼制度打下基础，同时，该法也统一了行政复议的期限，明确了行政复议和行政诉讼关系。1988 年，全国首起税务行政诉讼案以税务机关败诉告终，败诉的主要原因是没有严格按照规定的程序做好复议工作，这从反面促进了税收行政复议工作的发展。1989 年 5 月，当时的国家税务局在河南省驻马店地区税务局进行了税收行政复议工作试点，并于当年 10 月推出了《税收行政复议规则》(试行)，1999 年 4 月 29 日，第七届全国人民代表大会常务委员会第九次会议审议通过了《行政复议法》。2001 年，修订后的《税收征收管理法》第 88 条规定：“纳税人、扣缴义务人、纳税担保人同税务机关在纳税上发生争议时，必须先依照税务机关的纳税决定缴纳或者解缴税款及滞纳金或者提供相应的担保，然后可以依法申请行政复议；对行政复议决定不服的，可以依法向人民法院起诉。”

国家税务总局于 2015 年修正并重新公布了《税务行政复议规则》(国家税务总局令第 39 号)(以下简称《复议规则》)，为税务行政复议提供了明确、具体的依据，也是我国目前税收行政复议的主体规范性文件。《复议规则》第 14 条规定纳税人可以对税务机关 11 类具体行政行为不服提出的行政复议申请，其中，第 1 项为“征税行为，包括确认纳税主体、征税对象、征税范围、减税、免税、退税、抵扣税款、适用税率、计税依据、纳税环节、纳税期限、纳税地点和税款征收方式等具体行政行为，征收税款、加收滞纳金，扣缴义务人、受税务机关委托的单位和个人作出的代扣代缴、代收代缴、代征行为等”。《复议规则》第 33 条明确提出“申请人对本规则第十四条第(一)项规定的行为不服的，应当先向行政复议机关申请行政复议；对行政复议决定不服的，可以向人民法院提起行政诉讼。申请人按照前款

规定申请行政复议的,必须依照税务机关根据法律、法规确定的税额、期限,先行缴纳或者解缴税款和滞纳金,或者提供相应的担保,才可以在缴清税款和滞纳金以后或者所提供的担保得到做出具体行政行为的税务机关确认之日起60日内提出行政复议申请"。第34条第2款规定:"申请人对税务机关做出逾期不缴纳罚款加处罚款的决定不服的,应当先缴纳罚款和加处罚款,再申请行政复议。"对此,从法律和规范性文件的层面,对于解决征纳双方争议,立法者从平衡纳税人权利和国家财政收入利益的立法意图出发,精心设置了"复议前置"和"清税前置"两个前置条件的救济权制度,以期双方在权利与义务发生争议时能够取得一定平衡。

2015年年初,国务院法制办公室向社会发布的《征求意见稿》对复议前置条件做出修改,第126条第1款规定:"纳税人、扣缴义务人、纳税担保人同税务机关在纳税上和直接涉及税款的行政处罚上发生争议时,可以依法申请行政复议;对行政复议决定不服的,应当先依照复议机关的纳税决定缴纳、解缴税款或者提供相应的担保,然后可以依法向人民法院起诉。"该条款包含三个层面的含义:一是征纳双方发生纳税上和直接涉及税款的行政处罚上发生争议时,纳税人享有提起税务行政救济和司法救济的权利;二是税务行政救济是司法救济的前置程序,即纳税人在提请司法救济之前,需要先向税务机关提起行政复议,对行政复议结果不服的可以提起行政诉讼,这就是"复议前置"程序;三是在提起行政诉讼时,纳税人应当先依照复议机关的纳税决定缴纳、解缴税款或者提供相应的担保,才能够向法院提起诉讼,这就是"清税前置"程序。与现行《税收征收管理法》相比,删除了现行《税收征收管理法》第88条规定:"纳税人、扣缴义务人、纳税担保人同税务机关在纳税上发生争议时,必须先依照税务机关的纳税决定缴纳或者解缴税款及滞纳金或者提供相应的担保"的税收复议清税前置条件,将"清税前置"程序由税务行政复议环节后移到行政诉讼环节,但仍没有从根本上脱离"双重前置"条件的原则,这种"新双重前置"规则的设立,意味着纳税人在能够获得较为充分的行政救济权,同时只有在缴清税款的前提下才可获得税收司法救济。

## 二、国内有关纳税争议前置条件的"存改废"之争

《税收征收管理法》制定复议前置条件的初衷是从平衡纳税人权利和国家财政收入利益的立法意图出发,使双方的权利与义务在发生征纳争议时能取得一定平衡,然而,从实际执行情况来看,该前置条件并未得到预期的认可和接纳,甚至在《税收征收管理法》修订过程中,围绕前置条件的存废问题也成为理论界和学者们争论的焦点。国内在探讨税收复议和清税前置条件时有以下几种观点:

第一种是“存”。在征纳双方信息极不对称,税收征收管理信息化水平与高速发展的经济社会形势相比还较为落后的现状下,复议前置仍然是保证国家税收稳定,节约行政、司法成本,简化争议化解流程的必要手段,仍需以一定的形式做以保留。①

该观点认为,在征纳双方信息极不对称,税收征收管理信息化水平与高速发展的经济社会形势相比还较为落后的现状下,“复议前置”仍然是保证国家税收稳定,节约行政、司法成本,简化争议化解流程的必要手段。特别是对于“确认纳税主体、征税对象、征税范围、减税、免税、退税、抵扣税款、适用税率、计税依据、纳税环节、纳税期限、纳税地点和税款征收方式”等具体行政行为,以及基于“直接涉及税款的行政处罚”,其行政行为的专业性和复杂性也决定了以一定的形式予以保留比较符合当前的形势。

同时,基于税收是国家财政收入的主要来源,其征收结果关系到国家机器的正常运行以及社会公共服务职能的实现,为了最大限度地保全国家的财政利益,给财政提供稳定的社会运行所需要的资金,避免税款在漫长的司法救济过程中有随时“灭失”的可能,建议在诉讼环节保留“清税前置”,要求纳税人在提起诉讼前缴纳税款,使国家利益免受损害。

第二种是“改”。这种观点在“复议前置”条件的设置上与第一种观点相一致。对于“清税前置”条件的设置,可以采取较为温和的方法和手段,即在要求纳税人缴纳一定比例税款或提供相应担保后,就可提起诉讼,而在比例设定上,既可以采取在全国范围内确定统一比例的方法,也可以设定一个比例区间,由税务机关依据具体情况进行自由裁量等多种具体方案。该观点认为,这种方案既能更好地体现出《税收征收管理法》对纳税人权利的保护,又不会损害国家税款利益,真正实现了征纳双方的共赢。而且,该种方案也较易为社会各界所接受,是一种立法阻力相对较小的选择。

第三种是“废”。根据“废”的程度,分为“有保留废除”和“完全废除”两种不同的观点。

对于持“有保留废除”观点者,主张保留“复议前置”,而废除诉讼环节的“清税前置”。“复议或诉讼,不停止执行”是行政法治的基本原则,复议或诉讼并不影响税款及时征收,税务机关可以通过税收强制或保全措施等诸多手段保障税款的及时征纳入库,纳税或担保前置没有任何存在的必要。② 将“清税前置”后移到

---

① 参见傅冰:《试论税务行政复议》,载《新疆社科论坛》2003 年第 4 期。

② 参见熊伟:《税收征收管理法治化要求废止复议前置》,载《东方早报》2014 年 3 月 11 日,第 8 版。

诉讼环节,还是保留了"清税前置"这个条件,对一部分税务行政复议结果不服的纳税人而言,没真正降低纳税人在此环节的纳税负担,仍然难以完全避免"花钱买救济"的问题,"花钱买诉权"的指责还会存在。对于去掉"纳税前置"后,可以通过计算利息等配套制度的设立,来引导纳税人理性做出合乎国家税款利益和纳税人自身利益的行为选择。

对于持"完全废除"的观点者认为,复议机关往往是做出具体行政行为税务机关的上级机关,在目前行政体制下,税务行政复议机关不是真正独立,而是把行政复议定位在行政系统内部监督机制之上,复议机构的设置和程序上体现了上下级间互相隶属的高度行政化倾向,往往很多具体行政行为就是在上级机关指导和答复下做出的。在这种情况下,很难保证税收救济行为的公平性。因此,应取消复议前置,代之以复议选择,即纳税人对税务机关做出的具体行政行为有争议时,可自行选择税收救济方法,既可采取复议,也可直接提起行政诉讼[①]。在保留原《税收征收管理法》赋予税务机关的行政强制、财产保全、税收核定、特别纳税调整等既有权力的基础上,引进统一纳税人识别号制度、税收义务人涉税信息报告制度、税额确认、税收评定制度等新的税收征收管理手段,使《税收征收管理法》的公权力得到更进一步的增强,与之相呼应的,对纳税人的权利保护也应得到相应增强,才能很好地贯彻"征纳平衡原则"。同时,该观点指出,这也符合我国最新的立法趋势,即保护行政相对人诉权,取消复议前置。例如,新的《海关法》、新修订的《进出口商品检验检疫法》,均取消复议前置,新修订的《治安管理处罚法》,也取消了复议前置。因此,新修订的《税收征收管理法》有必要打破部门立法,取消复议前置,将征纳双方争议的救济选择权,归还于纳税人,让其充分地、自由地选择救济的途径。

## 三、目前其他国家和地区解决纳税争议行为处理规则

### (一)自由选择救济权

第一,《加拿大纳税人权利宣言》中规定:"在法律允许的范围内,你有权扣留有争议的税额,直到我们的官员或法庭对你不利的决定。如果你向高一级法院上诉,可以提供保证金而不必支付该争议数额。"

第二,美国《纳税人权利宣言》第 7 条规定:"上诉和公正的复议权"——"如果你对应纳税额或我们的某些征税行为有不同意见,你有权要求国内收入署上诉

---

① 参见王丽萍:《税务行政复议前置实务分析》,载《湖南税务高等专科学校学报》2010 年第 6 期。

办公室复议,你也有权对国内收入署做出的有关纳税义务和征税行为的任何决定提起上诉。"但是,由于行政复议效率高、成本低,并且,也可以得到复议机关无偏私的处理,美国还是诱导纳税人先行选择行政复议救济。当然,美国税法也规定了例外的情况,例如,对于税收征收案件而言,除了征收正当程序听证外,纳税人如果希望寻求救济,只能选择复议,而不能向法院起诉。即便是征收正当程序听证,复议也是法院诉讼的前置程序。但对于欠税案件和退税案件而言,纳税人可以在行政复议和税务诉讼之间进行选择,也可以选择先行政复议再提起税务诉讼。

**(二)规定"双重前置"救济条件**

第一,《意大利税法》规定,纳税人不服征税决定,可以向上一级税务委员会申诉,以及税务委员会做出复议决定后,纳税人缴纳的税款应达到复议决定的一半。纳税人如果不服一级税务委员会的复议决定,可以向二级税收委员会提出复议。二级税收委员会的复议决定一经做出,纳税人必须支付该复议决定所确定税额的2/3,而全部税款的缴纳则由中央税收委员会或上诉法院确定。

第二,法国税收行政争议解决机制的主要法律渊源是《税收程序法典》的相关规定,有关行政诉讼的判例和规定起补充作用。基于税收行政争议的特殊性,法国实行税收行政诉讼的行政救济前置原则与一般的行政诉讼程序不同,而且,一般不停止行政行为的执行原则。纳税人提起行政诉讼前,必须先向做出课税决定的原处分机关提起诉愿,否则,行政法院会裁定驳回起诉。依照法国《税收行政程序法典》的规定,对于税务机关的课税决定不服,纳税人应当在收到课税决定之日起,于次年12月31日前提出诉愿请求。诉愿的提起,由纳税义务人撰具诉状,载明原因事实以及请求撤销变更课税决定的理由。诉愿机关对于课税决定的合法性与合理性均可以审查。诉愿决定的形式包括驳回(无理由或者不合法)、撤销(部分或全部)或者变更原课税决定。对于有关诉愿仍然不服的,可以上诉,甚至可以到最高法院申诉。

**(三)设置单一复议前置的救济条件**

第一,日本税务争讼救济形式有不服申诉、税收诉讼两种。税务不服申诉程序和税务诉讼程序不同,其不仅可对违法处分进行申诉,而且,对不当处分也可提起不服申诉。税收不服申诉又可分为异议申诉和审查请求。异议申诉,是指对处分行政机关不服申诉,审查请求是对处分行政机关以外的行政机关的不服申诉。在税收不服申诉和税收诉讼的关系上,原则上不经过税收不服申诉程序,不能请求撤销税收行政处分的诉讼,即采取了所谓不服前置主义。但日本也没有实行"一刀切",也有例外。在以下几种情况下,可以不必经过不服申诉程序,直接向裁判所提起诉讼:其一,异议申诉(仅限于向国税厅厅长提起的)以及审查请求提起后,从翌日开始,超过3个月,国税厅厅长未作任何决定和裁判的;其二,提起请求撤销更正决定等的诉讼人,在该诉讼正在进行中,正如欲请求撤销对该更正决定相关的国税的课税和税额所作的其他更正一样,即所谓的关联诉讼;其三,为避免因经过异议决定和审查裁判而产生的显著损害,有紧急必要时,或其他不经过该决定或裁判程序有正当理由时。

第二,德国对于税收行政争议,不是由普通的行政法院审理,而是设有专门的税务法院。同时,德国对于税收案件的审理程序也不同于一般的行政案件,而是制定有单独的法律规定,主要是《德国租税通则》和《税务法院法》。根据这些规定,德国税收行政争议解决机制分为法院外法律救济程序和行政诉讼两种。其中,法院外救济程序分为异议和诉愿两种制度,两种救济制度都不收费用。法院外法律救济程序是行政诉讼的先行程序,除非另有规定,当事人必须先经过异议和诉愿程序之后,才能向税务法院起诉。

第三,我国台湾地区税收行政救济程序可分为申请复查和诉愿程序两种。"诉愿"一词是台湾民众向当局陈诉愿望之意,也即"行政不服""异议"的意思。我国台湾地区采用诉愿前置原则,即行政诉讼之提起,须经依规定提起诉愿,于不服受理诉愿机关之决定时,始得提起诉讼。我国台湾地区"立法"部门规定:台湾民众对"中央或地方"机关之行政处分,认为违"法"或不当,致损害其权利或利益者,得依本规定提起诉愿、再诉愿。但当另有规定者,从其规定。

## 四、对纳税争议前置条件的修改建议

在党中央提出依法治国和依法行政的形势下,综合分析征纳双方争议税收前置条件在工作实践中的利弊,结合当前全社会纳税诚信度和税法遵从度的状况,考虑税收在财政收入中的主体地位,以及借鉴其他国家和地区的做法,在《税收征收管理法》的修订中,保留"复议前置"条件,并对"清税前置"条件作出修改,使其既能够保证税款的及时入库,又能够回应纳税人的期盼。也即倾向于"废"观点中的"有保留废除"。

### (一)保留"复议前置"的法律依据及必要性

第一,具有明确的法律依据。2015年5月1日起施行的《行政诉讼法》第44条规定:"对属于人民法院受案范围的行政案件,公民、法人或者其他组织可以先向行政机关申请复议,对复议决定不服的,再向人民法院提起诉讼;也可以直接向人民法院提起诉讼。法律、法规规定应当先向行政机关申请复议,对复议决定不服再向人民法院提起诉讼的,依照法律、法规的规定。"由此可见,《行政诉讼法》

从法律层面为复议前置程序的设定做出了规定。

第二,具有丰富的立法实践。在立法实践中,共有包括税收前置条件在内的多项行政行为设置了行政复议前置条件。包括纳税人、扣缴义务人、纳税担保人同税务机关在纳税上发生的争议,自然资源所有权、使用权确认的行政权属纠纷裁决案件,专利申请人对国务院专利行政部门驳回申请的决定,经营者对政府价格主管部门做出的处罚决定,反垄断执法机构依据《反垄断法》第28条、第29条做出的经营者集中案件等。

第三,有助于提高税务机关的行政效率。税务机关上级对下级之间有很强的领导和监督关系,一旦下级税务机关与纳税人发生涉税争议,由上级行政机关先行处理,不仅可以及时了解本系统或本地区的工作情况,而且,还可以及时发现和纠正行政行为,强化税务机关的内部监督机制。同时,纳税争议行政案件,专业性强,涉及面广,处理解决这类案件需要专门的税收管理知识,设置前置条件,便于上级税务机关利用自己的专业知识查明事实,分清是非,使纳税争议得以及时有效解决。

第四,可以节约税收案件对司法资源占用。纳税争议行政案件数量大,内容复杂,确立行政复议先行处理原则,可以使大量的纳税争议行政案件解决于行政复议程序之中,可以减轻法院行政审判的压力,使法院可以集中精力审理经过复议仍解决不了的纳税争议行政争议案件。因此,行政复议与行政诉讼两者相比较,对纳税争议行政案件设定行政复议前置,可以减少当事人的诉累,节约司法资源,确保司法公正与效率。

第五,与多数国家在税收争议过程中的通行做法相一致。例如,英国在自行估税体系下,纳税人有权就税务部门做出的有关决定提出申诉,评估纳税人可以在等待申诉结果时申请缓缴其全部或部分税款,对于有争议的评估需按期支付的税款应于纳税期限前正常支付,如果诉讼结果有利于纳税人多缴税款将予以返还;美国的税收行政复议制度适用于税收征收管理的各个环节和稽查、征收和退税等,而且,即使案件进入诉讼程序,也仍可能启动行政复议程序,纳税人一旦没有在行政复议程序中解决争议,就面临缴清税款或者是继续向法院起诉的选择。在法国,对税务机关的课税决定不服,纳税人应当在收到课税决定之日起,于次年12月31日前提出诉愿请求。诉愿的提起,由纳税义务人撰具诉状,载明原因事实以及请求撤销变更课税决定的理由。诉愿机关对于课税决定的合法性与合理性均可以审查。诉愿决定的形式包括驳回(无理由或者不合法)、撤销(部分或全部)或者变更原课税决定。

**(二)取消"清税前置"的可行性**

第一,可以较好回应纳税人的关切。当前,伴随依法治国战略的深入推进,政府管理的外部环境和内部环境发生深刻变化,纳税人维权意识已经空前高涨,在这样的大背景下,不当限制诉权与民情民意不相协调。因此,《税收征收管理法》在立法时,应该反映时代的进步和发展,主动回应纳税人的关切和呼声。不应仅站在保障国库的传统角度,还应该从征纳平衡的原则和视角出发,配置制度安排,摆脱部门立法的弊端。较之大企业而言,中小纳税人可以运用的财力、资源、政策俘获能力,以及与税务机关的游说谈判能力,均处于绝对劣势。因此,废除缴纳税款前置程序,对于保护中小纳税人的诉权至关重要。

第二,可以消除"清税前置"的弊端。一是消除"花钱买救济"的弊端。相较其他法律设置行政复议前置条件而言,2015 年的《征求意见稿》在行政诉讼环节规定:"对行政复议决定不服的,应当先依照复议机关的纳税决定缴纳、解缴税款或者提供相应的担保,然后可以依法向人民法院起诉。"一定意义上,"清税前置"借助法律的方式,为纳税人是否有权寻求司法救济贴上了一个价格标签。能够缴纳税款或提供担保的纳税人,可以行使司法救济权,而由于各种原因不能够缴纳税款或提供担保的纳税人,则失去了司法救济的权利。如果取消"清税前置",则可以使纳税人很好地寻求司法救济和行使权力。二是消除救济成本过大的弊端。根据"清税前置"规则的要求,纳税人在寻求司法救济前必须先行缴纳税款。众所周知,现金流在当代企业的运行管理过程中占有十分重要的地位,税款的先行缴纳则意味着,纳税人丧失了对这部分相当于税款的资金的占有,其必然会对企业的正常运行产生一定的负面效应,尤其当税款数额巨大时,其负面效应就更为明显。这些纳税人很可能会因为承担先行缴纳税款造成的经济负担成本太大放弃救济程序,从而无法与税务机关进行抗辩,失去了申请救济的权利。在 2015 年《征求意见稿》征求意见时,纳税人对于"清税前置"反映的最多,意见最集中。

第三,可以通过加强制度设计避免纳税人的恶意诉讼。设置"清税条件"的主要目的是防范纳税人滥用税务诉讼的救济权而导致税收流失,而在税收信息化建设程度较高,社会诚信建设大力推进的情况下,可以通过建立相关的制度来替代解决,在法律层面也有相关的立法原则作保障。一方面,行政法理论认为,行政机关的行政行为有效力先定性,除非经过司法判决被确认违法、无效或者被撤销,对执法机关和相对人有拘束力。对既定的税务处理、处罚决定,《行政诉讼法》有"起诉不停止执行原则"保护。另一方面,设置原告、原告公司实际控制人或高管的出入境限制、大额消费限制、转让不动产、处置无形资产或特定动产的限制、清算解算公司的限制、减少注册资本限制、处置债权限制、投资融资限制等。特别是在 2015 年《征求意见稿》增加了涉税信息情报制度,以及现有的税收信用评级制度、"黑名单制度"等限制措施的共同作用下,能够对恶意起诉者起到巨大威慑作用。

第四,更能够与"税收债务关系说"的理念相适应。当前"税收债务关系说"认为对纳税人征税,是国家对纳税人请求履行税收债务,自然国家和纳税人之间就构成了法律上的债权人和债务人关系,只是这种关系是一种公法上的债权债务关系。因此,在税收法律关系中,国家与纳税人,征税机关与纳税人之间在宪法层次上是平等的。而《税收征收管理法》是国家与社会之间的契约,更应体现纳税人与国家之间的公法之债和征纳关系。具体到税收行政诉讼中,纳税人与国家之间形成的是税收救济法律关系,它也是税收法律关系的一种,也应当是平等的。而在立法时设定"清税前置"作为行政救济权的前提,对当事人行政诉讼救济权利设定了限制,导致纳税人与行政机关间的失衡和不对等,使纳税人处于不利地位。而如果不设置"清税前置",使纳税人自由地行使司法救济权,将能够很好地适应这种理念。

**(三)对《征求意见稿》的修改建议**

第一,立法条文的修改建议。综合上述分析,对《征求意见稿》第126条做出如下修改,"纳税人、扣缴义务人、纳税担保人同税务机关在纳税上和直接涉及税款的行政处罚上发生争议时,可以依法申请行政复议;对行政复议决定不服的,可以依法向人民法院起诉"。即去掉"应当先依照复议机关的纳税决定缴纳、解缴税款或者提供相应的担保"这个"清税前置"内容的描述。

同时,与取消纳税争议"清税前置"配套的《税收征收管理法》相关条款修订也应跟进调整,特别是在纳税争议"复议前置"期间所涉及税款滞纳金或税收利息应区别对待。可对提请税务行政复议的纳税争议所涉及税款,在复议免于计算滞纳金或税收利息,避免由于税收复议时间过长,特别是复议延期,给纳税人带来额外税收救济成本。可在《征求意见稿》第59条,增加申请税务行政复议期间涉及税款,免于加收复议期间税收利息表述。

第二,相对独立第三方税务行政复议机构的建议。未来税制改革的方向是"逐步加大直接税比重",房地产税正在加快立法进程,推进税款评定制度也已达成共识,同时伴随"清税前置"的取消。可以预见,税务行政复议案件会大量增加,这也对税务机关提出了更高的要求。税务机关应当充分考虑这种形势发展,积极做好准备。

当前,最主要的是进行复议机构中立性改革。国际上,税务复议机构相对税务部门、纳税人处于第三方独立位置,税收复议及救济措施更加公平、公正,例如,德国有专门的税务法院,负责审理税收方面的行政争议。而且与普通法院、行政法院、社会法院、劳动法院等其他法院不同,德国税务法院只有两个层级,即州税务法院和联邦税务法院。美国对联邦税务局认定的应纳税额和某些税款征收行为不服，可以向联邦税务局的行政复议部（Appeals Division）申请行政审查和向法院提请司法审查，这是美国纳税人享有的重要权利。为了保护纳税人这两种重要权利，美国建立了行政复议和司法审查这两种主要的税收行政争议解决机制。此外，美国还存在其他税收行政争议解决机制，例如，提起行政复议前的协商和调解机制，以及法定救济渠道都失败后，由国家纳税人援助官（National Tax Advocate）提供的争议解决机制等。

我国税务行政复议案件审查工作通常由税务机关法制工作机构负责，但这种机构仅是税务机关的内设机构，没有独立的行政职权，有时候不可避免地会受到税务机关的干扰和牵制，难以超脱其整体利益关系。这就导致尽管税务行政复议可以较快地做出决定，但如果它不能有效地解决纠纷，当事人还是会走上行政诉讼之路。使得“复议前置”很难发挥应有的效果，反而可能造成争议解决资源的浪费和当事人的不便。因此，为了保证税务行政复议机构能够独立、公正地履行职能，给税收相对人提供充分的行政救济，可借鉴国外的做法，将税收复议机构从税务机关中分离出来，赋予其必要的独立性，以保证复议结果的客观公正。

## 附录一：

# 国务院法制办公室关于《中华人民共和国税收征收管理法修订草案(征求意见稿)》公开征求意见的通知

为了进一步增强立法的公开性、透明度，提高立法质量，国务院法制办公室将税务总局、财政部起草的《中华人民共和国税收征收管理法修订草案(征求意见稿)》(以下简称征求意见稿)及其说明全文公布，征求社会各界意见。有关单位和各界人士如有修改意见，可在 2015 年 2 月 3 日前，通过以下方式提出：

一、登录中国政府法制信息网(网址：http://www.chinalaw.gov.cn)，通过网站首页左侧的《法规规章草案意见征集系统》，对征求意见稿提出意见。

二、通过信函方式将意见寄至：北京市 2067 信箱(邮政编码：100035)，并请在信封上注明“税收征收管理法征求意见”字样。

三、通过电子邮件方式将意见发送至：sszg@chinalaw.gov.cn。

国务院法制办公室

2015 年 1 月 5 日

# 关于《中华人民共和国税收征收管理法修订草案(征求意见稿)》的说明

根据十八届三中全会对税收制度改革提出的新要求,税务总局、财政部在研究、吸收社会各界意见的基础上,对2013年6月向社会公开征求意见的《中华人民共和国税收征收管理法修正案(征求意见稿)》进行了修改完善。现将修改后的《中华人民共和国税收征收管理法修订草案(征求意见稿)》(以下简称征求意见稿)全文公布,征求社会各界意见。征求意见稿的主要内容如下:

**一、增加对自然人纳税人的税收征收管理规定**

一是明确纳税人识别号制度的法律地位。纳税人识别号是税务部门按照国家标准为企业、公民等纳税人编制的唯一且终身不变的确认其身份的数字代码标识。税务部门通过纳税人识别号进行税务管理,实现社会全覆盖。纳税人签订合同、协议,缴纳社会保险费,不动产登记以及办理其他涉税事项时,应当使用纳税人识别号。

二是明确纳税人自行申报制度的基础性地位。征求意见稿规定,纳税人自行计税申报,并对其纳税申报的真实性和合法性承担责任。

三是强化自然人税收征收管理措施。征求意见稿规定,向自然人纳税人支付所得的单位和个人应当主动提供相关支付凭证,将税收保全和强制执行措施扩大适用于自然人,并且税务机关可以对自然人纳税人取得收入单位与纳税相关的账簿和资料进行税务检查,同时增加相关部门对未完税不动产不予登记的规定。

四是建立税收优先受偿权制度。纳税人因故意或者过失,不能履行纳税义务时,税务机关可以对纳税人的不动产设置税收优先受偿权,在纳税人处置时优先受偿。

**二、进一步完善纳税人权益保护体系**

一是完善纳税人权利体系。征求意见稿规定,税务机关按照法定程序实施税收征收管理,不得侵害纳税人合法权益;同时完善延期、分期缴税制度,将延期缴纳税款审批权放到县以上税务机关,对补缴税款能力不足的纳税人引入分期缴税制度,新增修正申报制度。

二是减轻纳税人负担。征求意见稿增加税收利息中止加收、不予加收的规定。对主动纠正税收违法行为或者配合税务机关查处税收违法行为的,减免税收利息。降低对纳税人的处罚标准,减小行政处罚裁量权,将多数涉及罚款的条款由"百分之五十以上五倍以下"改为"百分之五十以上三倍以下",并视情节从轻、减轻或者免予处罚。

三是取消先缴税后复议的规定。发挥行政复议的主渠道作用,对在纳税上发生的争议,取消先缴税后复议的规定。同时,复议机关维持原处理决定的,纳税人须支付税收利息。

四是引进预约裁定制度。纳税人可以就其预期未来发生、有重要经济利益关系的特定复杂事项向税务机关申请预约裁定。纳税人遵从预约裁定而出现未缴或少缴税款的,免除缴纳责任。

**三、进一步规范税收征收管理行为**

一是规范税收征收管理的基本程序。征求意见稿规定,税收征收管理基本程序以纳税人自行计税申报为基础,由申报纳税、税额确认、税款追征、争议处理等环节构成。把税额确认作为税收征收管理的中心环节,专设一章,对税额确认的程序规则、确认规则、举证责任分配等作出规定。

二是规范税收征收管理的时效。一般情况下税务机关应在5年内对纳税人的税收义务进行确认。对未登记、未申报或者需立案查处情形的追征时效由无限期改为15年。对欠税追征时效,由原来的无限期改为20年。

三是增强税务机关获取涉税信息的能力。专设"信息披露"一章,对税务机关获取涉税信息予以规定。明确第三方向税务机关提交涉税信息的义务,明确银行和其他金融机构的信息报送义务,强化政府职能部门的信息提交协作制度,规定税务机关对涉税信息的保密义务。

**四、实现与相关法律的衔接**

一是与行政强制法相衔接。将"滞纳金"更名为"税收利息",利率由国务院结合人民币贷款基准利率和市场借贷利率的合理水平综合确定,以与行政强制法中的滞纳金相区别。完善税收行政强制执行程序,税务机关临时采取扣押等税收保全措施时,应在24小时内报告并补办批准手续。

二是与刑法修正案(七)相衔接。将"偷税"改为"逃避缴纳税款",同时规定因过失造成少缴或者未缴税款的,承担比逃避缴纳税款较轻的法律责任,减轻纳税人负担。

三是与预算法相衔接。征求意见稿规定,除法律、行政法规和国务院规定外,任何单位不得突破国家统一税收制度规定税收优惠政策。违反法律、行政法规规定,擅自下达的税收收入指标无效,税务机关不得执行。

**五、健全争议解决机制的内容**

一是涉及税款的税收争议实行复议前置。在直接涉及税款的行政处罚上发生争议的,将复议作为税收争议解决的必经程序,以体现"穷尽行政救济而后诉讼”的原则。

二是鼓励通过和解、调解解决争议。和解、调解是税收行政争议双方在各自利益均得到照顾的情况下达成的折衷结果,具有其他纠纷解决方式所不具有的优势。经过多年实践,效果良好,将其上升为法律。

# 中华人民共和国税收征收管理法修订草案(征求意见稿)

(黑体字部分为修改内容)

## 第一章 总 则

**第一条** 为了**规范税收征收和缴纳行为,加强税收征收管理,**保障国家税收收入,保护纳税人合法权益,**推进税收治理现代化,**促进经济和社会发展,**根据宪法**制定本法。

**第二条** 凡依法由税务机关征收的各种税收的征收管理,均适用本法。

**第三条 国家税收的基本制度由法律规定。**

税收的开征、停征以及减税、免税、退税、补税,依照法律的规定执行;**全国人民代表大会及其常务委员会决定**授权国务院规定的,依照国务院制定的行政法规的规定执行。

任何机关、单位和个人不得违反法律、行政法规的规定,擅自作出税收开征、停征以及减税、免税、退税、补税和其他同税收法律、行政法规相抵触的决定;**除法律、行政法规和国务院规定外,任何单位不得突破国家统一税收制度规定税收优惠政策。**

**第四条** 法律、行政法规规定负有纳税义务的单位和个人为纳税人。

法律、行政法规规定负有代扣代缴、代收代缴税款义务的单位和个人为扣缴义务人。

纳税人、扣缴义务人必须依照法律、行政法规的规定缴纳税款、代扣代缴、代收代缴税款。

**第五条** 国务院税务主管部门主管全国税收征收管理工作。各地国家税务局和地方税务局应当按照国务院规定的税收征收管理范围分别进行征收管理。

**税务机关应当依照法定税率计算税额,依法征收税款或者退付税款,不得违反法律、行政法规的规定开征、停征、多征或者少退、少征、提前征收、延缓征收或者摊派税款。**

地方各级人民政府应当依法加强对本行政区域内税收征收管理工作的领导或者协调，支持税务机关依法执行职务，**建立、健全涉税信息提供机制。**

各有关部门和单位应当支持、协助税务机关依法执行职务，**及时向税务机关提供涉税信息。**

税务机关依法执行职务，任何单位和个人不得阻挠。

**第六条　税务机关应当遵循公平、公正、便捷、效率原则，按照法定程序实施税收征收管理，不得违反税收法律、行政法规规定或者超越授权范围设立纳税人、扣缴义务人以及其他当事人的税收征收管理程序性义务，侵害其合法权益。**

**税务机关不得擅自改变已经生效的行政决定。**

**第七条**　国家有计划地用现代信息技术装备各级税务机关，加强税收征收管理信息系统的现代化建设，建立、健全税务机关与政府其他管理机关的信息共享制度。

纳税人、扣缴义务人**以及其他有关单位和个人**应当按照国家有关规定如实向税务机关提供与纳税和代扣代缴、代收代缴税款有关的信息**以及其他涉税信息。**

**第八条　国家施行统一的纳税人识别号制度。**

**第九条　国家建立、健全税收诚信体系，褒扬诚信，惩戒失信，促进税法遵从。**

**第十条**　税务机关应当广泛宣传税收法律、行政法规，普及纳税知识，无偿地为纳税人提供纳税咨询服务。

**第十一条　纳税人、扣缴义务人以及其他当事人根据法律、行政法规规定履行义务，其合法权益同等受法律保护。**

**纳税人依法享有税收法律、行政法规和规章制定、修改的参与权。**

纳税人依法享有申请减税、免税、退税的权利。

纳税人、扣缴义务人有权向税务机关了解国家税收法律、行政法规的规定以及与纳税程序有关的情况。

纳税人、扣缴义务人有权要求税务机关为纳税人、扣缴义务人的情况保密。税务机关应当依法为纳税人、扣缴义务人的情况保密，**法律另有规定的除外。**

纳税人、扣缴义务人对税务机关所作出的决定，享有陈述权、申辩权；依法享有申请行政复议、提起行政诉讼、请求国家赔偿等权利。

纳税人、扣缴义务人有权控告和检举税务机关、税务人员的违法违纪行为。

**第十二条**　税务机关应当加强队伍建设，提高税务人员的政治业务素质。

税务机关、税务人员必须秉公执法、忠于职守、清正廉洁、礼貌待人、文明服务，尊重和保护纳税人、扣缴义务人的权利，依法接受监督。

税务人员不得索贿受贿、徇私舞弊、玩忽职守、不征或者少征应征税款；不得滥用职权多征税款或者故意刁难纳税人和扣缴义务人。

**第十三条** 各级税务机关应当建立、健全内部制约和监督管理制度。

上级税务机关应当对下级税务机关的执法活动依法进行监督。

各级税务机关应当对其工作人员执行法律、行政法规和廉洁自律准则的情况进行监督检查。

**第十四条** 税务人员征收税款和查处税收违法案件,与纳税人、扣缴义务人或者税收违法案件有利害关系的,应当回避。

**第十五条** 任何单位和个人都有权检举违反税收法律、行政法规的行为。收到检举的机关和负责查处的机关应当为检举人保密。税务机关应当按照规定给予奖励。

**第十六条 税务机关按照法律、行政法规以及国务院税务主管部门规定的管辖范围对纳税人实施管辖。**

**税务机关之间对税收管辖有争议的,由争议各方依照前款规定,本着有利于征收管理的原则逐级协商解决;不能协商一致的,报请共同的上级税务机关决定。**

**第十七条** 本法所称税务机关是指各级税务局、税务分局、税务所和按照国务院规定设立的并向社会公告的税务机构。

## 第二章 税务登记

**第十八条 纳税人识别号由税务机关统一登记管理。**

企业,企业在外地设立的分支机构和从事生产、经营的场所,个体工商户和从事生产、经营的事业单位(以下统称从事生产、经营的纳税人)自领取营业执照之日起三十日内,**或者首次发生纳税义务三十日内,由法定代表人或者其授权人员**持有关证件,向税务机关申报办理税务登记。税务机关应当于收到申报的当日办理登记并发给税务登记证件。

**事业单位和社会组织应当自依法设立之日起三十日内向税务机关申报办理税务登记。税务机关应当于收到申报的当日办理登记并发给税务登记证件。**

**自然人纳税人或者其扣缴义务人应当自首次纳税义务发生之日起,法律、行政法规规定的纳税申报期限届满前,向税务机关申报,税务机关登录其纳税人识别号。**

本条第二、三款规定以外的纳税人办理税务登记和扣缴义务人办理扣缴税款登记的范围和办法由国务院规定。

**第十九条 从事网络交易的纳税人应当在其网站首页或者从事经营活动的主页面醒目位置公开税务登记的登载信息或者电子链接标识。**

**第二十条** 从事生产、经营的纳税人，税务登记内容发生变化的，自工商行政管理机关办理变更登记之日起三十日内或者在向工商行政管理机关申请办理注销登记之前，持有关证件向税务机关申报办理变更或者注销税务登记。

**第二十一条** 从事生产、经营的纳税人应当按照国家有关规定，持税务登记证件，在银行或者其他金融机构开立基本存款账户和其他存款账户，并将全部账号向税务机关报告。

银行和其他金融机构应当在从事生产、经营的纳税人的账户中登录**纳税人识别号**，并在税务登记证件中登录从事生产、经营的纳税人的账户账号。

税务机关依法查询从事生产、经营的纳税人开立账户的情况时，有关银行和其他金融机构应当予以协助。

**第二十二条 纳税人签订合同、协议，缴纳社会保险费，不动产登记以及办理其他涉税事项时，应当使用纳税人识别号。**

**第二十三条** 纳税人按照国务院税务主管部门的规定使用税务登记证件。税务登记证件不得转借、涂改、损毁、买卖或者伪造。

## 第三章 凭证管理

**第二十四条** 纳税人、扣缴义务人按照有关法律、行政法规和国务院财政、税务主管部门的规定设置账簿，根据合法、有效凭证记账，进行核算。

**纳税人、扣缴义务人使用征纳双方认可的电子凭证，可以作为记账核算、计算应纳税额的依据。**

**第二十五条 纳税人使用的会计核算软件应当符合国家有关规定，并能正确、完整核算其收入或者所得。**

**使用计算机进行会计核算的纳税人，应当在使用前将会计核算软件及其使用说明书、有关资料报送税务机关备案。**

纳税人、扣缴义务人的财务、会计制度或者财务、会计处理办法与国务院或者国务院财政、税务主管部门有关税收的规定抵触的，依照国务院或者国务院财政、税务主管部门有关税收的规定计算应纳税款、代扣代缴和代收代缴税款。

**第二十六条** 税务机关是发票的主管机关，负责发票印制、领购、开具、取得、保管、缴销的管理和监督。

单位、个人在购销商品、提供或者接受经营服务以及从事其他经营活动中，应当按照规定开具、使用、取得发票。

发票的管理办法由国务院规定。

**第二十七条** 增值税专用发票由国务院税务主管部门**确定**的企业印制；其他

发票,按照国务院税务主管部门的规定,分别由省、自治区、直辖市国家税务局、地方税务局**确定**企业印制。

未经前款规定的税务机关**确定**,不得印制发票。

**第二十八条** 国家根据税收征收管理的需要,积极推广使用税控装置。纳税人应当按照规定安装、使用税控装置,不得损毁或者擅自改动税控装置。

**第二十九条** 从事生产、经营的纳税人、扣缴义务人必须按照国务院财政、税务主管部门规定的保管期限保管账簿、**会计**凭证、完税凭证及其他有关资料。**向自然人纳税人支付所得的单位和个人应当主动向纳税人提供相关支付凭证,自然人纳税人应当妥善保存与其纳税义务相关的凭证及有关资料。**

账簿、**会计**凭证、完税凭证及其他有关资料不得伪造、变造或者擅自损毁。

## 第四章 信息披露

**第三十条 纳税人及与纳税相关的第三方应当按照规定提交涉税信息。**

**第三十一条 从事生产、经营的单位和个人在其经济活动过程中,一个纳税年度内向其他单位和个人给付五千元以上的,应当向税务机关提供给付的数额以及收入方的名称、纳税人识别号。**

**单次给付现金达到五万元以上的,应当于五日内向税务机关提供给付的数额以及收入方的名称、纳税人识别号。**

**第三十二条 银行和其他金融机构应当按照规定的内容、格式、时限等要求向税务机关提供本单位掌握的账户持有人的账户、账号、投资收益以及账户的利息总额、期末余额等信息。对账户持有人单笔资金往来达到五万元或者一日内提取现金五万元以上的,银行和其他金融机构应当按照规定向税务机关提交相关信息。**

**税务机关从银行和其他金融机构获取的纳税人信息只能用于税收目的,不得向第三方披露。**

**第三十三条 网络交易平台应当向税务机关提供电子商务交易者的登记注册信息。**

**第三十四条 税务机关依法实施特别纳税调整的,可以要求纳税人或者其税务代理人提交税收安排。**

**第三十五条 政府有关部门和机构应当向财政、税务机关提供本单位掌握的市场主体资格、人口身份、专业资质、收入、财产、支出等与征税有关的信息,具体办法由国务院另行规定。**

## 第五章　申 报 纳 税

**第三十六条　纳税人、扣缴义务人应当依法自行计算应纳税额和扣缴税款，**依照法律、行政法规规定或者税务机关依照法律、行政法规的规定确定的申报期限、申报内容如实办理纳税申报，报送纳税申报表、**财务会计报告或者代扣代缴、代收代缴税款报告表**以及税务机关根据实际需要要求纳税人报送的其他纳税资料。

**纳税人、扣缴义务人对纳税申报、扣缴税款申报的真实性和合法性承担责任。**

**第三十七条　税务机关根据有利于方便纳税和降低税收成本的原则，可以委托有关单位代征税款。税务机关应当与受托代征人签订代征协议，明确代征范围、代征标准、代征期限以及代征人的法律责任，并颁发委托代征证书。委托代征证书应当公示。**

**代征人按照代征协议以税务机关的名义依法征收税款，纳税人不得拒绝；纳税人拒绝的，代征人应当及时报告税务机关。**

**税务机关按照规定付给代征人代征手续费。**

**第三十八条**　扣缴义务人依照法律、行政法规的规定履行代扣、代收税款的义务。对法律、行政法规没有规定负有代扣、代收税款义务的单位和个人，税务机关不得要求其履行代扣、代收税款义务。

扣缴义务人依法履行代扣、代收税款义务时，纳税人不得拒绝。纳税人拒绝的，扣缴义务人应当及时报告税务机关处理。

税务机关按照规定付给扣缴义务人代扣、代收手续费。

**第三十九条　纳税人办理纳税申报后发现需要修正的，可以修正申报。**

**第四十条**　纳税人、扣缴义务人可以直接到税务机关办理纳税申报或者报送代扣代缴、代收代缴税款报告表**以及财务会计报告**，也可以按照规定采取邮寄、数据电文或者其他方式办理上述申报、报送事项。

**纳税人、扣缴义务人使用征纳双方认可的电子签名报送的各类电子资料，与纸质资料具有同等的法律效力。**

**第四十一条**　纳税人、扣缴义务人不能按期办理纳税申报或者报送代扣代缴、代收代缴税款报告表的，经税务机关核准，可以延期申报。

经核准延期办理前款规定的申报、报送事项的，应当在纳税期内按照上期实际缴纳的税额或者税务机关核定的税额预缴税款，并在核准的延期内办理税款结算。

**第四十二条　税务机关可以对定期定额缴纳税款的纳税人实行简易申报、简**

并征期。

第四十三条　纳税人、扣缴义务人按照法律、行政法规规定或者税务机关依照法律、行政法规的规定确定的期限,缴纳或者解缴税款。

纳税人因有特殊困难,不能按期缴纳税款的,经县以上税务局(分局)局长批准,可以延期缴纳税款,但是最长不得超过三个月。

**纳税人补缴税款数额较大难以一次缴清的,经县以上税务局(分局)局长批准,可以分期缴纳,但最长不得超过一年。**

第四十四条　纳税人依照法律、行政法规的规定**办理**减税、免税、**退税**。

地方各级人民政府、各级人民政府主管部门、单位和个人违反法律、行政法规规定,擅自作出的减税、免税、**退税**决定**和下达的税收收入指标**无效,税务机关不得执行,并向上级税务机关报告。

第四十五条　**纳税人缴纳税款后,税务机关应当**给纳税人开具完税凭证。**纳税人通过电子缴税系统缴纳税款的,税务机关应当根据纳税人的需要开具纸质完税凭证。**

扣缴义务人代扣、代收税款时,纳税人要求扣缴义务人开具**完税凭证**的,扣缴义务人应当开具。

**第四十六条　税务机关应当建立纳税人适用税法的预约裁定制度。**

**纳税人对其预期未来发生、有重要经济利益关系的特定复杂事项,难以直接适用税法制度进行核算和计税时,可以申请预约裁定。省以上税务机关可以在法定权限内对纳税人适用税法问题作出书面预约裁定。**

**纳税人遵从预约裁定而出现未缴或少缴税款的,免除缴纳责任。**

## 第六章　税额确认

**第四十七条　税务机关对纳税人依照本法第三十六条规定进行的纳税申报,有权就其真实性、合法性进行核实、确定。**

**第四十八条　税务机关以纳税人提供的账簿凭证、报表、文件等资料记载的信息为基础,结合所掌握的相关信息对纳税申报进行核实、确定。**

**第四十九条　税务机关发现纳税人有下列情形之一的,应当及时对纳税人应纳税额进行确认:**

**(一)存在申报的计税依据不实的;**

**(二)在规定的纳税期之前,有根据认为纳税人有逃避纳税义务行为的;**

**(三)未按照规定办理税务登记而从事生产、经营的;**

**(四)有合并、分立、解散的;**

(五)法律、行政法规规定的其他情形。

第五十条　纳税人未履行本法规定的信息记录、保管、报告以及配合税务检查等义务的,税务机关应当以掌握的信息为基础,核定其应纳税额。

纳税人有下列情形之一的,适用前款规定:

(一)依照法律、行政法规的规定可以不设置账簿的;

(二)依照法律、行政法规的规定应当设置但未设置账簿的;

(三)擅自销毁账簿或者拒不提供纳税资料的;

(四)虽设置账簿,但账目混乱或者成本资料、收入凭证、费用凭证残缺不全,难以查账的;

(五)发生纳税义务,未按照规定的期限办理纳税申报,经税务机关责令限期申报,逾期仍不申报的;

(六)纳税人申报的计税依据明显偏低,又无正当理由的;

(七)未按照规定办理税务登记从事生产、经营的;

(八)使用的财务会计软件不能准确核算或者无法按照税务机关要求提供相关数据的。

税务机关核定应纳税额的具体程序和方法由国务院税务主管部门规定。

第五十一条　纳税人与关联方之间的业务往来,应当按照独立企业之间的业务往来收取或者支付价款、费用;不按照独立企业之间的业务往来收取或者支付价款、费用,而减少其应纳税的收入或者所得额的,税务机关有权进行合理调整。

第五十二条　经确认的应纳税额与纳税人申报的税额不一致的,或者纳税人未进行纳税申报的,税务机关应当向纳税人出具税额确认通知书。

纳税人应当按照税额确认通知书载明的应补(退)税款,在规定的期限内办理补(退)税。

第五十三条　纳税人填报的纳税申报表以及修正的纳税申报表所载明的应纳税额,税务机关未做确认或者超出确认时效的,视同税额确认通知书所确定的应纳税额。

修正的纳税申报涉及退库的,应当经税务机关批准。

第五十四条　有下列情形之一的,税务机关应当再次进行税额确认:

(一)因纳税人提供不正确、不完整计税依据导致之前申报、确认或调整应纳税额不实的;

(二)税法有新的规定涉及调整纳税人计税依据的。

税务机关对纳税人进行再次税额确认的,以再次确认的应纳税额为准。税务机关对确认税额进行部分修正的,以修正后的为准,未做修正的部分继续生效。

第五十五条　税额确认过程中,发现纳税人有下列情形之一的,应当由税务稽查部门立案查处:

(一)涉嫌逃避缴纳税款、逃避追缴欠税、骗税、抗税;

(二)虚开发票等税收违法行为;

(三)纳税人发生纳税义务未进行纳税申报的;

(四)法律、行政法规规定的其他行为。

第五十六条　税务机关对纳税人应纳税额的确认应当在五年内进行。

纳税人未登记、未申报或者存在本法第五十五条所列情形需要立案查处的,税务机关应当自税法规定的申报期限届满之日起十五年内进行确认。

第五十七条　对税务机关进行的税额确认,纳税人应当证明其纳税申报的真实性、合法性。

纳税人对其提供的发票等会计凭证、账簿、报表、完税凭证以及其他有关涉税资料中所记载数据、记录及其他相关事实的真实性、完整性和准确性负责。

税务机关在税额确认中对纳税人应纳税额作出调整且纳税人已经履行本法规定的协助义务的,税务机关应当对使用的纳税人账簿、文件、记录、其他资料的数据信息的来源及计算方法、确认方法、依据负责,对其所使用的其他方面数据信息来源的合法性负责;有关提供方对其提供信息的真实性、准确性负责。纳税人对税务机关来源于第三方信息的真实性、完整性有异议的,应当告知相关第三方修改提交信息。

纳税人对税务机关按照第五十条规定核定应纳税额有异议的应当提供相关证据。

## 第七章　税款追征

第五十八条　纳税人未按照规定期限缴纳税款,扣缴义务人未按照规定期限解缴税款的,税务机关应当责令其限期缴纳或者解缴。

第五十九条　纳税人未按照规定期限缴纳税款的,扣缴义务人未按照规定期限解缴税款的,按日加计税收利息。

税收利息的利率由国务院结合人民币贷款基准利率和市场借贷利率的合理水平综合确定。

纳税人补缴税款时,应当连同税收利息一并缴纳。

第六十条　下列期间,税收利息中止计算:

(一)纳税人、扣缴义务人的财产、银行账户被税务机关实施保全措施或者强制执行措施,导致纳税人、扣缴义务人确实难以按照规定期限缴纳或者解缴税款

**的，从措施实施之日起至措施解除之日止；**

**（二）因不可抗力，致使纳税人、扣缴义务人未按照规定期限缴纳或者解缴税款的，从不可抗力发生之日起至不可抗力情形消除之日止；**

**（三）国务院税务主管部门确定的其他情形。**

**非纳税人、扣缴义务人的过错，致使纳税人不能及时足额申报缴纳税款的，不加收税收利息。**

**第六十一条** 对未按照规定办理税务登记的纳税人以及临时从事经营的纳税人，由税务机关核定其应纳税额，责令缴纳；不缴纳的，税务机关可以扣押其价值相当于应纳税款的商品、货物**或者其他财产，并在二十四小时内向县以上税务局（分局）局长报告，补办批准手续。**扣押后缴纳应纳税款的，税务机关必须立即解除扣押，并归还所扣押的商品、货物**和其他财产**；扣押后仍不缴纳税款**或者缴纳不足的**，经县以上税务局（分局）局长批准，依法拍卖或者变卖所扣押的商品、货物**和其他财产**，以拍卖或者变卖所得抵缴税款。

**第六十二条** 税务机关有根据认为**纳税人有不履行纳税义务可能的**，可以在规定的纳税期之前，责令限期缴纳应纳税款；在限期内发现纳税人有明显的转移、隐匿其应纳税的商品、货物以及其他财产或者应纳税的收入的迹象的，税务机关可以责成纳税人提供纳税担保。如果纳税人不能提供纳税担保，经县以上税务局（分局）局长批准，税务机关可以采取下列税收保全措施：

（一）书面通知纳税人开户银行或者其他金融机构冻结纳税人的金额相当于应纳税款的存款、**汇款**；

（二）扣押、查封纳税人的价值相当于应纳税款的商品、货物或者其他财产。

**税务机关采取前款规定的措施应当书面通知纳税人并制作现场笔录。**

纳税人在前款规定的限期内缴纳税款的，税务机关必须立即解除税收保全措施；限期期满仍未缴纳税款**或者缴纳不足**的，经县以上税务局（分局）局长批准，税务机关可以书面通知纳税人开户银行或者其他金融机构从其冻结的存款、**汇款**中扣缴税款，或者依法拍卖或者变卖所扣押、查封的商品、货物或者其他财产，以拍卖或者变卖所得抵缴税款。

个人及其所扶养家属维持生活必需的住房和用品，不在税收保全措施的范围之内。

**第六十三条** 纳税人在限期内已缴纳税款，税务机关未立即解除税收保全措施，使纳税人的合法利益遭受损失的，税务机关应当承担赔偿责任。

**第六十四条** **纳税人、扣缴义务人**未按照规定的期限缴纳或者解缴税款，纳税担保人未按照规定的期限缴纳所担保的税款，由税务机关责令限期缴纳，逾期

仍未缴纳的,经县以上税务局(分局)局长批准,税务机关可以采取下列强制执行措施:

(一)书面通知其开户银行或者其他金融机构划拨其存款、汇款至缴清税款为止;

(二)扣押、查封、依法拍卖或者变卖其价值相当于应纳税款的商品、货物或者其他财产,以拍卖或者变卖所得抵缴税款。

税务机关采取强制执行措施时,对前款所列纳税人、扣缴义务人、纳税担保人未缴纳的税收利息同时强制执行。

**税务机关采取前款规定的强制执行措施应当书面通知纳税人、扣缴义务人、纳税担保人,并制作现场笔录。**

**对纳税人、扣缴义务人、纳税担保人的财产实施强制执行有困难的,税务机关可以依法提请纳税人、扣缴义务人、纳税担保人所在地或者财产所在地人民法院执行。**

个人及其所扶养家属维持生活必需的住房和用品,不在强制执行措施的范围之内。

**第六十五条　纳税人违反法律、行政法规规定获取的减税、免税、抵税和退税,税务机关应当依法追缴,并按照本法规定的审批权限采取税收保全措施或者强制执行措施。**

**第六十六条　税务机关采取税收保全措施的期限一般不得超过六个月;案情重大复杂的,经国务院税务主管部门批准可以延长一次,但延长期限不超过六个月。**

**第六十七条　纳税人逾期不履行税务机关依法作出征收税款决定的,自期限届满之日起,按照税款的千分之五按日加收滞纳金。**

**第六十八条**　本法规定的采取税收保全措施、强制执行措施的权力,不得由法定的税务机关和人民法院以外的单位和个人行使。

**税务机关采取强制执行措施时,可以提请公安机关协助,公安机关应当予以协助。**

**第六十九条**　税务机关采取税收保全措施和强制执行措施必须依照法定权限和法定程序,不得查封、扣押纳税人个人及其所扶养家属维持生活必需的住房和用品。

**第七十条**　税务机关滥用职权违法采取税收保全措施、强制执行措施,或者采取税收保全措施、强制执行措施不当,使纳税人、扣缴义务人或者纳税担保人的合法权益遭受损失的,应当依法承担赔偿责任。

**第七十一条　纳税人欠缴税款未结清，又不提供纳税担保的，税务机关可以决定不准纳税人或者其法定代表人、主要税收利益相关人出境；税务机关立案查处涉嫌重大税收违法情形的，可以决定不准纳税人或者其法定代表人、财产实际拥有者或者管理者、直接责任人出境。**

**对决定不准出境的人员，税务机关应当按照规定及时通知出入境边防检查机关予以协助，或者提请公安机关出入境管理机构不予签发出（国）境证件。**

**第七十二条　对需要经有关部门依法登记才发生效力或者对抗第三人的动产或者不动产物权的设立、变更、转让和消灭，登记机构应当查验纳税人提供的与该动产或不动产物权交易相关的完税凭证或者税收证明；对于未提供相关完税凭证或者税收证明的，不得办理登记。**

**第七十三条**　税务机关征收税款，税收优先于无担保债权，**企业破产法**另有规定的除外；纳税人欠缴的税款发生在纳税人以其财产设定抵押、质押或者纳税人的财产被留置之前的，税收应当先于抵押权、质权、留置权执行。

纳税人欠缴税款，同时又被行政机关决定处以罚款、没收违法所得的，税收优先于罚款、没收违法所得。

税务机关应当对纳税人欠缴税款的情况定期予以公告。

**第七十四条　纳税人未按照规定的期限缴纳税款，税务机关责令限期缴纳后仍未缴纳的，经设区的市、自治州以上税务局（分局）局长批准，税务机关可以以纳税人欠缴税款为限，对其不动产设定优先受偿权，并通知产权登记部门予以登记。**

**纳税人缴清欠税后，产权登记部门才能办理产权变更手续。**

**第七十五条**　纳税人有欠税情形而以其财产设定抵押、质押的，应当向抵押权人、质权人说明其欠税情况。抵押权人、质权人可以请求税务机关提供有关的欠税情况。

**第七十六条**　税务机关扣押商品、货物或者其他财产时，必须开付收据；查封商品、货物或者其他财产时，必须开付清单。

**第七十七条　纳税人有解散、撤销、破产情形的，在清算前应当向其主管税务机关报告；未结清税款的，由其主管税务机关参加清算。**

**第七十八条**　纳税人有合并、分立情形的，应当向税务机关报告，并依法缴清税款。纳税人合并时未缴清税款的，应当由合并后的纳税人继续履行未履行的纳税义务；纳税人分立时未缴清税款的，分立后的纳税人对未履行的纳税义务应当承担连带责任。

**第七十九条　对同一纳税义务，数人共同承担清偿或者担保责任的，为连带**

纳税人。除法律、行政法规另有规定外,各连带纳税人对全部纳税义务负履行责任。

连带纳税人履行纳税义务,其效力及于其他连带纳税人。履行纳税义务的连带纳税人,对于超过自己责任的部分,可以向其他连带纳税人追偿。

第八十条 未缴清税款的纳税人的财产赠与他人或者被继承的,以受赠人或者继承人为缴纳税款的责任人,但以其所受赠或者继承的财产为限。

第八十一条 对纳税人欠缴税款无法追征时,税务机关可以向支配或者获取纳税人财产的财产实际管理人、遗产执行人、清算组、总公司以及其他关系人追征。

第八十二条 公司解散未清缴税款的,原有限责任公司的股东、股份有限公司的控股股东,以及公司的实际控制人以出资额为限,对欠缴税款承担清偿责任。

第八十三条 欠缴税款数额较大的纳税人在处分其不动产或者大额资产之前,应当向税务机关报告。

第八十四条 欠缴税款的纳税人因怠于行使到期债权,或者放弃到期债权,或者无偿转让财产,或者以明显不合理的低价转让财产而受让人知道该情形,对国家税收造成损害的,税务机关可以依照合同法第七十三条、第七十四条规定行使代位权、撤销权。

税务机关依照前款规定行使代位权、撤销权的,不免除欠缴税款的纳税人尚未履行的纳税义务和应承担的法律责任。

第八十五条 纳税人超过应纳税额缴纳的税款,自结算缴纳税款之日起五年内可以向税务机关要求退还多缴的税款并加算银行同期存款利息,税务机关及时查实后应当立即退还。涉及从国库中退库的,依照法律、行政法规有关国库管理的规定退还。

第八十六条 因纳税人、扣缴义务人过失造成少报、少缴税款的,税务机关在五年内可以要求纳税人、扣缴义务人补缴税款。

对未办理纳税申报以及逃避缴纳税款、抗税、骗税的,税务机关在十五年内可以追征其未缴或者少缴的税款或者所骗取的税款。

纳税人欠税超过二十年,税务机关执行不能的,不再追征。

第八十七条 国家税务局和地方税务局应当按照国家规定的税收征收管理范围和税款入库预算级次,将征收的税款缴入国库。

对审计机关、财政机关依法查出的税收违法行为,税务机关应当根据有关机关的决定、意见书,依法将应收的税款按照税款入库预算级次缴入国库,并将结果及时回复有关机关。

## 第八章 税务检查

**第八十八条** 税务机关**在履行税额确认、税务稽查及其他管理职责时**有权进行下列税务检查：

（一）检查纳税人的账簿、**会计**凭证、报表和有关资料，检查扣缴义务人代扣代缴、代收代缴税款**相关**账簿、**会计**凭证和有关资料。**检查自然人纳税人取得收入的单位与纳税相关的账簿和资料。对实行计算机记账的，有权进入相关应用系统，对电子会计资料进行检查，纳税人应当按照税务机关的要求提供数据接口和查询权限；应用系统不能满足检查需要的，纳税人或者软件所有人应当提供与应用系统相关的源代码等软件技术支持。**

（二）到纳税人的生产、经营场所和货物存放地检查纳税人应纳税的商品、货物或者其他财产，检查扣缴义务人与代扣代缴、代收代缴税款有关的经营情况。

（三）责成纳税人、扣缴义务人提供与纳税或者代扣代缴、代收代缴税款有关的文件、证明材料和有关资料。

（四）询问纳税人、扣缴义务人**以及其他涉税当事人**与纳税或者代扣代缴、代收代缴税款有关的问题和情况。

（五）到车站、码头、机场、邮政企业、及其分支机构检查纳税人托运、邮寄应纳税商品、货物或者其他财产。

（六）经县以上税务局（分局）局长批准，凭全国统一格式的检查存款、**汇款**账户许可证明，查询**纳税人、扣缴义务人**在银行或者其他金融机构的存款、**汇款及证券交易结算资金**账户。税务机关在调查税收违法案件时，经设区的市、自治州以上税务局（分局）局长批准，可以查询案件涉嫌人员的存款、**汇款及证券交易结算资金账户**。税务机关查询所获得的资料，不得用于税收以外的用途。

**（七）到网络交易平台提供机构检查网络交易情况，到网络交易支付服务机构检查网络交易支付情况。**

**（八）到纳税人、扣缴义务人和纳税担保人的财物受托人处检查财物委托情况。**

**（九）检查涉嫌取得虚假发票的非纳税单位和个人的发票使用情况。**

**（十）检查未登记为生产、经营场所却用于生产、经营的场所。**

**（十一）到相关部门查询、复制纳税人财产登记情况及身份信息。**

**第八十九条** 税务机关对**纳税人**以前纳税期的纳税情况依法进行税务检查时，发现纳税人有逃避纳税义务行为，并有明显的转移、隐匿其应纳税的商品、货物以及其他财产或者应纳税的收入的迹象的，可以按照本法规定的批准权限采取税收保全措施或者强制执行措施。

**第九十条** 纳税人、扣缴义务人必须接受税务机关依法进行的税务检查,如实反映情况,提供有关资料,不得拒绝、隐瞒。

**第九十一条** 税务机关依法进行税务检查时,有权向有关单位和个人调查纳税人、扣缴义务人和其他当事人与纳税或者代扣代缴、代收代缴税款有关的情况,有关单位和个人有义务向税务机关如实提供有关资料及证明材料。

**第九十二条 纳税人涉嫌逃避缴纳税款等税收违法行为的,税务机关应当立案查处。**

**税务机关在调查税收违法案件时,纳税人以锁门、锁柜等方式隐藏涉税证据或者财产、物品拒绝检查的,经县以上税务局(分局)局长批准,可以强行进入纳税人生产、经营场所,或者对纳税人所持或者控制的涉税财物、账簿凭证、资料等强行开封、开锁,实施强制检查、调取证据。税务机关实施强制检查、调取证据,应当在公安机关协助和保护下进行,公安机关应当予以协助和保护。**

对与案件有关的情况和资料,可以记录、录音、录像、照相和复制。

**第九十三条** 税务机关派出的人员进行税务检查时,应当出示税务检查证和税务检查通知书,并有责任为被检查人保守秘密;未出示税务检查证和税务检查通知书的,被检查人有权拒绝检查。

## 第九章 法律责任

**第九十四条** 纳税人有下列行为之一的,由税务机关责令限期改正,可以处二千元以下的罚款;情节严重的,处二千元以上一万元以下的罚款:

(一)未按照规定的期限申报办理税务登记、变更或者注销登记的;

(二)未按照规定设置、保管账簿或者保管**会计**凭证和有关资料的;

(三)未按照规定将**会计核算软件、使用说明书及有关资料**报送税务机关备查的;

(四)未按照规定将其全部银行账号向税务机关报告的;

(五)未按照规定安装、使用税控装置,或者损毁或者擅自改动税控装置的;

**(六)未按照规定向税务机关报送涉税信息的。**

纳税人不办理税务登记的,由税务机关责令限期改正;逾期不改正的,经税务机关提请,由工商行政管理机关吊销其营业执照。

纳税人未按照规定使用税务登记证件,或者转借、涂改、损毁、买卖、伪造税务登记证件的,处二千元以上一万元以下的罚款;情节严重的,处一万元以上五万元以下的罚款。

**第九十五条** 扣缴义务人未按照规定设置、保管代扣代缴、代收代缴税款账簿或者保管代扣代缴、代收代缴税款**会计**凭证及有关资料的,由税务机关责令限期改正,可以处二千元以下的罚款;情节严重的,处二千元以上五千元以下的罚款。

**第九十六条** 纳税人未按照规定的期限办理纳税申报和报送纳税资料的,或者扣缴义务人未按照规定的期限向税务机关报送代扣代缴、代收代缴税款报告表和有关资料的,由税务机关责令限期改正,可以处二千元以下的罚款;情节严重的,可以处二千元以上一万元以下的罚款。

**第九十七条** 纳税人**采取欺骗、隐瞒手段进行虚假纳税申报或者不申报,逃避缴纳税款的**,由税务机关追缴其不缴或者少缴的税款,并处不缴或者少缴的税款百分之五十以上**三倍**以下的罚款;**涉嫌犯罪的,移送司法机关依法处理。**

扣缴义务人采取前款所列手段,不缴或者少缴已扣、已收税款,由税务机关追缴其不缴或者少缴的税款,并处不缴或者少缴的税款百分之五十以上**三倍**以下的罚款;**涉嫌犯罪的,移送司法机关依法处理。**

**第一款所称采取欺骗、隐瞒手段是指下列情形:**

**(一)伪造、变造、转移、藏匿、毁灭账簿凭证或者其他相关资料;**

**(二)编造虚假计税依据,虚列支出或者转移、隐匿收入;**

**(三)骗取税收优惠资格;**

**(四)法律、行政法规规定的其他情形。**

**第九十八条** 纳税人、扣缴义务人编造虚假计税依据的,由税务机关责令限期改正,并处五万元以下的罚款。

**第九十九条 纳税人、扣缴义务人因过失违反税收法律、行政法规,造成未缴或者少缴税款的,税务机关除按照本法第八十六条的规定追缴其未缴或者少缴的税款外,并处未缴或者少缴税款百分之五十以下的罚款。**

**纳税人、扣缴义务人自法律、行政法规规定或者税务机关依照法律、行政法规的规定确定的申报缴纳税款期限届满之日起至税务检查前办理修正申报,并缴纳税款的,处补缴税款百分之二十以下的罚款。**

**第一百条** 纳税人、**扣缴义务人**欠缴应纳税款,采取转移或者隐匿财产的手段,妨碍税务机关追缴欠缴的税款的,由税务机关追缴欠缴的税款,并处欠缴税款百分之五十以上**三倍**以下的罚款;**涉嫌犯罪的,移送司法机关依法处理。**

**第一百零一条** 以假报出口或者其他欺骗手段,骗取国家出口退税款,由税务机关追缴其骗取的退税款,并处骗取税款一倍以上五倍以下的罚款;**涉嫌犯罪的,移送司法机关依法处理。**

第一款所称假报出口是指具有下列情形之一的行为:

(一)虚构货物、劳务、服务出口的;

(二)伪造或者签订虚假的买卖合同的;

(三)以伪造、变造或者其他非法手段取得出口货物报关单、出口货物专用缴款书、运输单据、装货单等有关出口退税单据、凭证的;

(四)虚开、伪造、变造、非法购买增值税专用发票或者其他可以用于出口退税的发票以及其他凭证的;

(五)假以他人货物、劳务、服务申报出口退税的。

第一款所称其他欺骗手段是指具有下列情形之一的行为:

(一)骗取出口退税资格的;

(二)将未纳税或者免税货物、劳务、服务作为已税货物、劳务、服务出口的;

(三)虽有出口,但虚构、虚增该出口货物、劳务、服务的品名、数量、单价等要素,骗取未实际纳税部分出口退税款的。

对骗取国家出口退税款的,税务机关可以在规定期间内停止为其办理出口退税。

第一百零二条　纳税人以欺骗手段取得税收优惠资格的,税务机关应当取消其税收优惠资格,并处五万元以下的罚款;导致不缴或者少缴税款的,依照本法第九十七条逃避缴纳税款规定处理。涉嫌犯罪的,移送司法机关依法处理。

税务机关取消纳税人税收优惠资格后,应当及时通知其登记管理机关。

第一百零三条　以暴力、威胁方法拒不缴纳税款的,是抗税,除由税务机关追缴其拒缴的税款外,并处二十万元以下的罚款;涉嫌犯罪的,移送司法机关依法处理。

第一百零四条　纳税人、扣缴义务人办理了纳税申报或者税务机关向纳税人、扣缴义务人送达了税额确认通知书,但在规定期限内不缴或者少缴应纳或者应解缴的税款,经税务机关责令限期缴纳,逾期仍未缴纳的,税务机关除依照本法第六十四条的规定采取强制执行措施追缴其不缴或者少缴的税款外,可以处不缴或者少缴的税款百分之五十以上三倍以下的罚款。

纳税人有特殊困难不能及时完全履行纳税义务的,税务机关可以与纳税人达成执行协议,约定分阶段履行;纳税人采取补救措施的,可以减免加处的罚款或者滞纳金。

第一百零五条　扣缴义务人应扣未扣、应收而不收税款的,由税务机关向纳税人追缴税款,对扣缴义务人处应扣未扣、应收未收税款百分之五十以上一倍以下的罚款。

第一百零六条　纳税人、扣缴义务人逃避、拒绝或者以其他方式阻挠税务机关检查的，由税务机关责令改正，可以处一万元以下的罚款；情节严重的，处一万元以上五万元以下的罚款。

第一百零七条　伪造、变造发票的，由税务机关没收违法所得和作案工具，处五十万元以下的罚款；非法买卖、非法代开发票的，由税务机关没收违法所得，处五十万元以下的罚款；涉嫌犯罪的，移送司法机关依法处理。

违反本法第二十七条规定，未按照规定印制发票的，处五十万元以下的罚款；涉嫌犯罪的，移送司法机关依法处理。

第一百零八条　虚构、虚增交易，开具或者接受与经营交易事实不符的发票或者抵扣列支凭证的，构成虚开发票。

虚开发票的，处虚开税额二倍以下罚款；涉嫌犯罪的，移送司法机关依法处理。

第一百零九条　从事生产、经营的纳税人、扣缴义务人有本法规定的税收违法行为，拒不接受税务机关处理的，税务机关可以收缴其发票或者停止向其发售发票。

第一百一十条　纳税人、扣缴义务人的开户银行或者其他金融机构拒绝接受税务机关依法检查纳税人、扣缴义务人存款账户，或者拒绝执行税务机关作出的冻结存款或者扣缴税款的决定，或者在接到税务机关的书面通知后帮助纳税人、扣缴义务人转移存款，造成税款流失的，由税务机关处十万元以上五十万元以下的罚款，对直接负责的主管人员和其他直接责任人员处一千元以上一万元以下的罚款。

第一百一十一条　负有提供涉税信息协助义务和其他协助义务的纳税人、扣缴义务人以及其他有关单位和个人未按照本法规定履行提供涉税信息和其他协助义务的，经税务机关责令限期改正逾期仍不改正的，由税务机关对其处二千元以上一万元以下的罚款；造成国家税款重大损失的，处十万元以下的罚款。

第一百一十二条　本法规定的行政处罚，罚款额在五千元以下的，可以由县以下税务分局、税务所决定。

第一百一十三条　税务机关和司法机关的涉税罚没收入，应当按照税款入库预算级次上缴国库。

第一百一十四条　税务机关违反规定擅自改变税收征收管理范围和税款入库预算级次的，责令限期改正，对直接负责的主管人员和其他直接责任人员依法给予警告、记过或者记大过的处分；情节严重的，给予降级、撤职或者开除的处分。

第一百一十五条　税务人员徇私舞弊，对依法应当移交司法机关追究刑事责任的不移交的，依法给予处分；情节严重涉嫌犯罪的，移送司法机关依法处理。

第一百一十六条　未经税务机关依法委托征收税款的，责令退还收取的财物,依法给予**处分**或者行政处罚;致使他人合法权益受到损失的,依法承担赔偿责任;**涉嫌犯罪的,移送司法机关依法处理**。

**第一百一十七条** 税务机关、税务人员查封、扣押纳税人个人及其所扶养家属维持生活必需的住房和用品的,责令退还,依法给予**处分;涉嫌犯罪的,移送司法机关依法处理**。

**第一百一十八条** 税务人员与纳税人、扣缴义务人勾结,唆使或者协助纳税人、扣缴义务人有违反**本法**规定的行为**的,依法给予处分;涉嫌犯罪的,移送司法机关依法处理**。

**第一百一十九条** 税务人员利用职务上的便利,收受或者索取纳税人、扣缴义务人财物或者谋取其他不正当利益**的,依法给予处分;涉嫌犯罪的,移送司法机关依法处理**。

**第一百二十条** 税务人员徇私舞弊或者玩忽职守,不征或者少征应征税款,致使国家税收遭受重大损失**的,依法给予处分;涉嫌犯罪的,移送司法机关依法处理**。

税务人员滥用职权,故意刁难纳税人、扣缴义务人的,调离税收工作岗位,并依法给予**处分**。

税务人员对控告、检举税收违法违纪行为的纳税人、扣缴义务人以及其他检举人进行打击报复的,依法给予**处分;涉嫌犯罪的,移送司法机关依法处理**。

**第一百二十一条** 违反法律、行政法规的规定提前征收、延缓征收或者摊派税款的,由其上级机关或者行政监察机关责令改正,对直接负责的主管人员和其他直接责任人员依法给予**处分**。

**第一百二十二条** 违反法律、行政法规的规定,擅自作出税收的开征、停征或者减税、免税、退税、补税以及其他同税收法律、行政法规相抵触的决定的,除依照本法规定撤销其擅自作出的决定外,补征应征未征税款,退还不应征收而征收的税款,并由上级机关**和行政监察机关对于**直接负责的主管人员和其他直接责任人员**给予处分;涉嫌犯罪的,移送司法机关依法处理**。

**第一百二十三条** 税务人员在征收税款或者查处税收违法案件时,未按照本法规定进行回避的,对直接负责的主管人员和其他直接责任人员,依法给予**处分**。

**第一百二十四条** 违反税收法律、行政法规应当给予行政处罚的行为,在五年内未被发现的,不再给予行政处罚。

**对主动纠正税收违法行为或者配合税务机关查处税收违法行为的,可以视情节从轻、减轻、免予行政处罚或者减免征收税收利息。**

**第一百二十五条** 未按照本法规定为纳税人、扣缴义务人、检举人保密的,对直接负责的主管人员和其他直接责任人员,由所在单位或者有关单位依法给予处分。

税务机关和税务人员有其他侵害纳税人权益情形的,按照前款规定处理。

## 第十章 争议处理

第一百二十六条 纳税人、扣缴义务人、纳税担保人同税务机关在纳税上和直接涉及税款的行政处罚上发生争议时,可以依法申请行政复议;对行政复议决定不服的,应当先依照复议机关的纳税决定缴纳、解缴税款或者提供相应的担保,然后可以依法向人民法院起诉。

对税务机关作出第一款以外的与征收税款金额无关的处罚决定、强制执行措施或者税收保全措施不服的,可以依法申请行政复议,也可以依法向人民法院起诉。

第一百二十七条 行政复议可以适用和解、调解。

和解协议或者调解书经申请人、被申请人签字后生效,申请人不得就同一事实、同一理由再次申请行政复议。

申请人与被申请人和解、调解不成的,行政复议机关应当及时作出行政复议决定。

行政复议决定维持征税处理决定的,申请人应当按照规定缴纳税款及税收利息。

第一百二十八条 行政复议机关不得作出对申请人更为不利的行政复议决定。

第一百二十九条 行政复议期间,税务机关作出的具体行政行为不停止执行;但是,有下列情形之一的,可以停止执行:

(一)被申请人认为需要停止执行的;

(二)行政复议机关认为需要停止执行的;

(三)申请人申请停止执行,行政复议机关认为其要求合理,决定停止执行的;

(四)法律规定停止执行的。

第一百三十条 复议过程中,被申请人对其做出的行政决定的合法性、合理性负有举证责任。申请人对下列事项承担举证责任:

(一)其申报的收入、支出、减税、免税、退税的真实性;

(二)依法履行了记录、保存、提供账簿凭证等涉税资料的义务。

第一百三十一条 按照国际税收条约、协定规定的情报交换机制取得的信息,税务机关经审核确认可以将其作为确定纳税人税额的依据;纳税人有异议的,由纳税人举证。

第一百三十二条 当事人对税务机关的处罚决定逾期不申请行政复议也不

向人民法院起诉、又不履行的,作出处罚决定的税务机关可以采取本法第**六十四**条规定的强制执行措施,或者申请人民法院强制执行。

## 第十一章 附 则

**第一百三十三条** 纳税人、扣缴义务人可以委托税务代理人代为办理税务事宜。

**第一百三十四条** 关税及海关代征税收的征收管理,依照法律、行政法规的有关规定执行。

**依照法律、行政法规规定申请出口退税的单位和个人视同纳税人管理。**

**第一百三十五条** 中华人民共和国同外国缔结的有关税收的条约、协定同本法有不同规定的,依照条约、协定的规定办理,**我国声明保留的条款除外。**

**第一百三十六条 纳税人、扣缴义务人应当使用中文向税务机关报送涉税资料,并以人民币为货币计量单位缴纳、解缴税款。**

**第一百三十七条** 本法施行前颁布的税收法律与本法有不同规定的,适用本法规定。

**第一百三十八条** 国务院根据本法制定实施**条例**。

**第一百三十九条** 本法自 年 月 日起施行。

## 附录二：

# 《OECD 税收管理调研报告(2015)——税收管理立法框架》*

本附录将概要性阐述受访国家税收管理立法框架中的关键因素，汇总这些因素中的共同特征，并对部分更具特点的实践操作和最新发展趋势进行介绍。

### 一、纳税人权利和义务

民主社会中，纳税人或公民都会基于政府及其代理机构的公权力享有一系列基本权利并承担相应的义务，税务机关也不例外。为此，大多数国家都制定了专门的法律来规范纳税人与税收相关的权利和义务。

众所周知，世界各国税务机关所处环境各式各样，各国间纳税人权利和义务的具体细节也不尽相同。但是，从中还是可以发现一些共通性的。1990 年，经济合作与发展组织(Organization for Economic Co-operation and Development ,OECD)的财政事务委员完成了一份对经合组织国家关于纳税人权利与义务立法框架的调研报告(未发表)。经调查发现，尽管当年大多数国家还没有一份明确的“纳税人宣言”，但所有的制度体系中都涵盖了以下基本的纳税人权利：

- 知情、协助、陈述权
- 复议上诉权

---

* 本附录由普华永道中国税收政策服务团队编译，资料来源：Tax Administration 2015：Comparative Information on OECD and Other Advanced and Emerging Economies.

- 不超额缴纳税款权
- 确定权
- 隐私权
- 保密权

这些纳税人的基本权利,同时也暗含了纳税人的义务。政府部门制定了一套纳税人应当遵从的行为守则以支撑税收系统的顺利运行。遵守这些行为守则是税收制度成功落实的基础。因而,很多国家都将此作为法律进行明确规定。这些纳税人的义务包括:

- 诚实的义务
- 合作的义务
- 按时提供准确的信息和文件的义务
- 保留账册的义务
- 按时缴纳税款的义务

只有纳税人的权利和义务得到平衡,税收制度才能有效地发挥作用。

过去的几十年以来,许多国家已经在"纳税人(客户)"或"税收服务"宣言中详细阐述了这些基本的权利和义务。这些文件通常描述了税务官员和纳税人的行为守则。一些国家将所采取的保护纳税人的措施写入"纳税人宣言",并进行广泛宣传。一些国家则采取了声明的形式来概述、规范税务机关和纳税人关系的一般原则。而在另一些国家中,这些文件则提供了一份更为详细的,细化到每个阶段的纳税人权利指南。还有一些国家则采取了在"任务报告"这一类的文件中加入税务官员和纳税人的行为守则。因此,应该强调的是,即使没有正式单独的"纳税人宣言",各个国家仍应给予纳税人权利同等程度的重视,并在实践中,这些国家的纳税人应享有类似于正式"纳税人宣言"中的权利。

调查发现,截至 2014 年年初,几乎所有受访国家都在其立法或行政体系中制定了一套纳税人权利保护机制,并以此为基础开展税收工作。其中,45 个国家已将纳税人权利(部分或全部)编纂入税法或其他法规,43 个受访国家则是在行政文件中予以规定。例如,"纳税人"或"服务"宣言。这些数据表明,自 2003 年以来,越来越多的国家将纳税人权利与义务入法。而在 2003 年 OECD 的调查结论中,仅有 2/3 的成员国关于纳税人权利有某种形式的正式陈述。

是正式入法还是通过行政管理的手段来保障纳税人权利,除了文化和法律原因之外,还取决于一系列不同的因素。支持通过行政手段的理由包括:

(1)行政手段可能比立法能够更快地制定并实施。

(2)行政文件可以以一种"易于理解"的方式起草且便于传播,而立法方式下可能难以达到这一效果。

(3)行政文件可以包括更广泛的纳税人权利,例如,“纳税服务”。这些可能对于立法而言不那么适合。

(4)行政文件便于适时修订以应对不断变化的纳税人要求。

(5)行政补救机制相较于法定流程往往成本更低也更快。

另外,将纳税人权利入法也有其优势。首先,可坚定纳税人的保护意识,因为这些权利是在法律层面得以明确,将更利于保障其落地;其次,也正因如此,税务机关工作人员对应履行自身义务的意识会加强,会更积极地给予反馈;再次,被政治利益干预的范围会缩小;最后,纳税人的权利也可以诉诸于独立的救济机制予以保护。

尽管纳税人权利的形式和内容在不同国家有所差异,但还是可以发现一些共通的主旨与要素。根据一些经合组织国家税务机关的经验,有必要鼓励各国税务机关制定类似“纳税人宣言”的文件以涵盖纳税人的基本权利和义务。

为了强化纳税人权利的保护,实现纳税人权利的高度透明化,除了 OECD 之外,其他国际机构也在其发布的指南中对此领域有所涉及,例如:

• 国际货币基金组织的《财政透明度手册》,对于纳税人权利的重要性给予了明确的肯定,并提供了一些具体的指导意见[国际货币基金组织(International Monetory Fund, IMF),2007]:“……几乎所有国家的宪法框架都体现了税收法定原则,即只有在明确的法律依据下,才可以征税(尽管在这个原则的实行上存在一些差异)。财政透明的根本在于,征税需要有法可依,并且税法的执行也应配备程序上的保护措施,例如,纳税人权利和税务争议解决程序……”

• 欧盟委员会的财政蓝图中,也包括了“纳税人服务”一项,其中,强调了定义并公示纳税人权利与义务的重要性,这样既保证了纳税人对于税收制度公平公正的信心,同时,也了解了违规的后果[电子商务(Electronic Commerce, EC),2007]。

综上所述,税法应该为纳税人提供以下权利和保护措施:(i)保密权——税务机关需对获得的个人信息尽最大可能进行保密;(ii)知情权——对于一项评定、裁定,或任何取得纳税人财产的行为,纳税人有知情权;(iii)解释权——纳税人对于税收事项的评定以及裁定结果的依据有权要求解释;(iv)上诉权——纳税人有要求独立机构进行行政复议以及向法院上诉的权利;(v)代理权——在与税务当局往来时,纳税人有权聘请合格的专业人士(律师、会计师等)为其代理。

这些权利应在法律中明文规定,也可以被纳入纳税人宣言或同等地用来保护纳税人权利的文件中,以使政府机构为其行为,例如,自由裁量等负责。

## 二、税收预约裁定

为落实纳税人的知情协助权以及获得税收确定性权利,税务机关在实践中会向纳税人以提供建议的方式来解释税收法律条文。这一部分将概述各受访国家的裁定制度,即允许纳税人就某些拟进行的或者已经进行的交易涉及的重要法律条文(已公开的)的适用性申请预约裁定。

公共裁定,是指税务机关在特定情况下就如何解释税法条款而发布的公开声明。公共裁定通常是为了阐明税法适用性而发布的,特别是当许多纳税人可能因税法的某一规定而受到影响,或者当发现某一规定存在不确定性容易引起误解的情况。换言之,就是针对公众重大影响的税务问题。一般来说,如果公共裁定适用于纳税人并且纳税人也遵照执行了,那么,该裁定对税务机关具有约束力。

个别裁定,是指纳税人(或他们的税务代理人)向税务机关申请就其拟进行或者已经进行的某项交易的税法适用性进行澄清。个别裁定制度的目的在于,就纳税人发生的某项交易事项(通常是复杂的或者高风险的)的涉税影响提前进行确认,是税务机关向纳税人提供的额外支持。

表 1 汇总了各国或地区裁定制度中关于公共裁定和个人裁定的一些重要特征。总体观察结果如下:

• 受访国家中,除中国外,其他所有国家或地区都设立公共裁定制度。大多数国家或地区(55 个中的 53 个)表示公共裁定对税务机关有约束力。

• 大多数国家或地区(56 个中的 51 个)设立了个人裁定制度,不过,其中约 10% 表示个别裁定对税务机关不具有约束力。在瑞典,提供个别裁定服务的是一个独立于税务机关的委员会。在某些情况下,申请裁定需要收费(但没有时间限制)。

• 在设有个别裁定制度的国家或地区中,超过 2/3 的国家表示作出裁定有时间限制(有些是法律规定,有些是依行政施行)。有一些国家或地区表示,对于一些复杂的案例或需要纳税人提供更多信息的案例,有额外的时间要求。从表 1 可以明显看出的是,实践中时间限制的差异很大,范围在 28 天到 1 年。

• 约超过 1/3 的受访国家或地区表示,对于他们负责征收管理的部分或全部税种提供裁定的申请,会依据法律法规规定收取费用。

关于“第一部分:纳税人权利”以及“第二部分:税收裁定”的调研结果详见表 1。

**表 1　纳税人权利及税收裁定的部分特征表**

| 国家或地区 | 明确纳税人权利的文件 | | 公共裁定 | | 个别裁定 | | | |
|---|---|---|---|---|---|---|---|---|
| | 税法或其他法律 | 行政性文件 | 是否有该制度? | 是否有约束力? | 是否有该制度? | 是否有约束力? | 是否有时间限制? | 是否收取费用? |
| OECD 国家或地区 | | | | | | | | |
| 澳大利亚 | √ | √ | √ | √ | √ | √ | √(28 天) | × |
| 奥地利 | √ | √ | √ | √ | √ | √ | √ | √ |
| 比利时 | √ | √ | √ | √ | √ | √ | √(3 个月) | × |
| 加拿大 | √ | √ | √ | × | √ | √ | √(依税种不等) | √ |
| 智利 | √ | √ | √ | √ | √ | √ | × | × |
| 捷克 | √ | × | √ | √ | √ | √ | √ | × |
| 丹麦 | √ | √ | √ | √ | √ | √ | √ | √ |
| 爱沙尼亚 | √ | × | √ | √ | √ | √ | 60 天 | √ |
| 芬兰 | √ | √ | √ | √ | √ | √ | √ | √ |
| 法国 | √ | √ | √ | √ | √ | √ | √(3 个月) | × |
| 德国 | √ | × | √ | √ | √ | √ | × | √ |
| 希腊 | √ | √ | √ | √ | √ | √ | √(120 天) | √ |
| 匈牙利 | √ | √ | √ | √ | √ | × | √(30 天) | × |
| 冰岛 | √ | × | √ | √ | √ | √ | √ | √ |

续表

| 国家或地区 | 明确纳税人权利的文件 | | 公共裁定 | | 个别裁定 | | | |
| --- | --- | --- | --- | --- | --- | --- | --- | --- |
| | 税法或其他法律 | 行政性文件 | 是否有该制度? | 是否有约束力? | 是否有该制度? | 是否有约束力? | 是否有时间限制? | 是否收取费用? |
| 爱尔兰 | × | √ | √ | √ | √ | √ | √ | × |
| 以色列 | √ | √ | √ | √ | √ | √ | √ | × |
| 意大利 | √ | √ | √ | √ | √ | √ | √ | × |
| 日本 | √ | × | √ | √ | √ | × | × | × |
| 韩国 | √ | √ | √ | √ | √ | √ | √(1个月) | × |
| 卢森堡 | √ | √ | √ | √ | √ | √ | × | × |
| 墨西哥 | √ | √ | √ | √ | √ | √ | √(3个月) | × |
| 荷兰 | √ | √ | √ | √ | √ | √ | × | × |
| 新西兰 | × | √ | √ | √ | √ | √ | √(3个月) | √ |
| 挪威 | √ | √ | √ | √ | √ | √ | √ | √ |
| 波兰 | √ | × | √ | √ | √ | √ | √(3个月) | √ |
| 葡萄牙 | √ | √ | √ | | √ | √ | √(150天) | √ |
| 斯洛伐克 | √ | × | √ | √ | √ | √ | √ | √ |
| 斯洛文尼亚 | √ | × | √ | √ | √ | √ | √ | √ |
| 西班牙 | √ | √ | √ | √ | √ | √ | √ | × |

续表

| 国家或地区 | 明确纳税人权利的文件 | | 公共裁定 | | 个别裁定 | | | |
| --- | --- | --- | --- | --- | --- | --- | --- | --- |
| | 税法或其他法律 | 行政性文件 | 是否有该制度？ | 是否有约束力？ | 是否有该制度？ | 是否有约束力？ | 是否有时间限制？ | 是否收取费用？ |
| 瑞典 | √ | √ | √ | √ | × | 不适用 | 不适用 | 不适用 |
| 瑞士 | √ | × | √ | √ | √ | √ | × | × |
| 土耳其 | × | √ | √ | √ | √ | √ | × | × |
| 英国 | √ | √ | √ | √ | √ | √ | √ | × |
| 美国 | √ | √ | √ | √ | √ | √ | × | √ |
| 非 OECD 国家或地区 | | | | | | | | |
| 阿根廷 | × | × | √ | √ | √ | √ | √(90 天) | × |
| 巴西 | √ | √ | √ | √ | √ | √ | √(360 天) | × |
| 保加利亚 | √ | √ | √ | √ | √ | × | √ | × |
| 中国 | √ | √ | × | × | × | × | × | × |
| 哥伦比亚 | × | √ | √ | √ | × | × | × | × |
| 哥斯达黎加 | √ | × | √ | √ | √ | √ | √(2 个月) | × |
| 克罗地亚 | √ | √ | √ | √ | √ | √ | × | × |
| 塞浦路斯 | √ | √ | √ | √ | √ | √ | √(30 天) | × |
| 中国香港 | √ | √ | √ | × | √ | √ | √(6 周) | √ |

续表

| 国家或地区 | 明确纳税人权利的文件 | | 公共裁定 | | 个别裁定 | | | |
|---|---|---|---|---|---|---|---|---|
| | 税法或其他法律 | 行政性文件 | 是否有该制度？ | 是否有约束力？ | 是否有该制度？ | 是否有约束力？ | 是否有时间限制？ | 是否收取费用？ |
| 印度 | √ | √ | √ | √ | √ | × | × | √ |
| 印度尼西亚 | √ | × | √ | √ | × | × | × | × |
| 拉脱维亚 | √ | √ | √ | √ | √ | √ | √(1个月) | × |
| 立陶宛 | √ | √ | √ | √ | √ | √ | √(60天) | × |
| 马来西亚 | √ | √ | √ | √ | √ | √ | √(60天) | √ |
| 马耳他 | √ | √ | √ | √ | √ | × | × | × |
| 摩洛哥 | √ | √ | √ | √ | √ | √ | × | × |
| 罗马尼亚 | √ | √ | √ | √ | √ | √ | √ | √ |
| 俄罗斯 | √ | × | √ | √ | √ | √ | √(1个月) | × |
| 沙特阿拉伯 | √ | √ | √ | √ | √ | √ | × | × |
| 新加坡 | √ | √ | √ | √ | √ | √ | √(依税种不等) | √ |
| 南非 | × | √ | √ | √ | √ | √ | √(不等) | √ |
| 泰国 | √ | × | √ | √ | √ | √ | 3个月 | × |

注：译者理解“是否有时间限制”一栏“√”但是未写明具体时限的，可能表示该国没有法规或行政性文件明确规定个别裁定的时间限制，但在实践操作中有时间限制。

## 三、纳税人登记和识别号系统

对大部分国家或地区来说,建立一套纳税人登记和识别号综合系统是税收管理体系中的重要组成部分。这一系统的建立将有力支持大部分的税收管理活动,是纳税申报、税款征收、纳税评估和税额确认环节的重要基础。

为此,一部分税务机关利用各政府部门广泛使用的公民身份证号或企业营业执照号来记录并管理基本的纳税人识别信息(例如,个人信息包括纳税人姓名和地址、出生日期;企业信息包括企业全称、经营业务及邮寄地址)。并且,只要是出于税务管理的目的,这一信息在行使各个税收管理职能的过程中(例如,出具税收通知书、检查未申报纳税人,以及采取后续强制执行),都能常规使用。另一部分税务机关则是建立一套特有的纳税人识别号系统,也同样能为税收日常管理工作带来便利。无论采取上述哪一种方法,在法律允许的前提下,很多税务机关都能通过纳税人识别信息系统追溯到第三方提供的记录有纳税人涉税信息的报告,以发现纳税人是否可能存在不合规行为。这实现了各政府部门之间的信息交换,扩大了信息应用的范围。

表2~表4列举了受访国家或地区登记的纳税人数量、使用的纳税人识别系统以及纳税人识别系统的用途。根据不同的税种,汇总的结论如下:

1. 个人所得税

- 约有一半(27个)的受访国家或地区使用特有的纳税人识别号、另有接近一半(22个)的受访国家或地区使用公民身份证号、其余国家或地区(包括加拿大、芬兰、英国和美国)使用社会保障号。
- 约有75%的受访国家或地区采用的纳税人识别号全是数字形式,其中,有6个国家或地区(包括中国、瑞士和美国)出于一定的考虑、没有在纳税人识别号中包含用来验证数据是否正确输入的校验数字段。在使用公民身份证号为纳税人识别号时,该号码通常包含纳税人特定信息的数字(例如,年龄、国籍或居住地代码),例如,西班牙。
- 纳税人识别号的属性不一,用途多样。其中,超过80%的受访国家或地区同样将纳税人识别号用于申报工资薪金、利息和股息所得;2/3左右的受访国家或地区将纳税人识别号用于申报资产购销所得。
- 以各国劳动力数据为基数,各受访国家或地区登记的个人纳税人比例差异显著。大约有1/3的受访国家或地区(18个)登记的个人纳税人比例不到80%,许多受访国家或地区远低于这一比例。个人纳税人登记比例较低,究其原因主要是纳税人识别号的使用有限。一方面,是因为这些国家或地区某些雇员的收入低于个人所得税规定的起征点而无须利用纳税人识别号进行年度纳税申报;另一方面,是由于这些国家或地区采用累计代扣代缴形式处理个人所得税申报而无须雇员另行利用纳税人识别号进行申报。

登记的个人纳税人比例较低的受访国家(即低于国家劳动力数据的60%或公民人数的20%)有巴西、哥伦比亚、哥斯达黎加、克罗地亚、捷克、印度、印度尼西亚、日本、韩国、马来西亚、墨西哥、摩洛哥、罗马尼亚、斯洛伐克、泰国和土耳其。所有这些受访国家对个人所得税纳税人实行代扣代缴制度,使大部分纳税人免于登记纳税人识别号进行个人所得税年度纳税申报。

登记的个人纳税人比例相对较高的受访国家,(即超过国家劳动力数据的180%或公民人数的90%),例如,澳大利亚、芬兰、希腊、以色列、卢森堡和美国,这些受访国家的个人税收管理通常具有如下特征:例如,采用非累计代扣代缴制度,从而要求雇员在年末使用社会保险号或公民身份证号作为纳税人识别号,自行纳税申报或纳税调节。

2. 企业所得税和增值税

类似的安排也适用于企业所得税和增值税。40个受访国家的税务机关在征收企业所得税时使用特有的识别号系统,另有37个受访国家的税务机关在征收增值税时使用特有的识别号系统。

**表 2　纳税人识别号系统及纳税人登记人数——个人所得税表**

| 国家或地区 | 识别号性质 | | | 识别号特征 | | | | 截至 2013 年纳税人登记人数（百万） | 登记人数占劳动力数据% | 登记人数占公民人数% |
|---|---|---|---|---|---|---|---|---|---|---|
| | 特有的纳税人识别号 | 公民身份证件号 | 社会保险号 | 数字形式（N）或字母数字形式（AN） | 位数 | 校验码 | 是否有纳税人特定信息 | | | |
| OECD 国家或地区 | | | | | | | | | | |
| 澳大利亚 | √ | — | — | N | 9 | √ | × | 27.2 | 223 | 118 |
| 奥地利 | √ | — | — | N | 9 | √ | × | 6.9 | 157 | 81 |
| 比利时 | — | √ | — | N | 11 | √ | √ | 6.83 | 138 | 61 |
| 加拿大 | — | — | √ | N | 9 | √ | × | 28.8 | 150 | 82 |
| 智利 | — | √ | — | N | 8 | √ | × | 8.88 | 106 | 51 |
| 捷克 | — | √ | — | AN | 10 | √ | √ | 2.92 | 55 | 28 |
| 丹麦 | — | √ | — | N | 10 | √ | √ | 5.00 | 173 | 89 |
| 爱沙尼亚 | — | √ | — | N | 11 | √ | √ | 0.55 | 81 | 42 |
| 芬兰 | — | — | √ | AN | 10 | √ | √ | 5.4 | 201 | 99 |
| 法国 | √ | — | — | N | 13 | √ | √ | 36.5 | 128 | 56 |
| 德国 | √ | — | — | N | 11 | √ | × | 62.92 | 147 | 77 |
| 希腊 | √ | — | — | N | 9 | × | × | 11.85 | 238 | 107 |
| 匈牙利 | √ | — | — | N | 10 | √ | √ | 5.19 | 118 | 52 |
| 冰岛 | — | √ | — | N | 10 | √ | √ | 0.26 | 144 | 81 |

续表

| 国家或地区 | 识别号性质 | | | 识别号特征 | | | | 截至2013年纳税人登记人数（百万） | 登记人数占劳动力数据% | 登记人数占公民人数% |
|---|---|---|---|---|---|---|---|---|---|---|
| | 特有的纳税人识别号 | 公民身份证件号 | 社会保险号 | 数字形式（N）或字母数字形式（AN） | 位数 | 校验码 | 是否有纳税人特定信息 | | | |
| 爱尔兰 | — | √ | — | AN | 9 | √ | × | 2.72 | 126 | 59 |
| 以色列 | — | √ | — | N | 9 | √ | × | 7.22 | 196 | 90 |
| 意大利 | √ | — | — | AN | 16 | √ | √ | 41.41 | 162 | 68 |
| 日本 | — | — | — | — | — | — | — | 22 | 33 | 17 |
| 韩国 | — | √ | — | N | 13 | √ | √ | 21.4 | 83 | 43 |
| 卢森堡 | — | √ | — | N | 11 | √ | √ | 1.10 | 440 | 204 |
| 墨西哥 | √ | — | — | AN | 13 | √ | √ | 9.76 | 19 | 8 |
| 荷兰 | — | √ | — | N | 9 | √ | × | 7.85 | 88 | 47 |
| 新西兰 | √ | — | — | N | 9 | √ | × | 3.70 | 153 | 83 |
| 挪威 | — | √ | — | N | 11 | — | √ | 3.4 | 126 | 67 |
| 波兰 | — | √ | — | N | 10 | √ | √ | 17.27 | 99 | 45 |
| 葡萄牙 | √ | — | — | N | 9 | √ | × | 7.0 | 130 | 65 |
| 斯洛伐克 | √ | — | — | N | 10 | √ | × | 0.66 | 24 | 12 |
| 斯洛文尼亚 | √ | — | — | N | 8 | √ | × | 1.01 | 100 | 49 |
| 西班牙 | — | √ | — | AN | 9 | √ | √ | 19.4 | 84 | 42 |

续表

| 国家或地区 | 识别号性质 | | | 识别号特征 | | | | 截至 2013 年纳税人登记人数(百万) | 登记人数占劳动力数据% | 登记人数占公民人数% |
|---|---|---|---|---|---|---|---|---|---|---|
| | 特有的纳税人识别号 | 公民身份证件号 | 社会保险号 | 数字形式(N)或字母数字形式(AN) | 位数 | 校验码 | 是否有纳税人特定信息 | | | |
| 瑞典 | — | √ | — | N | 12 | √ | √ | 7.5 | 146 | 78 |
| 瑞士 | — | — | √ | N | 不定 | × | × | 4.8 | 103 | 60 |
| 土耳其 | √ | — | — | N | 11 | √ | × | 1.79 | 6 | 2 |
| 英国 | — | — | √ | N | 10 | √ | × | 39.0 | 121 | 62 |
| 美国 | — | — | √ | N | 9 | × | × | 283.1 | 181 | 90 |
| 非 OECD 国家或地区 | | | | | | | | | | |
| 阿根廷 | √ | — | — | N | 11 | √ | √ | 4.4 | 23 | 11 |
| 巴西 | √ | — | — | N | 11 | √ | × | 25.6 | 25 | 13 |
| 保加利亚 | √ | — | — | N | 10 | √ | √ | 2.6 | 77 | 36 |
| 中国 | √ | — | — | AN | 18 | × | √ | 不适用 | 不适用 | 不适用 |
| 哥伦比亚 | √ | — | — | AN | 9 | √ | × | 1.56 | 不适用 | 3 |
| 哥斯达黎加 | — | √ | — | N | 12 | √ | × | 0.33 | 15 | 7 |
| 克罗地亚 | — | √ | — | N | 11 | √ | × | 0.10 | 6 | 2 |
| 塞浦路斯 | √ | — | — | AN | 9 | √ | √ | 0.36 | 84 | 41 |
| 中国香港 | √ | — | — | AN | 7 | √ | × | 3.30 | 85 | 46 |

续表

| 国家或地区 | 识别号性质 | | | 识别号特征 | | | | 截至2013年纳税人登记人数（百万） | 登记人数占劳动力数据% | 登记人数占公民人数% |
|---|---|---|---|---|---|---|---|---|---|---|
| | 特有的纳税人识别号 | 公民身份证件号 | 社会保险号 | 数字形式（N）或字母数字形式（AN） | 位数 | 校验码 | 是否有纳税人特定信息 | | | |
| 印度 | √ | — | — | AN | 10 | √ | √ | 32.50 | 不适用 | 3 |
| 印度尼西亚 | √ | — | — | N | 15 | √ | × | 25.06 | 21 | 10 |
| 拉脱维亚 | — | √ | — | N | 11 | √ | √ | 0.91 | 90 | 45 |
| 立陶宛 | √ | — | — | N | 9～11 | √ | √ | 1.40 | 95 | 47 |
| 马来西亚 | √ | — | — | AN | 11 | √ | × | 6.79 | 51 | 23 |
| 马耳他 | — | √ | — | AN | 不定 | × | √ | 0.28 | 147 | 67 |
| 摩洛哥 | √ | — | — | N | 8 | × | × | 4.5 | 不适用 | 14 |
| 罗马尼亚 | — | √ | — | N | 13 | √ | √ | 0.56 | 6 | 3 |
| 俄罗斯 | √ | — | — | N | 10 | √ | × | 145.3 | 192 | 101 |
| 沙特阿拉伯 | — | — | — | — | — | — | — | 两个机构各自管理 | 不适用 | 不适用 |
| 新加坡 | — | √ | — | AN | 7 | √ | × | 2.0 | 93 | 37 |
| 南非 | √ | — | — | N | 10 | √ | × | 15.7 | 79 | 30 |
| 泰国 | — | √ | — | N | 13 | √ | × | 16.76 | 42 | 25 |

注：公民身份证号＝本国个人身份证号（或同等可跨政府使用的身份证件）

**表 3　纳税人识别号系统及纳税人登记人数——企业所得税和增值税表**

| 国家或地区 | 企业所得税 | | | | | | 增值税 | | | | | |
|---|---|---|---|---|---|---|---|---|---|---|---|---|
| | 识别号特征 | | | | | 截至 2013 年纳税人登记人数（百万） | 识别号特征 | | | | | 截至 2013 年纳税人登记人数（百万） |
| | 特有的纳税人识别号 | 数字形式(N)或字母数字形式(AN) | 位数 | 校验码 | 是否有纳税人特定信息 | | 特有的纳税人识别号 | 数字形式(N)或字母数字形式(AN) | 位数 | 校验码 | 是否有纳税人特定信息 | |
| OECD 国家或地区 | | | | | | | | | | | | |
| 澳大利亚 | √ | N | 9 | √ | × | 3.1 | √ | N | 11 | √ | × | 2.7 |
| 奥地利 | √ | N | 9 | √ | × | 0.15 | √ | AN | 11 | √ | × | 0.83 |
| 比利时 | × | N | 10 | √ | × | 0.56 | √ | AN | 12 | √ | × | 0.84 |
| 加拿大 | √ | AN | 15 | √ | × | 2.98 | √ | AN | 15 | √ | × | 2.56 |
| 智利 | √ | N | 8 | √ | × | 0.94 | √ | N | 8 | √ | × | 0.83 |
| 捷克 | √ | AN | 10 | √ | × | 0.53 | √ | AN | 10 | √ | × | 0.53 |
| 丹麦 | √ | N | 8 | √ | × | 0.25 | √ | N | 8 | √ | × | 0.47 |
| 爱沙尼亚 | × | N | 8 | √ | × | 0.2 | √ | AN | 11 | √ | × | 0.07 |
| 芬兰 | × | N | 8 | √ | × | 0.41 | √ | AN | 10 | √ | × | 0.31 |
| 法国 | × | N | 9 | √ | × | 1.88 | √ | N,AN[注1] | 13 | √ | × | 3.77 |
| 德国 | √ | N | 11 | √ | × | 1.02 | √ | N | 11 | √ | × | 5.75 |
| 希腊 | √ | N | 9 | × | × | 0.43 | × | N | 9 | × | × | 1.12 |

续表

| 国家或地区 | 企业所得税 | | | | | | 增值税 | | | | | |
|---|---|---|---|---|---|---|---|---|---|---|---|---|
| | 识别号特征 | | | | | 截至2013年纳税人登记人数（百万） | 识别号特征 | | | | | 截至2013年纳税人登记人数（百万） |
| | 特有的纳税人识别号 | 数字形式（N）或字母数字形式（AN） | 位数 | 校验码 | 是否有纳税人特定信息 | | 特有的纳税人识别号 | 数字形式（N）或字母数字形式（AN） | 位数 | 校验码 | 是否有纳税人特定信息 | |
| 匈牙利 | √ | N | 11 | √ | √ | 0.58 | √ | N, AN | 10或11 | √ | √ | 0.62 |
| 冰岛 | × | N | 10 | √ | × | 0.04 | √ | N | 6 | × | × | 0.03 |
| 爱尔兰 | √ | AN | 9 | √ | × | 0.16 | √ | AN | 9 | √ | × | 0.25 |
| 以色列 | × | N | 9 | √ | × | 0.22 | × | N | 9 | √ | × | 0.51 |
| 意大利 | √ | N | 11 | √ | × | 1.24 | √ | N | 11 | √ | × | 5.06 |
| 日本 | — | — | — | — | — | 3 | — | — | — | — | — | 3 |
| 韩国 | √ | N | 10 | √ | √ | 0.57 | √ | N | 10 | √ | √ | 5.9 |
| 卢森堡 | × | N | 11 | √ | √ | 0.09 | √ | AN | 10 | √ | × | 0.06 |
| 墨西哥 | √ | AN | 12 | √ | √ | 1.52 | √ | AN | 12或13 | √ | √ | 5.31 |
| 荷兰 | √ | N | 9 | √ | × | 0.89 | √ | N | 9 | √ | × | 1.64 |
| 新西兰 | √ | N | 9 | √ | × | 0.45 | √ | N | 9 | √ | × | 0.63 |

续表

| 国家或地区 | 企业所得税 | | | | | | 增值税 | | | | | |
|---|---|---|---|---|---|---|---|---|---|---|---|---|
| | 识别号特征 | | | | | 截至2013年纳税人登记人数（百万） | 识别号特征 | | | | | 截至2013年纳税人登记人数（百万） |
| | 特有的纳税人识别号 | 数字形式(N)或字母数字形式（AN） | 位数 | 校验码 | 是否有纳税人特定信息 | | 特有的纳税人识别号 | 数字形式(N)或字母数字形式（AN） | 位数 | 校验码 | 是否有纳税人特定信息 | |
| 挪威 | × | N | 9 | √ | × | 0.26 | × | AN | 9 | √ | × | 0.35 |
| 波兰 | √ | N | 10 | √ | × | 0.46 | √ | N | 10 | √ | × | 2.44 |
| 葡萄牙 | √ | N | 9 | √ | × | 0.42 | √ | N | 9 | √ | × | 1.36 |
| 斯洛伐克 | √ | N | 10 | √ | × | 0.29 | √ | N | 10 | √ | × | 0.23 |
| 斯洛文尼亚 | √ | N | 8 | √ | × | 0.1 | √ | AN | 10 | √ | × | 0.1 |
| 西班牙 | √ | AN | 9 | √ | √ | 2.53 | √ | AN | 9 | √ | √ | 3.25 |
| 瑞典 | × | N | 12 | √ | √ | 0.65 | × | N | 12 | √ | √ | 1.0 |
| 瑞士 | × | N | 不定 | × | × | 0.3 | √ | N | 9 | × | × | 0.3 |
| 土耳其 | √ | N | 10 | √ | × | 0.67 | √ | N | 10或11 | √ | × | 2.37 |
| 英国 | √ | N | 10 | √ | × | 1.8 | √ | N | 9 | √ | × | 1.97 |
| 美国 | √ | N | 9 | × | × | 22.8 | 无现行国内增值税 | | | | | |

续表

| 国家或地区 | 企业所得税 | | | | | | 增值税 | | | | | |
|---|---|---|---|---|---|---|---|---|---|---|---|---|
| | 识别号特征 | | | | | 截至2013年纳税人登记人数（百万） | 识别号特征 | | | | | 截至2013年纳税人登记人数（百万） |
| | 特有的纳税人识别号 | 数字形式（N）或字母数字形式（AN） | 位数 | 校验码 | 是否有纳税人特定信息 | | 特有的纳税人识别号 | 数字形式（N）或字母数字形式（AN） | 位数 | 校验码 | 是否有纳税人特定信息 | |
| 非 OECD 国家或地区 | | | | | | | | | | | | |
| 阿根廷 | √ | N | 11 | √ | √ | 0.36 | √ | N | 11 | √ | √ | 1.52 |
| 巴西 | √ | N | 14 | √ | × | 0.9 | 无现行国内增值税 | | | | | |
| 保加利亚 | √ | N | 9 | √ | × | 0.4 | √ | AN | 11 或 12 | √ | × | 0.2 |
| 中国 | √ | AN | 15 | × | × | 7.71 | √ | AN | 15 | × | × | 24.24 |
| 哥伦比亚 | √ | AN | 9 | √ | × | 0.78 | √ | AN | 9 | √ | × | 0.93 |
| 哥斯达黎加 | × | N | 12 | √ | × | 0.16 | × | N | 12 | √ | × | 0.1 |
| 克罗地亚 | √ | N | 11 | √ | × | 0.13 | √ | N | 11 | √ | × | 0.15 |
| 塞浦路斯 | √ | AN | 9 | √ | √ | 0.2 | √ | AN | 9 | √ | √ | 0.09 |
| 中国香港 | √ | N | 至多 8 | √ | × | 0.96 | 无现行国内增值税 | | | | | |
| 印度 | √ | AN | 10 | √ | √ | 0.6 | 无现行国内增值税 | | | | | |
| 印度尼西亚 | √ | N | 15 | √ | × | 2.32 | √ | N | 15 | √ | × | 0.51 |
| 拉脱维亚 | × | N | 11 | √ | × | 0.08 | × | AN | 11 | √ | √ | 0.09 |

续表

| 国家或地区 | 企业所得税 | | | | | | 增值税 | | | | | |
|---|---|---|---|---|---|---|---|---|---|---|---|---|
| | 识别号特征 | | | | | 截至2013年纳税人登记人数（百万） | 识别号特征 | | | | | 截至2013年纳税人登记人数（百万） |
| | 特有的纳税人识别号 | 数字形式（N）或字母数字形式（AN） | 位数 | 校验码 | 是否有纳税人特定信息 | | 特有的纳税人识别号 | 数字形式（N）或字母数字形式（AN） | 位数 | 校验码 | 是否有纳税人特定信息 | |
| 立陶宛 | √ | N | 9~10 | √ | √ | 0.11 | √ | AN | 9或12 | √ | √ | 0.08 |
| 马来西亚 | √ | AN | 10 | √ | × | 0.77 | 无现行国内增值税 | | | | | |
| 马耳他 | √ | N | 9 | √ | √ | 0.05 | √ | N | 8 | √ | × | 0.05 |
| 摩洛哥 | √ | N | 8 | × | × | 0.2 | √ | N | 8 | × | × | 0.3 |
| 罗马尼亚 | √ | N | 12 | √ | × | 0.66 | √ | AN | 2~12 | √ | × | 0.38 |
| 俄罗斯 | √ | N | 12 | √ | × | 4.7 | √ | N | 12 | √ | × | 2.7 |
| 沙特阿拉伯 | √ | N | 10 | √ | × | | 无现行国内增值税 | | | | | |
| 新加坡 | × | AN | 10 | √ | × | 0.18 | × | AN | 9或10 | √ | × | 0.09 |
| 南非 | √ | N | 10 | √ | × | 2.2 | √ | N | 10 | √ | × | 0.7 |
| 泰国 | × | N | 13 | √ | × | 0.72 | × | N | 13 | √ | × | 0.49 |

注1:部分国家增税纳税人识别号组成会采用综合方式。在法国,公司登记号全由数字组成;增值税纳税人识别号由国家代码（FR）和数字或字母组成。

**表 4　纳税人识别号用于信息披露和信息匹配表**

| 国家或地区 | 纳税人识别号(其他号)用于信息披露和信息匹配 | | | | | |
|---|---|---|---|---|---|---|
| | 工资 | 退休金和福利待遇 | 利息 | 股息 | 资产购销 | 对分包商的付款 |
| OECD 国家或地区 | | | | | | |
| 澳大利亚 | √ | √ | √ | √ | × | √ |
| 奥地利 | √ | √ | × | × | × | × |
| 比利时 | √ | √ | √ | × | × | × |
| 加拿大 | √ | √ | √ | √ | √(部分) | √ |
| 智利 | √ | √ | √ | √ | √ | √ |
| 捷克共和国 | √ | √ | √ | √ | √ | √ |
| 丹麦 | √ | √ | √ | √ | √ | × |
| 爱沙尼亚 | √ | √ | √ | √ | √ | × |
| 芬兰 | √ | √ | √ | √ | √ | √ |
| 法国 | × | × | × | × | × | √ |
| 德国 | √ | √ | × | × | × | × |
| 希腊 | √ | √ | √ | √ | √ | √ |
| 匈牙利 | √ | √ | √ | √ | √ | √ |
| 冰岛 | √ | √ | √ | √ | √ | √ |
| 爱尔兰 | √ | √ | √ | × | × | √ |
| 以色列 | √ | √ | √ | √ | √ | √ |
| 意大利 | √ | √ | √ | √ | √ | √ |
| 日本 | × | × | × | × | × | × |
| 韩国 | √ | √ | √ | √ | √ | √ |
| 卢森堡 | √ | √ | × | √ | √ | √ |
| 墨西哥 | √ | √ | √ | √ | × | √ |
| 荷兰 | √ | √ | √ | √ | √ | √ |
| 新西兰 | √ | √ | √ | √ | × | √ |

续表

| 国家或地区 | 纳税人识别号（其他号）用于信息披露和信息匹配 | | | | | |
|---|---|---|---|---|---|---|
| | 工资 | 退休金和福利待遇 | 利息 | 股息 | 资产购销 | 对分包商的付款 |
| 挪威 | √ | √ | √ | √ | √ | √ |
| 波兰 | √ | √ | √ | √ | √ | √ |
| 葡萄牙 | √ | √ | √ | √ | √ | √ |
| 斯洛伐克 | × | × | × | × | × | × |
| 斯洛文尼亚 | √ | √ | √ | √ | 不适用 | 不适用 |
| 西班牙 | √ | √ | √ | √ | √ | √ |
| 瑞典 | √ | √ | √ | √ | √ | × |
| 瑞士 | √ | × | × | × | × | × |
| 土耳其 | × | × | × | × | × | × |
| 英国 | √ | √ | √ | × | √ | √ |
| 美国 | √ | √ | √ | √ | × | √ |
| 非 OECD 国家或地区 | | | | | | |
| 阿根廷 | √ | √ | √ | √ | √ | √ |
| 巴西 | √ | √ | √ | √ | √ | √ |
| 保加利亚 | √ | √ | √ | √ | √ | √ |
| 中国 | √ | √ | √ | √ | √ | √ |
| 哥伦比亚 | √ | √ | √ | √ | √ | √ |
| 哥斯达黎加 | √ | √ | √ | √ | × | × |
| 克罗地亚 | √ | √ | √ | √ | √ | √ |
| 塞浦路斯 | √ | √ | × | √ | √ | × |
| 中国香港 | √ | √ | 不适用 | 不适用 | 不适用 | 不适用 |
| 印度 | √ | √ | √ | √ | √ | √ |
| 印度尼西亚 | √ | √ | √ | √ | √ | √ |
| 拉脱维亚 | √ | √ | √ | √ | 不适用 | 不适用 |

续表

| 国家或地区 | 纳税人识别号(其他号)用于信息披露和信息匹配 | | | | | |
|---|---|---|---|---|---|---|
| | 工资 | 退休金和福利待遇 | 利息 | 股息 | 资产购销 | 对分包商的付款 |
| 立陶宛 | √ | √ | √ | √ | √ | √ |
| 马来西亚 | √ | √ | × | × | × | × |
| 马耳他 | √ | √ | √ | √ | √ | √ |
| 摩洛哥 | √ | √ | √ | √ | √ | √ |
| 罗马尼亚 | √ | √ | √ | √ | √ | √ |
| 俄罗斯 | √ | √ | √ | √ | √ | × |
| 沙特阿拉伯 | × | × | √ | √ | √ | √ |
| 新加坡 | √ | √ | × | × | × | √ |
| 南非 | √ | √ | √ | √ | √ | × |
| 泰国 | √ | √ | √ | √ | × | × |

## 四、代扣代缴和第三方信息披露制度

1. 所得税代扣代缴制度

源泉扣缴制度通常被视为有效执行所得税征收管理的基石。源泉扣缴制度要求独立第三方,例如,雇主和金融机构有义务从支付给纳税人的所得额中扣缴一定金额的税款。这一制度的优势在于,(1)很大程度上减少了纳税人少报应税收入的可能性;(2)对纳税人和税务机关来说都是一种更为经济有效的缴税方式;(3)减少不足额缴纳税款的概率(有些情况下,纳税人正确进行了纳税申报,但却不能足额缴纳税款)。

受访国家或地区的公开研究结果(例如,瑞典税务局,2008 年;英国税务海关总署,2014;美国联邦税务局,2012)表明,代扣代缴制度对确保税务合规发挥了重要作用。进一步而言,及时将雇主扣缴的税款汇入税务机关也确保了政府收入的正常流动,从而有助于政府的预算管理。

在实践中,代扣代缴制度几乎普遍适用于工资、薪金所得。受访结论显示,有 55 个国家或地区采用代扣代缴制度来管理个人所得税,而只有 3 个国家和 1 个地区(即法国、中国香港、新加坡和瑞士)没有对工资、薪金所得采用代扣代缴制度,而是采用了报告制度(法国在征收社会保险时会采用代扣代缴制度,而瑞士要求支付给非居民的工资、薪金所得时适用代扣代缴制度)。报告制度确保税务机关对每个雇员的年度工资、薪金所得都有记录,从而方便其对纳税申报表进行核对。这种情况下,纳税人都被要求预缴税款。

2.第三方信息披露要求

实践操作中,大多数国家或地区的代扣代缴制度都要求扣缴义务人向税务机关披露自然人收款人的信息(例如,收款人姓名、纳税人识别号、付款金额和代扣代缴税额)。如果没有代扣代缴制度,许多国家或地区则依赖信息报告系统作为其管理所得税体系的重要工具。美国的调查结果表明,在所得需由系统披露并与纳税记录进行比对的情况下,税收合规性会提高。为此,"第三方信息披露"指的是,要求指定第三方(例如,交易方、金融机构和政府部门)向税务机关披露付款金额和其他税收相关交易,以及收款人的详细信息(包括纳税人识别号)的强制性规定。税务机关过去通常会通过这些披露的信息来核实纳税人纳税申报表上的信息是否正确。然而,近年来已经逐渐发展到税务机关利用这些信息来预填纳税申报表。

对比传统税务稽查程序的高成本和低覆盖率,信息披露和比对综合系统更加高效,使税务机关能够掌握相对更大规模的纳税人记录,从而有利于税务机关发现税务不合规行为,也会鼓励纳税人正确披露其涉税信息。然而,要建立充分有效的信息披露和比对综合系统,使税务机关乐于采用,应当满足两个前提条件:(1)第三方以电子化形式披露信息;(2)利用高度完整的纳税人识别系统,将披露的信息与税务机关的纳税记录进行精确比对。

多数国家或地区要求强制披露与工资、薪金所得,股息、利息所得(多数适用代扣代缴制度)有关的支付信息。除了上述支付类别,各国或地区有关第三方信息强制披露的内容规定也大不相同。

## 五、行政复议

所有受访国家或地区均表示,行政复议是税收管理的重要组成部分。行政复议是指,纳税人在进入司法程序之前或没有司法介入时,有权对主管税务机关的行政决定提出申辩,以维护纳税人权利,确保相关适用法律的执行是适当的。与之类似的是,一些国家实行监管机构和监察专员制度。根据受访反馈,超过3/4的受访国家规定,在寻求司法救济前,纳税人通常必须要先经过行政复议程序。在绝大多数国家,行政复议由税务机关负责,少数税务机关还会要求其他政府机关,例如,财政部提供进一步协助。

表5列举了受访国家或地区税收争议解决体制的特征,据此得出的观察结论如下:

**表 5　税收争议中纳税评估或税收裁定的特征表**

| 国家或地区 | 行政复议 | | | | | | 税务机关可基于对争议的风险评估，与纳税人协商处理方式 | 是否有专门的税务法庭 | 争议税款的征收 | |
|---|---|---|---|---|---|---|---|---|---|---|
| | 是否有行政复议制度 | 复议前置 | 主管机构[注1] | 对纳税评估或税收裁定不服提出行政复议的时间限制 | 税务机关解决争议的时间限制 | 争议解决的效率是否披露 | | | 可在行政复议期间征收 | 可在行政诉讼期间征收 |
| OECD 国家或地区 | | | | | | | | | | |
| 澳大利亚 | √ | √ | 税务机关 | —[注2] | —[注2] | √(70%在56天内) | √ | × | √ | √ |
| 奥地利 | √ | √ | 联邦财政法院 | 1 个月 | 6 个月 | × | × | √ | √ | √ |
| 比利时 | √ | √ | 税务机关 | 6 个月 | 6 个月 | √(6 个月) | × | × | × | × |
| 加拿大 | √ | √ | 税务机关 | √ | 90~180 天 | √ | × | √ | 某些情况下 | |
| 智利 | √ | × | 税务机关 | 无时间限制 | 50 天 | √ | × | √ | × | √ |
| 捷克 | √ | √ | 税务机关 | 30 天 | 6 个月 | × | × | × | √ | √ |
| 丹麦 | √ | √ | 税务机关 | 3 个月 | 1~11 个月 | √ | √ | × | √ | √ |
| 爱沙尼亚 | √ | × | 税务机关 | 30 天 | 30 天 | × | × | × | √ | √ |
| 芬兰 | √ | √ | 税务机关 + | 合理时间内 | 5 年 | √ | × | × | √ | √ |
| 法国 | √ | √ | 税务机关 + | 无时间限制 | 6 个月 | √ | √ | × | √ | |

续表

| 国家或地区 | 行政复议 | | | | | | 税务机关可基于对争议的风险评估，与纳税人协商处理方式 | 是否有专门的税务法庭 | 争议税款的征收 | |
|---|---|---|---|---|---|---|---|---|---|---|
| | 是否有行政复议制度 | 复议前置 | 主管机构[注1] | 对纳税评估或税收裁定不服提出行政复议的时间限制 | 税务机关解决争议的时间限制 | 争议解决的效率是否披露 | | | 可在行政复议期间征收 | 可在行政诉讼期间征收 |
| 德国 | √ | √ | 税务机关 | 1个月 | 无时间限制 | × | × | √ | √ | √ |
| 希腊 | √ | √ | 税务机关 | 30天 | 90天 | √ | × | √ | √ | √ |
| 匈牙利 | √ | √ | 税务机关+ | 15天或30天 | 30天 | √ | √ | × | × | √ |
| 冰岛 | √ | × | 税务委员会 | 3个月 | 无时间限制 | √ | × | × | √ | √ |
| 爱尔兰 | √ | × | 税务机关+ | 无 | 无时间限制 | √ | √ | × | × | √ |
| 以色列 | √ | √ | 税务机关 | 30天 | 1年 | × | √ | × | × | × |
| 意大利 | √ | √ | 税务机关 | 60天 | 90天 | × | √ | √ | √ | √ |
| 日本 | √ | √ | 税务机关 | 2个月 | 不适用 | √ | × | × | √ | √ |
| 韩国 | √ | √ | 税务机关+ | 90天 | 90天 | × | × | × | √ | √ |
| 卢森堡 | √ | √ | 税务机关 | 3个月 | 6个月 | × | × | × | √ | √ |
| 墨西哥 | √ | × | 税务机关 | 30个工作日 | 3个月 | √ | × | √ | × | × |
| 荷兰 | √ | √ | 税务机关 | 6周 | 6周 | √ | √ | √ | √ | √ |
| 新西兰 | √ | √ | 税务机关 | 2个月 | 无时间限制 | √ | √ | √ | × | × |

续表

| 国家或地区 | 行政复议 | | | | | | 税务机关可基于对争议的风险评估，与纳税人协商处理方式 | 是否有专门的税务法庭 | 争议税款的征收 | |
|---|---|---|---|---|---|---|---|---|---|---|
| | 是否有行政复议制度 | 复议前置 | 主管机构注1 | 对纳税评估或税收裁定不服提出行政复议的时间限制 | 税务机关解决争议的时间限制 | 争议解决的效率是否披露 | | | 可在行政复议期间征收 | 可在行政诉讼期间征收 |
| 挪威 | √ | × | 税务机关 | 3～6周 | 合理时间内 | × | × | × | √ | √ |
| 波兰 | √ | √ | 税务机关 | 14天 | 2个月 | × | × | √ | × | × |
| 葡萄牙 | √ | × | 税务机关 | 120天 | 4个月 | √（0.76个月） | × | √ | √ | √ |
| 斯洛伐克 | √ | √ | 税务机关+财政部 | 15天 | 不定 | × | × | × | × | √ |
| 斯洛文尼亚 | √ | √ | 税务机关+财政部 | 15天和30天 | 2个月 | × | × | × | √ | √ |
| 西班牙 | √ | √ | 税务机关+ | 1个月 | 1个月 | × | × | √ | × | × |
| 瑞典 | √ | √ | 税务机关 | 2个月～5年 | 无时间限制 | √ | × | × | √ | √ |
| 瑞士 | √ | √ | 税务机关 | 30天 | 无时间限制 | √（所有在6个月内） | √ | √ | × | × |

续表

| 国家或地区 | 行政复议 | | | | | | 税务机关可基于对争议的风险评估，与纳税人协商处理方式 | 是否有专门的税务法庭 | 争议税款的征收 | |
|---|---|---|---|---|---|---|---|---|---|---|
| | 是否有行政复议制度 | 复议前置 | 主管机构[注1] | 对纳税评估或税收裁定不服提出行政复议的时间限制 | 税务机关解决争议的时间限制 | 争议解决的效率是否披露 | | | 可在行政复议期间征收 | 可在行政诉讼期间征收 |
| 土耳其 | √ | × | 税务机关 | 30天 | 30天 | × | × | √ | √ | √ |
| 英国 | √ | × | 税务机关+ | 30天 | 45天（可按协议延期） | 法定时间限制 | √ | √ | √ | √ |
| 美国 | √ | √ | 税务机关 | 30天 | 在法定时效过期前[注3] | √ | √ | √ | √ | √ |
| 非OECD国家或地区 | | | | | | | | | | |
| 阿根廷 | √ | √ | 税务机关 | 15天 | 60天 | × | × | √ | × | √ |
| 巴西 | √ | × | 税务机关 | 30天 | 不适用 | √ | × | × | × | × |
| 保加利亚 | √ | √ | 税务机关 | 14天 | 60天 | √ | × | × | √ | √ |
| 中国 | √ | √ | 税务机关 | 60天 | 60天 | √ | × | × | √ | √ |
| 哥伦比亚 | √ | × | 税务机关 | 2个月 | 1年 | √ | × | √ | × | × |
| 哥斯达黎加 | √ | × | 税务机关+ | 30个工作日 | 30个工作日 | × | √ | × | √ | √ |

续表

| 国家 | 行政复议 | | | | | | 税务机关可基于对争议的风险评估，与纳税人协商处理方式 | 是否有专门的税务法庭 | 争议税款的征收 | |
|---|---|---|---|---|---|---|---|---|---|---|
| | 是否有行政复议制度 | 复议前置 | 主管机构注1 | 对纳税评估或税收裁定不服提出行政复议的时间限制 | 税务机关解决争议的时间限制 | 争议解决的效率是否披露 | | | 可在行政复议期间征收 | 可在行政诉讼期间征收 |
| 克罗地亚 | √ | √ | 税务机关+ | 30天 | 2个月 | × | × | × | √ | √ |
| 塞浦路斯 | √ | √ | 税务机关+ | | 3年 | × | √ | × | √ | × |
| 中国香港 | √ | √ | 税务机关 | 1个月/6年 | 无 | √（98%在4个月内） | √ | × | √ | √ |
| 印度 | √ | √ | 税务机关 | 30天 | 1年 | √ | × | √ | × | × |
| 印度尼西亚 | √ | √ | 税务机关 | 3个月 | 12个月 | √ | × | √ | × | × |
| 拉脱维亚 | √ | √ | 税务机关+ | 1个月 | 1~3个月 | × | √ | × | × | √ |
| 立陶宛 | √ | √ | 税务机关+ | 20天 | 30天/60天 | √ | × | × | × | × |
| 马来西亚 | √ | √ | 税务机关 | 30天 | 12个月 | √ | √ | √ | √ | √ |
| 马耳他 | √ | √ | 税务机关 | 30天~6个月 | 不适用 | × | √ | × | × | × |
| 摩洛哥 | √ | √ | 税务机关+ | 60天 | 6个月 | × | — | × | √ | √ |
| 罗马尼亚 | √ | √ | 税务机关 | 30天 | 45天 | √ | × | × | √ | √ |

续表

| 国家或地区 | 行政复议 | | | | | | 税务机关可基于对争议的风险评估，与纳税人协商处理方式 | 是否有专门的税务法庭 | 争议税款的征收 | |
|---|---|---|---|---|---|---|---|---|---|---|
| | 是否有行政复议制度 | 复议前置 | 主管机构[注1] | 对纳税评估或税收裁定不服提出行政复议的时间限制 | 税务机关解决争议的时间限制 | 争议解决的效率是否披露 | | | 可在行政复议期间征收 | 可在行政诉讼期间征收 |
| 俄罗斯 | √ | √ | 税务机关 | 1个月 | 1个月 | √ | × | × | √ | √ |
| 沙特阿拉伯 | √ | √ | 税务机关+ | 60天 | 60天 | × | × | √ | √ | √ |
| 新加坡 | √ | √ | 税务机关+ | 30(21)天 | 无 | √ | √ | × | √ | √ |
| 南非 | √ | √ | 税务机关 | 30天 | 90天 | √ | √ | √ | √ | √ |
| 泰国 | √ | √ | 税务机关 | 30天 | 90天 | × | × | √ | √ | √ |

注1:“+”表示部分国家或地区不只税务机关可以进行税收行政复议,还可以申请监察专员或者其他政府机构进行行政复议或者对复议结果再审查。

注2:虽然表格空白,但是根据注释,澳大利亚大企业纳税人对税务机关建议的审计调整要求复议的,必须在收到审计结果通知的10天内提出复议请求;澳大利亚所有复议必须在收到复议请求的60天内复议完毕。

注3:美国复议机关必须及时处理税收争议。原则上,行政复议应在法定时效过期前结束,通常是纳税申报之日起3年内。美国的复议质量评估系统(Appeals Quality Measurement System)对税务机关的复议质量进行评估。

• 各国或地区纳税人可提请行政复议的时间差异非常大:最少 14 天,最多可延长至 5 年。30 ~ 60 天是较为常见的提请行政复议时间。

• 虽然行政复议是纳税评估和税款征收机制的有机组成部分,但仅有过半数的受访国家或地区会披露行政复议解决的效率。

• 大约有 2/3 的受访国家或地区表示,行政复议过程中,对争议税款的征收不停止执行。在司法救济程序中,大约 80% 的受访国家或地区表示,对争议税款的征收不停止执行(视案件的具体情况而定)。

• 低于 50% 的受访国家或地区有专门的税务法庭。

## 六、强制执行未缴税款

税务机关强制征收税款的效率和效果,很大程度上取决于可依法实施强制措施的类型和范围,包括制定适当的罚则(例如,支付利息和或罚金)来威慑并惩罚不合规行为。实践中,在每个税种的税收征收管理立法中都会包含税收强制执行的法律框架。或者更理想的做法是,在单独的一部税收征收管理立法中,制定税收强制执行的法律框架,从而可以适用于所有税种。

强制执行未缴税款的权力。

根据表 6 提供的信息,在 56 个受访国家或地区中,多数国家的税务机关被授予较为传统的强制执行权力来执行未缴税款:

1. 允许纳税人延长缴税时间(50 个受访国家或地区);

2. 允许分期缴税(52 个受访国家或地区);

3. 从纳税人的债务人处收缴税款(50 个受访国家或地区),有一定的限制或者资质要求;

4. 对纳税人的资产有留置权(48 个受访国家或地区),一些国家要求有法院指令;

5. 没收纳税人的资产(49 个受访国家或地区),一些国家要求有法院指令;

6. 要求提供政府合同的清税凭证(41 个受访国家或地区);

7. 抵消纳税人可抵免税额(51 个受访国家或地区);以及

8. 启动破产清算程序(48 个受访国家或地区),一些国家要求有法院指令。

此外,一部分税务机关还会被授予如下权力:(1)从政府支付给纳税人的款项中扣缴税款(34 个税务机关);(2)停止或吊销纳税人的营业执照(22 个国家或地区或地区);(3)满足一定条件的情况下(有些国家或地区要求有法院指令),由企业主管承担纳税义务(38 个税务机关)。52 个税务机关中仅有 20 个税务机关表示他们有权公示自然人纳税人的欠税信息。

表 6 强制执行未缴税款的权力表

| 国家或地区 | 强制执行未缴税款的权力 | | | | | | | | | | | | | |
|---|---|---|---|---|---|---|---|---|---|---|---|---|---|---|
| | 允许延长缴税时间 | 允许分期缴税 | 从纳税人的债务人处收缴税款 | 限制纳税人出境 | 没收纳税人资产 | 停止或吊销纳税人的营业执照 | 抵消纳税人可抵免税额 | 对纳税人的资产有留置权 | 从政府支付给纳税人的款项中扣缴税款 | 要求提供政府合同的完税证明 | 拒绝提供政府服务 | 向企业主管征税 | 公示纳税人名称 | 启动破产清算程序 |
| OECD 成员国或地区 | | | | | | | | | | | | | | |
| 澳大利亚 | √ | √ | √ | √ | √ | × | √ | √ | √ | × | × | √ | × | √ |
| 奥地利 | √ | √ | √ | × | √ | × | √ | √ | √ | √ | × | √ | × | √ |
| 比利时 | — | × | × | — | × | × | × | × | × | × | — | × | — | × |
| 加拿大 | √ | √ | √ | × | √ | × | √ | √ | √ | × | × | √ | × | √ |
| 智利 | × | × | √ | × | × | √ | √ | √ | × | × | × | × | × | √ |
| 捷克 | √ | √ | √ | √ | √ | √ | √ | √ | × | √ | × | × | √ | √ |
| 丹麦 | √ | √ | √ | √ | √ | √ | √ | √ | √ | √ | × | √ | × | √ |
| 爱沙尼亚 | × | √ | √ | √ | √ | × | √ | √ | √ | √ | × | √ | √ | √ |
| 芬兰 | √ | √ | √ | √ | √ | √ | √ | √ | √ | √ | × | √ | √ | √ |
| 法国 | √ | √ | √ | √ | √ | × | √ | √ | √ | √ | × | √ | × | √ |
| 德国 | √ | √ | √ | √ | √ | √ | √ | √ | √ | √ | × | √ | × | √ |
| 希腊 | √ | √ | √ | × | √ | √ | √ | √ | √ | √ | √ | √ | √ | √ |
| 匈牙利 | √ | √ | √ | × | √ | √ | √ | √ | √ | √ | √ | √ | √ | √ |

续表

| 国家或地区 | 强制执行未缴税款的权力 | | | | | | | | | | | | |
|---|---|---|---|---|---|---|---|---|---|---|---|---|---|
| | 允许延长缴税时间 | 允许分期缴税 | 从纳税人的债务人处收缴税款 | 限制纳税人出境 | 没收纳税人资产 | 停止或吊销纳税人的营业执照 | 抵消纳税人可抵免税额 | 对纳税人的资产有留置权 | 从政府支付给纳税人的款项中扣缴税款 | 要求提供政府合同的完税证明 | 拒绝提供政府服务 | 向企业主管征税 | 公示纳税人名称 | 启动破产清算程序 |
| 冰岛 | × | √ | √ | × | √ | √ | √ | √ | × | √ | × | √ | × | √ |
| 爱尔兰 | √ | √ | √ | √ | √ | √ | √ | × | × | √ | × | √ | √ | √ |
| 以色列 | √ | √ | √ | √ | √ | × | √ | √ | × | √ | × | √ | × | √ |
| 意大利 | √ | √ | √ | × | √ | √ | √ | √ | √ | √ | × | √ | × | √ |
| 日本 | √ | √ | √ | × | √ | × | √ | √ | × | √ | × | × | × | × |
| 韩国 | √ | √ | √ | √ | √ | √ | √ | √ | √ | √ | √ | √ | √ | × |
| 卢森堡 | √ | √ | √ | × | √ | × | √ | √ | √ | √ | × | √ | × | √ |
| 墨西哥 | √ | √ | √ | × | √ | √ | √ | √ | √ | √ | × | √ | √ | √ |
| 荷兰 | √ | √ | √ | √ | √ | × | √ | √ | × | √ | × | √ | × | √ |
| 新西兰 | √ | √ | √ | × | √ | × | √ | √ | × | × | × | √ | × | √ |
| 挪威 | √ | √ | √ | × | √ | × | √ | √ | √ | √ | × | √ | × | √ |
| 波兰 | √ | √ | √ | × | √ | × | √ | √ | × | √ | × | √ | × | √ |
| 葡萄牙 | √ | √ | √ | × | √ | × | √ | √ | √ | √ | × | √ | √ | √ |
| 斯洛伐克 | √ | √ | √ | × | √ | × | √ | √ | × | √ | × | × | √ | √ |

续表

| 国家或地区 | 强制执行未缴税款的权力 | | | | | | | | | | | | | |
|---|---|---|---|---|---|---|---|---|---|---|---|---|---|---|
| | 允许延长缴税时间 | 允许分期缴税 | 从纳税人的债务人处收缴税款 | 限制纳税人出境 | 没收纳税人资产 | 停止或吊销纳税人的营业执照 | 抵消纳税人可抵免税额 | 对纳税人的资产有留置权 | 从政府支付给纳税人的款项中扣缴税款 | 要求提供政府合同的完税证明 | 拒绝提供政府服务 | 向企业主管征税 | 公示纳税人名称 | 启动破产清算程序 |
| 斯洛文尼亚 | √ | √ | √ | × | √ | × | √ | √ | √ | √ | × | × | √ | √ |
| 西班牙 | √ | √ | √ | × | √ | × | √ | √ | √ | √ | × | √ | × | √ |
| 瑞典 | √ | √ | √ | × | √ | √ | √ | √ | √ | × | × | × | × | √ |
| 瑞士 | √ | √ | √ | × | √ | × | √ | × | √ | √ | × | × | × | × |
| 土耳其 | √ | √ | √ | × | √ | × | √ | √ | √ | √ | × | √ | √ | √ |
| 英国 | √ | √ | √ | × | √ | × | √ | √ | × | × | × | √ | × | √ |
| 美国 | √ | √ | √ | × | √ | × | √ | √ | √ | √ | × | √ | × | √ |
| 非 OECD 成员国或地区 | | | | | | | | | | | | | | |
| 阿根廷 | √ | √ | √ | × | √ | √ | √ | √ | √ | √ | √ | √ | √ | √ |
| 巴西 | × | × | × | × | √ | × | √ | × | × | √ | √ | √ | √ | √ |
| 保加利亚 | √ | √ | √ | × | × | √ | √ | √ | √ | √ | × | √ | √ | √ |
| 中国 | √ | × | √ | √ | √ | × | √ | × | × | √ | × | × | √ | × |
| 哥伦比亚 | √ | √ | √ | × | √ | √ | × | √ | √ | × | × | √ | × | × |
| 哥斯达黎加 | √ | √ | × | × | × | √ | √ | × | × | × | × | × | √ | × |
| 克罗地亚 | √ | √ | √ | × | √ | √ | √ | √ | √ | √ | √ | × | √ | √ |

续表

| 国家或地区 | 强制执行未缴税款的权力 | | | | | | | | | | | | | |
|---|---|---|---|---|---|---|---|---|---|---|---|---|---|---|
| | 允许延长缴税时间 | 允许分期缴税 | 从纳税人的债务人处收缴税款 | 限制纳税人出境 | 没收纳税人资产 | 停止或吊销纳税人的营业执照 | 抵消纳税人可抵免税额 | 对纳税人的资产有留置权 | 从政府支付给纳税人的款项中扣缴税款 | 要求提供政府合同的完税证明 | 拒绝提供政府服务 | 向企业主管征税 | 公示纳税人名称 | 启动破产清算程序 |
| 塞浦路斯 | √ | √ | √ | √ | √ | × | √ | √ | × | √ | √ | ×/√ | × | √ |
| 中国香港 | √ | √ | √ | √ | √ | × | √ | × | × | × | × | × | × | √ |
| 印度 | √ | √ | √ | × | √ | × | √ | √ | √ | × | × | × | √ | √ |
| 印度尼西亚 | √ | √ | × | √ | √ | × | √ | √ | × | √ | × | √ | × | × |
| 拉脱维亚 | √ | √ | √ | × | √ | √ | √ | √ | √ | √ | √ | × | √ | √ |
| 立陶宛 | √ | √ | × | × | × | √ | √ | √ | × | √ | × | √ | √ | √ |
| 马来西亚 | √ | √ | √ | √ | √ | × | √ | √ | × | × | × | √ | × | √ |
| 马耳他 | √ | √ | √ | × | √ | √ | √ | √ | √ | √ | √ | √ | × | √ |
| 摩洛哥 | √ | √ | √ | √ | √ | × | √ | √ | √ | √ | × | √ | × | √ |
| 罗马尼亚 | × | √ | √ | × | √ | × | × | √ | × | √ | × | √ | √ | √ |
| 俄罗斯 | √ | √ | √ | √ | √ | √ | √ | √ | √ | × | √ | √ | √ | √ |
| 沙特阿拉伯 | √ | √ | √ | × | √ | × | √ | √ | √ | √ | √ | × | × | √ |
| 新加坡 | √ | √ | √ | √ | √ | × | √ | × | √ | × | × | × | × | √ |
| 南非 | √ | √ | √ | √ | √ | × | √ | √ | × | √ | × | √ | √ | √ |
| 泰国 | √ | √ | × | × | √ | × | × | √ | √ | × | × | × | × | √ |

虽然得出确定的结论还需要更多信息,但目前收集到的数据表明,税务机关有机会借鉴其他国家或地区的措施来提升自己的税收合规性和征收管理效率。

## 七、获取信息及访问权限

经授权的税务机关能及时从纳税人和其他相关当事人处获得涉税信息,对税务征收管理体系的平稳高效运行至关重要。因此,税收管理立法框架通常会赋予税务机关要求纳税人和相关当事人提供涉税信息的权利,并使税务机关有权访问纳税人完整的账簿和纳税记录。同时,也有必要建立纳税人权利保护机制以防止上述权力被滥用。

表7概括了受访OECD国家的税务机关和部分非OECD国家的税务机关在进行税收管理时可以被授权获取涉税信息的情况,重点内容概括如下:

- 几乎所有受访国家都有权获取涉税信息(1个国家例外),而且,几乎所有受访国家(斯洛伐克和斯洛文尼亚除外)都有权要求第三方提供涉税信息。
- 全体受访国家或地区都规定纳税人应根据税务机关的要求提供所有纳税记录。
- 税务机关进入纳税人住所进行搜查的权力会受到较多限制,半数以上的受访国家或地区表示,无论出于何种目的,都需要出示搜查令才能进入纳税人住所,且有2个国家规定只有在纳税人构成税收欺诈和税收犯罪的情况下才能入户搜查。有些国家或地区规定,即使纳税人将部分住所用于商业目的(例如,爱尔兰和匈牙利),税务机关也有入户搜查的权力。
- 半数以上的受访国家或地区需要搜查令才能入户搜查获取纳税人资料。
- 受访的半数以上OECD国家或地区的税务官员无须其他政府部门的协助就能申请到搜查令。这一比例在受访的非OECD国家或地区则较低(比例不到半数)。

## 八、税收违法行为(包括采取鼓励纳税人自愿披露的政策)

1.税收违法行为

在日常税收管理工作中,税务机关通常会依法惩治各种税收违法行为,意在达到以下基本目的:(1)对不合规行为起到威慑作用;(2)处罚不合规的纳税人;(3)保障法律的具体规定得到遵从(例如,纳税申报和缴纳税款)。在实践操作中,纳税人最常见的不合规行为有:(1)没有按时纳税申报;(2)没有按时缴纳税款;(3)没有正确申报所有的纳税义务。

本次调研向各受访国家或地区提出了一系列关于纳税人没有正确履行纳税申报义务的问题,包括采用自愿披露政策的情况以及由此达到的效果。

**表 7　确认纳税人应纳税额：税务人员获取信息和搜查权限表**

| 国家或地区 | 确认纳税人应纳税额：税务官员获取信息及搜查的权力 | | | | | | | | |
|---|---|---|---|---|---|---|---|---|---|
| | 获取所有相关信息 | 税务机关有权向第三方提出要求 | 纳税人必须按要求准备材料 | 从其他政府部门获取信息 | 进入纳税人办公地点（无须纳税人同意且不需要搜查令） | 进入纳税人住所（无须纳税人同意且不需要搜查令） | 没收纳税人资料（无须纳税人同意且不需要搜查令） | 有权申请搜查令（无须其他政府部门协助） | 有权根据搜查令执行搜查（无须其他政府部门协助） |
| OECD 国家或地区 | | | | | | | | | |
| 澳大利亚 | √ | √ | √ | √ | √ | √ | × | × | × |
| 奥地利 | √ | √ | √ | √ | √ | √ | √ | √ | × |
| 比利时 | √ | √ | √ | √ | √ | × | √ | √ | × |
| 加拿大 | √ | √ | √ | 有限 | √ | × | × | √ | √ |
| 智利 | √ | √ | √ | √ | √ | √ | √ | √ | √ |
| 捷克 | √ | √ | √ | √ | √ | √ | √ | √ | √ |
| 丹麦 | √ | √ | √ | √ | √ | × | √ | × | × |
| 爱沙尼亚 | √ | √ | √ | √ | × | × | × | √ | √ |
| 芬兰 | √ | √ | √ | √ | √ | √ | √ | × | × |
| 法国 | √ | √ | √ | √ | √ | × | × | × | × |
| 德国 | √ | √ | √ | 有限 | 工作时间 | × | × | √ | √ |

续表

| 国家或地区 | 确认纳税人应纳税额:税务官员获取信息及搜查的权力 | | | | | | | | |
|---|---|---|---|---|---|---|---|---|---|
| | 获取所有相关信息 | 税务机关有权向第三方提出要求 | 纳税人必须按要求准备材料 | 从其他政府部门获取信息 | 进入纳税人办公地点(无须纳税人同意且不需要搜查令) | 进入纳税人住所(无须纳税人同意且不需要搜查令) | 没收纳税人资料(无须纳税人同意且不需要搜查令) | 有权申请搜查令(无须其他政府部门协助) | 有权根据搜查令执行搜查(无须其他政府部门协助) |
| 希腊 | √ | √ | √ | √ | √ | × | √ | √ | √ |
| 匈牙利 | √ | √ | √ | √ | × | × | × | × | × |
| 冰岛 | √ | √ | √ | √ | √ | × | √ | √ | × |
| 爱尔兰 | √ | √ | √ | √ | √ | × | √ | √ | √ |
| 以色列 | √ | √ | √ | √ | × | × | × | √ | √ |
| 意大利 | √ | √ | √ | √ | √ | × | × | × | × |
| 日本 | √ | √ | √ | √ | × | × | × | √ | √ |
| 韩国 | √ | √ | √ | √ | × | × | × | × | √ |
| 卢森堡 | √ | √ | √ | √ | × | × | × | × | × |
| 墨西哥 | √ | √ | √ | √ | × | × | × | × | √ |
| 荷兰 | √ | √ | √ | √ | 工作时间 | × | × | √ | √ |
| 新西兰 | √ | √ | √ | √ | √ | × | × | √ | √ |

续表

| 国家或地区 | 确认纳税人应纳税额:税务官员获取信息及搜查的权力 | | | | | | | | |
|---|---|---|---|---|---|---|---|---|---|
| | 获取所有相关信息 | 税务机关有权向第三方提出要求 | 纳税人必须按要求准备材料 | 从其他政府部门获取信息 | 进入纳税人办公地点(无须纳税人同意且不需要搜查令) | 进入纳税人住所(无须纳税人同意且不需要搜查令) | 没收纳税人资料(无须纳税人同意且不需要搜查令) | 有权申请搜查令(无须其他政府部门协助) | 有权根据搜查令执行搜查(无须其他政府部门协助) |
| 挪威 | √ | √ | √ | √ | √ | × | √ | × | × |
| 波兰 | √ | √ | √ | √ | × | × | × | × | × |
| 葡萄牙 | √ | √ | √ | √ | × | × | × | √ | × |
| 斯洛伐克 | √ | × | √ | √ | × | × | √ | × | √ |
| 斯洛文尼亚 | √ | × | √ | √ | √ | × | √ | — | — |
| 西班牙 | √ | √ | √ | √ | × | × | × | √ | × |
| 瑞典 | √ | √ | √ | √ | × | × | × | × | × |
| 瑞士 | √ | √ | √ | √ | × | × | × | √ | √ |
| 土耳其 | √ | √ | √ | √ | × | × | × | √ | × |
| 英国 | √ | √ | √ | √ | √ | × | × | √ | √ |
| 美国 | √ | √ | √ | √ | × | × | × | × | √ |

续表

| 国家或地区 | 确认纳税人应纳税额:税务官员获取信息及搜查的权力 | | | | | | | | |
|---|---|---|---|---|---|---|---|---|---|
| | 获取所有相关信息 | 税务机关有权向第三方提出要求 | 纳税人必须按要求准备材料 | 从其他政府部门获取信息 | 进入纳税人办公地点(无须纳税人同意且不需要搜查令) | 进入纳税人住所(无须纳税人同意且不需要搜查令) | 没收纳税人资料(无须纳税人同意且不需要搜查令) | 有权申请搜查令(无须其他政府部门协助) | 有权根据搜查令执行搜查(无须其他政府部门协助) |
| 非 OECD 国家或地区 | | | | | | | | | |
| 阿根廷 | √ | √ | √ | √ | × | × | × | √ | √ |
| 巴西 | √ | √ | √ | √ | × | × | √ | × | √ |
| 保加利亚 | √ | √ | √ | √ | × | × | × | × | × |
| 中国 | × | × | √ | √ | √ | × | × | × | × |
| 哥伦比亚 | √ | √ | √ | √ | √ | × | √ | × | √ |
| 哥斯达黎加 | √ | √ | √ | √ | × | × | × | √ | × |
| 克罗地亚 | √ | √ | √ | √ | × | × | × | × | × |
| 塞浦路斯 | √ | √ | √ | √ | ×(增值税,√) | × | × | √ | ×(增值税,√) |
| 中国香港 | √ | √ | √ | √ | × | × | × | √ | √ |
| 印度 | √ | √ | √ | √ | √ | × | × | 不适用 | √ |

续表

| 国家或地区 | 确认纳税人应纳税额:税务官员获取信息及搜查的权力 | | | | | | | | |
|---|---|---|---|---|---|---|---|---|---|
| | 获取所有相关信息 | 税务机关有权向第三方提出要求 | 纳税人必须按要求准备材料 | 从其他政府部门获取信息 | 进入纳税人办公地点(无须纳税人同意且不需要搜查令) | 进入纳税人住所(无须纳税人同意且不需要搜查令) | 没收纳税人资料(无须纳税人同意且不需要搜查令) | 有权申请搜查令(无须其他政府部门协助) | 有权根据搜查令执行搜查(无须其他政府部门协助) |
| 印度尼西亚 | √ | √ | √ | √ | × | × | × | √ | × |
| 拉脱维亚 | √ | √ | √ | √ | √ | × | × | × | × |
| 立陶宛 | √ | √ | √ | √ | √ | × | √ | × | × |
| 马来西亚 | √ | √ | √ | √ | √ | √ | √ | × | × |
| 马耳他 | √ | √ | √ | √ | × | × | × | √ | √ |
| 摩洛哥 | √ | √ | √ | √ | × | × | × | 不适用 | 不适用 |
| 罗马尼亚 | √ | √ | √ | √ | × | × | √ | × | × |
| 俄罗斯 | √ | √ | √ | √ | √ | × | √ | × | × |
| 沙特阿拉伯 | √ | √ | √ | √ | √ | × | × | √ | √ |
| 新加坡 | √ | √ | √ | √ | √ | √ | × | √ | √ |
| 南非 | √ | √ | √ | √ | √ | √ | √ | √ | √ |
| 泰国 | √ | √ | √ | √ | √ | √ | × | × | √ |

各受访国家或地区对上述问题的回复见表8，据此观察得出的结论如下：

• 6个受访国家或地区表示没有对所有主要税种制定统一的税务罚则框架，这表明，针对不同税种相似的不合规行为，施加的处罚各异。

• 9个受访国家或地区表示他们在实施处罚时会考虑纳税人是否有过失，因此，相似的不合规行为可能会因为纳税人是主观故意还是过失而承受不一样的惩罚。

• 极少数受访国家或地区有权公示自然人纳税人税收违法行为的详细信息。

• 约40%的受访国家或地区表示他们有权减轻处罚力度，以鼓励纳税人自愿披露未申报的纳税义务。

**表8 没有正确申报应纳税额——罚则框架表**

| 国家或地区 | 个人所得税、企业所得税及增值税，是否适用统一税务罚则框架 | 税务机关得以授权 | | | | 是否制定鼓励自愿披露的政策 |
|---|---|---|---|---|---|---|
| | | 在处罚时是否考虑纳税人的过错 | 适当情况下免除处罚 | 公示被处罚纳税人的信息 | 对自愿披露降低处罚 | |
| OECD国家或地区 | | | | | | |
| 澳大利亚 | √ | √ | √ | × | √ | √ |
| 奥地利 | √ | √ | √ | × | √ | √ |
| 比利时 | — | √ | — | × | √ | × |
| 加拿大 | × | × | √ | × | √ | √ |
| 智利 | √ | √ | √ | √ | × | × |
| 捷克 | √ | × | × | × | × | × |
| 丹麦 | × | √ | √ | × | × | × |
| 爱沙尼亚 | √ | √ | × | √ | × | × |
| 芬兰 | | √ | √ | √ | × | × |
| 法国 | √ | √ | √ | × | √ | √ |
| 德国 | √ | √ | √ | × | × | × |
| 希腊 | √ | √ | × | × | × | × |
| 匈牙利 | √ | √ | √ | √ | × | × |
| 冰岛 | √ | √ | √ | × | × | × |
| 爱尔兰 | √ | √ | √ | √ | √ | √ |

续表

| 国家或地区 | 个人所得税、企业所得税及增值税,是否适用统一税务罚则框架 | 税务机关得以授权 | | | | 是否制定鼓励自愿披露的政策 |
|---|---|---|---|---|---|---|
| | | 在处罚时是否考虑纳税人的过错 | 适当情况下免除处罚 | 公示被处罚纳税人的信息 | 对自愿披露降低处罚 | |
| 以色列 | √ | × | √ | × | √ | √ |
| 意大利 | √ | √ | √ | × | √ | √ |
| 日本 | √ | × | √ | × | √ | × |
| 韩国 | √ | √ | √ | √ | × | × |
| 卢森堡 | × | √ | √ | × | × | × |
| 墨西哥 | √ | √ | √ | √ | √ | √ |
| 荷兰 | √ | √ | √ | × | √ | √ |
| 新西兰 | √ | √ | √ | × | √ | √ |
| 挪威 | √ | √ | √ | × | √ | √ |
| 波兰 | √ | √ | √ | × | √ | × |
| 葡萄牙 | √ | √ | √ | √ | √ | √ |
| 斯洛伐克 | √ | × | √ | × | × | × |
| 斯洛文尼亚 | √ | √ | × | × | √ | √ |
| 西班牙 | √ | √ | √ | × | √ | √ |
| 瑞典 | √ | × | √ | × | × | × |
| 瑞士 | √ | √ | √ | × | √ | × |
| 土耳其 | √ | √ | √ | √ | √ | √ |
| 英国 | √ | √ | √ | √ | √ | √ |
| 美国 | √ | √ | √ | × | √ | √ |
| 非 OECD 国家或地区 | | | | | | |
| 阿根廷 | √ | √ | √ | √ | × | √ |
| 巴西 | × | × | √ | × | √ | × |
| 保加利亚 | × | √ | √ | × | × | × |

续表

| 国家或地区 | 个人所得税、企业所得税及增值税，是否适用统一税务罚则框架 | 税务机关得以授权 | | | | 是否制定鼓励自愿披露的政策 |
|---|---|---|---|---|---|---|
| | | 在处罚时是否考虑纳税人的过错 | 适当情况下免除处罚 | 公示被处罚纳税人的信息 | 对自愿披露降低处罚 | |
| 中国 | √ | √ | × | √ | × | × |
| 哥伦比亚 | √ | × | × | × | × | × |
| 哥斯达黎加 | √ | √ | √ | √ | √ | × |
| 克罗地亚 | √ | √ | × | × | × | × |
| 塞浦路斯 | 仅个人所得税和企业所得税 | √ | √ | × | √ | × |
| 中国香港 | √ | √ | × | × | √ | √ |
| 印度 | √(无增值税) | √ | √ | × | × | × |
| 印度尼西亚 | √ | √ | √ | × | × | × |
| 拉脱维亚 | √ | √ | √ | × | √ | × |
| 立陶宛 | √ | √ | √ | √ | × | × |
| 马来西亚 | √(无增值税) | √ | √ | × | √ | √ |
| 马耳他 | 仅个人所得税和企业所得税 | √ | √ | × | √ | √ |
| 摩洛哥 | √ | √ | √ | × | √ | √ |
| 罗马尼亚 | √ | × | × | × | × | × |
| 俄罗斯 | √ | √ | √ | √ | √ | × |
| 沙特阿拉伯 | √(无增值税) | × | × | × | × | × |
| 新加坡 | √ | √ | √ | × | √ | √ |
| 南非 | √ | √ | √ | × | √ | √ |
| 泰国 | 仅个人所得税和企业所得税 | √ | √ | × | √ | √ |

2. 自愿披露政策

目前,税务机关实施税收管理的行政资源有限,但希望税款征收有更好的绩效。因此,各国税务机关都在积极寻求“时间短、效率高”的征收管理策略。经证实,“自愿披露”政策作为税务机关倡导鼓励纳税人自愿合规的举措之一,是一项被各国税务机关成功实施了多年的低成本有效策略。此外,自动情报交换领域新出台了全球标准——OECD“统一申报标准”(the OECD's Common Reporting Standard),各国也都承诺采用这一标准,这些都极大地鼓励了各国税务机关积极使用这一工具,进一步提升税务合规性并增加其税收收入(OECD,2014)。

(1)什么是自愿披露?自愿披露,是指在一定条件下,税务机关允许纳税人修正申报之前不合规的涉税事项。完善的自愿披露制度会同时惠及相关机构和纳税人——包括自愿披露纳税信息的纳税人、合规的纳税人和政府。

许多国家在基本法或征收管理实践中都有鼓励纳税人自愿披露的政策,为仍没有履行纳税义务的纳税人提供某种程度上的激励措施以鼓励他们自愿披露。此外,某些国家为促进征收管理,还制定了临时自愿披露计划这一激励措施。例如,获取纳税人海外金融账户信息,加强和海外税务机关的合作。这种临时自愿披露计划的激励措施包括:减轻罚款、减少滞纳金以及在一定程度上保护纳税人免于被起诉。然而,这些激励措施的适用期限通常较短,在计划启动时就会设定披露截止期限,且提供给纳税人的激励措施或比现行规定更有益的优惠也仅在这段时间内有效。各国通常会在税法里引入纳税人自愿披露制度或单独制定这一制度的法律法规,这一制度能让税务机关以更少的行政成本获取更多的税收收入。例如,通过自愿披露制度,税务稽查、行政诉讼和税务犯罪数量会随之减少,与此同时,向税务机关自愿披露的纳税人将来会增加。

自愿披露计划的制订要点在于,如何设计激励措施以鼓励纳税人自愿进行披露(例如,在罚款、滞纳金方面给予让步)。通常来讲,自愿披露这一政策不会免除纳税人的纳税义务,即某种程度的税款赦免。根据国际货币基金组织的研究数据,赦免税款所带来的益处不会优于税务机关为此承担的成本。调查显示(IMF,2008),税务机关单独、重复使用税款赦免会侵蚀税收总额,并且,可能会影响到整体的纳税合规体系。

(2)“自愿披露”制度的设计原则。2010 年,OECD 发布了自愿披露制度的研究报告(OECD,2010),报告调研了各国税务机关在实施自愿披露政策和计划时的措施和经验。这一报告对其成员国进行了广泛调研并吸收了外部专家的建议,总结出一套有效实施自愿披露计划的原则,并以此作为广义税收合规战略的一个组成部分。具体来说,有效的自愿披露计划需要遵守以下原则:

a)目标明确,条款清晰;

b)通过低成本、高效率的方法以实现税收收入的增长;

c)与普遍适用的税收遵从和强制机制保持一致;

d)能预防纳税人的违规行为;

e)能提高配合自愿披露制度的纳税人的遵从度;

f)在肯定自愿披露制度能产生即时效益的同时,也要致力于制定长远措施以提高该纳税人的长期的遵从度。

OECD的研究报告最后得出的结论是:各国可综合考虑自身的实际情况、国内税法的规定以及税收实践,有效落实上述这些原则。

表9总结了对各国税法是否包含自愿披露制度的调研,如果制度存在,税务机关是否将其作为纳税人税收遵从的一部分以及这一制度的实际效果。此外,在可获取相关数据的前提下,还总结了自愿披露制度下,各国的纳税调整和/或纳税评估的详细数据。调研结果的总体观察如下:

• 调研的国家中约有40%国家制定了鼓励纳税人自愿披露的政策。其中,不到3/4的受访国家可以提供自愿披露计划的规模以及它在实践操作中取得的成果。

• 许多国家的税务机关(例如,澳大利亚税务机关、英国税务海关总署、美国国税局),针对纳税人的某些特定不遵从行为(例如,通过海外金融账户隐匿资产)制定了自愿披露的相关政策。

• 从许多制定了自愿披露政策的国家所取得的效果来看,该政策是鼓励纳税人主动披露以及帮助税务机关掌握税收收入来源的有效工具。

**表9 税务机关使用自愿披露制度表**

| 国家 | 案件处理数量(件) | | | | 税款,罚款和利息(百万/当地货币) | | | |
|---|---|---|---|---|---|---|---|---|
| | 2010年 | 2011年 | 2012年 | 2013年 | 2010年 | 2011年 | 2012年 | 2013年 |
| OECD国家 | | | | | | | | |
| 澳大利亚 | 9776 | 13,742 | 10,945 | 11,216 | 582 | 764 | 838 | 836 |
| 奥地利 | 不适用 | 2589 | 6965 | 12,947 | 不适用 | 不适用 | 不适用 | 不适用 |

续表

| 国家 | 案件处理数量 | | | | 税款,罚款和利息(百万/当地货币) | | | |
|---|---|---|---|---|---|---|---|---|
| | 2010 年 | 2011 年 | 2012 年 | 2013 年 | 2010 年 | 2011 年 | 2012 年 | 2013 年 |
| 加拿大 | 12,506 | 13,009 | 13,633 | 15,133 | 只有所有未申报案件的涉税金额(译者注:未区分使用自愿披露制度的案件)注1 | | | |
| 以色列 | — | — | 1079 | 255 | — | — | | |
| 意大利 | — | — | 2 | 59 | — | — | 7 | 413 |
| 墨西哥 | — | — | — | — | — | — | — | 170,538 |
| 荷兰 | 1035 | 353 | | | 98 | 60 | | |
| 新西兰 | 1301 | 1120 | 2527 | 3077 | 188 | 265 | 407 | 489 |
| 葡萄牙 | 1,033,534 | 2,679,891 | 1,956,346 | 2,041,435 | 45 | 70 | 58 | 52 |
| 斯洛文尼亚 | 21,315 | 13,887 | 14,491 | 17,522 | 14 | 10 | 14 | 10 |
| 瑞典 | 998 | 5641 | | | 115 | 452 | | |
| 土耳其 | 17,600 | 1,198,000 | | | 33 | 2455 | | |
| 英国 | 19,000 | 22,000 | 595 | 1295 | 400 | 275 | | |
| 美国 | 15,000 | 18,000 | 4800 | 4200 | 360 | 3040 | 1500 | 1600 |
| 非 OECD 国家 | | | | | | | | |
| 马耳他 | 1374 | 1117 | 2946 | 1783 | 41 | 16 | 11 | 16 |
| 摩洛哥 | 不适用 | 不适用 | 5961 | 29,254 | 不适用 | 不适用 | 不适用 | 1360 |
| 俄罗斯 | 333,592 | 202,907 | 不适用 | 不适用 | 75,248 | 50,063 | 不适用 | 不适用 |
| 新加坡 | 818 | 745 | 13,209 | 13,851 | 68 | 36 | 17 | 20 |
| 南非注2 | — | 3140 | 814 | 1622/28 | — | 1700 | 1670 | 1490/230 |

注 1:所有未申报案件的涉税金额各年为(加拿大元):18 亿(2010)、7.74 亿(2011)、8.63 亿(2012)、12 亿(2013)。

注 2:除了 2013 年案件处理数量(28)来源于永久性法案(2011 年税收管理法案),其他数据均来源于截至 2011 年 10 月的临时法案。

(3)针对离岸交易税收违规的自愿披露政策。近几年,一些国家的税务机关制定了更有针对性的自愿披露计划,旨在打击某些纳税人的特定违规行为和手段,特别是纳税人利用离岸账户隐藏收入和资产的行为。这些项目基本上与OECD联合打击和消除海外避税的行动相一致,通过倡议取消银行保密制度,同时,扩大并更新协定国之间自动情报交换安排,使其适应现代化的征税环境。

**图书在版编目(CIP)数据**

《税收征收管理法》修订若干制度研究 / 李万甫,孙红梅主编. —北京:法律出版社,2017.3
ISBN 978-7-5197-0484-1

Ⅰ. ①税… Ⅱ. ①李…②孙… Ⅲ. ①税法—制度—研究—中国 Ⅳ. ①D922.220.4

中国版本图书馆 CIP 数据核字(2016)第 318098 号

| | | |
|---|---|---|
| **《税收征收管理法》修订若干制度研究**<br>**SHUISHOU ZHENGSHOU GUANLI FA**<br>**XIUDING RUOGAN ZHIDU YANJIU** | 李万甫 孙红梅 主编 | 策划编辑 沈小英<br>责任编辑 刘 莹<br>装帧设计 李 瞻 |



**出版** 法律出版社
**总发行** 中国法律图书有限公司
**经销** 新华书店
**印刷** 北京京华虎彩印刷有限公司
**责任校对** 晁明慧
**责任印制** 吕亚莉

**编辑统筹** 财经出版分社
**开本** 720 毫米×960 毫米 1/16
**印张** 22
**字数** 382 千
**版本** 2017 年 4 月第 1 版
**印次** 2017 年 4 月第 1 次印刷

法律出版社/北京市丰台区莲花池西里 7 号(100073)
网址/www.lawpress.com.cn
投稿邮箱/info@lawpress.com.cn
举报维权邮箱/jbwq@lawpress.com.cn
销售热线/010-63939792
咨询电话/010-63939796

中国法律图书有限公司/北京市丰台区莲花池西里 7 号(100073)
全国各地中法图分、子公司销售电话:
统一销售客服/400-660-6393
第一法律书店/010-63939781/9782 西安分公司/029-85330678 重庆分公司/023-67453036
上海分公司/021-62071639/1636 深圳分公司/0755-83072995

**书号**:ISBN 978-7-5197-0484-1 **定价**:66.00 元